COMPETÊNCIA REGULAMENTAR EM MATÉRIA TRIBUTÁRIA

FUNÇÕES E LIMITES DOS DECRETOS, INSTRUÇÕES NORMATIVAS E OUTROS ATOS REGULAMENTARES

PAULO ARTHUR CAVALCANTE KOURY

Prefácio
Humberto Ávila

Apresentação
Paulo Ayres Barreto

COMPETÊNCIA REGULAMENTAR EM MATÉRIA TRIBUTÁRIA
FUNÇÕES E LIMITES DOS DECRETOS, INSTRUÇÕES NORMATIVAS E OUTROS ATOS REGULAMENTARES

Belo Horizonte

2019

© 2019 Editora Fórum Ltda.

É proibida a reprodução total ou parcial desta obra, por qualquer meio eletrônico, inclusive por processos xerográficos, sem autorização expressa do Editor.

Conselho Editorial

Adilson Abreu Dallari
Alécia Paolucci Nogueira Bicalho
Alexandre Coutinho Pagliarini
André Ramos Tavares
Carlos Ayres Britto
Carlos Mário da Silva Velloso
Cármen Lúcia Antunes Rocha
Cesar Augusto Guimarães Pereira
Clovis Beznos
Cristiana Fortini
Dinorá Adelaide Musetti Grotti
Diogo de Figueiredo Moreira Neto (*in memoriam*)
Egon Bockmann Moreira
Emerson Gabardo
Fabrício Motta
Fernando Rossi
Flávio Henrique Unes Pereira

Floriano de Azevedo Marques Neto
Gustavo Justino de Oliveira
Inês Virgínia Prado Soares
Jorge Ulisses Jacoby Fernandes
Juarez Freitas
Luciano Ferraz
Lúcio Delfino
Marcia Carla Pereira Ribeiro
Márcio Cammarosano
Marcos Ehrhardt Jr.
Maria Sylvia Zanella Di Pietro
Ney José de Freitas
Oswaldo Othon de Pontes Saraiva Filho
Paulo Modesto
Romeu Felipe Bacellar Filho
Sérgio Guerra
Walber de Moura Agra

FÓRUM

CONHECIMENTO JURÍDICO

Luís Cláudio Rodrigues Ferreira
Presidente e Editor

Coordenação editorial: Leonardo Eustáquio Siqueira Araújo
Aline Sobreira de Oliveira

Av. Afonso Pena, 2770 – 15º andar – Savassi – CEP 30130-012
Belo Horizonte – Minas Gerais – Tel.: (31) 2121.4900 / 2121.4949
www.editoraforum.com.br – editoraforum@editoraforum.com.br

Técnica. Empenho. Zelo. Esses foram alguns dos cuidados aplicados na edição desta obra. No entanto, podem ocorrer erros de impressão, digitação ou mesmo restar alguma dúvida conceitual. Caso se constate algo assim, solicitamos a gentileza de nos comunicar através do *e-mail* editorial@editoraforum.com.br para que possamos esclarecer, no que couber. A sua contribuição é muito importante para mantermos a excelência editorial. A Editora Fórum agradece a sua contribuição.

Dados Internacionais de Catalogação na Publicação (CIP) de acordo com a AACR2

K88c	Koury, Paulo Arthur Cavalcante
	Competência regulamentar em matéria tributária: funções e limites dos decretos, instruções normativas e outros atos regulamentares / Paulo Arthur Cavalcante Koury. – Belo Horizonte : Fórum, 2019.
	302 p.; 14,5cm x 21,5cm.
	ISBN: 978-85-450-0631-2
	1. Direito Tributário. 2. Direito Constitucional. 3. Direito Administrativo. I. Título.
	CDD: 341.35
	CDU: 342.9

Elaborado por Daniela Lopes Duarte - CRB-6/3500

Informação bibliográfica deste livro, conforme a NBR 6023:2002 da Associação Brasileira de Normas Técnicas (ABNT):

KOURY, Paulo Arthur Cavalcante. *Competência regulamentar em matéria tributária*: funções e limites dos decretos, instruções normativas e outros atos regulamentares. Belo Horizonte: Fórum, 2019. 302p. ISBN 978-85-450-0631-2.

Dedicado à memória do meu avô, Ophir Filgueiras Cavalcante.

AGRADECIMENTOS

Certa vez, afirmou John F. Kennedy que, quando expressamos nossa gratidão, nunca devemos nos esquecer de que o maior agradecimento não se dá por meio de palavras, mas por meio da vivência dos ensinamentos. Espero que este livro, fruto da minha dissertação de mestrado defendida perante a Universidade de São Paulo, seja tomado como mostra da vivência das lições daqueles aos quais mais devo: minha família. Além de todo o apoio e carinho, meus pais (Paulo e Suzy), avós (Célia C., Célia F., Nayle, Nicolau e Ophir), tios e demais familiares sempre procuraram ensinar-me o valor do trabalho e do estudo sérios. Ensinaram isso e a nobreza e responsabilidade das profissões jurídicas, não por meio de palavras, mas por meio do exemplo. A eles devo muito por isso.

Sou grato também àqueles cujo crescimento se dá ao lado do meu. À minha querida Daniela, pelo seu amor, carinho, leveza no dia a dia, por sempre questionar e por nunca permitir que eu deixe de buscar o aprimoramento. Também aos meus irmãos (Camila e Lucas), aos primos, aos amigos de longa data, e àqueles que fiz no Largo de São Francisco. Agradeço, ainda, aos colegas do escritório Aires Barreto, especialmente pela compreensão e estímulo aos meus estudos.

Também aos mestres devo muito neste caminho. Em primeiro lugar, agradeço ao meu orientador no curso de mestrado, Prof. Paulo Ayres Barreto, por todas as oportunidades que me proporcionou e pelas conversas e lições sobre como ser acadêmico e advogado. Este livro não seria o mesmo sem as valiosas colaborações dos professores que participaram da banca de qualificação e da banca de defesa, Profs. Humberto Ávila (que veio a se tornar meu orientador no curso de doutorado), Juliano Maranhão e Eurico de Santi, a quem sou muito grato por cada uma de suas colocações e sugestões, na banca e fora dela. Agradeço também aos professores que, no curso da elaboração desse trabalho, estenderam a sua mão em gentil auxílio, compartilhando sua rica experiência, especialmente aos Profs. Luís Eduardo Schoueri, João Maurício Adeodato e Fernando Facury Scaff.

Finalmente, devo mais um agradecimento à minha mãe e à Daniela, por terem revisado, cuidadosamente e por diversas vezes, cada uma das versões da dissertação que viria a evoluir para este livro. Os erros que tenham remanescido são atribuíveis a mim, mas grande parte dos acertos a elas. Agradeço, também, ao meu tio e padrinho, Ophir Cavalcante Jr., por sua presença e constante empenho pelo meu sucesso.

*1. I have often noticed, Brutus, that when your uncle
Cato is giving his opinion in the senate, he draws
weighty arguments from philosophy which are not
appropriate for that legal and public use, but that
nevertheless, in his oratory, he succeeds in making
these things plausible even to the common people. 2.
This is an even greater thing for him than for either
you or me, since we make use rather of that philosophy
which gave birth to fluency of oratory, and in which
things are said which are not in so much disagreement
with public opinion. Cato, however (in my opinion
the complete Stoic), even believes things which are
not entirely acceptable to the mob, and is one of that
sect which pursues no flowering of rhetoric, nor does
it draw out its demonstrations: it proves what it has
proposed by little questions, as if by pin-pricks. 3.
But nothing is so unbelievable that it cannot be made
credible by rhetoric, nothing so rough, so rude, that it
would not take on luster and honor in oratory. Because
I believe this, I have acted more boldly than even he
himself about whom I am speaking.*

(CICERO. *Paradoxa Stoicorum*. Tradução de Mark
O Webb. Lubbock: Texas Tech University, 1985.
p. 13)

SUMÁRIO

PREFÁCIO
Humberto Ávila 15

APRESENTAÇÃO
Paulo Ayres Barreto 17

INTRODUÇÃO 19
1   Objeto: O problema da alocação de foros decisórios no Direito
    Tributário 19
2   Justificativa: Os regulamentos tributários na doutrina, entre dois
    extremos 22
3   Metodologia: Bases para a construção de uma doutrina dos
    regulamentos tributários com fundamento em uma concepção
    argumentativa do Direito 24

PARTE I
LIMITES

CAPÍTULO 1
O CONTEÚDO DA COMPETÊNCIA TRIBUTÁRIA
REGULAMENTAR NA CONSTITUIÇÃO, A PARTIR DA
LEGALIDADE 31
1.1   Quantas legalidades há e qual seu conteúdo? 31
1.1.1 São diferentes as legalidades genérica (CF/88, art. 5º, II) e tributária
    (CF/88, art. 150, I)? 34
1.1.2 É possível a delegação direta de competência legal aos regulamentos,
    sem observância do procedimento prescrito no art. 68 da
    Constituição Federal? 40
1.1.3 Qual a extensão do grau de determinação legal prescrito pelos
    arts. 5, II e 150, I, da CF/88? 43
1.2   A legalidade em dupla vetorialização 46
1.2.1 Vetor de instituição de dever 48
1.2.2 Vetor de densificação de dever 56
1.3   Síntese do capítulo 63

CAPÍTULO 2
O DESTINATÁRIO DA COMPETÊNCIA TRIBUTÁRIA
REGULAMENTAR NA CONSTITUIÇÃO: PUBLICIDADE E
PARTICIPAÇÃO 65
2.1   A publicidade dos regulamentos e seu destinatário 65

2.1.1 Publicidade do quê e para quem?...66
2.1.2 Publicidade como? 72
2.1.3 Publicidade por quê? 76
2.2 Participação do destinatário na elaboração de regulamentos
tributários 80
2.3 Síntese do capítulo 84

CAPÍTULO 3
QUATRO ARGUMENTOS UTILIZADOS PARA ALARGAR A
COMPETÊNCIA TRIBUTÁRIA REGULAMENTAR 87

3.1 Qual a relevância da discussão?...87
3.2 O argumento histórico-político 93
3.2.1 O argumento e as suas premissas 93
3.2.2 Análise crítica...95
3.3 O argumento antiformalista..99
3.3.1 O argumento e as suas premissas 99
3.3.2 Análise crítica...101
3.4 O argumento pautado na hipercomplexidade dos fatos......................107
3.4.1 O argumento e as suas premissas 107
3.4.2 Análise crítica...109
3.5 O argumento neoconstitucionalista...113
3.5.1 O argumento e as suas premissas 113
3.5.2 Análise crítica...115
3.6 Síntese do capítulo 119

CAPÍTULO 4
DEFINIÇÃO DE COMPETÊNCIA TRIBUTÁRIA
REGULAMENTAR 123

4.1 Para que definir competência tributária regulamentar?.....................123
4.2 Definição intensional 126
4.2.1 Definição de "competência" 128
4.2.2 Definição do qualificativo "tributária"...130
4.2.3 Definição do qualificativo "regulamentar" 133
4.3 Definição extensional...140
4.3.1 Decretos 141
4.3.2 Instruções normativas...144
4.3.3 Resoluções 146
4.3.4 Portarias..147
4.3.5 Pareceres normativos..148
4.3.6 Soluções de consulta 150
4.3.7 Atos declaratórios..151
4.4 Síntese do capítulo 152

PARTE II
FUNÇÕES

CAPÍTULO 5
FUNÇÃO DE INTERPRETAÇÃO 157
5.1 Identificação: Argumentos teóricos ou analíticos 157
5.1.1 Imprecisão conceitual e interpretação regulamentar 160
5.1.2 Interpretação regulamentar como passo interpretativo na positivação do Direito 163
5.1.3 Os limites e o controle da interpretação regulamentar 168
5.2 Definição 172
5.3 Limites 172
5.4 Decorrências: Argumentos doutrinários ou estratégicos 178
5.4.1 Na revogação dos dispositivos regulamentares 180
5.4.2 Na declaração de nulidade dos dispositivos regulamentares 182
5.5 Aplicação 187
5.5.1 A regulamentação do regime de tributação em bases universais e o conceito de renda 187
5.5.2 A tributação dos repasses de dividendos por fundos de investimento em participações 193
5.6 Síntese do capítulo 197

CAPÍTULO 6
FUNÇÃO DE FIXAÇÃO DE ALÍQUOTAS 199
6.1 Identificação: Argumentos teóricos ou analíticos 199
6.1.1 A conformação constitucional da legalidade e as alíquotas 202
6.1.2 A Legalidade tributária positiva como direito individual 204
6.1.3 A legalidade tributária negativa e sua vinculação à legalidade orçamentária e ao princípio democrático 206
6.1.4 O órgão competente para a fixação de alíquotas 210
6.1.5 A motivação dos regulamentos 212
6.2 Definição 216
6.3 Limites 216
6.3.1 Necessidade de expresso permissivo constitucional quando se tratar de agravamento da posição do contribuinte 217
6.3.2 Necessidade de obediência às condições, aos limites e aos parâmetros veiculados em lei e pela Constituição 218
6.3.3 Necessidade de exteriorização da motivação 222
6.3.4 Necessidade de obediência a eventual cadeia de delegação vertical ... 223
6.4 Decorrências: Argumentos doutrinários ou estratégicos 224
6.4.1 No agravamento e na mitigação da imposição tributária 224
6.4.2 No exercício conjunto com a função de interpretação 228
6.4.3 Na indução de comportamentos 229
6.5 Aplicação 230
6.5.1 A incidência da contribuição ao PIS e da Cofins sobre receitas financeiras e a fixação regulamentar de alíquotas 230

6.5.2 A fixação regulamentar da alíquota da taxa para "anotação de responsabilidade técnica" 233
6.6 Síntese do capítulo 235

CAPÍTULO 7
FUNÇÃO DE EXECUÇÃO 239

7.1 Identificação: Argumentos teóricos ou analíticos 239
7.1.1 A privatização da gestão tributária como paradigma de execução da lei tributária e os regulamentos 240
7.1.2 Obrigações acessórias e legalidade tributária 242
7.1.3 Legalidade tributária e obrigações acessórias imprescindíveis 246
7.1.4 Outras medidas necessárias para a execução da lei tributária 249
7.2 Definição 250
7.3 Limites 251
7.4 Decorrências: Argumentos doutrinários ou estratégicos 253
7.4.1 Quanto à pormenorização e excepcional instituição de obrigações acessórias 253
7.5 Aplicação 255
7.5.1 Obrigação de consolidação mensal na declaração de ajuste do IRPJ ... 255
7.5.2 Instrumentalização da cobrança da CIDE-Combustíveis 257
7.6 Síntese do capítulo 258

CAPÍTULO 8
FUNÇÃO DE CONSOLIDAÇÃO 261

8.1 Identificação: Argumentos teóricos ou analíticos 262
8.1.1 A segurança jurídica e a exigência de cognoscibilidade 262
8.1.2 A consolidação da legislação tributária como medida que promove a cognoscibilidade 264
8.1.3 As funções de lei complementar em matéria tributária e a consolidação da legislação 266
8.1.4 A sanção da norma construída a partir do art. 212 do CTN 269
8.2 Definição 271
8.3 Limites 271
8.4 Decorrências: Argumentos doutrinários ou estratégicos 272
8.4.1 No caso de cumprimento do dever de consolidação 273
8.4.2 No caso de descumprimento do dever de consolidação 276
8.5 Aplicação 280
8.5.1 O Regulamento do Imposto sobre a Renda 280
8.5.2 Compilação da legislação dos tributos estaduais 281
8.6 Síntese do capítulo 283

CONCLUSÕES 285

REFERÊNCIAS 291

PREFÁCIO

O trabalho, que tenho a enorme alegria de prefaciar, é a versão aprimorada da dissertação de mestrado, seguramente orientada pelo Prof. Paulo Ayres Barreto, que o autor brilhantemente defendeu na quase bicentenária Faculdade de Direito da Universidade de São Paulo, perante rigorosa banca que lhe concedeu, por unanimidade e com distinção, o almejado título de mestre em Direito. Trata-se de uma dissertação de mestrado extraordinária por várias razões.

Em primeiro lugar, porque ela não se limita, como ordinariamente se faz, a compilar e sistematizar a opinião de outros autores sobre o tema. O que o autor industriosamente faz é algo bem diverso: com base em refinada orientação analítica, marcada pelo rigor definitório e pela acurácia classificatória, ele reconstrói a norma constitucional que atribui competência regulamentar em matéria tributária, fixando-lhe, com clareza e consistência, seus limites e suas funções. A novidade deste trabalho reside precisamente no emprego de uma orientação analítica, baseada em extensa e profunda pesquisa bibliográfica, para analisar um tema já tantas vezes tratado. A parte relativa à definição da competência regulamentar bem evidencia essa orientação: com base no instrumental lógico-analítico das definições, o autor, com consistência e criatividade, propõe tanto uma definição intencional de competência regulamentar, mediante o escrutínio dos termos "competência", "tributária" e "regulamentar", quanto uma definição extensional da mesma competência, capaz de identificar os principais documentos que resultam do seu exercício, como os decretos, as instruções normativas, as resoluções, a portarias, os pareceres normativos, as soluções de consulta e os atos declaratórios. O resultado dessa parte do trabalho surpreende muito positivamente, pois permite que o leitor saiba, assim com clareza como com funcionalidade, com ganhos tanto teóricos quanto práticos, qual é o conteúdo, quais são os destinatários e quais são as funções da competência regulamentar em matéria tributária.

Em segundo lugar, trata-se de uma dissertação de mestrado extraordinária porque o autor, longe de ser aquiescente com relações a teorias em voga ultimamente, examina, em linha reta e sem ladear, os principais argumentos utilizados para alargar a competência regulamentar. Sem alarde nem alarido, com paciência e serenidade, o autor desconstrói os argumentos histórico-político, antiformalista, da hipercomplexidade dos fatos e neoconstitucionalista que têm sido utilizados, seja por decisões judiciais, seja por autores, para dilatar o âmbito da competência constitucionalmente prevista. Novamente aqui, o autor vai muito além de uma dissertação de mestrado para, com invulgar coragem, rebater esses argumentos com base na lógica e na Teoria do Direito. A parte relativa ao argumento da hipercomplexidade dos fatos bem elucida essa qualidade do trabalho: depois de expor, com caridade hermenêutica, os fundamentos do referido argumento, o autor procede ao seu exame crítico, para sustentar, a meu ver com total razão, as suas contradições e as suas falhas. O produto dessa parte do trabalho também surpreende muito positivamente, pois permite que o leitor encontre subsídios para melhor enfrentar argumentos que muitas vezes convencem aqueles espíritos que se deixam seduzir pela novidade e pela generalidade dos argumentos.

Em terceiro lugar, trata-se de uma dissertação de mestrado extraordinária porque o autor, ao invés de se limitar a superficialmente examinar os principais temas relativos à competência regulamentar, analisa-os, com detença e profundidade. Creio que, aqui, reside a principal contribuição do presente trabalho: a definição, a limitação e a aplicação de cada uma das funções da competência regulamentar, a saber, a função de interpretação, de fixação de alíquotas, de execução e de consolidação. A leitura dessa segunda parte do trabalho permite reconstruir toda a funcionalidade da competência regulamentar, sempre com base em pesquisa doutrinária e legislativa primorosa. No exame de todas as referidas funções, o autor igualmente não se limita a retratar o estado da arte, indo além, para, com autonomia intelectual, apresentar a sua própria posição sobre cada uma dessas funções.

Por todas essas razões e mais aquelas que o sensível leitor irá perceber, desejo que esta obra receba, da comunidade acadêmica e dos tribunais, a merecida acolhida à qual faz jus, pela extraordinária contribuição que apresenta ao exame do tema da competência regulamentar em matéria tributária.

São Paulo, 28 de junho de 2018.

Humberto Ávila
Professor Titular de Direito Tributário da Universidade de São Paulo

APRESENTAÇÃO

Desvelar, com acuidade e rigor metodológico, temas intrincados de Direito Tributário é mister que exige daquele que a tanto se propõe uma série de atributos pessoais. É missão que dista de ser singela, razão pela qual o bom êxito de tal desafio não é recorrente. Nesse contexto, muito me apraz apresentar à comunidade científica a obra *Competência regulamentar em matéria tributária: funções e limites dos decretos, instruções normativas e outros atos regulamentares*, de autoria de Paulo Arthur Cavalcante Koury. Trata-se de texto que teve como origem a dissertação de mestrado, por mim orientada, defendida com brilhantismo pelo autor, perante qualificadíssima banca composta pelos eminentes professores Humberto Ávila, titular da Faculdade de Direito da Universidade de São Paulo, e Eurico de Santi, da Fundação Getúlio Vargas.

Remeto o leitor primeiramente ao Prefácio, da lavra do Prof. Humberto Ávila, que, com a usual clareza e precisão, sobre a obra e suas qualidades discorre. De seguida, recomendo a leitura atenta de um texto denso, profundo, bem encadeado e que, sobretudo, apresenta proposições sólidas, inovadoras e consistentes. Não há superficialidade em suas proposições. A doutrina que examina o tema – usualmente em perspectivas extremas e antagônicas – foi cuidadosamente esmiuçada e habilmente contrastada. Em consequência, exsurge uma posição intermediária, inédita, teoricamente bem plantada e com relevantes aplicações no campo pragmático.

Como registrei no início desta apresentação, a produção de obra deste quilate exige de seu autor uma série de atributos pessoais, sobejamente encontrados em Paulo Arthur Cavalcante Koury. Leitor voraz, em vários idiomas, o autor soube inicialmente selecionar os melhores textos – aqui e alhures – aproximando-se de sólida doutrina. Mais do que isso: teve a competência para, de cada um deles, aproveitar o que de melhor ofereciam, formando o cabedal teórico fundamental para o enfrentamento dos grandes temas de Direito Tributário. Além disso, o prazer pelo estudo se evidencia nos constantes desafios que Paulo Arthur se impôs, no Direito e fora dele, sempre com excelentes resultados.

Em sala de aula, ombreou-se com respeito, mas também com muita altivez, com seus colegas e professores. Em síntese, preparou-se, com extremo afinco, para produzir a obra que ora tenho o privilégio de apresentar.

Ao travar o primeiro contato com o texto, ainda em fase embrionária, lembrei-me da passagem que o saudoso Prof. Aires Fernandino Barreto, meu Pai, costumava contar nas saudações que fazia ao Prof. Celso Antônio Bandeira de Mello, nos congressos do Instituto Geraldo Ataliba. Dizia ele que antes de conhecer pessoalmente o festejado professor, travou contato com a sua obra. Pela densidade, profundidade e relevo de seus textos, imaginava fosse o professor Celso estudioso do Direito já avançado em anos. Quando tiveram o primeiro contato pessoal, surpreendeu-se o professor Aires com a juventude do já consagrado autor.

A obra ora apresentada sugere ser seu autor também avançado em anos, dado o amadurecimento intelectual nela evidenciado. Por certo, este será o primeiro de muitos livros e que descortinará um caminho longo e de pleno sucesso acadêmico. Por tal razão, está de parabéns o Programa de Pós-Graduação da Universidade de São Paulo pelo mestre que produziu, e também a Editora Fórum por trazer à lume tão relevante contribuição à Ciência do Direito Tributário.

São Paulo, 11 de julho de 2018.

Paulo Ayres Barreto
Professor Associado de Direito Tributário
da Universidade de São Paulo

INTRODUÇÃO

*Saber e poder são duas faces de uma mesma questão:
quem decide o que saber e quem sabe o que convém
decidir?*

(Jean-François Lyotard)[1]

1 Objeto: O problema da alocação de foros decisórios no Direito Tributário

A construção histórica do ideal de legalidade pode ser contada como a história da separação entre o criador e o aplicador do direito. Com o nascimento do Estado Moderno, formou-se uma concepção de legalidade como fruto do poder soberano alocado a um órgão representativo do povo ou da nação, que modula a liberdade e a propriedade dos cidadãos, estabelecendo os limites da ação dos demais poderes constituídos.[2] No Direito Tributário, isso se traduz como o ideal de que não haverá tributação sem representação (*no taxation without representation*).[3] O problema de decidir sobre a criação da imposição tributária, que limita a propriedade dos indivíduos, é alocado ao Poder Legislativo, cujo modo essencial de expressão é o produto formal "lei".

---

[1] Tradução livre. No original: "*savoir et pouvoir sont les deux faces de une même question: qui décide ce qu'est savoir, et qui sait ce qu'il convient de décider?*" (LYOTARD, Jean-François. *La condition postmoderne*: rapport sur le savoir. Paris: Les editions de minuit, 1979. p. 20).

[2] LAPORTA, Francisco J. *El imperio de la ley*. Uma visión actual. Madrid: Trotta, 2007. p. 156.

[3] Como explica Schoueri, essa conexão entre tributação e representação nasceu na Inglaterra, quando tributos para financiamento da cruzada de Henrique II contra Saladino foram submetidas à aprovação do *jury of neighbours*. SCHOUERI, Luís Eduardo. Contribuição à Investigação das Origens do Princípio da Legalidade em Matéria Tributária. In: VELLOSO, Carlos Mário da Silva; ROSAS, Roberto; AMARAL, Antonio Carlos Rodrigues do. *Princípios Constitucionais Fundamentais*. Estudos em homenagem ao professor Ives Gandra da Silva Martins. São Paulo: Lex, 2005a. p. 715.

Em um primeiro momento, essa alocação de competências decisórias apenas ao Poder Legislativo foi tomada de uma perspectiva sobremodo radical, como a exclusão de qualquer poder decisório por parte dos demais poderes constituídos (Poder Executivo e Poder Judiciário). Como explica Karl Engish, isso derivou da desconfiança que haviam gerado os juízes, "no período da justiça de arbítrio e de gabinete (quer dizer, de uma justiça que se acomodava às instruções dos senhores da terra)", bem como de uma adoração da lei, por seu suposto espírito racionalista.[4]

Nessa concepção parece estar a origem da visão de aplicação da lei como operação mecânica. Se o poder decisório somente pode ser exercido pelo Legislativo, que o concretiza pela edição de leis, o Executivo e o Judiciário, ao aplicarem as leis, não devem exercer nenhuma função decisória. Daí porque a doutrina da separação de poderes, nos países de tradição continental, desenvolveu-se sob a célebre afirmação de Monstesquieu, de que os juízes são meramente a "boca da lei" (*la bouche de la loi*),[5] ou seja, apenas dizem algo que já foi decidido pelo Poder Legislativo. Em sentido similar, nos países de tradição do *common law*, desenvolveu-se uma visão de que os juízes seriam os oráculos da lei (*"the oracles of law"*), que apenas descobririam as normas já existentes nos textos e perpetuadas pelos costumes.[6] Essa visão foi muito importante para a própria aceitação da existência do Poder Judiciário na Constituição dos Estados Unidos da América.[7]

Atualmente, em que pese as constituições, notadamente a brasileira de 1988, continuem a alocar os mais importantes foros decisórios ao Poder Legislativo, não mais se sustenta o ideal acima descrito de alocação exclusiva de competência decisória a esse poder. Isso tem dado ensejo a uma série de discussões sobre a existência de uma crise da lei e mesmo sobre a necessidade da reinvenção da lei.[8][9] Dentre outros fatores,

---

[4] ENGISCH, Karl. *Introdução ao pensamento jurídico*. 11. ed. Tradução de João Baptista Machado. Lisboa: Fundação Calouste Gulbekian, 2011. p. 206.

[5] MONTESQUIEU, Charles Secondat, Baron de. *O espírito das leis*. Tradução de Cristina Muraschco. São Paulo: Martins Fontes, 1993. p. 179.

[6] BLACKSTONE, Sir. William. Commentaries on the Laws of England 1871. In: MURPHY, Walter F.; PRITCHETT, C Herman, EPSTEIN, Lee; KNIGHT, Jack. *Courts, Judges and Politics*: An Introduction to the Judicial Process. 6. ed. New York: McGraw Hill, 2006. p. 22.

[7] Cf. HAMILTON, Alexander. The Federalist nº 78. In: EPSTEIN, Lee; KNIGHT, Jack. *Courts, Judges and Politics*: An Introduction to the Judicial Process. 6. ed. New York: McGraw Hill, 2006.

[8] Cf. LAPORTA, Francisco J. *El imperio de la ley*. Uma visión actual. Madrid: Trotta, 2007. p. 157-167.

[9] Esse tema será retomado no Capítulo 3.

INTRODUÇÃO | 21

essa circunstância decorre do distanciamento entre um significado geral prévio da lei e o significado aplicado sobre o caso concreto.[10] Com isso, opera-se um deslocamento do foro de decisão, em dois vetores: (i) do Poder Legislativo para o Poder Judiciário; (ii) do Poder Legislativo para o Poder Executivo. Em ambos os casos, a questão central continua sendo a vinculação maior ou menor à lei.[11]

O primeiro vetor referido acima tem sido denominado ativismo judicial, que pode ser caracterizado como o exercício da função jurisdicional para além dos limites institucionalmente impostos ao Poder Judiciário.[12] Para Guastini, o ativismo judicial consiste em uma doutrina que prega uma interpretação livre de vínculos textuais, como se os princípios constitucionais fossem capazes de resolver toda e qualquer controvérsia.[13]

O foco deste trabalho, contudo, está no segundo vetor, representativo do deslocamento de foros decisórios do Poder Legislativo para o Poder Executivo. Como afirma João Maurício Adeodato, o debate sobre a criação do direito pelo Legislativo ou pelo Judiciário (ativismo judicial) esquece que quem cria grande parte do direito no Brasil são órgãos do Poder Executivo imbuídos da competência regulamentar.[14] Nesse contexto, busca-se examinar, mais especificamente, o deslocamento de foros decisórios sobre matéria tributária para o Poder Executivo, por meio da competência regulamentar em matéria tributária, doravante simplesmente denominada "competência tributária regulamentar".

Se o Poder Executivo é competente para editar regulamentos, conforme prescreve a Constituição Federal (CF/88, art. 84, IV e art. 87, parágrafo único, II), algum poder decisório está inserido nessa competência. A questão é saber a extensão dessa atribuição de poder decisório ao Executivo por meio da competência tributária regulamentar e como a controlar.

Nesse contexto, o objetivo deste trabalho é reconstruir os limites ao exercício da competência tributária regulamentar, com respeito aos

---

[10] ADEODATO, João Maurício. *Uma teoria retórica da norma jurídica e do direito subjetivo*. 2. ed. São Paulo: Noeses, 2014b. p. 93.

[11] ENGISCH, Karl. *Introdução ao pensamento jurídico*. 11. ed. Tradução de João Baptista Machado. Lisboa: Fundação Calouste Gulbekian, 2011. p. 207.

[12] RAMOS, Elival da Silva. *Ativismo Judicial*. Parâmetros Dogmáticos. 2. ed. São Paulo: Saraiva, 2015. p. 131.

[13] GUASTINI, Riccardo. *Interpretar y Argumentar*. Tradução de Silvina Álverz Medina. Madrid: Centro de Estudios Jurídicos y Constitucionales, 2014. p. 381.

[14] ADEODATO, João Maurício. Retórica realista e decisão jurídica. *Revista de Direitos e Garantias Fundamentais*, v. 18, 2017. p. 37.

balizamentos impostos pelo ordenamento constitucional em vigor, e com esteio em uma teoria de argumentação jurídica que não pressuponha aplicação mecânica da lei.

2 Justificativa: Os regulamentos tributários na doutrina, entre dois extremos

O tema deste trabalho não é novo. Suas origens datam do surgimento do Estado Moderno e sua delimitação, no direito positivo brasileiro, não sofreu grandes alterações desde a promulgação da Constituição Federal de 1988. No entanto, ao tratar sobre competência tributária regulamentar, a doutrina dos últimos anos tem adotado posições diametralmente opostas, de modo a pôr em dúvida a extensão dessa atribuição de competência. Verifica-se uma contraposição entre: (i) uma doutrina mais tradicional, que defende a aplicação mecânica da lei e que o Poder Executivo não cria absolutamente nada por meio dos decretos, instruções normativas e afins;[15] (ii) uma doutrina de surgimento mais recente, que defende o caráter criativo dos regulamentos, do que decorreria a necessidade de reinterpretar a legalidade como uma exigência menor.[16]

A argumentação jurídica doutrinária funciona como jogo de linguagem[17] de segundo nível em relação ao direito positivo.[18] Nesse passo, a dogmática jurídica exerce seis funções, enunciadas por Robert Alexy: (i) função de estabilização (de determinadas soluções, de modo

---

[15] Nesse sentido, com algumas diferenciações e temperamentos, ver: XAVIER, Alberto. *Os princípios da legalidade e da tipicidade da tributação*. São Paulo: Revista dos Tribunais, 1978. p. 37-38. CARRAZZA, Roque Antonio. *O Regulamento no Direito Tributário Brasileiro*. São Paulo: Revista dos Tribunais, 1981. p. 138-147.

[16] Nessa linha, igualmente com algumas distinções, ver: TORRES, Ricardo Lobo. *Tratado de Direito Constitucional Financeiro e Tributário*. Valores e Princípios Constitucionais Tributários. Rio de Janeiro: Renovar, 2005. v. II. p. 400-512. GRECO, Marco Aurélio. *Planejamento Tributário*. 3. ed. São Paulo: Dialética, 2011. p. 143-147. TORRES, Silvia Faber. *A flexibilização do princípio da legalidade no direito do estado*. Rio de Janeiro: Renovar, 2012. p. 249-309. ROCHA, Sérgio André. A Deslegalização no Direito Tributário Brasileiro Contemporâneo: Segurança Jurídica, Legalidade, Conceitos Indeterminados, Tipicidade e Liberdade de Conformação da Administração Pública. In: RIBEIRO, Ricardo Lodi; ROCHA, Sérgio André (Coords.). *Legalidade e Tipicidade no Direito Tributário*. São Paulo: Quartier Latin, 2008. p. 220-258. RIBEIRO, Ricardo Lodi. A tipicidade tributária. In: RIBEIRO, Ricardo Lodi; ROCHA, Sérgio André (Coords.). *Legalidade e Tipicidade no Direito Tributário*. São Paulo: Quartier Latin, 2008. p. 210.

[17] Sobre esse conceito, ver item 5.1.3.

[18] AARNIO, Aulis. *Essays on the Doctrinal Study of Law*. Heidelberg: Springer, 2011. p. 36

INTRODUÇÃO | 23

que não precisem ser continuamente discutidas);[19] (ii) função de progresso (oferecer novas linhas argumentativas);[20] (iii) função de descarga (da necessidade de justificação de argumentos já estabilizados);[21] (iv) função técnica (de informação e educação sobre o direito);[22] (v) função de controle (dos enunciados utilizados no discurso jurídico);[23] (vi) função heurística (modelos de pensamentos prévios ao caso).[24]

Para exercer essas funções, a dogmática ancora-se em pressupostos analíticos ou teóricos sobre o que é o direito e como ele funciona. Como afirma Aarnio, todo o pensamento jurídico pressupõe assertivas filosóficas e ferramentas conceituais básicas.[25] Retomando as duas vertentes doutrinárias referidas acima, tem-se que a primeira delas parte de uma concepção de aplicação mecânica da lei, como se os regulamentos pudessem, apenas, explicitar algo que já estava na essência do texto legal. Já a segunda parte da premissa teórica de que a aplicação do direito pressupõe certo caráter criativo de cada ato, o que se estenderia aos regulamentos em matéria tributária.

Em termos de pressuposto analítico, a segunda corrente parece estar mais próxima do atual reconhecimento do caráter argumentativo do direito do que a primeira. Com efeito, não se verifica, no direito, uma objetividade forte, como ocorre na matemática, por exemplo.[26] Isso não significa, contudo, que não possam ser identificados limites à argumentação jurídica.[27]

Por outro lado, ao exercer as referidas funções, a dogmática jurídica influi sobre a reprodução do direito positivo. É precisamente o que ocorreu na situação em tela, em que a segunda linha doutrinária acima referida ganhou acolhida nos votos proferidos pelo Ministro Dias Tofolli nos Recursos Extraordinários 704.292 e 838.284 (ambos com repercussão geral reconhecida).[28]

---

[19] ALEXY, Robert. *Teoria da Argumentação Jurídica*: a Teoria do Discurso Racional como Teoria da Fundamentação Jurídica. Tradução de Zilda Hutchinson Schild Silva. 3. ed. Rio de Janeiro: Forense, 2013. p. 261

[20] *Ibidem*, p. 262

[21] *Ibidem*, p. 263.

[22] *Ibidem*, p. 264.

[23] *Ibidem*, p. 265

[24] *Ibidem*, p. 265.

[25] AARNIO, Aulis. *Essays on the Doctrinal Study of Law*. Heidelberg: Springer, 2011. p. 17.

[26] HAGE, Jaap C. *Construction or Reconstruction?* On the function of argumentation in the Law. Maastricht: Maastricht European Private Law Institute, Working Paper nº 2011/37. p. 5

[27] Acerca desse assunto, cf. Capítulo 5, item 5.1.3.

[28] Essa questão será amplamente analisada no Capítulo 3.

Contudo, em que pese os pressupostos teóricos da segunda corrente doutrinária, que se afasta da aplicação mecânica, possam ser mais coerentes, o efeito de estímulo a uma concepção de legalidade mitigada, com ampliação da competência tributária regulamentar, nega os limites constitucionais ao exercício dessa atribuição de produção normativa, advindos da legalidade tributária e de outras prescrições constitucionais específicas. Em sentido contrário, embora a primeira corrente parta de pressupostos teóricos ultrapassados, prega uma postura de deferência regulamentar ao conteúdo decisório legal que endereça, de maneira muito mais adequada, o conteúdo constitucional.

Nesse contexto, em face de uma doutrina que parte de pressupostos analíticos inadequados e prega efeitos coerentes com o ordenamento jurídico e outra doutrina que parte de pressupostos analíticos mais coerentes, porém nega os limites constitucionais ao exercício da competência tributária regulamentar, abre-se espaço para a construção de uma via intermediária. Como afirma Jeremy Waldron, o Estado de Direito demanda que os exercícios de poder discricionário que impactem, diretamente, em direitos sejam mais e mais trazidos ao controle de instituições e de normas jurídicas.[29] O desafio é a busca de uma doutrina que melhor compreenda a legalidade, rumo à sua revalorização.[30]

3 Metodologia: Bases para a construção de uma doutrina dos regulamentos tributários com fundamento em uma concepção argumentativa do Direito

Metodologia é o caminho a ser percorrido, orientações para conseguir objetivos.[31] O objetivo é a construção de uma dogmática jurídica sobre regulamentos tributários com premissas teóricas sólidas e efeitos normativos responsáveis. O caminho que leva até lá deve ser consistente com o reconhecimento de que o direito é construído de maneira argumentativa por aqueles que participam do seu processo de positivação, de maneira direta ou indireta.

Como afirma Alexy, o direito pode ser visto como um caso especial da argumentação prática geral, aquela que trata do que deve ser

---

[29] WALDRON, Jeremy. The Concept and the Rule of Law. New York University School of Law. *Public Law & Legal Theory Research Paper Series*, n. 08-50, p. 49, nov. 2008.

[30] Assim: ALMEIDA, Fernando Dias Menezes de. *Formação da Teoria do Direito Administrativo no Brasil*. Tese de Titularidade – Universidade de São Paulo, São Paulo, 2013. p. 396.

[31] ADEODATO, João Maurício. *Uma teoria retórica da norma jurídica e do direito subjetivo*. 2. ed. São Paulo: Noeses, 2014b. p. 24.

INTRODUÇÃO | 25

e não do que é. Trata-se da chamada "tese do caso especial". Segundo o autor, diferentemente do que ocorre no discurso prático geral, o discurso jurídico não se refere meramente à racionalidade de proposições normativas, mas sim à possibilidade de sua fundamentação racional no ordenamento jurídico vigente.[32] Nesse contexto, o modelo de pensamento retórico afigura-se adequado para a compreensão do direito e para a sua reconstrução doutrinária. Como afirma Adeodato, a retórica é uma criação dos advogados, cujo discurso não se pauta em verdades, mas sim em "raízes práticas, estratégicas, argumentativas".[33] Nesse sentido, a chamada "nova retórica" (*nouvelle retorique*) busca retomar as bases argumentativas do direito a partir de suas origens gregas. Conforme Chaïm Perelman, o objeto da teoria da argumentação concebida como uma nova retórica consiste em todo o campo do discurso que visa à persuasão e ao convencimento.[34]

A teoria retórica da argumentação fundamenta-se na distinção aristotélica entre *ethos, pathos* e *logos*.[35] Simplificadamente, *ethos* são argumentos pautados em características do falante (argumento de autoridade, por exemplo), *pathos* são argumentos baseados em qualidades do auditório, que comumente apelam para suas emoções, e *logos* são os argumentos focados em sua própria mensagem.[36] É nos argumentos *logos* que deve focar a racionalidade jurídica.

Essa é a diretriz buscada por este trabalho, que visa a justificar, externamente, as premissas estabelecidas conforme o maior número possível de cadeias argumentativas independentes, porém interligadas, como predica Aarnio.[37] Ademais, procurar-se-á referir todo argumento aos textos do direito positivo, que representam o ponto de partida e os limites da interpretação jurídica, de modo que um argumento será tanto mais relevante quanto maior for sua referencialidade ao ordenamento jurídico.[38]

---

[32] ALEXY, Robert. *Teoria da Argumentação Jurídica*: a Teoria do Discurso Racional como Teoria da Fundamentação Jurídica. Tradução de Zilda Hutchinson Schild Silva. 3. ed. Rio de Janeiro: Forense, 2013. p. 217.

[33] ADEODATO, João Maurício. Retórica realista e decisão jurídica. *Revista de Direitos e Garantias Fundamentais*, v. 18, 2017. p. 16.

[34] PERELMAN, Chaïm. *L'empire retorique*. Rhétorique et argumentation. 10. ed. Paris: Vrin, 2012. p. 21.

[35] ADEODATO, João Maurício. Uma crítica retórica à retórica de Aristóteles. In: ADEODATO, João Maurício (Org.). *A retórica de Aristóteles e o direito*: bases clássicas para um grupo de pesquisa em retórica jurídica. Curitiba: CRV, 2014a. p. 29.

[36] WOHLRAPP, Harold R. *The Concept of Argument*. A Philosophical Foundation. Tradução de Tim Personn. Heidelberg: Springer, 2014. p. xxiv-xxv.

[37] AARNIO, Aulis. *Essays on the Doctrinal Study of Law*. Heidelberg: Springer, 2011. p. 145.

[38] ÁVILA, Humberto. Teoria giuridica dell'argomentazione. In: COMANDUCCI, Paolo; GUASTINI, Riccardo (Org.). *Analisi e Diritto*. Madri: Marcial Pons, 2012c. p. 28-29.

O foco será no que Alexy denomina "função de controle" e "função heurística" do discurso dogmático jurídico. A primeira consistente na aferição da compatibilidade entre enunciados dogmáticos entre si, bem como entre eles e enunciados de direito positivo.[39] A segunda consiste em oferecer modelos de soluções e distinções para a aplicação do direito.[40] Com isso, sem renunciar aos fundamentos teóricos, buscar-se-á endereçar a advertência de Tércio Sampaio Ferraz Junior, para quem a validade da dogmática jurídica depende de sua relevância prática, da possibilidade do uso de sua argumentação como instrumento para a tomada de decisão.[41]

Deve-se atentar que a competência tributária regulamentar não está isolada da realidade. Trata-se de uma questão jurídica diretamente atrelada às instituições e aos atores envolvidos em sua realização. Como afirma Ruy Barbosa Nogueira, é da maior relevância que o intérprete examine as peculiaridades do sistema jurídico dentro do qual deverá interpretar a lei.[42]

Nesse passo, visa-se a construir uma doutrina com base em parâmetros argumentativos materiais e distribuição de ônus e deferências argumentativas, com referência ao ordenamento jurídico e às instituições brasileiras.

Para tanto, a *primeira parte* deste trabalho será dedicada ao exame dos limites da competência tributária regulamentar no direito brasileiro, em quatro capítulos.

No Capítulo 1, será analisada a extensão que a Constituição Federal de 1988 dá à competência tributária regulamentar, que é diretamente determinada pelo conteúdo da legalidade tributária. A construção da legalidade tributária é o primeiro passo para a compreensão do conteúdo da legalidade tributária regulamentar.

O Capítulo 2 será dedicado à análise do destinatário da competência tributária regulamentar. Nesse capítulo, o particular será identificado como um dos principais, senão o principal destinatário dos regulamentos tributários. A partir dessa premissa, procurar-se-á compreender a exigência de publicidade dos regulamentos, bem como os processos de participação do contribuinte na sua elaboração.

---

[39] ALEXY, Robert. *Teoria da Argumentação Jurídica*: a Teoria do Discurso Racional como Teoria da Fundamentação Jurídica. Tradução de Zilda Hutchinson Schild Silva. 3. ed. Rio de Janeiro: Forense, 2013. p. 265.

[40] *Ibidem*, p. 265.

[41] FERRAZ JUNIOR, Tércio Sampaio. *A Ciência do Direito*. 3. ed. São Paulo: Atlas, 2014a. p. 51.

[42] NOGUEIRA, Ruy Barbosa. *Da interpretação e da aplicação das leis tributárias*. 2. ed. São Paulo: José Bushatsky, 1974. p. 9.

Respaldado no conteúdo material e no destinatário da competência tributária regulamentar, expostos nos dois primeiros capítulos, o Capítulo 3 será dedicado ao exame de quatro argumentos que vêm sendo utilizados para ampliar a competência tributária regulamentar, com algum grau de acatamento no âmbito do Supremo Tribunal Federal. Cada argumento será decomposto em elementos e analisado criticamente, em face do ordenamento jurídico brasileiro.

No Capítulo 4, buscar-se-á definir o objeto de estudo deste trabalho, a competência tributária regulamentar. As conclusões fixadas nos três primeiros capítulos servirão de base para a construção de uma definição intensional (mediante enunciação de critérios de inclusão de classe) dessa atribuição normativa. Adicionalmente, também será examinada uma definição extensional (mediante enumeração de elementos que se enquadram no conceito). Combinadas, as definições intensional e extensional fornecem uma visão ampla do conteúdo da competência tributária regulamentar.

A *segunda parte* destinar-se-á ao estudo das principais funções exercidas pelos regulamentos tributários no Brasil. A proposta de separar essas funções objetiva possibilitar um controle mais preciso dos limites da competência tributária regulamentar. Sua grande virtude consiste na possibilidade de identificação do exercício de mais de uma função em um mesmo enunciado. Os quatro capítulos destinados ao estudo das funções exercidas pelos regulamentos terão a mesma estrutura, dividida em: (i) identificação; (ii) definição; (iii) limites; (iv) decorrências; (v) aplicação.

Na identificação de uma função exercida pelos regulamentos tributários, procurar-se-á decompor, em premissas externamente justificadas, os fundamentos do seu exercício. Nesse espaço, buscar-se-á dar primazia aos argumentos teóricos ou analíticos, essencialmente descritivos, não intencionando mudar a prática, mas assumindo uma pretensão de neutralidade.[43] A definição de cada função, então, deverá defluir, naturalmente, dos argumentos expostos em sua identificação.

Em seguida, serão examinados limites específicos do ordenamento jurídico ao exercício da referida função. Na parte dedicada ao exame das decorrências, serão priorizados os argumentos doutrinários, que são aqueles que visam a interferir sobre a prática jurídica.[44] Naturalmente,

---

[43] ADEODATO, João Maurício. *Uma teoria retórica da norma jurídica e do direito subjetivo*. 2. ed. São Paulo: Noeses, 2014b. p. 113.

[44] *Ibidem*, p. 108.

a neutralidade buscada nos argumentos analíticos nunca será absoluta e existe um espaço importante de interseção entre os argumentos analíticos e os argumentos estratégicos que serão explorados. Não obstante, a separação busca conferir maior precisão ao discurso. Por fim, a aplicação consistirá no exame de dois casos práticos em que os limites ao exercício de determinada função pelos regulamentos seria importante para dirimir controvérsias jurídicas.

Em conformidade com essa estrutura, serão examinadas a função de interpretação (Capítulo 5), a função de fixação de alíquotas (Capítulo 6), a função de execução (Capítulo 7), e a função de consolidação da legislação tributária (Capítulo 8).

Com a análise dessas quatro funções, buscar-se-á oferecer um modelo heurístico de argumentação para o exercício e controle dos limites da competência tributária regulamentar. A hipótese adotada é que a identificação dessas quatro funções exercidas pelos regulamentos, cada uma com limites e decorrências específicas, pode contribuir para maior precisão do controle do exercício da competência tributária regulamentar por parte dos sujeitos competentes, bem como da doutrina.

PARTE I

LIMITES

CAPÍTULO 1

O CONTEÚDO DA COMPETÊNCIA TRIBUTÁRIA REGULAMENTAR NA CONSTITUIÇÃO, A PARTIR DA LEGALIDADE

[A] justiça distributiva é a conjunção do primeiro termo de uma proporção com o terceiro, e do segundo com o quarto, e o justo neste sentido é o meio-termo, e o injusto é o que viola a proporção, pois o proporcional é o intermediário, e o justo é o proporcional.

(Aristóteles)[45]

1.1 Quantas legalidades há e qual seu conteúdo?

A construção do conteúdo da legalidade (tributária), à qual está indissociavelmente ligada a competência para a expedição de normas regulamentares (em matéria tributária), deve partir da análise dos dispositivos constitucionais acerca da matéria. No Estado de Direito, como afirma Francisco Laporta, a autoridade para emitir normas sempre terá fundamento em outras normas.[46]

---

[45] ARISTÓTELES. Ética a Nicômaco. Tradução de Pietro Nassetti. São Paulo: Martin Claret, 2001. p. 109.
[46] LAPORTA, Francisco J. El imperio de la ley. Uma visión actual. Madrid: Trotta, 2007. p. 94.

Assim, se não se pode pressupor conteúdos jurídico-normativos prévios ao direito positivo,[47] então, a determinação do conteúdo da legalidade, no ordenamento jurídico brasileiro, somente pode basear-se nos textos jurídicos que o compõem. A isto se encontra associada a prevalência material das normas construídas a partir do texto constitucional, que nada tem de ontológica ou necessária,[48] mas consiste em parte fundamental do modo como se deu a construção do ordenamento jurídico brasileiro.

Nesse passo, a Constituição Federal de 1988 faz referência direta à legalidade em diversos dispositivos, tratando-a de matérias distintas. Enquanto o art. 5º, II, prescreve que "ninguém será obrigado a fazer ou deixar de fazer alguma coisa senão em virtude de lei", determina o art. 150, I, inserto no capítulo denominado "Do Sistema Tributário Nacional", ser vedado às pessoas políticas "exigir ou aumentar tributo sem lei que o estabeleça". Inserido pela Emenda Constitucional nº 3/1993, o §6º do art. 150 determina a necessidade de lei específica, que regule apenas a matéria ou o tributo em questão para a concessão de "qualquer subsídio ou isenção, redução de base de cálculo, concessão de crédito presumido, anistia ou remissão, relativos a impostos, taxas ou contribuições". Afora essas referências à legalidade, também o art. 37, *caput*, estabelece que a administração pública direta e indireta obedecerá ao "princípio da legalidade".

Fora do campo de estudos deste ensaio, qual seja, o Direito Tributário, a Constituição faz, ainda, referências específicas à legalidade em matéria penal (art. 5º, XXXIX) e em matéria de intervenção do estado sobre o domínio econômico (art. 170, parágrafo único), por exemplo.

Associados a esses dispositivos, que tratam, diretamente, da legalidade, estão aqueles que dispõem sobre a aptidão para a expedição de normas regulamentares pelo Poder Executivo. O art. 84, IV, da CF/88 prescreve a competência do Presidente da República para "expedir decretos e regulamentos para" a "fiel execução" das leis. O art. 87, parágrafo único, II, de sua parte, determina a competência dos ministros de estado para "expedir instruções para a execução das leis, decretos e regulamentos". Também se afiguram relevantes o art. 68, que estabelece o processo de elaboração das "leis delegadas" e seus limites, o art. 49, V, que prescreve a competência do Congresso Nacional

---

[47] Sobre o tema, ver, especialmente, o item 6.1.1.

[48] LUHMANN, Niklas. *Law as a social system*. Tradução para o inglês: Klaus A. Ziegart. Oxford: Oxford University, 2004. p. 103.

CAPÍTULO 1
O CONTEÚDO DA COMPETÊNCIA TRIBUTÁRIA REGULAMENTAR NA CONSTITUIÇÃO, A PARTIR DA LEGALIDADE | 33

para "sustar os atos normativos do Poder Executivo que exorbitem do poder regulamentar ou dos limites de delegação legislativa" e o art. 25 do Ato das Disposições Constitucionais Transitórias, que prevê a revogação (rectius, não recepção) dos "dispositivos legais que atribuam ou deleguem a órgão do Poder Executivo competência assinalada pela Constituição ao Congresso Nacional".

Tratando, especificamente, de matéria tributária, é relevante, ainda, o §1º do art. 153 da Constituição Federal, que prescreve ser "facultado ao Poder Executivo, atendidas as condições e os limites estabelecidos em lei, alterar as alíquotas" do Imposto de Importação (II), do Imposto de Exportação (IE), do Imposto sobre Produtos Industrializados (IPI) e do Imposto sobre operações de Crédito, Câmbio, Seguro e relativas a Títulos e Valores Mobiliários (IOF). Na mesma trilha, o art. 177, §4º, I, "b", da CF/88 prescreve que a alíquota da chamada CIDE-Combustíveis poderá ser "reduzida e restabelecida por ato do Poder Executivo". A respeito desse último dispositivo, merece destaque a circunstância de ter sido inserido pela Emenda à Constituição nº 33/2001, o que levanta questionamentos quanto à sua constitucionalidade.

Em face desse quadro normativo constitucional, não se pode desconsiderar, como ressalta Paulo Ayres Barreto, a "inafastável influência do todo em relação à parte e da parte em relação ao todo".[49] É dizer, a construção da legalidade em matéria tributária (de cujo conteúdo é defluência, quase que imediata, a amplitude da competência tributária regulamentar) não pode descuidar: (i) da consideração de todos os dispositivos constitucionais supra elencados; e (ii) da forma como se constrói a norma da legalidade no Direito Tributário e em outros ramos didaticamente autônomos do direito,[50] mormente quando se dá com base nos mesmos dispositivos.

Com isso se quer afirmar a necessidade de justificação de posturas que igualem ou diferenciem a legalidade em matéria tributária daquelas construídas nos demais ramos didaticamente autônomos do direito. Ademais, não se pode deixar de justificar o conteúdo que se atribui a um dispositivo constitucional em confronto com os demais dispositivos que tratam da mesma matéria, sob pena de quebra da coerência que deve informar a construção dogmática do direito. Como

---

[49] BARRETO, Paulo Ayres. Ordenamento e sistema jurídicos. In: CARVALHO, Paulo de Barros (Coord.). Constructivismo lógico-semântico. São Paulo: Noeses, 2014. v. I. p. 253.

[50] Alfredo Augusto Becker já preconizava ser um falso problema a autonomia dos ramos do direito, enfatizando seu caráter meramente didático. BECKER, Alfredo Augusto. Teoria Geral do Direito Tributário. 6. ed. São Paulo: Noeses, 2013. p. 32-34.

predica Aleksander Peczenik, quanto mais as proposições pertencentes a uma teoria se aproximam de uma perfeita estrutura de suporte (conjunto de relações formais entre conclusões e suas premissas), mais coerente a teorização.[51]

Feitas essas advertências, identificam-se três sortes de questões cuja resposta é essencial para a determinação do conteúdo da legalidade em matéria tributária, a partir do qual se delineia a extensão da competência tributária regulamentar. São elas as discussões: (i) quanto à identidade ou não entre o conteúdo da legalidade, prevista no art. 5º, II (genérica) e no art. 150, I (tributária) da Constituição; (ii) quanto à possibilidade ou impossibilidade de delegações diretas, pela lei ao regulamento, sob a égide do art. 5º, II, sem a observância do procedimento previsto no art. 68 da CF/88; e (iii) quanto à extensão do grau de determinação legal que prescreve a norma da legalidade prevista no art. 150, I da CF/88 (legalidade tributária).

Pode-se perceber uma certa tendência dos autores que se debruçam sobre a matéria em adotar uma posição de extremo prestígio à legalidade (defendendo o seu conteúdo unívoco, a impossibilidade de delegação em qualquer matéria e a necessidade de determinação conceitual absoluta no plano legal),[52] ou a posição diametralmente oposta (conteúdos diversos, possibilidade de delegação quando não se tratar de instituição de tributo e de indeterminação conceitual em matéria tributária).[53] Nada obstante, a existência de posições intermediárias[54] revela que essas discussões, embora irremediavelmente imbricadas, devem ser cindidas para permitir o estudo analítico da questão.

1.1.1 São diferentes as legalidades genérica (CF/88, art. 5º, II) e tributária (CF/88, art. 150, I)?

No que respeita à primeira discussão, pode-se identificar: (i) aqueles que recorrem à distinção frásica entre o art. 5º, II e o art. 150, à

---

[51] PECZENIK, Alexsander. *On Law and Reason*. Heidelberg: Springer, 2009. p. 132-133.

[52] Assim: CARRAZZA, Roque Antonio. *Curso de Direito Constitucional Tributário*. 27. ed. São Paulo: Malheiros, 2011. p. 388-415.

[53] Nesse sentido: SCHOUERI, Luís Eduardo. *Direito Tributário*. 3. ed. São Paulo: Saraiva, 2013. p. 288-310.

[54] Alberto Xavier, por exemplo, defende a existência de dois conteúdos, a possibilidade de delegação quando não se tratar de instituição de tributos e a necessidade de determinação absoluta em nível legal em matéria tributária. XAVIER, Alberto. *Os princípios da legalidade e da tipicidade da tributação*. São Paulo: Revista dos Tribunais, 1978. p. 14-41.

distinção histórica entre a competência legislativa geral e a competência tributária, e a uma "não redundância" do legislador constituinte como justificativa para a distinção de conteúdo normativo entre esses dispositivos; (ii) aqueles que atribuem aos dispositivos um mesmo conteúdo, recorrendo ao fundamento democrático da legalidade ou ao princípio lógico da "idempotência do conjuntor".

A primeira corrente, que defende a diferenciação de conteúdo entre a legalidade genérica e a legalidade tributária, preexiste à Constituição de 1988. Tratando sobre os §§2º e 29 do art. 153 da Emenda Constitucional nº 1/1969 (cuja redação pouco difere dos arts. 5º, II e 150, I da CF/88), em 1978, Alberto Xavier defendia ser o princípio da legalidade administrativa genérica menos exigente que o princípio da legalidade tributária.[55] Para o autor, a expressão "em virtude de lei", ao referir-se à legalidade administrativa genérica, seria suficientemente ampla para abranger os casos em que a lei autoriza ao Poder Executivo introduzir limitações (reserva relativa de lei formal), o que não poderia acontecer no Direito Tributário, sob a égide da cláusula sem "lei que o estabeleça" (reserva absoluta de lei formal).[56] A Constituição vigente utiliza os mesmos termos ao tratar da legalidade genérica e da legalidade tributária, de modo que esse argumento ainda é utilizado para justificar a diferença de conteúdo entre essas legalidades.[57]

Sem adentrar no mérito do resultado (diferenciação de conteúdo da legalidade tributária e genérica), não parece que o argumento gramatical ou o argumento pautado na não redundância do constituinte sejam suficientes para justificar a distinção entre uma reserva de lei absoluta e relativa, no ordenamento jurídico brasileiro.

No que respeita à diferença entre as fórmulas "em virtude de lei" e "sem lei que o estabeleça", embora não se possa descartar a importância do argumento gramatical, em virtude de sua proximidade do texto positivado,[58] não parece ser ele determinante neste caso.

A distinção entre reservas absolutas e relativas com fundamento na diferença entre palavras utilizadas pela Constituição tem origem na doutrina italiana. Nesse país, defende-se que a reserva de lei do art. 23

---

[55] *Ibidem*, p. 17.

[56] *Ibidem*, p. 31.

[57] Assim: ANDRADE, José Maria Arruda de. *Interpretação da Norma Tributária*. São Paulo: MP, 2006. p. 173-174.

[58] ÁVILA, Humberto. *Sistema Constitucional Tributário*. 5. ed. São Paulo: Saraiva, 2012b. p. 269-270.

da Constituição Italiana[59] seria relativa, não absoluta, de modo que não seria necessário que a lei regulasse, inteiramente, a matéria, devendo ter um conteúdo mínimo que abarcaria, dentre outros, o pressuposto de fato da imposição tributária e o sujeito passivo.[60]

A exemplo do que ocorreu no Brasil, também a doutrina espanhola e mesmo o Tribunal Constitucional desse país adotaram a referida distinção entre reserva absoluta e reserva relativa de lei.[61] Na Espanha, destaca Eva Andrés Aucejo pelo menos três críticas a essa doutrina, quais sejam: (i) a circunstância de que a Constituição pode ter utilizado fórmulas literais distintas por questões meramente estilísticas; (ii) a insegurança jurídica gerada por essa interpretação, vez que os termos usados pela Constituição são insuficientes para explicar a extensão de uma ou de outra reserva de lei; (iii) o enfraquecimento das exigências do princípio da legalidade que decorre da distinção.[62]

Considerando-se os termos utilizados pela Constituição brasileira, tanto se pode defender que a expressão "em virtude de lei" seria mais ampla, quanto seria possível argumentar que a vedação de "exigir ou aumentar tributo sem lei que o estabeleça" permitiria que a lei estabelecesse que o regulamento pudesse aumentar um tributo qualquer, fora das exceções constitucionais, por exemplo. Essa última interpretação afigura-se absurda. Não, contudo, em função da formulação gramatical do dispositivo, que a permitiria, mas sim em razão dos demais dispositivos que regem a matéria, como, por exemplo, o art. 153, §1º (que ao abrir exceção à regra geral, acaba por afirmá-la).

Percebe-se que a estrutura gramatical dos dispositivos, por si só, não é suficiente para concluir pela existência de uma diferença, nem, tampouco, de um ou mais de um conteúdo. Isso só será possível com a análise conjunta dos dispositivos constitucionais afins.

O segundo argumento utilizado para justificar a distinção de conteúdo entre a legalidade genérica e a legalidade tributária consiste na distinção histórica entre o chamado "poder de regular" (*pouvoir législatif*: competência legislativa genérica) e o "poder de tributar" (*pouvoir financier*: competência tributária).[63] Em que pese esse argumento

---

[59] *La Costituzione. Articolo 23. Nessuna prestazione personale o patrimoniale può essere imposta se non in base alla legge.*

[60] Assim: TESAURO, Francesco. *Compendio di Diritto Tributario*. Torino: UTET, 2002. p. 9.

[61] AUCEJO, Eva Andrés. *Relaciones entre "Reglamento" e "Ley" en materia tributaria*. Madrid: Marcial Pons, 2013. p. 65.

[62] *Ibidem*, p. 66-67.

[63] Assim: SCHOUERI, Luís Eduardo. Contribuição à Investigação das Origens do Princípio da Legalidade em Matéria Tributária. In: VELLOSO, Carlos Mário da Silva; ROSAS,

CAPÍTULO 1
O CONTEÚDO DA COMPETÊNCIA TRIBUTÁRIA REGULAMENTAR NA CONSTITUIÇÃO, A PARTIR DA LEGALIDADE

37

forneça um substrato consistente para justificar a distinção, mormente se conjugado com outros fundamentos de índole sistemática, não necessariamente conduz à distinção entre legalidade genérica e tributária como reserva relativa e absoluta de lei. É dizer, das origens distintas da competência legislativa geral e tributária não deflui que a primeira possa ser objeto de delegação e a segunda, não.

O terceiro argumento para justificar a distinção consiste na afirmação de que o constituinte originário não poderia ter sido redundante. Entretanto, como ressalta Tércio Sampaio Ferraz Junior, a Constituição Federal de 1988 não resulta de nenhum projeto prévio, mas dos trabalhos de diversas comissões, cada uma voltada a uma matéria, sob influxos de pressões sociais distintas. Encaminhados os trabalhos de cada comissão à comissão central, operou-se o que o autor chamou de uma "convergência formalmente dispersiva".[64] Por assim ser, não se pode afirmar que o constituinte não seria redundante. A repetição da norma da legalidade em vários capítulos da Constituição Federal de 1988 pode ser explicada, justamente, pela relevância que nela enxergaram diversas comissões cujos trabalhos se deram de maneira apartada, de modo que cada uma resolveu incluí-la em seu texto.

Outra explicação para a repetição da referência à legalidade pode ser encontrada no efeito que se pretende imprimir nos destinatários. Trata-se do efeito (força perlocucionária) atrelado ao ato (ilocucionário) de prescrever de maneira repetida, como forma de dar maior ênfase à prescrição. Como ensina John L. Austin, uma dimensão do uso de uma sentença consiste em sua força convencional (ato ilocucionário: *e.g.* prescrever uma obrigação), outra dimensão, diz respeito ao que se logra por dizer-se algo (ato perlocucionário: *e.g.* efetivo cumprimento da prescrição).[65]

Desse modo, pode-se justificar a repetição da legalidade, por diversas comissões temáticas elaboradoras da Constituição vigente, como atos de fala cuja matriz ilocucionária consiste em tentar dar eficácia social ou efetividade[66] a essa prescrição. Curioso notar que,

---

Roberto; AMARAL, Antonio Carlos Rodrigues do. *Princípios Constitucionais Fundamentais.* Estudos em homenagem ao professor Ives Gandra da Silva Martins. São Paulo: Lex, 2005a. p. 717.

[64] FERRAZ JUNIOR, Tércio Sampaio. Notas sobre Contribuições Sociais e Solidariedade no Contexto do Estado Democrático de Direito. In: GRECO, Marco Aurélio; GODOI, Marciano Seabra de (Coord.). *Solidariedade Social e Tributação.* São Paulo: Dialética, 2005. p. 209.

[65] AUSTIN, John L. *How to do things with words.* 2. ed. Cambridge: Harvard University, 1962. p. 109.

[66] Conforme ensina Tércio Sampaio Ferraz Júnior, a eficácia social de uma norma não se confunde com sua observância. Em suas palavras: "A obediência é um critério importante

considerando-se esse fato como verdadeiro, seria contraproducente o esforço do constituinte quando, a pretexto de atribuir-se conteúdos diversos à legalidade, acabasse o intérprete por diminuir a abrangência e a intensidade dessa norma (ato perlocucionário – efeito no destinatário – diverso do pretendido).

Desse modo, seja pelo argumento gramatical, seja pelo argumento histórico ou pelo argumento de que não poderia ser redundante o constituinte, não parece absolutamente precisa a tese da distinção entre as legalidades genérica (CF/88, art. 5º, II) e tributária (CF/88, art. 150, I), em termos de reserva absoluta e relativa de lei.

A tese da unicidade absoluta, contudo, tampouco se apresenta integralmente justificada a partir do texto constitucional vigente. Um primeiro argumento em sua defesa se baseia no princípio democrático, enquanto fundamento da legalidade. Contudo, afirmações como a de que "repugna ao senso jurídico" que uma pessoa possa ser obrigada a pagar multa em razão do descumprimento de dever instituído por regulamento,[67] embora diretamente conectadas com o fundamento democrático da legalidade (ideia de autoimposição), precisam ser justificadas com base em textos normativos.

Como assevera Juliano Maranhão, um valor (como a ideia de autoimposição de deveres em geral por meio dos representantes parlamentares) somente é jurídico na medida em que proporcione uma justificação coerente das normas jurídicas válidas, não o contrário.[68] Logo, a extensão jurídica dessa justificativa deve ser buscada no conteúdo das normas constitucionais, não o contrário. É dizer, não se deve ler a Constituição com uma ideia de legalidade preconcebida. O valor-legalidade encampado pela Lei Maior é exatamente aquele que pode ser construído a partir de seus dispositivos, não um valor-legalidade ideal prévio.

Outro argumento aduzido em defesa da tese da unicidade baseia-se no princípio lógico da idempotência do conjuntor, em conformidade

---

para o reconhecimento da efetividade, mas esta não se reduz à obediência. Existem exemplos de normas que nunca chegam a ser obedecidas e, não obstante isso, podem ser consideradas socialmente eficazes. São normas que estatuem prescrições reclamadas ideologicamente pela sociedade, mas que se efetivamente aplicadas, produziriam insuportável tumulto social". Em seguida, o autor exemplifica com a prescrição constitucional sobre a amplitude do salário-mínimo (CF/88, art. 7º, IV). FERRAZ JUNIOR, Tércio Sampaio. *Introdução ao Estudo do Direito*: técnica, decisão, dominação. 7. ed. São Paulo: Atlas, 2013. p. 167.

[67] Assim: CARRAZZA, Roque Antonio. *O Regulamento no Direito Tributário Brasileiro*. São Paulo: Revista dos Tribunais, 1981. p. 45.

[68] MARANHÃO, Juliano. *Positivismo jurídico lógico-inclusivo*. Madri: Marcial Pons, 2012b. p. 120.

com o qual "a repetição de vários preceitos jurídicos equivale a apenas um" (Op.Op=Op).[69] Entretanto, essa constatação formal somente tem alguma relevância se já determinada a identidade entre as duas proposições, construídas a partir dos dois enunciados (CF/88, art. 5º, II e art. 150, I). Antes de formalizar duas proposições sob a mesma notação lógica (*e.g.* Op, ou a "conduta 'p' é obrigatória"), é preciso, por generalização, chegar-se à conclusão de que são proposições idênticas. E a generalização não opera no campo da lógica, mas no campo interpretativo. Há um hiato entre a generalização material (indutivamente conduzida) e a formalização lógica.[70] Como afirmam Jordi Ferrer Beltrán e Giovanni Battista Ratti, a lógica pode determinar as consequências que seguem de certa interpretação das fontes do direito, mas não diz qual interpretação, dentre as diversas possíveis, deve ser escolhida.[71]

As considerações aqui apresentadas em face dos argumentos que suportam, tanto a tese da completa identidade entre a legalidade tributária e a legalidade genérica, como a da diferenciação, não afirmam a falsidade de nenhuma das conclusões. Apenas predicam a insuficiência das razões utilizadas para justificá-las.

Tomando as duas concepções como tese e antítese, parece haver espaço para a construção de um argumento de síntese. Como afirma Aristóteles, o justo é o ponto intermediário, o meio-termo.[72] A legalidade não é uma só, idêntica para todos os setores da ordenação jurídica, nem é completamente distinta. Apresenta dois vetores, um deles estável ou fixo e outro, gradativo ou variável, conforme as necessidades de segurança jurídica e os demais influxos normativos de cada setor de normatização jurídica. Essa ideia, ora sobremodo abstrata, será melhor delimitada com uma tomada de posição em face das duas questões fundamentais adicionais acerca do conteúdo da legalidade, nos dois itens subsequentes.

---

[69] TOMÉ, Fabiana Del Padre. O resgate da legalidade tributária. In: CARVALHO, Paulo de Barros (Coord.). *IX Congresso Nacional de Estudos Tributários*: Sistema Tributário Nacional e a Estabilidade da Federação Brasileira. São Paulo: Noeses, 2012. p. 377.

[70] VILANOVA, Lourival. *As estruturas lógicas e o sistema de direito positivo.* 4. ed. São Paulo: Noeses, 2010. p. 14.

[71] BELTRÁN, Jordi Ferrer; RATTI, Giovanni Battista. Defeasibility and Legality: A Survey. In: BELTRÁN, Jordi Ferrer; RATTI, Giovanni Battista (Eds.). *The Logic of Legal Requirements*: essays on defeasibility. Oxford: Oxford University, 2012. p. 21.

[72] ARISTÓTELES. Ética a Nicômaco. Tradução de Pietro Nassetti. São Paulo: Martin Claret, 2001. p. 108.

1.1.2 É possível a delegação direta de competência legal aos regulamentos, sem observância do procedimento prescrito no art. 68 da Constituição Federal?

A simples separação entre este tópico (possibilidade de delegação de competência) e o seguinte (possibilidade do uso de conceitos indeterminados, conceitos discricionários e cláusulas gerais pela lei tributária) já demonstra uma tomada de posição. Paulo Rosenblatt, por exemplo, denomina "delegações indiretas ou oblíquas" o uso de cláusulas gerais, termos indeterminados ou normas em branco, em matéria tributária, entendendo tratar-se de burlas à legalidade.[73] Eva Andrés Aucejo, de sua parte, trata a "delegação" como uma categoria ampla que teria como espécies realidades tão díspares, como a previsão legal de conteúdo com autorização para desenvolvimento regulamentar (*remissión*) e a entrega ao regulamento de matéria constitucionalmente reservada à lei (*deslegalización*).[74]

Embora sejam todas essas posições coerentes, parece mais adequado reservar o termo "delegação" para o que se denomina "delegação legislativa" ou "delegação direta", consistente na autorização legal para que um regulamento discipline matéria que, até então, encontrava-se fora dos lindes de sua competência.[75] Essa acepção significativa é justificada por duas sortes de motivos. Primeiramente, o termo delegação é utilizado pela Constituição Federal, ao tratar da matéria, em, pelo menos, três oportunidades: ao tratar da lei delegada (art. 68), ao referir-se à competência do Congresso para sustar atos que excedam a delegação legal (art. 49, V) e ao determinar a não recepção das delegações legais anteriores (art. 25 do ADCT). A significação que a Constituição deu ao termo delegação, nesses dispositivos, é justamente a de autorização legal para dispor sobre matérias não incluídas na competência regulamentar, como se percebe a partir da redação do art. 68, §2º, que determina que lei delegada consistirá em resolução do Congresso que permitirá ao Presidente da República tratar de certo conteúdo normativo, sob determinadas condições.

Outro motivo para se adotar a referida acepção de "delegação" consiste na circunstância de que se encontra sobremodo arraigada,

---

[73] ROSENBLATT, Paulo. *A competência regulamentar no direito tributário brasileiro*: legalidade, delegações legislativas e controle judicial. São Paulo: MP, 2009. p. 178.

[74] AUCEJO, Eva Andrés. *Relaciones entre "Reglamento" e "Ley" en materia tributaria*. Madrid: Marcial Pons, 2013. p. 55-56.

[75] GASPARINI, Diógenes. *Poder Regulamentar*. São Paulo: Revista dos Tribunais, 1982. p. 85.

na dogmática jurídica brasileira, a classificação oriunda da doutrina italiana entre regulamentos executivos, delegados, autônomos e de necessidade.[76] Essa classificação, que mereceu a crítica aguda de Geraldo Ataliba,[77] não parece a melhor estratégia para tratar da competência tributária regulamentar no Brasil, visto que consiste em uma classificação anterior ao nosso direito positivo, por vezes utilizada de maneira *ad hoc*, sem prévia justificação de seu cabimento perante o ordenamento jurídico brasileiro. Não obstante, assim como o termo "princípio da legalidade" (que desconsidera a distinção entre princípios e regras),[78] o uso do termo "delegação" nesse sentido está tão disseminado no vocabulário jurídico brasileiro que, atribuir à palavra "delegação" sentido diferente do que lhe vem sendo dado causaria mais embaraço do que contribuiria para a precisão do discurso.

Empregado esse sentido ao termo "delegação" (autorização legal para que o regulamento discipline matéria que não seria de sua competência), seria possível imaginar cláusulas legais como "é facultado ao regulamento instituir impostos" ou "é facultado ao regulamento instituir obrigações tributárias acessórias". Não há divergência quanto à inconstitucionalidade da primeira cláusula, por violação ao art. 150, I da CF/88 (para aqueles que defendem a distinção).[79] O mesmo não se pode afirmar em relação à segunda cláusula. Há autores que admitem a delegação legal de competência para a instituição de obrigações

---

[76] Sobre as classificações dos regulamentos em vários países, cf. GASPARINI, Diógenes. *Poder Regulamentar*. São Paulo: Revista dos Tribunais, 1982. p. 78-83.

[77] Nas palavras do autor: "Também tem influenciado negativamente o conhecimento e aplicação do nosso direito constitucional uma falsa valorização do direito comparado. Ao contrário de se meditar sobre o direito estrangeiro, para fecundar um estudo crítico de nossas instituições, 'escritores' apressados transplantam se critério institutos, problemas e 'soluções' que nada tem a ver com nosso Texto. Só assim se explica o prestígio da corrente que estuda o 'regulamento autônomo', instituição que não pode existir no Brasil, à luz de nossas sucessivas constituições" (ATALIBA, Geraldo. Poder Regulamentar do Executivo. *Revista de Direito Público*, São Paulo, v. 14, n. 57-58, p. 205, jan./jun. 1981).

[78] Para Virgílio Afonso da Silva, "não há como querer, por exemplo, que expressões como 'princípio da anterioridade' e 'princípio da legalidade' sejam abandonadas, pois, quando se trata de palavras de forte carga semântica, como é o caso do termo 'princípio', qualquer tentativa de uniformidade terminológica está fadada ao insucesso" (SILVA, Virgílio Afonso da. O proporcional e o razoável. *Revista dos Tribunais*, n. 798, 2002. p. 26).

[79] Exemplificativamente, a negar essa possibilidade: SCHOUERI, Luís Eduardo. *Direito Tributário*. 3. ed. São Paulo: Saraiva, 2013. p. 289-290. XAVIER, Alberto. *Os princípios da legalidade e da tipicidade da tributação*. São Paulo: Revista dos Tribunais, 1978. p. 37. CARRAZZA, Roque Antonio. *Curso de Direito Constitucional Tributário*. 27. ed. São Paulo: Malheiros, 2011. 707-708. CARVALHO, Paulo de Barros. *Curso de Direito Tributário*. 24. ed. São Paulo: Saraiva, 2012a. p. 274.

tributárias acessórias por entenderem que o art. 5º, II da CF/88, a permitiria.[80] Outros autores negam essa possibilidade.[81]

Essa última posição parece mais coerente com o texto constitucional, pois, conforme já exposto, a Constituição previu um processo específico e circunscrito de delegação legislativa ao Poder Executivo (CF/88, art. 68). Em adição, o art. 25 do Ato das Disposições Constitucionais Transitórias revogou todos os dispositivos legais em vigor quando da promulgação da Carta de 1988 que atribuíssem ao Poder Executivo competências do Congresso Nacional ou as delegassem. A interpretação sistemática do texto constitucional aponta para a impossibilidade de delegação direta, na forma ora analisada.

Como afirma Celso Antônio Bandeira de Mello, a simples previsão da existência da espécie legislativa "lei delegada" "demonstra, *a contrario sensu*, que a regra é a indelegabilidade".[82] Não se ignora que o art. 25 do ADCT, afora proibir a delegação e determinar a perda de eficácia das leis que tivessem utilizado esse expediente, em 180 dias, contados da promulgação da CF/88, permitiu que a lei prorrogasse esse prazo, o que fez sem impor limite máximo.[83] Essa exceção, limitada às delegações então existentes e que foram prorrogadas,[84] somente afirma a regra geral de indelegabilidade. De modo contrário, seria absolutamente desnecessária.

Concluiu-se, assim, não ser possível a delegação direta e absolutamente inespecífica de competência legal para a competência regulamentar, ainda que se trate de matéria que recaia sob o escopo da legalidade genérica (CF/88, art. 5º, II), haja vista que a Constituição prevê um procedimento específico para tanto (art. 68), deixando clara a não recepção de leis que deleguem competências, salvo as exceções previstas no próprio texto constitucional (art. 25 do ADCT).[85]

---

[80] XAVIER, Alberto. *Os princípios da legalidade e da tipicidade da tributação*. São Paulo: Revista dos Tribunais, 1978. p. 31. SCHOUERI, Luís Eduardo. *Direito Tributário*. 3. ed. São Paulo: Saraiva, 2013. p. 289-290.

[81] DERZI, Misabel Abreu Machado. Nota de atualização. In: BALEEIRO, Aliomar. *Direito Tributário Brasileiro*. 13. ed. Rio de Janeiro: Forense, 2015. p. 1.099.

[82] MELLO, Celso Antônio Bandeira de. *Curso de Direito Administrativo*. 25. ed. São Paulo: Malheiros, 2007. p. 351.

[83] FRANSISCO, José Carlos. *Função Regulamentar e Regulamentos*. Rio de Janeiro: Forense, 2009. p. 255.

[84] Exemplo é a competência do Conselho Monetário Nacional, prorrogada pela Lei nº 7.770/89 e sucessivos diplomas legislativos até a edição da Lei nº 8.392/91.

[85] Conforme adiante será exposto, admite-se que possa o regulamento instituir, de maneira inaugural, obrigação tributária acessória em uma hipótese: quando a lei que institui o tributo não determina a modalidade de lançamento e os meios para possibilitá-lo. Nesse

1.1.3 Qual a extensão do grau de determinação legal prescrito pelos arts. 5, II e 150, I, da CF/88?

Ao determinarem o art. 5º, II, que "ninguém será obrigado a fazer ou deixar de fazer alguma coisa senão em virtude de lei" e o art. 150, I, ser vedado "exigir ou aumentar tributo" sem lei, ambos os dispositivos tratam da instituição de um dever ao jurisdicionado. É muito comum, na doutrina, a afirmação de que somente à lei é dado inovar na ordem jurídica, criando novos deveres e obrigações.[86]

É necessário, contudo, definir o que significa instituir um dever. Demanda-se melhor precisão doutrinária acerca do momento do processo de positivação do direito em que se entende por dada essa criação do dever.

Ressalte-se, destarte, que não se está aqui a tratar da instituição de um dever individualizado. Isso não se dá, via de regra, nem no âmbito da lei, nem do regulamento, mas dos atos normativos de aplicação que produzem normas concretas (singulares quanto ao objeto) e individuais (singulares quanto ao sujeito).

Tampouco se pode afirmar que o dever esteja "criado" ou instituído somente quando delineada a norma abstrata (genérica quanto ao objeto) e geral (genérica quanto ao sujeito), de modo tal que esteja pronta para ser aplicada tão logo ocorra um evento que possa ser subsumido à sua hipótese de incidência. É que, muitas vezes, um dever instituído por lei precisa de norma regulamentar para ser aplicado. Trata-se da hipótese descrita por Schoueri, em que o regulamento é tomado como condição de aplicabilidade da lei tributária.[87] É o sentido mais corriqueiro da "fiel execução" das leis de que trata o art. 84, IV, da Constituição Federal. Exemplo clássico é a necessidade de que o regulamento defina códigos de receita e modos de pagamento para que possa ser aplicado um dever legal de recolhimento de tributo. Nesses casos, a chamada eficácia técnica sintática da lei, consistente na presença das condições técnico-normativas exigíveis para a aplicação da norma,[88] depende da

---

caso, não haverá delegação legislativa, mas sim uma competência regulamentar originária, decorrente da aplicação da chamada teoria dos poderes implícitos.

[86] Assim: ATALIBA, Geraldo. Poder Regulamentar do Executivo. *Revista de Direito Público*, São Paulo, v. 14, n. 57-58, p. 196, jan./jun. 1981.

[87] SCHOUERI, Luís Eduardo. A legalidade e o poder regulamentar do Estado: atos da administração como condição para aplicação da lei tributária. In: PARISI, Fernanda Drummond; TÔRRES, Heleno Taveira; MELO, José Eduardo Soares de (Coord.). *Estudos de Direito Tributário em Homenagem ao Professor Roque Antonio Carrazza*. São Paulo: Malheiros, 2014. v. 1. p. 214.

[88] FERRAZ JUNIOR, Tércio Sampaio. *Introdução ao Estudo do Direito*: técnica, decisão, dominação. 7. ed. São Paulo: Atlas, 2013. p. 171.

edição da norma regulamentar. Por assim ser, também não é esse o sentido de criação de dever utilizado pelo constituinte.

Criar um dever, para fins de aplicação da legalidade, só pode significar dar início ao processo de positivação da cadeia de normas que define, materialmente, o conteúdo desta prescrição. O processo de positivação do direito consiste na sequência de atos ponentes de normas no quadro da dinâmica do sistema.[89] Esse processo se dá de um modo tal que se pode afirmar que o "direito positivo é não só aquele que é posto por decisão, mas, além disso, aquele cujas premissas são também postas por decisão".[90]

A partir dessas ideias, pode-se afirmar a existência de cadeias materiais de significação, em que a especificidade de um dever em certo ponto instituído vai se tornando, tanto maior, quanto menor for nível hierárquico do diploma normativo. Em outras palavras, passos argumentativos mais concretos, veiculados por meio de textos normativos, dão concretude a direitos e a deveres criados de forma mais abstrata. Nesse contexto, como defende Fernando Dias Menezes de Almeida, o que importa verificar "é se a tomada de decisão política que implica a criação de obrigações e direitos está presente na lei, em termos de seus contornos essenciais".[91] Trata-se da alocação de foros decisórios a que se referiu supra.[92]

Via de regra, a Constituição não institui deveres jurídico-tributários. Embora, pelo conteúdo de muitas de suas prescrições a Constituição delimite, de maneira bastante precisa, a premissa decisória prévia à instituição do dever por lei, no que respeita aos impostos e a algumas contribuições, a Constituição não inicia o processo de positivação do dever em si. Tanto é assim que, por mais precisa que seja a disciplina constitucional de um certo tributo, esse não será exigível sem que lei o institua. A Constituição não cria o dever de pagar um tributo específico, nem obrigação tributária acessória alguma, apenas estabelece competências para a sua criação.[93]

---

[89] CARVALHO, Paulo de Barros. *Derivação e Positivação no Direito Tributário*. São Paulo: Noeses, 2011/2012. v. 1. p. XIX.

[90] FERRAZ JUNIOR, Tércio Sampaio. *O Direito, entre o Futuro e o Passado*. São Paulo: Noeses, 2014b. p. 5.

[91] ALMEIDA, Fernando Dias Menezes de. Atos administrativos normativos: algumas questões. In: MEDAUAR, Odete; SCHIRATO, Vitor Rhein (Coord.). *Os caminhos do ato administrativo*. São Paulo: Revista dos Tribunais, 2011. p. 236.

[92] Ver item 1 da Introdução.

[93] Sobre o conceito de competência, ver item 4.2.1.

CAPÍTULO 1
O CONTEÚDO DA COMPETÊNCIA TRIBUTÁRIA REGULAMENTAR NA CONSTITUIÇÃO, A PARTIR DA LEGALIDADE | 45

Desse modo, pode-se afirmar que, o que prescreve a norma constitucional da legalidade, é que a cadeia semântica ou material de significação do conteúdo de um dever jurídico deve ser iniciada a partir da interpretação de documento legislativo de estatura legal. Com isso, assegura-se que a decisão política pela instituição do dever esteja alocada ao Poder Legislativo, responsável pela elaboração de leis. Esse é um ponto.

Outra questão, distinta, diz respeito ao nível de precisão conceitual que deve ter o instrumento legal na instituição do dever. Nenhum termo é completamente preciso. Todos eles padecem, ao menos potencialmente, dos vícios de ambiguidade e de vagueza (semânticos) e de carga emotiva (pragmático). A ambiguidade é vício que se verifica na conotação ou intensão, consistente na impossibilidade de enunciar-se "uniformemente as propriedades que devem estar presentes em todos os casos em que a palavra se usa". A vagueza, de sua parte, consiste no número indeterminado de elementos que podem se enquadrar na denotação ou na extensão do conceito,[94] podendo ser subdividia em pelo menos três modalidades: (i) gradualismo (quando propriedades se manifestam em um contínuo); (ii) vagueza combinatória (quando algumas características estão presentes e outras não); e (iii) insaciabilidade (quando não se pode enumerar precisamente todas as características).[95] Os vícios de ambiguidade e vagueza, na verdade, são imbricados, uma vez que a imprecisão nas propriedades, no mais das vezes, implicará indeterminação nos elementos que se enquadram no conceito. Já a carga emotiva consiste nas emoções associadas a muitos termos.[96]

Adicione-se a isso a circunstância de que, como ressalta Herbert L. A. Hart, mesmo o termo mais preciso, tornar-se-á impreciso em certo ponto em face da textura aberta da linguagem. Essa circunstância deriva da relativa ignorância do legislador em relação a todos os fatos quando elabora a lei e de sua relativa indeterminação de escopo, consistente na incapacidade de prever o futuro.[97] É que, como afirma Niklas Luhmann, o direito é feito no presente, com base em fatos passados e voltado para o futuro.[98]

---

[94] FERRAZ JUNIOR, Tércio Sampaio. *Introdução ao Estudo do Direito*: técnica, decisão, dominação. 7. ed. São Paulo: Atlas, 2013. p. 15.
[95] LAPORTA, Francisco J. *El imperio de la ley*. Uma visión actual. Madrid: Trotta, 2007. p. 186.
[96] FERRAZ JUNIOR, Tércio Sampaio. *Introdução ao Estudo do Direito*: técnica, decisão, dominação. 7. ed. São Paulo: Atlas, 2013. p. 15.
[97] HART, Herbert L. A. *The Concept of Law*. 3. ed. Oxford: Oxford University, 2012. p. 128.
[98] LUHMANN, Niklas. *Law as a social system*. Tradução de Klaus A. Ziegart. Oxford: Oxford University, 2004. p. 197-198.

Não se pode afirmar que a lei deva ser absolutamente precisa na prescrição do dever, haja vista ser isso impossível em função das características da linguagem. Logo, não se pode admitir, por irreal, que deva a lei ser tão precisa (*lex stricta*) a ponto de a decisão ser obtida por mera dedução[99] (com a premissa maior estabelecida de maneira absoluta). Por outro lado, a legalidade tampouco se compaginaria com uma prescrição legal tão ampla e vaga que equivalesse a prescrição nenhuma.[100] A efetiva exigência da legalidade, em nosso direito, encontra-se entre esses dois extremos. Para usar os termos cunhados por Hart ao referir-se ao formalismo absoluto, de um lado, e ao ceticismo absoluto, de outro, trata-se de "grandes exageros, salutares quando corrigem um ao outro, e a verdade jaz entre eles".[101]

Desse modo, o nível de precisão conceitual de que se deve valer a lei ao instituir deveres estará situado em uma escala, nem ao extremo da precisão absoluta, nem ao extremo da imprecisão completa. O primeiro é impossível. O segundo nega o Direito. Assim, a posição nessa escala que deve ser ocupada por uma prescrição legal individualmente considerada, em relação ao seu grau de precisão, variará conforme as necessidades de segurança jurídica e os demais influxos normativos do especial setor de regulação.

1.2 A legalidade em dupla vetorialização

Neste ponto, encontram-se firmadas e devidamente justificadas (externamente) as seguintes premissas: (i) isoladamente, não é possível estabelecer, nem uma total identidade, nem uma total diferenciação entre a legalidade genérica (CF/88, art. 5º, II) e a legalidade tributária (CF/88, art. 150, I); (ii) a Constituição Federal brasileira não admite delegação direta de competência legal para regulamentos, entendida como autorização legal para que o regulamento discipline matéria que não seria de sua competência; (iii) o processo semântico específico de positivação de um dever legal qualquer precisa ser iniciado no âmbito

---

[99] XAVIER, Alberto. *Os princípios da legalidade e da tipicidade da tributação*. São Paulo: Revista dos Tribunais, 1978. p. 38.

[100] Sérgio André Rocha, por exemplo, defende o amplo uso de tipos e conceitos indeterminados nas leis adventícias tributárias. ROCHA, Sérgio André. A Deslegalização no Direito Tributário Brasileiro Contemporâneo: Segurança Jurídica, Legalidade, Conceitos Indeterminados, Tipicidade e Liberdade de Conformação da Administração Pública. In: RIBEIRO, Ricardo Lodi; ROCHA, Sérgio André (Coords.). *Legalidade e Tipicidade no Direito Tributário*. São Paulo: Quartier Latin, 2008. p. 249-252.

[101] HART, Herbert L. A. *The Concept of Law*. 3. ed. Oxford: Oxford University, 2012. p. 147.

legal, variando o grau de densidade legal conforme as necessidades de segurança jurídica e os demais influxos normativos do especial setor de regulação.

Em face dessas premissas, apresenta-se coerente a conclusão de que a legalidade, enquanto regra, na Constituição Federal de 1988, encampa pelo menos dois vetores. Por um lado, determina, de maneira indistinta, que todo e qualquer dever jurídico de um jurisdicionado deverá ser instituído por lei. Isso será denominado "vetor de instituição de dever". Por outro lado, a legalidade prescreve um nível de densificação normativa ou precisão conceitual que variará, em grau, em conformidade com o específico setor de regulação. A esse vetor, chamar-se-á "vetor de densificação de dever".

Trata-se, de certo modo, de reformulação da dualidade entre a legalidade em sentido formal e em sentido material. Conforme explica Misabel Derzi, a legalidade formal estabelece que somente a lei, entendida como ato do Poder Legislativo, é "ato normativo próprio à criação dos fatos jurígenos, deveres e sanções tributárias", sendo esse desdobramento idêntico em outros ramos do direito.[102] Ainda conforme as lições da autora, a legalidade material diria respeito ao grau de concreção da lei, que, no Direito Penal e Tributário, deveria alcançar nível absoluto de especificidade conceitual, em razão da relevância da segurança jurídica.[103]

Essa perspectiva configura bom ponto de partida para a análise da legalidade. Entretanto, deve-se observar que, no campo da legalidade dita material, não se verifica nem a possibilidade de especificação conceitual absoluta em qualquer setor de regulação (impossível mesmo ante os limites da linguagem), nem a inexistência da necessidade de especificação (ainda que mínima) em outros setores. Em adição, o conceito orgânico de lei, como ato emanado do Poder Legislativo, não é o mais preciso. Daí apresentar-se a legalidade em dois vetores, o vetor de instituição de dever e o vetor de densificação de dever, sempre conjuntamente presentes. Enquanto o primeiro vetor é uniforme, o segundo comporta gradação a depender do setor de regulação. Passa-se ao exame mais detido de cada um deles.

---

[102] DERZI, Misabel Abreu Machado. Tipo ou conceito no Direito Tributário? *Revista da Faculdade de Direito da UFMG*, Belo Horizonte, n. 30/31, p. 240, 1987/1988.
[103] *Ibidem*, p. 242.

1.2.1 Vetor de instituição de dever

A legalidade, em seu vetor de instituição de dever, estabelece que somente por meio de lei pode o Estado criar deveres aos particulares. Com isso se exclui, desde já, a criação de deveres por meio da liberdade de contratar ou de autovinculação, tanto entre particulares como tendo o Estado dentre as partes. É o que Alf Ross denomina "competência privada", que entende seria discricionária e autônoma.[104]

Para precisar o conteúdo desse vetor de instituição de dever, deve-se esclarecer a significação de "lei", bem como melhor definir qual a estrutura normativa mínima da instituição ou da criação de um dever jurídico.

Em relação à definição de lei, não se pode perder de vista a sua finalidade. A definição de lei que se busca construir é aquela cuja significação é utilizada pelo direito constitucional positivo brasileiro para outorgar o regime jurídico bivetorializado de que ora se trata. Como explica Eurico Marcos Diniz de Santi, classificações e definições[105] de direito positivo têm o fim precípuo de "outorgar regimes jurídicos e definir situações jurídicas".[106]

Por assim ser, o conceito de lei que dá azo à aplicação do regime jurídico em exame deve ser construído a partir de critérios definidos pela própria Constituição Federal. Com isso, afiguram-se irrelevantes, para o fim buscado, os chamados conceitos "materiais" de lei, dado que não encontram ressonância no direito positivo brasileiro. Trata-se, por exemplo, das definições de lei pautadas na exigência de generalidade ou que igualem o conceito de lei ao conceito de regra criadora de direito.

Atrelar a lei à generalidade, como já fazia Aristóteles, para quem "a lei sempre dispõe por via geral e não prevê os casos acidentais", e os juristas romanos (*lex est commune praeceptum*),[107] significa impingir-lhe um conceito de justiça de matiz jusnaturalista, pautado na igualdade formal, que não encontra respaldo no direito brasileiro. Como apontou

---

[104] ROSS, Alf. *Direito e justiça*. 2. ed. Tradução de Edson Bini. São Paulo: Edipro, 2007. p. 241. É certo, contudo, que, em nosso ordenamento, ainda a competência privada encontra níveis relevantes de vinculação legal, o chamado dirigismo contratual.

[105] A rigor, toda definição é classificatória, pois separa aquilo que se enquadra do conceito do que não se enquadra.

[106] SANTI, Eurico Marcos Diniz de. *Tributo e classificação das espécies no sistema tributário brasileiro*. Disponível em: http://www.fiscosoft.com.br/a/5qd0/tributo-e-classificacao-das-especies-no-sistema-tributario-brasiLeiro-eurico-marcos-diniz-de-santi. Acesso em: 07 jan. 2019.

[107] CLÈVE, Clèmerson Merlin. *Atividade legislativa do poder executivo*. 3. ed. São Paulo: Revista dos Tribunais, 2011. p. 60.

Norberto Bobbio, a consideração da generalidade como atributo necessário da norma jurídica não deriva de juízo lógico, mas de juízo ideológico, pautado em um ideal de justiça particular.[108] Ainda que, em algumas instâncias, a generalidade da lei possa ser associada à igualdade ou à imparcialidade,[109] não se trata de uma característica necessária.

Com efeito, não há correspondência alguma entre o conceito positivo de lei e a generalidade, seja ela entendida como a generalidade em relação a destinatários ou em relação à ação normada (a essa última característica convencionou-se chamar "abstração", a partir da obra de Norberto Bobbio[110]). No direito brasileiro, tanto há atos normativos gerais que não são leis (exemplos óbvios são os regulamentos), como nem toda lei é geral.[111]

Na evolução histórica dos ordenamentos jurídicos, como predica João Maurício Adeodato, houve um "esvaziamento de conteúdo ético nos fundamentos do direito positivo". Isso significa que o direito possui conteúdo moral, mas não está vinculado a um conteúdo prévio (como a generalidade ou um ideal de justiça específico).[112]

Para fins de atribuição do regime jurídico constitucional de que ora se trata, tampouco a equiparação entre o conceito de lei e o conceito de norma jurídica criadora de direito mostra-se compatível com o direito posto. Pelo contrário, revela a adoção de uma teoria de aplicação mecânica, conforme a qual os atos de aplicação não criariam direito novo.[113]

---

[108] BOBBIO, Norberto. *Teoria da Norma Jurídica*. Tradução de Fernando Pavan Baptista e Ariani Bueno Sudatti. 3. ed. Bauru: Edipro, 2005. p. 182.

[109] Assim: LAPORTA, Francisco J. Imperio de La Ley. Reflexiones sobre un punto de partida de Elíaz Díaz. *DOXA*, n. 15-16, 1994. p. 144.

[110] BOBBIO, Norberto. *Teoria da Norma Jurídica*. Tradução de Fernando Pavan Baptista e Ariani Bueno Sudatti. 3. ed. Bauru: Edipro, 2005. p. 180-181.

[111] A título de exemplo, tome-se a redação original do inciso I do art. 32 da Lei nº 10.833/2003: Art. 32. A retenção de que trata o art. 30 não será exigida na hipótese de pagamentos efetuados as: I - Itaipu Binacional.

[112] ADEODATO, João Maurício. *Uma teoria retórica da norma jurídica e do direito subjetivo*. 2. ed. São Paulo: Noeses, 2014b. p. 60.

[113] Interessante destacar que o papel de legitimação da doutrina da aplicação mecânica da lei teve papel fundamental na afirmação da autoridade do Poder Judiciário nos Estados Unidos da América. No artigo nº 78 dos chamados Artigos Federalistas (*federalist papers*), escrito no século XVIII, por Alexander Hamilton para subsidiar a ratificação da Constituição dos Estados Unidos da América, o Poder Judiciário tem sua atividade justificada justamente por ser uma atuação pretensamente neutra. Ao contrário dos Poderes Legislativo (bolsa: orçamentos) e Executivo (espada: exército), o Judiciário não teria força nem vontade, mas meramente julgamento. HAMILTON, Alexander. The Federalist nº 78. In: EPSTEIN, Lee; KNIGHT, Jack. *Courts, Judges and Politics*: An Introduction to the Judicial Process. 6. ed. New York: McGraw Hill, 2006. Trata-se, aparentemente, de influência de

Trata-se do que Jaap Hage denominou de "reificação" do direito, que cria a aparência de que o direito se aplicaria, automaticamente, e que os argumentos aduzidos na prática jurídica, meramente, reconstruiriam as consequências legais preexistentes. Todavia, como ressalta o mesmo autor, mesmo em casos que alguns adjetivariam de fáceis, normas legais são utilizadas por humanos para atrelar consequências jurídicas a casos concretos.[114] Em outras palavras, toda norma posta, seja ela abstrata ou concreta, geral ou individual, tem conteúdo novo, a criar novas situações jurídicas. Do contrário, sua existência seria despicienda.

Tampouco se mostra servível o "critério orgânico", que define lei como ato exclusivamente emanado do Poder Legislativo. Conforme já justificara Diógenes Gasparini,[115] ao negar essa possibilidade de definição, não há correlação biunívoca entre função e poder. Uma vez que os poderes constituídos exercem funções típicas e atípicas,[116] não se pode afirmar que leis sejam somente os atos do Poder Legislativo, nem, tampouco, que todos os atos desse poder sejam leis.

Desse modo, resta somente o conceito de "forma legal", na terminologia de Hans Kelsen,[117] ou a definição de lei pelo exame da "competência sob a qual age o órgão emanador do ato", nas palavras de Diógenes Gasparini.[118] Esse critério demanda examinar os documentos normativos para os quais a Constituição atribui a forma de lei. Para tanto, pode-se partir da dicção do art. 59 da CF/88, que prescreve compreender o processo legislativo a elaboração de: (i) emendas à Constituição; (ii) leis complementares; (iii) leis ordinárias; (iv) leis delegadas; (v) medidas provisórias; (vi) decretos legislativos; e (vii) resoluções. Em princípio, todos esses atos normativos, por determinação constitucional, podem criar deveres jurídicos, de maneira inaugural.

Nada obstante, ao fazê-lo, cada um deles deverá obedecer ao seu âmbito material de competência próprio. A competência relativa aos

---

visão bastante difundida no *Common Law* do século XVIII, segundo a qual juízes seriam meros "oráculos da Lei", no que está pressuposta a ideia de que encontrariam normas já existentes dentro de textos e costumes. BLACKSTONE, Sir. William. Commentaries on the Laws of England 1871. In: MURPHY, Walter F.; PRITCHETT, C Herman, EPSTEIN, Lee; KNIGHT, Jack. *Courts, Judges and Politics*: An Introduction to the Judicial Process. 6. ed. New York: McGraw Hill, 2006. p. 22.

[114] HAGE, Jaap C. *Construction or Reconstruction?* On the function of argumentation in the Law. Maastricht: Maastricht European Private Law Institute, Working Paper nº 2011/37. p. 19

[115] GASPARINI, Diógenes. *Poder Regulamentar*. São Paulo: Revista dos Tribunais, 1982. p. 35.

[116] PIETRO, Maria Sylvia Zanella di. *Direito Administrativo*. 16. ed. São Paulo: Atlas, 2003. p. 57.

[117] KELSEN, Hans. *Teoria Pura do Direito*. Tradução de João Batista Machado. 7. ed. São Paulo: Martins Fontes, 2006. p. 239.

[118] GASPARINI, Diógenes. *Poder Regulamentar*. São Paulo: Revista dos Tribunais, 1982. p. 36.

decretos legislativos e às resoluções das casas congressuais, por exemplo, foi delineada por enumeração exaustiva pela Constituição. Não inclui a instituição de tributos, nem de obrigações tributárias acessórias. De maneira similar, à lei complementar foram atribuídas, de maneira positiva, certas matérias que envolvem, tanto competências de legislação federal (por exemplo, a instituição do Imposto sobre Grandes Fortunas, art. 153, VII), como competências de legislação nacional, aplicáveis a todos os entes federativos (art. 146 e 146-A).[119] Em ambos os casos, a Constituição permite que a lei complementar institua deveres relativos à matéria tributária. Caso trate de matéria que não se encontre sob reserva de lei complementar, ter-se-á lei formalmente complementar com caráter de lei materialmente ordinária.[120]

As emendas à Constituição, via de regra, não instituem, diretamente, deveres em matéria tributária, apenas atribuindo competências aos entes federados.[121] Não obstante, em princípio, poderiam fazê-lo sem qualquer sorte de burla à legalidade. Nesse caso, seria plenamente aplicável a máxima (por vezes falsa) segundo a qual "quem pode o mais pode o menos".[122]

Quanto às leis ordinárias, foi-lhes atribuída competência genérica, que somente se excepciona nos casos reservados a outras formas, como nas hipóteses de reserva de lei complementar.

A questão relativa às medidas provisórias é um pouco mais complexa. Desde a sua redação originária, a Constituição previu a

---

[119] TÔRRES, Heleno Taveira. Função das Leis Complementares no Sistema Tributário Nacional – Hierarquia de Normas – Papel do CTN no ordenamento. *Revista Diálogo Jurídico*, Salvador, n. 10, p. 5, jan. 2002.

[120] Nessa linha: "Contribuição social sobre o faturamento – COFINS (CF, art. 195, I). 2. Revogação pelo art. 56 da Lei nº 9.430/96 da isenção concedida às sociedades civis de profissão regulamentada pelo art. 6º, II, da Lei Complementar nº 70/91. Legitimidade. 3. Inexistência de relação hierárquica entre lei ordinária e lei complementar. Questão exclusivamente constitucional, relacionada à distribuição material entre as espécies legais. Precedentes. 4. A LC nº 70/91 é apenas formalmente complementar, mas materialmente ordinária, com relação aos dispositivos concernentes à contribuição social por ela instituída. ADC 1, Rel. Moreira Alves, RTJ 156/721. 5. Recurso extraordinário conhecido mas negado provimento" (RE 377457, Relator(a): Min. Gilmar Mendes, Tribunal Pleno, julgado em 17.09.2008, REPERCUSSÃO GERAL – MÉRITO DJe-241, divulg. 18.12.2008, public. 19.12.2008 EMENT VOL-02346-08 PP-01774).

[121] Cf. CARRAZZA, Roque Antonio. *Curso de Direito Constitucional Tributário*. 27. ed. São Paulo: Malheiros, 2011. p. 543.

[122] À guisa de exemplo, é possível argumentar que a EC nº 37/2002, ao inserir o art. 84, §1º no ADCT, determinando que "Fica prorrogada, até a data referida no *caput* deste artigo, a vigência da Lei nº 9.311, de 24 de outubro de 1996, e suas alterações. (lei que instituíra a Contribuição Provisória sobre Movimentação ou Transmissão de Valores e de Créditos e Direitos de Natureza Financeira – CPMF)", teria criado, diretamente, um dever tributário.

possibilidade de o Presidente da República editar esses atos com "força de lei", presentes os pressupostos de urgência e de relevância. A doutrina, então, insurgiu-se fortemente em relação à possibilidade de criação de tributos por meio de medida provisória, seja pela necessidade de um fundamento democrático na tributação (*no taxation without representation*), seja devido à inexistência de urgência, haja vista o princípio da anterioridade e a possibilidade de aumento de certos tributos por regulamento (art. 153, §1º).[123]

O segundo fundamento parece mais relevante que o primeiro. Predicar que não poderia haver nenhuma tributação sem a interferência prévia do Parlamento equivale a sobrepor uma noção prévia de legalidade ao texto constitucional, o que não se sustenta. Quanto à inexistência de urgência, trata-se de fundamentação calcada em interpretação coerente da Constituição Federal. Ainda assim, historicamente, o Supremo Tribunal Federal nega-se a aferir a presença desses pressupostos, sob a (questionável) justificativa da separação de poderes.[124]

Com a superveniência da Emenda Constitucional nº 32/2001, a disciplina constitucional das medidas provisórias veio a ser mais detalhada, passando a prever a vedação de seu uso em determinadas matérias (art. 62, §1º). Admitiu-se expressamente, contudo, a instituição ou o aumento de tributo (em realidade fala-se em "impostos") por meio dessa modalidade normativa (art. 62, §2º), determinando que a medida somente terá efeitos no exercício seguinte à sua conversão em lei. Em face dessas mudanças, defende Paulo de Barros Carvalho que a medida provisória cumpre a função de "mera iniciativa do Chefe do Poder Executivo".[125] Roque Antonio Carrazza, a seu turno, entende ser

---

[123] CARRAZZA, Roque Antonio. *Curso de Direito Constitucional Tributário*. 27. ed. São Paulo: Malheiros, 2011. p. 293-314.

[124] "Conforme entendimento consolidado da Corte, os requisitos constitucionais legitimadores da edição de medidas provisórias, vertidos nos conceitos jurídicos indeterminados de 'relevância' e 'urgência' (art. 62 da CF), apenas em caráter excepcional se submetem ao crivo do Poder Judiciário, por força da regra da separação de poderes (art. 2º da CF) (ADI 2.213, Rel. Min. Celso de Mello, *DJ* de 23.04.2004; ADI 1.647, Rel. Min. Carlos Velloso, *DJ* de 26.03.1999; ADI 1.753-MC, Rel. Min. Sepúlveda Pertence, *DJ* de 12.06.1998; ADI 162-MC, Rel. Min. Moreira Alves, *DJ* de 19.09.1997)" (ADC 11-MC, voto do Rel. Min. Cezar Peluso, julgamento em 28.03.2007, Plenário, *DJ* de 29.06.2007). No mesmo sentido: ADI 4.029, Rel. Min. Luiz Fux, julgamento em 08.03.2012, Plenário, *DJe* de 27.06.2012. "A conversão da medida provisória em lei prejudica o debate jurisdicional acerca da 'relevância e urgência' dessa espécie de ato normativo" (ADI 1.721, Rel. Min. Ayres Britto, julgamento em 11.10.2006, Segunda Turma, *DJ* de 29.06.2007). Em sentido contrário: ADI 3.090-MC, Rel. Min. Gilmar Mendes, julgamento em 11.10.2006, Plenário, *DJ* de 26.10.2007.

[125] CARVALHO, Paulo de Barros. *Curso de Direito Tributário*. 24. ed. São Paulo: Saraiva, 2012a. p. 106.

inconstitucional a Emenda, pelos mesmos motivos pelos quais defendia a impossibilidade de criação de tributos por essa modalidade normativa antes da mudança constitucional.[126] Essa discussão extrapola o campo de perquirição deste estudo. De todo modo, em se considerando as medidas provisórias meio normativo adequado para veicular tributos ou somente deveres instrumentais e demais prescrições referentes à matéria tributária, estão sujeitas à disciplina bivetorializada de que ora se trata.

Com base no exposto, pode-se afirmar que "leis", para fins da aplicabilidade do regime jurídico constitucional próprio de instituição e densificação de deveres jurídicos, significam os atos normativos assim denominados pela Constituição Federal, previstos no art. 59, devendo ser observada a competência material específica de cada um deles.

Estabelecida a definição de "lei" apta a atrair a incidência do regime jurídico bivetorizalizado em exame, deve-se definir qual a estrutura normativa mínima da instituição ou da criação de um dever jurídico. Acima se afirmou que instituir um dever jurídico significa dar início à cadeia semântica de significação do conteúdo desse dever. Ora cabe precisar também o que isso quer dizer.

Auxilia nesse mister a circunstância de que todas as normas jurídicas podem ter sua formulação reconduzida a uma estrutura con-dicional, conforme a qual se forem verificadas certas condições de apli-cação, então certa conduta será permitida, proibida ou obrigada.[127] Para Frederick Schauer, a possibilidade de formulação em forma canônica hipotético-condicional, consistente em um predicado factual seguido por um consequente, é característica fundamental das regras.[128] [129]

---

[126] CARRAZZA, Roque Antonio. *Curso de Direito Constitucional Tributário*. 27. ed. São Paulo: Malheiros, 2011. p. 297-298.

[127] LAPORTA, Francisco J. *El imperio de la ley*. Uma visión actual. Madrid: Trotta, 2007. p. 88.

[128] SCHAUER, Frederick. *Playing by the Rules* – A Philosophical Examination of Rule-Based Decision-Making in Law and in Life. Oxford: Clarendon, 1991 (reimp. 2002). p. 23.

[129] Como adverte Humberto Ávila, a estrutura hipotético-condicional não serve para distinguir entre regras e princípios. ÁVILA, Humberto. *Teoria dos Princípios*: da definição à aplicação dos princípios jurídicos. 16. ed. São Paulo: Malheiros, 2015b. p. 60-65. Para Robert Alexy, um dos principais defensores da distinção forte entre princípios e regras, após resolvida uma colisão de princípios, sua aplicação se dá por meio de uma regra de precedência condicionada, com estrutura hipotético-condicional. Em suas palavras, em tradução livre: "se um princípio P1 toma prioridade sobre um princípio P2 sob as condições C (P1PP2)C, e se o princípio P1, sob condições C, implica um efeito legal R, então é válida regra que reúne C como fatos operativos e R como o efeito legal: C→R" (ALEXY, Robert. On the structure of legal principles. *Ratio Juris*, v. 13, n. 3, p. 297, set. 2000).

Na teoria dos sistemas de Niklas Luhmann, programas condicionais são as formas por meio das quais o sistema jurídico conecta sua referência interna (autorreprodução) com sua referência externa (abertura cognitiva).[130]

A consideração dessa possibilidade de formulação das normas em forma canônica hipotético-condicional é de grande valia para a análise de quando se pode ter por iniciada a cadeia semântica de criação de um dever. Pode-se considerar criado um dever quando delineados, ainda que em termos amplos, o antecedente e o consequente normativos, a situação de fato suficiente e necessária para a aplicação da norma e a relação jurídica criada por sua incidência. Perceba-se que esse desiderato pode ser cumprido nos mais diversos graus de determinação. Tanto a determinação "se for companhia de capital aberto deve manter contabilidade", como a prescrição "se for proprietário de imóvel no perímetro urbano do Município de São Paulo, no dia primeiro de janeiro do exercício, deve pagar ao Município quantia referente à aplicação da alíquota x à base de cálculo y", satisfazem esse pressuposto, ainda que em graus radicalmente distintos de determinação. Não o satisfaz, contudo, a fórmula "regulamento poderá instituir tributo", na qual não se pode vislumbrar, sequer em termos amplos, o antecedente e o consequente do dever.

Uma possível crítica em relação à definição seria que, por ela, a Constituição criaria deveres tributários, nos casos em que delineia de maneira suficientemente precisa, o antecedente e o consequente tributários. Por esse motivo, é necessário adicionar mais um elemento à definição. Trata-se da obrigatoriedade de continuação da cadeia de positivação após a instituição do dever. Via de regra, é facultativo o exercício da competência tributária prescrita na Constituição[131] e precisada nas normas gerais de Direito Tributário. No entanto, é obrigatória

---

[130] LUHMANN, Niklas. *Law as a social system*. Tradução para o inglês: Klaus A. Ziegart. Oxford: Oxford University, 2004. p. 111.

[131] Paulo de Barros Carvalho e Roque Antonio Carrazza admitem como única exceção à facultatividade a instituição do ICMS, em face da redação do art. 155, §2º, XII, "g", da CF/88. CARVALHO, Paulo de Barros. *Curso de Direito Tributário*. 24. ed. São Paulo: Saraiva, 2012a. p. 276-281. CARRAZZA, Roque Antonio. *Curso de Direito Constitucional Tributário*. 27. ed. São Paulo: Malheiros, 2011. p. 728. Para Heleno Taveira Torres, são exceções, ainda, todos os tributos cujo produto da arrecadação é repartido com outros entes federados. TÔRRES, Heleno Taveira. *Direito Constitucional Tributário e Segurança Jurídica*: metódica da segurança jurídica do sistema constitucional tributário. 2. ed. São Paulo: Revista dos Tribunais, 2012. p. 459-460. Pode-se argumentar, ainda, ser obrigatória a instituição do ISS, após a EC nº 37/02, que instituiu alíquota mínima para o tributo, nos municípios em que sua criação for superavitária.

CAPÍTULO 1
O CONTEÚDO DA COMPETÊNCIA TRIBUTÁRIA REGULAMENTAR NA CONSTITUIÇÃO, A PARTIR DA LEGALIDADE

a regulamentação das normas legais não autoaplicáveis (CF/88, arts. 84, IV, 85, VII e 87, parágrafo único, II), bem como a aplicação concreta dos comandos abstratos (CTN, art. 142).

Como afirmam Klaus Tipke e Joachim Lang, a legalidade não contém apenas uma proibição de desvio do conteúdo legal, mas também uma ordem de aplicação, um comando de atuação administrativa.[132] No exercício da competência regulamentar, nas hipóteses em que a regulamentação for necessária para o cumprimento da lei, em qualquer de suas funções, não há exercício de conveniência e oportunidade.[133] Nesses casos, é condizente com o texto constitucional predicar-se haver um verdadeiro dever de regulamentação.[134] Com efeito, como defende Albert Hensel, o Poder Executivo está não somente facultado, como também obrigado a aplicar as leis tributárias.[135]

Com efeito, configura crime de responsabilidade do Presidente da República atentar contra o cumprimento das leis (CF/88, art. 85, VII). Além disso, o sistema de freios e de contrapesos da Constituição Federal de 1988 instituiu um modo específico de o Poder Executivo insurgir-se contra lei aprovada pelo Congresso: o veto (CF/88, art. 84, V), que poderá ser derrubado pela maioria absoluta do Congresso (CF/88, art. 66, §4º, ora com redação determinada pela EC nº 76/2013, que acabou com o sigilo dessa votação). Uma vez que a Constituição previu meio específico para o Poder Executivo insurgir-se contra lei aprovada pelo Congresso, não lhe é dado fazê-lo por via transversa, deixando de editar regulamento necessário para lei não autoaplicável. Isso vale tanto para a regulamentação de leis que criam ou majoram imposições tributárias, como para a regulamentação de leis que preveem direitos ao contribuinte.

À guisa de exemplo, o Poder Executivo federal omitiu-se em relação à regulamentação do art. art. 70 da Lei nº 13.043/14, objeto da conversão da Medida Provisória nº 651/2014. A lei em questão veicula regime de alíquota zero da Contribuição ao PIS e da Cofins para a receita de vendas de equipamentos e materiais de uso médico

---

[132] TIPKE, Klaus; LANG, Joachim. *Direito Tributário (Steuerrecht)*. Tradução de Luiz Doria Furquim. Porto Alegre: Sergio Antonio Fabris, 2008. v. 1. p. 241.

[133] Em sentido contrário: GAMA, Tácio Lacerda. *Competência Tributária*. Fundamentos para uma Teoria da Nulidade. 2. ed. São Paulo: Noeses, 2011. p. 291.

[134] Assim: CARRAZZA, Roque Antonio. *O Regulamento no Direito Tributário Brasileiro*. São Paulo: Revista dos Tribunais, 1981. p. 109-110.

[135] HENSEL, Albert. *Derecho Tributario*. Tradução Andrés Báez Moreno, María Luisa González-Cuéllar Serrano e Enrique Ortiz Calle. Madrid: Marcial Pons, 2005. p. 135.

para pessoas políticas e filantrópicas. Embora o art. 113, IV, "b" da Lei nº 13.043/14 tenha estabelecido que o art. 70 entraria em vigor a partir do primeiro dia do quarto mês subsequente ao da publicação da lei (isto é, dia 01.03.2015), o disposto no art. 70 é condicionado à regulamentação em relação a pelo menos duas circunstâncias. Conforme o §1º, I, do art. 70 a alíquota zero somente se aplica aos "equipamentos ou materiais listados pelo Poder Executivo". Em adição, o inciso II do mesmo §1º prescreveu que a redução de alíquota se aplica também às vendas realizadas para pessoas jurídicas revendedoras, desde que observados os "procedimentos estabelecidos pelo Poder Executivo". Nesse contexto, verifica-se a ilegalidade da omissão do Poder Executivo federal, que não vetou o dispositivo, mas tem impedido sua aplicação em razão da falta de regulamentação.

Quanto à aplicação concreta da norma geral tributária, o Código Tributário Nacional prescreve, expressamente, o caráter mandatório do lançamento tributário. Como esclarece Eurico Marcos Diniz de Santi, em realidade, não é o lançamento (ato-norma) que se afigura obrigatório, mas sim a atividade que o precede, ou seja, a "edição do ato-norma administrativo".[136] Com efeito, é a atividade de positivação da norma de lançamento (que abrange obrigação principal e acessória, em conformidade com a disciplina do CTN) que se afigura obrigatória.

Desse modo, tem-se que a instituição de dever jurídico, que somente pode ser empreendida por lei, em conformidade com o vetor de instituição de dever, significa traçar, de forma mínima, ainda que por expressões amplas, o antecedente e o consequente normativo, cuja cadeia de positivação posterior seja obrigatória.

Esse vetor, ao contrário do seu correlato vetor de densificação de dever, aplica-se de maneira uniforme a todo o sistema jurídico, não comportando gradações em conformidade com o ramo do direito de que se trata.

1.2.2 Vetor de densificação de dever

Contrariamente ao vetor de instituição de dever, o vetor de densificação de dever não se apresenta de maneira uniforme nos diversos segmentos do direito positivo. Consoante exposto, o vetor de instituição de dever determina que a lei deve iniciar a cadeia semântica de positivação do dever jurídico, traçando, ainda que de forma ampla, a

---

[136] SANTI, Eurico Marcos Diniz de. *Lançamento tributário*. 3. ed. São Paulo: Saraiva, 2010. p. 125.

hipótese e o consequente da estrutura normativa. Ocorre que, ao fazê-lo, as leis podem variar de maneira radical no grau de precisão com o qual delineiam a estrutura do fato de possível ocorrência que dará ensejo à aplicação da norma.

Conforme firmado anteriormente, partir-se-á, novamente, da visão bimembre das normas jurídicas, ou seja, do pressuposto de possuírem um enunciado antecedente e um enunciado consequente. Cada um desses enunciados, que, a rigor, podem consistir em uma única palavra, pode apresentar um grau maior ou menor de indeterminação. Essa indeterminação, conforme se passa a expor, depende: (i) do enunciado utilizado; e (ii) da estratégia argumentativa que se aplica para interpretá-lo.

Quando se afirma que o grau de determinação de um enunciado depende, em certa medida, do enunciado em si, trata-se, inicialmente, da previsão ou não de todos os aspectos da norma no texto legal. No caso da norma que instituir tributo, seus critérios material, espacial, temporal, quantitativo e pessoal têm que estar previstos em lei.[137]

Em segundo lugar, também a circunstância de a lei valer-se de conceitos mais ou menos determinados afetará o grau de densificação legal do dever. Não se trata, a rigor, de uma classificação estanque, consoante a qual um conceito ou é determinado ou indeterminado, com a exclusão de uma terceira possibilidade. Trata-se de uma gradação. Os conceitos podem ser mais ou menos determinados, sendo os extremos ideias, na prática, inexistentes.

Com efeito, em função do caráter convencional da significação das palavras, nunca se poderá ter um signo cujo conteúdo de significação seja absolutamente preciso. Como afirma John Searle, a significação é uma questão de convenção.[138] Nessa linha, dada a autorreferência do discurso, somente por meio de signos é possível definir outros signos. Daí a chamada "recursividade semântica infinita" a que se refere Umberto Eco, para quem "fatalmente, toda unidade semântica posta para analisar um semema é por sua vez um semema que deve ser analisado".[139] Por esse motivo, vez que contingentes, pouco nítidas e mutáveis essas convenções, também o são os signos em geral.

---

[137] Assim: CARVALHO, Paulo de Barros. *Direito Tributário*. Linguagem e Método. 4. ed. São Paulo: Noeses, 2011. p. 299. SCHOUERI, Luís Eduardo. *Direito Tributário*. 3. ed. São Paulo: Saraiva, 2013. p. 292.

[138] SEARLE, John R. *Speech acts*: an essay in the philosophy of language. New York: Cambridge, 2011. p. 43.

[139] ECO, Umberto. *Tratado Geral de Semiótica*. Tradução de Antonio de Pádua Danesi e Gilson Cesar Cardoso de Souza. 4. ed. São Paulo: Perspectiva, 2009. p. 110.

O direito, contudo, ao reduzir complexidades mediante a aplicação de um código próprio, vale-se de uma linguagem especializada, que tem como uma de suas finalidades obter maior precisão. Como afirma John Gibbons, "há uma necessidade real de linguagem especializada na seara conceitual, para que haja precisão".[140] Contudo, nem mesmo essa especialização pode eliminar totalmente a frouxidão dos conceitos (*looseness of concepts*).[141] A linguagem jurídica, antes de ser jurídica, é também linguagem, pelo que não escapa das limitações a ela inerentes. Logo, os conceitos jurídicos nunca serão absolutamente determinados. Por outro lado, tampouco serão totalmente indeterminados, haja vista a necessidade de uma referência mínima, que não se dá em relação a uma realidade externa (falácia referencial[142]), mas em relação a outros signos.

Assim, os conceitos jurídicos serão mais ou menos determinados conforme tenham suas relações mais ou menos demarcadas com outros signos que os definem. Nesse contexto, pode-se identificar pelo menos três tipos de estruturas conceituais com menores graus de determinação. Como afirma Karl Engish, trata-se de formas de graduar maior ou menor vinculação à lei.[143] São eles: (i) conceitos indeterminados; (ii) conceitos discricionários; (iii) cláusulas gerais.

Conceitos indeterminados são aqueles cujo conteúdo e extensão são em grande medida incertos.[144] Como se buscou explicar acima, todos os conceitos apresentam certo grau de imprecisão dessa sorte, sendo gradativa a diferenciação entre determinação e indeterminação.

Conceitos discricionários, de sua parte, são aqueles que remetem ao "livre parecer pessoal" do agente encarregado de sua aplicação.[145] No Brasil, vincula-se a ideia de discricionariedade à emissão de juízos de conveniência e oportunidade.[146] Trata-se de conceitos que remetem

---

[140] GIBBONS, John. *Forensic Linguistics*: an introduction to language in the justice system. Malden: Blackwell, 2003. p. 37.

[141] SEARLE, John R. *Speech acts*: an essay in the philosophy of language. New York: Cambridge, 2011. p. 55.

[142] De acordo com Umberto Eco, a "falácia referencial" ou "falácia extensional" consiste na suposição da necessidade (ou mesmo da possibilidade) de que, para que a função sígnica se dê, o significado seja um "objeto real". ECO, Umberto. *Tratado Geral de Semiótica*. Tradução de Antonio de Pádua Danesi e Gilson Cesar Cardoso de Souza. 4. ed. São Paulo: Perspectiva, 2009. p. 52.

[143] ENGISCH, Karl. *Introdução ao pensamento jurídico*. 11. ed. Tradução de João Baptista Machado. Lisboa: Fundação Calouste Gulbekian, 2011. p. 207.

[144] *Ibidem*, p. 208.

[145] *Ibidem*, p. 214.

[146] Nesse sentido, afirma Hely Lopes Meirelles que "poder discricionário é o que o Direito concede à Administração, de modo explícito ou implícito, para a prática de atos

CAPÍTULO 1
O CONTEÚDO DA COMPETÊNCIA TRIBUTÁRIA REGULAMENTAR NA CONSTITUIÇÃO, A PARTIR DA LEGALIDADE | 59

a valorações cujos parâmetros não necessariamente são previamente estabelecidos, havendo um grau de escolha valorativa elevado. Cláusulas gerais, por fim, são caracterizadas por English em contraposição a formulações casuísticas de uma hipótese de incidência normativa. Trata-se de formulações da hipótese legal "em termos de grande generalidade", de modo a abranger "todo um domínio de casos".[147] Conforme o conceito de Pierluigi Chiassoni, são identificáveis como cláusulas gerais, normas de decisão que fazem reenvio a parâmetros internos e externos ao direito, e até mesmo aquelas que outorgam ao agente decisório poderes do tipo arbitral, sem definição de parâmetros prévios.[148] Há autores, ainda, que definem cláusulas gerais como normas em que há indeterminação em ambos os termos da estrutura normativa (antecedente e consequente).[149]

Nos três casos, verifica-se uma certa translação do problema de decidir do legislador para o julgador[150] em diferentes graus. De maneira geral, são admissíveis no Direito Tributário alguns conceitos indeterminados. Contudo, é vedada a discricionariedade e o uso de cláusulas gerais é problemático.

O segundo elemento do qual resulta a maior ou menor determinação de um enunciado, conforme ressaltado acima, consiste na estratégia argumentativa que se aplica para interpretá-lo. Como ressalta Michel Troper, o legislador (*lato sensu*) não é o autor da norma, mas somente o autor do enunciado.[151] Nesse ensejo, assume relevo a distinção entre a estratégia conceitual e a estratégia tipológica.

Muitas vezes, tratam-se de conceitos e tipos como se fossem características intrínsecas às palavras, que difeririam em sua estrutura, de modo que seria possível afirmar que a palavra "x" é um conceito e a palavra "y" é um tipo. Não será esse o caminho aqui adotado. Tipos e conceitos são formas diferentes de aproximação interpretativa, de modo que a palavra "x" pode ser construída como um tipo ou como um

---

administrativos com liberdade na escolha de sua conveniência, oportunidade e conteúdo" (MEIRELLES, Hely Lopes. *Direito Administrativo Brasileiro*. 33. ed. São Paulo: Malheiros, 2007. p. 118).

[147] ENGISCH, Karl. *Introdução ao pensamento jurídico*. 11. ed. Tradução de João Baptista Machado. Lisboa: Fundação Calouste Gulbekian, 2011. p. 228-229.

[148] CHIASSONI, Pierluigi. Las cláusulas generales, entre teoría analítica y dogmática jurídica. *Revista de Derecho Privado*, Bogotá, Universidad Externado de Colombia, n. 21, p. 102, 2011.

[149] Assim: DIDIER JUNIOR, Fredie. Cláusulas gerais processuais. *Revista de Processo*, v. 187, p. 70, 2010.

[150] LAPORTA, Francisco J. *El imperio de la ley*. Uma visión actual. Madrid: Trotta, 2007. p. 93.

[151] TROPER, Michel. *La Philosophie du Droit*. 3. ed. Paris: PUF, 2003. p. 61.

conceito. Na definição de Karl Larenz, o tipo, antes de qualquer coisa, é uma "forma de pensamento" utilizada em diversas ciências, ainda que com significações um pouco distintas.[152] Nessa acepção, pode-se afirmar que o tipo é uma metodologia de ordenação do conhecimento jurídico que se opõe ao pensamento conceitual.[153] Pensamento tipológico e pensamento conceitual, pois, nada mais são do que diferentes estratégias argumentativas de aproximação do direito positivo.

O pensamento tipológico se caracteriza pela consideração dos critérios de inclusão de classe para que um elemento se enquadre no tipo como graduais e prescindíveis, enquanto que o pensamento conceitual é marcado pela consideração desses elementos de inclusão de classe como determinados e irrenunciáveis.[154] Como ensina Luís Eduardo Schoueri, uma vez que se reconhece que um elemento pertence ao tipo, o próprio tipo é modificado.[155] Daí falar-se em prescindibilidade.

A doutrina elenca, ainda, outros critérios de distinção entre o pensamento tipológico e o pensamento conceitual.[156] Entretanto, como afirma Humberto Ávila, somente a graduabilidade do enquadramento e a renunciabilidade de características de inclusão de classe podem separar essas diferentes metodologias.[157] Por isso, para o autor, um tipo nada mais é do que um conceito pouco nítido de classe com elementos de inclusão graduáveis e prescindíveis.[158]

De todo modo, a perspectiva tipológica termina por considerar prescindíveis certos elementos de inclusão de classe, o que é repudiado pela postura conceitual. Por assim ser, e considerando que as metodologias conceitual e tipológica são formas diversas de construção de significado de um mesmo enunciado (ainda que essa distinção seja pouco clara), pode-se perceber que a adoção de uma ou de outra forma de argumentação em face do texto legal resultará em uma maior ou menor determinação do produto da interpretação. Genericamente:

---

[152] LARENZ, Karl. *Metodologia da Ciência do Direito*. 3. ed. Tradução de José Lamego. Lisboa: Fundação Calouste Gulbekian, 1997. p. 656.

[153] DERZI, Misabel Abreu Machado. Tipo ou conceito no Direito Tributário? *Revista da Faculdade de Direito da UFMG*, Belo Horizonte, n. 30/31, p. 221-222, 1987/1988.

[154] DERZI, Misabel Abreu Machado. *Direito Tributário, Direito Penal e Tipo*. São Paulo: Revista dos Tribunais, 1988. p. 84.

[155] SCHOUERI, Luís Eduardo. *Normas tributárias indutoras e intervenção econômica*. Rio de Janeiro: Forense, 2005b. p. 245.

[156] Defende-se, por exemplo que o conceito poderia ser definido enquanto o tipo somente poderia ser descrito, que o tipo se aplicaria por correlação e o conceito por subsunção, que o tipo seria caracterizado por maior carga valorativa, dentre outros argumentos.

[157] ÁVILA, Humberto. *Sistema Constitucional Tributário*. 5. ed. São Paulo: Saraiva, 2012b. p. 246.

[158] *Ibidem*, p. 259.

CAPÍTULO 1
O CONTEÚDO DA COMPETÊNCIA TRIBUTÁRIA REGULAMENTAR NA CONSTITUIÇÃO, A PARTIR DA LEGALIDADE | 61

a postura tipológica tende a uma maior indeterminação, enquanto que a postura conceitual tende a uma maior determinação. Como predica Heleno Taveira Tôrres, para garantir a determinação material, recorre-se aos conceitos classificatórios, enquanto que os tipos promoveriam maior adaptabilidade às realidades cambiantes.[159]

Desse modo, resta justificado que os conceitos do antecedente e do consequente das normas jurídicas podem ter maior ou menor grau de precisão, a depender do enunciado em si (e das relações que trava com outros enunciados) e da estratégia interpretativa utilizada pelo intérprete para a construção de sentido.

Assim, em um extremo, ter-se-á uma norma cuja hipótese e consequente são ao máximo grau determinadas. Tal circunstância, registre-se, não eliminará o chamado "abismo gnosiológico" existente entre significantes normativos e a conduta normada, mas terá o condão de reduzi-lo. Conforme adverte João Maurício Adeodato, "sempre houve e sempre haverá esse abismo entre as significações da linguagem humana e as ideias significadas".[160] Em outro extremo, ter-se-ão as chamadas cláusulas gerais, normas cujos termos antecedente e consequente padecem de larga indeterminação. A maioria das normas jurídicas reais estará situada em um desses extremos.

Retomando o vetor de densificação de dever que caracteriza a legalidade, pode-se afirmar que o grau de precisão conceitual dos termos da norma jurídica variará consoante o setor de regulação normativa ou ramo do direito de que se trate. Genericamente falando, seria desejável uma "reserva de densificação mínima da lei", como defende Francisco de Queiroz Bezerra Cavalcanti.[161] O desafio, contudo, reside em identificar esse mínimo de densificação.

Esse patamar mínimo de determinação variará consoante as peculiaridades do setor de normatização de que se trate. Como afirma Eva Andrés Aucejo, a configuração constitucional e legal que pese sobre uma determinada matéria influirá, decisivamente, na determinação do alcance e dos limites da competência regulamentar.[162] Logo, influirá,

---

[159] TÔRRES, Heleno Taveira. *Direito Constitucional Tributário e Segurança Jurídica*: metódica da segurança jurídica do sistema constitucional tributário. 2. ed. São Paulo: Revista dos Tribunais, 2012. p. 274.

[160] ADEODATO, João Maurício. *Uma teoria retórica da norma jurídica e do direito subjetivo*. 2. ed. São Paulo: Noeses, 2014b. p. 65.

[161] CAVALCANTI, Francisco de Queiroz Bezerra. A "Reserva de Densificação Normativa" da Lei para a Preservação do Princípio da Legalidade. *Revista Duc in Altum*, v. 1, n. 1, Caderno de Direito, p. 79, jul./dez. 2009.

[162] AUCEJO, Eva Andrés. *Relaciones entre "Reglamento" e "Ley" en materia tributaria*. Madrid: Marcial Pons, 2013. p. 63.

também, no grau de determinação necessário no âmbito legal. Embora já não caiba falar em ramos autônomos do direito, sendo a autonomia meramente didática,[163] como foi referido, não se pode negar a existência de setores de normatização com certas peculiaridades, como ocorre com o Direito Tributário. Não se trata de dividir o direito conforme setores da economia ou de regulação no sentido comumente utilizado ao fazer-se referência às agências reguladoras, mas da tradicional distinção entre ramos didaticamente autônomos, que embora precária e pouco clara, cumpre funções importantes na dogmática jurídica e no direito positivo.

O grau de densificação legal necessário dependeria de resposta à pergunta implícita: "o Direito consagra a segurança jurídica como princípio prioritário?".[164] Por um lado, não se pode, em setor de regulação jurídica algum, estabelecer uma prevalência abstrata absoluta de uma norma como a segurança jurídica.[165] Por outro lado, deve-se ter em conta que, não somente a segurança jurídica isoladamente considerada, mas sim suas relações normativas como um todo é que apontarão para uma maior tendência de determinação em certo setor.

Como predica Humberto Ávila, a segurança jurídica, no subsistema tributário, adquire um sentido "mais protetivo", haja vista a existência de normas específicas e enfáticas que se prestam a garantir a determinabilidade das hipóteses de incidência, a confiabilidade pela estabilidade, pela vigência e pelo procedimento e a calculabilidade pela não surpresa.[166]

Assim, a relevância da segurança jurídica no Direito Tributário, especialmente no que respeita ao vetor de densificação normativa da legalidade, é fortemente corroborada por previsão constitucional específica da norma da legalidade, como se depreende do art. 150, I, da CF/88. Trata-se de um forte elemento para a construção da norma da segurança jurídica na tributação por via indutiva.[167]

Daí poder-se afirmar que, no setor de regulação tributária, tende-se, fortemente, ao extremo de maior determinação do vetor de densificação legal. Da legalidade e de outros preceitos se obtém o

---

[163] BECKER, Alfredo Augusto. *Teoria Geral do Direito Tributário*. 6. ed. São Paulo: Noeses, 2013. p. 32-34.

[164] DERZI, Misabel Abreu Machado. Tipo ou conceito no Direito Tributário? *Revista da Faculdade de Direito da UFMG*, Belo Horizonte, n. 30/31, p. 243, 1987/1988.

[165] Assim adverte Humberto Ávila: ÁVILA, Humberto. *Sistema Constitucional Tributário*. 5. ed. São Paulo: Saraiva, 2012b. p. 252-253.

[166] ÁVILA, Humberto. *Segurança Jurídica* Entre permanência, mudança e realização no direito tributário. 2. ed. São Paulo: Malheiros, 2012a. p. 249.

[167] *Ibidem*, p. 240-241.

conteúdo da segurança jurídico-tributária, que, em conjunto com outras normas tributárias, inclusive a própria legalidade, aponta para a necessidade de máxima densificação possível de conteúdo pela lei em matéria tributária. Isso significa que conceitos indeterminados, discricionários e cláusulas gerais devem ser evitados sempre que possível. A lei tributária deverá especificar, ao máximo, todos aspectos da incidência, ao contrário do que ocorre em outros setores de regulação, que admitem um menor grau de densificação legal. Ademais, será a estratégia interpretativa conceitual (e não a tipológica) a adequada para a construção de sentido das normas tributárias. Não se trata de escolha do intérprete da lei, mas de determinação constitucional cogente.

1.3 Síntese do capítulo

Ante o exposto, pode-se afirmar que a legalidade, enquanto regra geral enunciada no art. 5º, II, da Constituição Federal de 1988, encampa, pelo menos, dois vetores. Por um lado, determina, de maneira indistinta, que todo e qualquer dever jurídico deve ser instituído por lei, ao que se denominou "vetor de instituição de dever". Assim, a cadeia semântica de positivação de um dever, com proposições antecedente e consequente minimamente discerníveis, e com obrigatoriedade de continuação da cadeia de positivação por atos normativos inferiores, deve ser iniciada por instrumentos normativos aos quais a Constituição atribui competência legal.

Por outro lado, a legalidade determina um nível de densificação normativa ou precisão conceitual que variará, em grau, conforme o específico setor de regulação ou "ramo do direito". A essa circunstância chamou-se de "vetor de densificação de dever". A densidade necessária dependerá, de um lado, da própria estrutura do enunciado legal e, de outro, da estratégia interpretativa para a construção do sentido do enunciado. No campo da legalidade tributária positiva, aplicável às hipóteses de instituição ou majoração de tributos, a teor do art. 150, I, da CF/88, o dever de densificação alcança nível máximo, haja vista a especial forma como a segurança jurídica se relaciona com a legalidade na seara tributária. Nesse passo, leis instituidoras ou majoradoras de encargos tributários devem precisar, tanto quanto possível, os termos e os enunciados por elas veiculados. Ademais, a Constituição demanda a utilização da estratégia argumentativa conceitual para a interpretação desses preceitos.

A dupla vetorizalização da legalidade (tributária) exposta neste tópico representa apenas uma das facetas da referida norma. Existem outros aspectos relevantes da regra da legalidade, como a necessidade de "conformidade da tributação com o fato gerador" previsto em todas as suas notas em lei, a que alude Gerd Willi Rothmann,[168] tratada como dimensão de "postulado" da referida norma por Humberto Ávila, a significar a "fidelidade aos pontos de partida estabelecidos pela própria lei".[169]

Não obstante, procurou-se dar ênfase aos aspectos da legalidade que mais se relacionam com a identificação do conteúdo e das funções exercidas pela competência tributária regulamentar. Se à lei tributária cabe iniciar as cadeias de positivação de deveres tributários com a maior densidade possível, o papel do regulamento, no exercício de suas quatro funções descritas nos capítulos posteriores, deverá conformar-se com essa circunstância.

---

[168] ROTHMANN, Gerd Willi. O princípio da legalidade tributária. *Revista da Faculdade de Direito da Universidade de São Paulo*, São Paulo, n. 67, p. 247, 1972.

[169] ÁVILA, Humberto. *Sistema Constitucional Tributário*. 5. ed. São Paulo: Saraiva, 2012b. p. 178.

CAPÍTULO 2

O DESTINATÁRIO DA COMPETÊNCIA TRIBUTÁRIA REGULAMENTAR NA CONSTITUIÇÃO: PUBLICIDADE E PARTICIPAÇÃO

> *As instituições políticas, não importa o quão bem ou mal sejam elas organizadas, dependem, para sua existência contínua, de homens em ação; sua conservação é alcançada pelo mesmo meio que as trouxe à existência.*
>
> (Hannah Arendt)[170]

2.1 A publicidade dos regulamentos e seu destinatário

Além do conteúdo da competência tributária regulamentar, que corresponde ao que pode ser tratado pelos regulamentos tributários, examinado no capítulo precedente, outra questão relativa aos

---

[170] Tradução livre. No original: *"Political institutions, no matter how well or how badly designed, depend for continued existence upon acting men; their conservation is achieved by the same means that brought them into being"* (ARENDT, Hannah. *Between Past and Future*. New York: Penguin, 2006. p. 153).

regulamentos tributários que assume grande relevância prática consiste em determinar quem é o destinatário das normas produzidas em conformidade com essa competência. Tradicionalmente, afirmou-se, em relação aos destinatários da competência tributária regulamentar, que "quem tem de obedecer aos regulamentos são os funcionários públicos".[171] Rigorosamente, essa assertiva pode estar correta, se utilizada para significar que os órgãos do Poder Executivo não devem descumprir os preceitos regulamentares, que unificam a interpretação legal no âmbito das competências de quem os expede. Entretanto, não raro, raciocínios deste viés conduziram à conclusão de que os contribuintes não seriam destinatários das normas produzidas em conformidade com a competência tributária regulamentar. Disso decorreria que grande parte dos regulamentos seriam questões *interna corporis* dos órgãos executivos, não havendo sequer interesse dos contribuintes em sua publicação.

Neste capítulo, buscar-se-á desconstruir esse tipo de raciocínio. Os contribuintes, tanto quanto as autoridades tributárias, são destinatários dos regulamentos, devendo ter acesso ao seu conteúdo. Para tanto, será analisada a forma como a exigência constitucional de publicidade se aplica à competência tributária regulamentar, como se deve dar essa publicidade, bem como as razões jurídicas que justificam a publicidade ampla dos dispositivos regulamentares em matéria tributária, em face da atual conformação do sistema tributário brasileiro. Nesse sentido, também decorre da aceitação do contribuinte como um dos destinatários das normas tributárias regulamentares a necessidade de promoção de meios de participação no processo de sua elaboração, como um mecanismo de democracia participativa.

2.1.1 Publicidade do quê e para quem?

Conforme o *caput* do art. 37 da Constituição Federal a "administração pública direta e indireta de qualquer dos Poderes" de qualquer das pessoas políticas, obedecerá, dentre outros, ao "princípio" da publicidade. O referido dispositivo garante a publicidade de maneira bastante ampla. As únicas restrições à publicidade, contidas no próprio texto constitucional, dizem respeito ao sigilo de atos processuais em defesa da intimidade e do interesse social (art. 5º, LX), ao sigilo de fonte

---

[171] CARRAZZA, Roque Antonio. *O Regulamento no Direito Tributário Brasileiro*. São Paulo: Revista dos Tribunais, 1981. p. 147.

em razão do exercício profissional (art. 5º, XIV) e às situações em que o sigilo seja imprescindível à segurança da sociedade e do Estado (art. 5º, XXXIII), conforme ressalta Maria Sylvia Zanella di Pietro.[172]

Nenhuma dessas exceções se aplica, de modo algum, às normas produzidas no exercício da competência tributária regulamentar. Pelo contrário. Uma vez que são normas acerca de matéria tributária (com o necessário envolvimento do particular) de observância geral, sua publicidade deflui naturalmente de sua função no sistema. Não obstante, não raro é utilizado o argumento de que determinado regulamento sobre matéria tributária é "questão *interna corporis*" de certo órgão da Administração Tributária, vinculando apenas os servidores públicos, de modo que não precisaria ser publicado ou mesmo disponibilizado aos contribuintes. Trata-se do que se passará a denominar de "falácia do procedimento interno". Tal argumento apresenta a seguinte estrutura: norma "x", veiculada pelo documento "y", diria respeito, exclusivamente, a "procedimentos internos" da Administração, pelo que não precisaria ser publicado o documento "y", haja vista que a norma "x" não influiria na esfera de direitos do particular, que delas não precisaria ter conhecimento.

Exemplo eloquente a esse respeito fornece Eurico Marcos Diniz de Santi, a respeito da publicidade do chamado "Manual do Sigilo Fiscal".[173] Conforme expõe o autor, a Receita Federal do Brasil negava-se a dar publicidade a esse documento normativo, veiculado pela Portaria nº 3.541/2011, que determina como devem proceder os servidores do órgão relativamente a informações tidas por sigilosas. Embora, nesse exemplo, além da falácia do procedimento interno, também haja argumentações pautadas em segurança nacional, há inúmeros outros, marcadamente no contexto de administrações tributárias estaduais e municipais. Afirma-se que a norma regulamentar "x" veiculada pelo documento não publicado "y" determina que o funcionário indefira um pedido "z", caso não satisfaça o requisito "s".

Primeiramente, deve-se ressaltar que a justificativa de não publicação de documentos que veiculem normas regulamentares pautada no argumento do procedimento interno parte de uma premissa não verdadeira: a de que somente a atuação administrativa que influi, diretamente, na esfera de direitos do particular deve ser publicada. Conforme

---

[172] PIETRO, Maria Sylvia Zanella di. *Direito Administrativo*. 16. ed. São Paulo: Atlas, 2003. p. 75.

[173] SANTI, Eurico Marcos Diniz de. Tributação, ética e livre concorrência: para melhorar o Brasil. In: CONGRESSO DA ASSOCIAÇÃO BRASILEIRA DE DIREITO E ECONOMIA, VI., 2013, Rio de Janeiro. *Anais...* Rio de Janeiro: FGV, 2013.

afirma Alfredo Augusto Becker, "esclarecer é explicitar premissas".[174] Nesse caso, a premissa oculta é a de que os particulares somente teriam direito de acesso a certas informações que influíssem em sua esfera de direitos diretamente. Entretanto, a Constituição prescreve a publicidade dos atos da Administração Pública sem essa condicionante.

Em conformidade com o tratamento constitucional da matéria, a regra é a publicidade de todo e qualquer ato da administração pública. Para Francisco Laporta, a publicidade das normas jurídicas faz parte do "núcleo duro" do princípio do Estado de Direito.[175] No ordenamento jurídico brasileiro, não é necessário ir tão longe para derivar a necessidade de publicidade. Trata-se de norma constitucional expressa (CF/88, art. 37, *caput*). A carga argumentativa não é acometida ao particular para justificar que algum ato ao qual pretende ter acesso influi em sua esfera de direitos (o que, aliás, seria impossível sem o prévio acesso ao conteúdo do ato). É a Administração Tributária que deve justificar, sempre que não for dada publicidade a atos administrativos, com base nas exceções constitucionais. Isso se aplica de modo pleno aos atos administrativos de observância geral, como é o caso dos regulamentos tributários.[176] Influam ou não diretamente na esfera de direitos do particular, os textos que veiculam normas regulamentares devem ser publicados.

O segundo aspecto da falácia do procedimento interno diz respeito à falsidade do próprio argumento de que atos regulamentares, ao prescreverem o *modus procedendi* da Administração Tributária, não diriam respeito à esfera de direitos dos particulares. Ainda que de maneira indireta, todos os regulamentos tributários, inclusive aqueles que determinam procedimentos internos da Administração, influem na esfera de direitos dos contribuintes.

O art. 37, *caput*, da Constituição Federal utiliza o termo "Administração Pública" para determinar o campo de incidência da norma da publicidade. Conforme sua dicção, "a administração pública direta e indireta de qualquer dos Poderes da União, dos Estados, do Distrito Federal e dos Municípios obedecerá aos princípios de (...) publicidade". Definindo o sentido desse termo, obtém-se maior precisão acerca do âmbito de aplicabilidade da publicidade. Trata-se de expressão

---

[174] BECKER, Alfredo Augusto. *Teoria Geral do Direito Tributário*. 6. ed. São Paulo: Noeses, 2013. p. 12.

[175] LAPORTA, Francisco J. Imperio de La Ley. Reflexiones sobre un punto de partida de Elíaz Díaz. *DOXA*, n. 15-16, 1994. p. 141-142.

[176] Ver conceito no Capítulo 4.

imprecisa, frequentemente, imbricada e confundida com outras que lhe são, de certo modo, afins, como "Fazenda Pública", "pessoa política" e "Poder Executivo".

Separando a significação do termo "Administração Pública" daqueles que lhe são afins, percebe-se tratar-se de realidade diferente daquela que representa a personalidade jurídica de direito público (pessoa política). Não se trata, tampouco, de expressão restrita à porção dessas pessoas políticas afeta à atividade financeira e tributária (Fazenda Pública[177]). Não é possível, tampouco, confundir "Administração Pública" com o Poder Executivo, já que a primeira expressão não parece circunscrever-se a este.

Para fins de precisão do conceito veiculado pelo art. 37, *caput*, da Constituição Federal, é coerente atribuir ao termo "Administração Pública" o sentido de um conjunto de diversas relações hierárquicas e de coordenação, entre os sujeitos genericamente denominados "agentes públicos", que vêm a formar o que seja uma pessoa jurídica de direito público. Nessa linha, explica Celso Antônio Bandeira de Mello serem "agentes públicos" todos os sujeitos que servem ao Poder Público como instrumentos expressivos de sua vontade ou ação, ainda que de forma ocasional ou episódica.[178] Perceba-se tratar-se de conceito amplo, apto a abarcar todos os sujeitos que presentam a pessoa política (União, Estados, Distrito Federal ou Municípios).

Desse modo, no sentido ora adotado, Administração Pública significa o conjunto de relações verticais e horizontais que se estabelecem entre os agentes públicos, na atividade de aplicação da lei de ofício. Trata-se de conceito análogo ao que Maria Sylvia Zanella di Pietro denomina "Administração Pública em sentido subjetivo", formal ou orgânico, que abrange as pessoas jurídicas, os órgãos e os agentes públicos incumbidos da função administrativa.[179] O conceito não se confunde com o Poder Executivo, pois, embora a separação de poderes tenha como base a separação de funções,[180] os poderes constituídos exercem funções típicas e atípicas.[181] A função administrativa,

---

[177] Estipula o Código Tributário Nacional: "Art. 209. A expressão 'Fazenda Pública', quando empregada nesta Lei sem qualificação, abrange a Fazenda Pública da União, dos Estados, do Distrito Federal e dos Municípios".

[178] MELLO, Celso Antônio Bandeira de. *Curso de Direito Administrativo*. 25. ed. São Paulo: Malheiros, 2007. p. 243.

[179] DI PIETRO, Maria Sylvia Zanella. *Direito Administrativo*. 16. ed. São Paulo: Atlas, 2003. p. 54

[180] MIRANDA, Francisco Cavalcanti Pontes de. *Tratado de Direito Privado*. Parte Geral. 3. ed. Rio de Janeiro: Borsoi, 1970. v. 1. p. X.

[181] O exercício de funções atípicas sujeita-se aos limites constitucionais firmados na própria

conforme as lições de Miguel Seabra Fagundes, consiste em "aplicar a lei de ofício".[182]

Assim, pode-se afirmar que a Administração Pública corresponde ao conjunto de relações verticais e horizontais que se estabelecem entre os agentes públicos (todos os sujeitos que servem ao Poder Público como instrumentos expressivos de sua vontade ou ação), na atividade de aplicação da lei de ofício.

Por meio da análise desse conceito, percebe-se que, em sendo a Administração Pública um conjunto de relações, toda e qualquer relação jurídica que se dê entre os agentes públicos, acaba por remeter à relação jurídica entre a Administração e os administrados, já que as primeiras não existiriam sem a última. Em outras palavras, as relações jurídicas que formam a Administração Pública sempre se fazem presentes quando a Administração trava relações com os particulares, já que essas relações de hierarquia e de coordenação são constitutivas da pessoa jurídica que se presenta ao administrado na forma de Administração Pública.

Um exemplo hipotético ajuda a imprimir maior precisão ao discurso. Tome-se a relação entre um particular e a Administração Tributária estadual, ao requerer o primeiro a liberação de mercadorias retidas na fronteira, em razão de normas sobre o recolhimento dos tributos estaduais.[183] Nesses casos, é comum que normas construídas a partir de preceitos regulamentares determinem as condições necessárias para que o servidor público defira o pedido do contribuinte. O servidor público "x" tem o dever funcional de negar a liberação de mercadoria caso o pedido não seja instruído com os documentos "y" e "z". Em sendo a Administração Pública formada por um conjunto de relações entre agentes públicos, esse dever funcional do servidor público, cujo descumprimento o sujeita a sanções pelo seu superior hierárquico, por óbvio, também integra a relação entre a Administração e o administrado.

---

separação de competências. Conforme afirma J. J. Gomes Canotilho: "se a sobreposição das linhas divisórias de funções não justifica que se fale de 'rupturas de divisão de poderes', já o mesmo não acontece quando o *núcleo essencial (Kernbereich)* dos limites de competências, constitucionalmente fixado, é objecto de violação" (CANOTILHO, José Joaquim Gomes. *Direito Constitucional e Teoria da Constituição*. 4. ed. Coimbra: Almedina, 1987. p. 323).

[182] FAGUNDES, Miguel Seabra. *O Controle dos Atos Administrativos pelo Poder Judiciário*. 5. ed. Rio de Janeiro: Forense, 1979. p. 15.

[183] Não se adentra, para fins deste estudo, no exame de legalidade ou constitucionalidade desse tipo de norma.

O DESTINATÁRIO DA COMPETÊNCIA TRIBUTÁRIA REGULAMENTAR NA CONSTITUIÇÃO: PUBLICIDADE E PARTICIPAÇÃO

É bem verdade que existe uma relação entre dois agentes públicos, ao prever-se consequências sancionatórias ao servidor que, caso não satisfeitas as condições "y" e "z", descumpra seu dever de negar a liberação da mercadoria. Acontece que essa relação também se encontra presente dentro de relação mais abrangente, qual seja, aquele entre a Administração Pública e o administrado. Logo, fica evidenciada a falácia da assertiva conforme a qual a norma jurídica que prescreve *modus procedendi* interno da Administração Pública, com consequências funcionais para o servidor que a desrespeitar, não diz respeito aos administrados.

Tanto essa norma jurídica diz respeito ao administrado e influi em sua esfera de direitos que, retomando o exemplo hipotético, caso não apresentados os documentos "y" e "z", o administrado, em função da regra "interna" de *modus procedendi,* terá seu direito à liberação de mercadorias negado. O mesmo se verifica, de maneira mais ou menos intensa, em qualquer situação envolvendo a publicidade de normas regulamentares sobre matéria tributária. Em grau mais ou menos direto, essas normas, ao formarem o conjunto de relações jurídicas que compõem a Administração, influem, diretamente, na esfera de direitos do administrado.

Em síntese, o art. 37, *caput,* da Constituição Federal prevê a publicidade como regra geral em relação à atuação da Administração Pública. O ônus argumentativo para justificar que certo preceito regulamentar influi em sua esfera de direitos, e portanto deve ser publicado, não é do contribuinte. Para negar publicidade a um regulamento, incumbe à Administração Tributária justificar a aplicabilidade de alguma exceção expressa da Constituição à norma da publicidade. Logo, em consubstanciando atos normativos de observância geral, os textos regulamentares em matéria tributária devem ser publicados, independentemente do veículo introdutor de normas utilizado (decreto, instrução normativa, portaria, parecer normativo, etc.).

Essas razões tomam ainda maior relevância quando se percebe que regulamentos que prescrevem o *modus procedendi* da Administração Pública, em suas relações internas, relativamente à matéria tributária, exercem interferência direta na esfera jurídicas dos administrados. A "falácia do procedimento interno" consiste em fazer crer que uma obrigação funcional de um órgão da administração de agir de certa forma não diria, diretamente, respeito aos particulares, quando, na realidade, a Administração somente existe, em face dos particulares, enquanto conjunto de relações regidas por essas e outras normas. Os contribuintes também são destinatários dos regulamentos em matéria tributária. Cada uma das funções da competência tributária regulamentar[184] está relacionada à atuação dos particulares, influindo em sua esfera de direitos.

2.1.2 Publicidade como?

Além de determinar a extensão do dever de publicidade dos dispositivos regulamentares em matéria tributária, deve-se esclarecer no que ela consiste, ou de que maneira se pode considerar satisfeito o dever de publicidade. Para tanto, assumem relevância as seguintes dualidades: (i) publicidade geral anterior de ofício *versus* publicidade individual posterior mediante requerimento; e (ii) publicidade oficial por procedimento regrado *versus* publicidade extraoficial.

A primeira dicotomia diz respeito à diferença entre a publicação de documentos mediante requerimento de um sujeito individual (objeto do *habeas data*, garantia constitucional positivada no art. 5º, LXXII) e a prévia disponibilização do documento para todos os contribuintes, independentemente de requerimento. Publicar, em ambos os casos, significa tornar público, ou seja, conferir acesso a uma informação. Note-se que o objeto da publicidade é sempre o texto, o documento normativo, nunca a norma em si. Como predica Aulis Aarnio, o texto é sempre o ponto de partida da interpretação.[185] A norma se constrói[186] sempre a partir do texto e é vertida em novo texto, no esforço circular de validação pelo "antigo e ainda válido 'círculo hermenêutico'" a que se refere Umberto Eco.[187] Logo, não se pode dar publicidade à norma, mas, tão somente, ao texto.

De toda sorte, é muito diferente dar publicidade ampla a um texto, previamente à possibilidade da aplicação das normas a partir deles construídas a novos eventos, e dar-lhe publicidade apenas de maneira pontual, mediante requerimento, possivelmente *ex post facto*, é dizer, após realizado o suporte factual suficiente para a incidência da norma. No que respeita aos textos produzidos no exercício da competência tributária regulamentar, a publicidade de que trata a Constituição é sempre geral, de ofício e prévia, funcionando como

---

[184] *Vide* capítulos 5, 6, 7 e 8.

[185] AARNIO, Aulis. *Essays on the Doctrinal Study of Law*. Heidelberg: Springer, 2011. p. 113.

[186] Sobre limites na construção de normas a partir de textos, *vide* Capítulo 5.

[187] ECO, Umberto. Superinterpretando textos. In: ECO, Umberto. *Interpretação e superinterpretação*. 3. ed. São Paulo: WMF Martins Fontes, 2012d. p. 76.

CAPÍTULO 2
O DESTINATÁRIO DA COMPETÊNCIA TRIBUTÁRIA REGULAMENTAR NA CONSTITUIÇÃO: PUBLICIDADE E PARTICIPAÇÃO | 73

verdadeira condição para a aplicação das normas construídas com base nesses textos regulamentares. Nas vezes em que a Constituição tratou de publicidade individual, mediante requerimento, o fez de maneira expressa, como no caso do *habeas data*, que diz respeito a "informações relativas à pessoa do impetrante".

Com efeito, por serem os regulamentos tributários instrumentos normativos que, necessariamente, influem na relação da Administração Tributária com os particulares, a única interpretação coerente do art. 37, *caput*, da Constituição Federal conclui pela necessidade de ampla publicidade prévia, geral e determinada de ofício desses regulamentos. Em adição, conforme será exposto no tópico subsequente, muitos regulamentos, na lógica do lançamento por homologação, são aplicados, diretamente, pelo sujeito passivo, pelo que a publicidade geral e prévia é verdadeiro imperativo lógico do caráter comunicacional do direito. Em todo caso, a publicidade também funciona como forma de efetivação do ideal de calculabilidade da segurança jurídica.[188]

A segunda dualidade referida acima diz respeito ao efetivo meio pelo qual se deve dar publicidade aos textos produzidos no exercício da competência tributária regulamentar. Trata-se da dicotomia entre publicidade oficial por procedimento regrado e publicidade extraoficial. De maneira geral, pode-se afirmar que, por ser a publicidade dever constante de uma norma constitucional positivada, sua concretização por meio de normas infraconstitucionais deve ser feita do modo que melhor promova o fim de propiciar efetivo acesso aos textos regulamentares por todos os seus destinatários.

Vale, a esse respeito, o que Konrad Hesse denomina "princípio da ótima concretização da norma". Conforme o autor, a interpretação constitucional adequada é aquela que consegue concretizar, de forma excelente, o sentido da proposição normativa, em certas condições de fato.[189] A Constituição deve ser concretizada, em toda sua extensão, por todos os níveis de normas no sistema. Assim, embora o ordenamento jurídico brasileiro contenha presunção absoluta geral de conhecimento das leis (em sentido amplo) publicadas em sede oficial,[190] a Constituição demanda que o meio para dar amplo conhecimento dos atos normativos seja o mais eficiente possível.

---

[188] Ambos os temas serão retomados no item 2.1.3.

[189] HESSE, Konrad. *A força normativa da Constituição*. Tradução de Gilmar Ferreira Mendes. Porto Alegre: Sergio Antonio Fabris, 1991. p. 22-23.

[190] Conforme o art. 3º da Lei de Introdução às Normas do Direito Brasileiro: "Ninguém se escusa de cumprir a lei, alegando que não a conhece".

Desse modo, pode-se afirmar que a publicidade deve ser concretizada pela legislação infraconstitucional e interpretada da forma que melhor promova o objetivo de acesso ao conteúdo dos textos normativos regulamentares. Empregando terminologia de Tércio Sampaio Ferraz Junior, ao tratar das funções eficaciais das normas constitucionais,[191] pode-se afirmar que a publicidade deve determinar a ampla possibilidade de acesso às normas regulamentares em matéria tributária (função de programa), bloquear normas infraconstitucionais que neguem referido acesso a esse conteúdo (função de bloqueio) e proteger normas e ações tendentes à efetivação desse ideal de acesso (função de resguardo).

Dessa forma, normas infraconstitucionais que determinem a publicação de regulamentos veiculados por certos tipos de instrumentos normativos são protegidas pela função de resguardo da norma constitucional da publicidade. Nessa linha, o art. 2º do Decreto presidencial nº 4.520/02, que "dispõe sobre a publicação do Diário Oficial da União e do Diário da Justiça pela Imprensa Nacional da Casa Civil da Presidência da República", determina a publicação no Diário Oficial da União de diversos tipos de documentos, dentre os quais atos normativos dos Ministros de Estado e os pareceres normativos de observância geral. Por outro lado, ao vedar a publicação de "atos de caráter interno", o art. 7º, I, do referido decreto não pode ser interpretado de forma a albergar regulamentos em matéria tributária, em face da função de bloqueio da norma da publicidade.

Adicionalmente, deve-se destacar que a função de programa da norma da publicidade determina que ela não se limita à publicação em órgão oficial. Na sociedade da informação, a publicação oficial dista de ser o meio concreto mais apto a concretizar a publicidade dos textos regulamentares. Como explica Tércio Sampaio Ferraz Junior, nosso tempo está dominado por um "'sentido pantécnico' sem par", em que todo objeto é um "dado técnico informático".[192] Dessa forma, a publicidade dos textos regulamentares por meio da *internet*, com a instituição de mecanismos de busca, passa a revelar-se forma muito mais efetiva de concretização da publicidade do que qualquer publicação por meio físico. Adicionalmente, os próprios diários oficiais passaram a ganhar versões virtuais, o que corrobora a acessibilidade de seu conteúdo.

---

[191] FERRAZ JUNIOR, Tércio Sampaio. *Direito Constitucional*. Liberdade de fumar, Privacidade, Estado, Direitos Humanos e outros temas. São Paulo: Manole, 2007. p. 252.

[192] FERRAZ JUNIOR, Tércio Sampaio. *O Direito, entre o Futuro e o Passado*. São Paulo: Noeses, 2014b. p. 78.

Essas considerações, contudo, não significam que se possa ignorar a necessidade de publicação de textos normativos em diários oficiais, quando a lei ou outro instrumento normativo assim o prescrever, mesmo porque a publicação costuma figurar como marco inicial para a vigência de certos atos normativos, ou para a contagem do prazo a partir do qual terão efeitos. Quando o sistema jurídico determinar que a publicidade seja realizada mediante publicação em diário oficial (físico ou virtual), a publicação por meio eletrônico extraoficial será forma adicional de concretização da publicidade. Em casos em que não haja obrigatoriedade de publicação em diário oficial por norma jurídica expressa, pode-se cogitar da satisfação da publicidade unicamente pelo meio informático. Conforme aponta Sylvia Calmes, em relação ao conhecimento dos atos administrativos gerais para fins de aplicação do princípio da proteção à confiança,[193] deve-se examinar se o modo pelo qual se deu a publicação é suscetível de permitir ao cidadão afetado o conhecimento do ato.[194]

O que não se pode aceitar, de maneira alguma, são simulacros de publicidade, como a afixação em quadro de avisos, técnica que não mais se consubstancia, nem de longe, a melhor forma de concretizar a publicidade, nas atuais "condições reais dominantes", para retomar a terminologia de Hesse.[195]

Em síntese, os textos normativos a partir dos quais se constroem normas regulamentares em matéria tributária devem ser publicados: (i) de maneira ampla, prévia à sua aplicabilidade, com acesso geral, conforme determinação de ofício da autoridade competente, independentemente de requerimento; (ii) a forma da publicidade deverá concretizar, da melhor maneira possível, o ideal de amplo acesso às disposições regulamentares, o que nas atuais condições fáticas dominantes, significa publicidade por meio da *internet*, de modo que (ii.a) nos casos em que o sistema jurídico determinar que a publicidade seja realizada mediante publicação em diário oficial (físico ou virtual), a publicação por meio eletrônico extraoficial será forma adicional de concretização da publicidade e (ii.b) nos casos em que não haja obrigatoriedade de publicação em diário oficial em virtude de norma jurídica

---

[193] Sobre o tema, cf. Capítulo 5.

[194] CALMES, Sylvia. *Du principe de protection de la confiance légitime en droits allemand, communautaire et français*. Paris: Dalloz, 2001. p. 360.

[195] HESSE, Konrad. *A força normativa da Constituição*. Tradução de Gilmar Ferreira Mendes. Porto Alegre: Sergio Antonio Fabris, 1991. p. 23.

expressa, a satisfação da publicidade poderá dar-se unicamente pelo meio informático.

2.1.3 Publicidade por quê?

Em princípio, não seria o caso de se questionar o porquê da publicidade das normas tributárias regulamentares, uma vez que se trata de regra positivada na Constituição Federal de 1988. A positivação de uma regra, ensina Jaap Hage, substitui as razões que deram azo à sua ponência.[196] A regra passa a ser a própria razão aplicada.

Nada obstante, conforme predica Frederick Schauer, pode-se identificar, em toda regra, uma justificativa da regulação da situação por meio de uma regra (*rule-generating justification*), bem como uma justificativa material (*substantive justification*) para uma dada regra particularmente considerada.[197] As primeiras justificam a positivação da regra em lugar da positivação direta de sua justificação e são comuns a todas as regras, dizendo respeito à certeza, à confiabilidade e à previsibilidade.[198] As últimas são particulares ao conteúdo de cada regra.

Dentre as justificativas materiais da publicidade em matéria de regulamentos tributários, duas parecem especialmente relevantes. A primeira de caráter constitucional abstrato. A segunda, como fator infraconstitucional que ganha grande relevância dadas as condições normativas e fáticas em que se dá o processo de positivação do Direito Tributário no Brasil hodiernamente.

A primeira justificativa material da publicidade em matéria de regulamentos tributários é a própria norma da segurança jurídica, construída a partir de fundamentos diretos e indiretos do Texto Constitucional e, em relação aos fundamentos indiretos, mediante indução ou dedução.[199] A segurança jurídica funciona, a um só tempo, como justificativa para existência da regra e como justificativa direta da regra em si. A publicidade, conforme Humberto Ávila, faz parte de um "ideal maior de garantir um estado de confiabilidade e de calculabilidade do

---

[196] HAGE, Jaap C. *Reasoning with Rules* – an Essay on Legal Reasoning and its Underlying Logic. Dordrecht: Kluwer, 1997. p. 111.

[197] SCHAUER, Frederick. *Playing by the Rules* – A Philosophical Examination of Rule-Based Decision-Making in Law and in Life. Oxford: Clarendon, 1991 (reimp. 2002). p. 94.

[198] *Ibidem*, p. 95.

[199] ÁVILA, Humberto. *Segurança Jurídica*. Entre permanência, mudança e realização no direito tributário. 2. ed. São Paulo: Malheiros, 2012a. p. 206 e ss.

ordenamento jurídico, baseado na sua cognoscibilidade".[200] Com efeito, é impossível que o particular tenha a capacidade de prever o espectro de consequências jurídicas de seus comportamentos (calculabilidade),[201] sem que tenha acesso material aos textos a partir dos quais serão construídas normas que incidirão sobre tais eventos.

Como afirma James R. Maxeiner, a acessibilidade ao conteúdo das regras não é menos importante para a segurança jurídica do que o seu próprio conteúdo.[202] Especificamente no que respeita à publicidade das disposições regulamentares em matéria tributária, adverte Eva Andrés Aucejo que, a circunstância de serem tais dispositivos publicados não deve confundir os destinatários de modo que convertam tais disposições meramente aclaratórias em disposições normativas.[203] Cabem algumas reservas em relação a esse pensamento. Por um lado, não procede que os dispositivos regulamentares não sejam normativos ou que, meramente, aclarem as leis tributárias.[204] Por outro lado, deve-se reconhecer que, na busca do direito aplicável a uma situação de fato, muitas vezes os regulamentos tributários tornam-se a fonte principal da pesquisa. Isso se justifica por serem essas normas mais precisas do que as determinações legais e vincularem a Administração Tributária. Contudo, não se deve esquecer que seu conteúdo se subordina à lei. Tomada como um lembrete de que as disposições regulamentares não são lei, pode-se aceitar a advertência da autora.

A segunda justificativa material para a publicidade dos dispositivos regulamentares em matéria tributária diz respeito à chamada "privatização da gestão tributária". Trata-se de uma mudança nas relações entre o Fisco e os contribuintes, que, cada vez mais, afigura-se relevante. Consiste na atribuição aos particulares de atividades concernentes à fiscalização e à arrecadação de tributos que, anteriormente, eram exercidas diretamente pelas autoridades fiscais. Como assevera José Juan Ferreiro Lapatza, "se os administrados devem lançar os tributos, devem compreender as normas a aplicar".[205] Se devem compreender as

---

[200] ÁVILA, Humberto. *Segurança Jurídica*. Entre permanência, mudança e realização no direito tributário. 2. ed. São Paulo: Malheiros, 2012a. p. 237.

[201] *Ibidem*, p. 258.

[202] MAXEINER, James R. Legal Certainty: A European Alternative to American Legal Indeterminacy? *Tulane Journal of International & Comparative Laws*, v. 15, n. 2, p. 603, 2007.

[203] AUCEJO, Eva Andrés. *Relaciones entre "Reglamento" e "Ley" en materia tributaria*. Madrid: Marcial Pons, 2013. p. 209.

[204] Sobre isso, ver, especialmente, o Capítulo 5.

[205] No original: "*si los administrados deben liquidar los tributos, deben compreender las normas a aplicar*" (LAPATZA, José Juan Ferreiro. La privatización de la gestión tributaria y las

normas a aplicar, necessariamente, devem ter acesso aos textos a partir dos quais tais normas são construídas.

Associam-se, desse modo, a complexidade da legislação, a falta de parâmetros prévios e a difusão de fontes normativas convergindo sobre o particular, no que Eurico Marcos Diniz de Santi denominou de "maldição do lançamento por homologação". Trata-se de lógica conforme a qual a Administração Tributária, em face da complexidade da legislação e de sua dificuldade em antecipar os seus próprios critérios de interpretação, obriga o particular a entendê-la, interpretá-la e aplicá-la, reservando-se ao direito de rever tais atos em prazo mais de sessenta vezes superior do que aquele que, geralmente, é conferido ao contribuinte.[206] O problema não é a existência do lançamento por homologação, mas sim a insegurança dos parâmetros legais que devem ser aplicados pelo particular e de seus critérios interpretativos.

Nesse contexto, resta claro que o particular se torna não somente o sujeito da relação jurídica advinda da aplicação das normas tributárias regulamentares, como, em muitos casos, também seu primeiro aplicador. Em face desse cenário, negar-lhe o conhecimento de algum dos textos que, posteriormente, consubstanciarão ponto de partida para a interpretação do Fisco acerca da legalidade do ato de aplicação por ele realizado consubstanciaria violação direta da segurança jurídica e procedimento flagrantemente contrário ao Estado de Direito. Tais ilações são importantes por não se aplicarem somente a textos normativos mais amplos, como decretos e instruções normativas, mas, também, a textos regulamentares mais específicos, como pareceres normativos e soluções de consulta interna.[207]

Nesse passo, pode-se pensar mesmo a publicidade como decorrência do caráter comunicacional do direito, haja vista que o particular é o destinatário direto da aplicação das normas tributárias regulamentares. Para Gregorio Robles Morchon, o fenômeno jurídico manifesta-se, antes de tudo, como um sistema de inter-relação comunicativa.[208] Por assim ser, a mensagem emitida por meio do dispositivo regulamentar

---

nuevas competências de los Tribunales Económico-Administrativos. *Civitas – Rev. Esp. Der. Fin*, n. 37/81, p. 86, 1983).

[206] SANTI, Eurico Marcos Diniz de. *Kafka, alienação e deformidades da legalidade*. Exercício do controle social rumo à cidadania fiscal. São Paulo: Revista dos Tribunais; Fiscosoft, 2014. p. 322-323.

[207] Sobre a definição de competência tributária regulamentar adotada neste estudo, ver Capítulo 4.

[208] MORCHON, Gregorio Robles. *Teoria del Derecho*: fundamentos de teoria comunicacional del derecho. v. 1. Madrid: Civitas, 1998. p. 141.

CAPÍTULO 2
O DESTINATÁRIO DA COMPETÊNCIA TRIBUTÁRIA REGULAMENTAR NA CONSTITUIÇÃO: PUBLICIDADE E PARTICIPAÇÃO | 79

deve chegar até os destinatários. Logo, deve-se dar publicidade às normas jurídicas de observância geral que deverão ser aplicadas, dentre outros, pelos próprios particulares, além de influírem na conformação de sua conduta.

Além da segurança jurídica e da privatização da gestão tributária, outras justificativas podem ser relacionadas à necessidade de publicidade em matéria tributária. Para Celso Antonio Bandeira de Mello, por exemplo, a publicidade relaciona-se com o Estado Democrático de Direito, no qual todo o poder emana do povo e por ele ou em seu nome é exercido (CF/88, art. 1º, parágrafo único). Assim, seria esse o motivo pelo qual não pode haver "ocultamento aos administrados dos assuntos que a todos interessam, e muito menos em relação aos sujeitos individualmente afetados".[209]

Vale ressaltar, ainda, a perspectiva de Eurico Marcos Diniz de Santi, para quem é preciso tornar transparentes as múltiplas alternativas para a interpretação de normas tributárias, como forma de viabilizar o controle social sobre a atividade da Administração Tributária[210] e para chegar a acordos razoavelmente uniformes sobre o sentido das normas tributárias.[211] Embora se refira à publicidade dos atos concretos de aplicação do Direito Tributário, não às normas tributárias regulamentares, as considerações do autor são integralmente aplicáveis às últimas. Com efeito, também a publicação dos textos normativos tributários regulamentares, na acepção utilizada neste estudo,[212] funciona como instrumento de promoção de uniformização e de controle social sobre a atuação da Administração Tributária.

Em síntese, as principais justificativas materiais para a publicidade dos dispositivos regulamentares em matéria tributária consistem na: (i) necessidade de acessibilidade às regras para que o particular tenha capacidade de prever o espectro de consequências jurídicas de seus comportamentos (calculabilidade), exigência que deflui da norma da segurança jurídica; (ii) privatização da gestão tributária, que, ao transferir ao particular atividades concernentes à fiscalização e arrecadação de tributos, transforma-o no primeiro aplicador das regras

---

[209] MELLO, Celso Antônio Bandeira de. *Curso de Direito Administrativo*. 25. ed. São Paulo: Malheiros, 2007. p. 114.

[210] SANTI, Eurico Marcos Diniz de. *Kafka, alienação e deformidades da legalidade*. Exercício do controle social rumo à cidadania fiscal. São Paulo: Revista dos Tribunais; Fiscosoft, 2014. p. 561.

[211] *Ibidem*, p. 530.

[212] Ver Capítulo 4.

tributárias, inclusive regulamentares, devendo, portanto, ter acesso ao seu conteúdo.

2.2 Participação do destinatário na elaboração de regulamentos tributários

Outra decorrência do pensamento de que o contribuinte não seria o destinatário dos regulamentos tributários, além da negligência em relação à sua publicação, consiste em isolá-lo do procedimento de elaboração desses atos normativos. Ora, se o regulamento é *interna corporis*, por que o contribuinte participaria de sua elaboração? Essa visão, contudo, não resiste à constatação de que o contribuinte é um dos principais destinatários das normas construídas a partir de textos produzidos conforme a competência tributária regulamentar.

Há, pelo menos, três razões a justificar a participação do contribuinte no processo de elaboração dos regulamentos tributários, quais sejam: (i) enquanto construção de um procedimento regulamentar; (ii) como mecanismo de democracia direta participativa; (iii) como abertura institucional dos órgãos reguladores para um processo argumentativo. Trata-se de três visões complementares, separadas, unicamente, para fins analíticos, mas que devem ser combinadas para uma compreensão ampla do fenômeno. Conforme ensina Aulis Aarnio, a força de uma argumentação é, tanto mais intensa, quanto mais linhas de argumentação relativamente independentes a suportem.[213]

No que respeita ao procedimento regulamentar, defende Carlos Ari Sundefeld que o conteúdo mínimo da lei demandaria a fixação não somente de parâmetros substantivos (de conteúdo), mas, também, de parâmetros adjetivos, entendidos estes últimos como normas de processo e de organização administrativa.[214] Conforme suas lições, a chave de proteção dos direitos estaria nos aspectos institucionais. O autor exemplifica com a organização do Conselho Administrativo de Defesa Econômica (CADE) e com as garantias institucionais dispensadas aos conselheiros.[215] Na sua visão, a possibilidade de construção do procedimento regulamentar dependeria dos parâmetros adjetivos fixados em lei. É dizer, em relação às instruções normativas produzidas pela Receita Federal do Brasil, por exemplo, deveria a lei prever mecanismos

---

[213] AARNIO, Aulis. *Essays on the Doctrinal Study of Law*. Heidelberg: Springer, 2011. p. 114.
[214] SUNDFELD, Carlos Ari. *Direito Administrativo para Céticos*. 2. ed. São Paulo: Malheiros, 2014. p. 268.
[215] *Ibidem*, p. 270.

CAPÍTULO 2
O DESTINATÁRIO DA COMPETÊNCIA TRIBUTÁRIA REGULAMENTAR NA CONSTITUIÇÃO: PUBLICIDADE E PARTICIPAÇÃO | 81

de participação do contribuinte, que funcionariam como parâmetros adjetivos de legalidade dessas normas regulamentares.

Em linha similar, porém mais ampla, defende Antonio Carlos de Almeida Amendola que a participação do contribuinte na elaboração de normas regulamentares decorreria do que denominou "legalidade processual". Para esse autor, essa faceta da legalidade tributária exigiria que "qualquer ato administrativo ou regulamentação tributária seja procedido de um processo".[216] Esse processo, ainda conforme suas lições, deveria ter, pelo menos, três etapas, quais sejam: (i) apresentação de proposta de regulamentação pelo Fisco; (ii) participação do contribuinte; (iii) motivação da regulamentação ao final editada.[217]

Sem dúvidas, o ideal seria que a lei previsse os parâmetros adjetivos a que se refere Sundfeld, e que esses parâmetros contemplassem a participação do contribuinte na regulamentação, em forma similar ao que propõe Amendola. No entanto, ainda que não haja previsão legal, nada impede que os órgãos regulamentadores possibilitem a participação do contribuinte (o chamado *input*) sobre o conteúdo das normas regulamentares. Nessa linha, a Receita Federal do Brasil (RFB) vem disponibilizando, por meio de seu *site*, diversas consultas públicas sobre minutas de instruções normativas. Inicialmente, o órgão regulamentador divulga a minuta, com uma exposição de motivos. Em seguida, por um prazo estipulado, faculta-se aos contribuintes apresentar sugestões de modificações, por meio de um formulário padrão. Falta somente a terceira fase a que se refere Amendola, em que a Receita Federal deveria justificar a redação final dos dispositivos, em face das sugestões apresentadas pelos contribuintes.

A regulamentação de assuntos importantes já foi objeto de consulta pública no âmbito da RFB. Em 2015, por exemplo, houve consulta sobre "Imposto sobre a renda incidente sobre os rendimentos e ganhos líquidos auferidos nos mercados financeiro e de capitais", que resultou na Instrução Normativa RFB 1.585/15.[218] Em 2016, houve consulta pública sobre a regulamentação do "Regime Especial de Regularização Cambial e Tributária – RERCT", posteriormente levada a efeito pela Instrução Normativa RFB 1.627/16. Esses procedimentos ainda precisam ser aprimorados. Entretanto, a iniciativa constitui um grande avanço

---

[216] AMENDOLA, Antonio Carlos de Almeida. *Participação do contribuinte na regulamentação tributária*. Porto Alegre: Lex Magister, 2011. p. 115.

[217] *Ibidem*, p. 120.

[218] O art. 21 da IN 1.585/15 será discutido no Capítulo 5, item 5.5.2. Curiosamente, a redação final desse dispositivo não constava da minuta objeto de consulta pública.

no sentido da construção da efetiva participação do contribuinte na regulamentação tributária em sede federal.

A segunda perspectiva da justificação da participação do contribuinte na regulamentação tributária, referida acima, consiste em tomá-la como mecanismo de democracia direta participativa. Para José Joaquim Gomes Canotilho, trata-se de "democratizar a democracia através da participação", o que significa a "optimização das participações dos homens no processo de decisão".[219] Conforme explica Peter Häberle, a democracia não se desenvolve somente no contexto da delegação formal de capacidade decisória para os representantes do povo. Em uma sociedade aberta, a democracia desenvolve-se, também, por meio de "formas refinadas de mediação do processo público e pluralista da política e da práxis cotidiana".[220] A partir dessas constatações, o autor desenvolve uma teoria de interpretação da Constituição.[221]

As mesmas considerações são aplicáveis à participação do contribuinte no processo regulamentar. Com efeito, trata-se de forma de aumentar a legitimidade democrática da regulamentação, especialmente no atual contexto. Como aponta Paulo Bonavides, na era da tecnologia e da globalização, mecanismos de participação direta dos cidadãos nos processos decisórios assumem grande importância.[222]

Especificamente no que respeita à participação do contribuinte no processo de produção de regulamentos tributários, entende Antonio Carlos de Almeida Amendola que se trataria de uma participação com "âmbito exclusivamente técnico-jurídico" que "não visaria a construir um mecanismo de participação direta do contribuinte".[223] Ocorre, entretanto, que não se pode separar o estritamente técnico-jurídico da participação e do exercício da democracia. Ainda que a participação do contribuinte na regulamentação tributária não se traduza, propriamente, em consentimento, já que se trata de *input* sugestivo, não resta eliminado o seu caráter de mecanismo democrático. Como ensina

---

[219] CANOTILHO, José Joaquim Gomes. *Direito Constitucional e Teoria da Constituição*. 4. ed. Coimbra: Almedina, 1987. p. 365.

[220] HÄBERLE, Peter. *Hermenêutica Constitucional*. A sociedade aberta dos intérpretes da Constituição: contribuição para a interpretação pluralista e "procedimental" da Constituição. Tradução de Gilmar Ferreira Mendes. Porte Alegre: Sergio Antonio Fabris, 1997. p. 36.

[221] Ver, especialmente: *Ibidem*, p. 48-49.

[222] Para Paulo Bonavides, trata-se de "direito fundamental da quarta geração ou dimensão". BONAVIDES, Paulo. *Teoria do Estado*. 7. ed. São Paulo: Malheiros, 2008. p. 350.

[223] AMENDOLA, Antonio Carlos de Almeida. *Participação do contribuinte na regulamentação tributária*. Porto Alegre: Lex Magister, 2011. p. 122.

Canotilho, o elemento participativo do princípio democrático pode-se revelar em, pelo menos, três graus, quais sejam: (i) participação não vinculante, em que o particular meramente sugere; (ii) participação vinculante, em que o desejo do cidadão limita o âmbito decisório; (iii) participação vinculante e autônoma em que se substitui a figura da direção tradicional para órgãos participativos.[224] Logo, a participação não vinculante, que se verifica em sede da regulamentação tributária, também é participação, com fundamento no princípio democrático. Outros exemplos são a iniciativa popular na elaboração de leis e a participação de cidadãos nas discussões em comissões temáticas no Congresso. Trata-se de participação que não vincula o resultado final, mas que possibilita o debate direto sobre temas de interesse do particular.

Por fim, a terceira justificação da participação do contribuinte no processo de regulamentação tributária consiste em tomá-la como abertura institucional dos órgãos reguladores para um processo argumentativo. Para Eurico de Santi, a estabilidade do sentido das regras tributárias não depende somente de sua precisão semântica, mas, também, de um debate público.[225] Com efeito, como afirma Viehweg, o debate é a única instância de controle.[226] Permitir ao contribuinte participar da produção de regulamentos tributários somente contribui para a melhoria do resultado. Além de conhecer as particularidades de sua atividade econômica, o contribuinte funciona como o principal e o primeiro aplicador da lei tributária, na lógica do lançamento por homologação.

Ao enunciar regras gerais para a construção de um discurso prático racional, Robert Alexy inclui a circunstância de todos poderem participar do discurso, problematizando qualquer asserção (regra 2.2.a).[227] No âmbito de regulamentação tributária, isso significa dar aos contribuintes a possibilidade de questionar minutas de dispositivos regulamentares, influindo, efetivamente, no convencimento da autoridade regulamentadora, que deverá justificar sua escolha ao final.

---

[224] CANOTILHO, José Joaquim Gomes. *Direito Constitucional e Teoria da Constituição*. 4. ed. Coimbra: Almedina, 1987. p. 365.

[225] SANTI, Eurico Marcos Diniz de. *Kafka, alienação e deformidades da legalidade*. Exercício do controle social rumo à cidadania fiscal. São Paulo: Revista dos Tribunais; Fiscosoft, 2014. p. 530.

[226] VIEHWEG, Theodor. *Tópica e Jurisprudência*. Tradução de Tércio Sampaio Ferraz Junior. Brasília: Departamento de Imprensa Nacional, 1979. p. 42.

[227] ALEXY, Robert. *Teoria da Argumentação Jurídica*: a Teoria do Discurso Racional como Teoria da Fundamentação Jurídica. Tradução de Zilda Hutchinson Schild Silva. 3. ed. Rio de Janeiro: Forense, 2013. p. 191.

Em face do exposto, seja pela necessidade oriunda de um processo regulamentar, pela justificativa pautada nos processos participativos que decorrem do princípio democrático ou pela construção de processos argumentativos abertos no âmbito das instituições regulamentadoras, é preciso que se criem e aprimorem procedimentos de participação do contribuinte na regulamentação em matéria tributária. Os mecanismos de consulta pública de minutas de instruções normativas no âmbito da RFB, referidos acima, são um ótimo primeiro passo nesse sentido. Entretanto, é preciso melhorar esse procedimento, prevendo-se, por exemplo, uma justificação final das escolhas tomadas pelo órgão regulamentador em face das sugestões apresentadas pelos contribuintes. Idealmente, esse procedimento deveria ser institucionalizado por intermédio de parâmetros adjetivos previstos em lei. Por fim, destaca-se a necessidade de expandir os processos participativos não somente para outros entes federados, como também para a elaboração de outros tipos de dispositivos regulamentares, que, cada vez mais, ganham espaço no âmbito federal, como soluções de consulta vinculativas e pareceres normativos.

2.3 Síntese do capítulo

O art. 37, *caput*, da Constituição Federal prevê a publicidade como regra geral em relação à atuação da Administração Pública. O ônus argumentativo não é do contribuinte para justificar que certo preceito regulamentar influi em sua esfera de direitos e, por isso, deve ser publicado. A Administração Tributária que deve justificar que alguma exceção expressa da Constituição à norma da publicidade se aplica ao caso, para negar publicidade a um regulamento. Ademais, regulamentos que prescrevem o *modus procedendi* da Administração Pública, em suas relações internas, relativamente à matéria tributária, possuem interferência direta na esfera jurídicas dos administrados. A Administração somente existe, em face dos particulares, enquanto conjunto de relações regidas por essas e outras normas.

Logo, os regulamentos em matéria tributária devem ser publicados seja porque: (i) aplica-se a norma constitucional da publicidade, prevista, de modo amplo, no texto constitucional e sujeita apenas a exceções expressas que não se aplicam aos regulamentos tributários; (ii) o contribuinte, tanto quanto os agentes públicos, também é destinatário dos regulamentos em matéria tributária, pois, direta ou indiretamente, estes influem em sua esfera jurídica.

Os textos normativos a partir dos quais se constroem normas regulamentares em matéria tributária devem ser publicados de maneira ampla, prévia à sua aplicabilidade, de acesso geral, independentemente de requerimento por parte do sujeito passivo. A forma da publicidade deverá concretizar, da melhor maneira possível, o ideal de amplo acesso às disposições regulamentares. Considerando-se as atuais condições fáticas dominantes, no mais das vezes, a melhor publicidade é garantida por meio da disponibilização na *internet*, com meios de divulgação e mecanismos de busca. Assim, nos casos em que o sistema jurídico determinar que a publicidade seja realizada mediante publicação em diário oficial (físico ou virtual), a publicação por meio eletrônico extraoficial será forma adicional de concretização da publicidade. Quando não houver obrigatoriedade de publicação em diário oficial por norma jurídica expressa, a satisfação da publicidade poderá dar-se, inclusive, unicamente pelo meio informático.

A publicidade dos regulamentos tributários, além da expressa previsão constitucional, encontra assento na necessidade de acessibilidade do particular às regras jurídico-tributárias, para que tenha capacidade de prever o espectro de consequências jurídicas de seus comportamentos (calculabilidade). Trata-se de exigência que deflui da norma da segurança jurídica. Além disso, no atual contexto de privatização da gestão tributária, em que são transferidas ao particular atividades concernentes à fiscalização e à arrecadação de tributos, o contribuinte torna-se o primeiro aplicador das regras tributárias, inclusive regulamentares. Logo, deve ter acesso ao seu conteúdo.

Pelo menos três linhas argumentativas, relativamente independentes, suportam a necessidade de previsão de processos de participação do contribuinte na regulamentação tributária. Conforme uma faceta procedimental da legalidade, exige-se que seja facultado ao contribuinte apresentar sua visão quanto a propostas de regulamentos tributários, devendo o órgão regulamentador apresentar a justificação final de suas escolhas. Adicionalmente, o princípio democrático exige a construção de mecanismos de participação para garantia da democracia direta participativa. Por fim, a construção de processos argumentativos abertos no âmbito das instituições regulamentadoras contribui para a melhoria do resultado da produção regulamentar.

CAPÍTULO 3

QUATRO ARGUMENTOS UTILIZADOS PARA ALARGAR A COMPETÊNCIA TRIBUTÁRIA REGULAMENTAR

É preciso desenvolver um estilo especial de busca de premissas que, com o apoio em pontos de vista provados, seja inventivo. (...) Este modo de trabalhar se caracteriza sobretudo porque permite aos juristas entender o direito como não algo que se limitam a aceitar, mas sim como algo que eles constroem de uma maneira responsável.

(Theodor Viehweg)[228]

3.1 Qual a relevância da discussão?

Nos últimos anos, o Direito Tributário brasileiro tem assistido a uma retomada da discussão acerca dos limites da legalidade tributária, com grande relevo para a determinação da amplitude da competência

---

[228] VIEHWEG, Theodor. *Tópica e Jurisprudência*. Tradução de Tércio Sampaio Ferraz Junior. Brasília: Departamento de Imprensa Nacional, 1979. p. 50.

tributária regulamentar. Essa discussão, que se iniciou em sede doutrinária, não veio precedida de nenhuma mudança no texto constitucional. Trata-se de uma modificação da postura interpretativa.

Frequentemente, essa alteração é justificada por algum tipo de argumento pautado na visão de que a legalidade, em sua formatação tradicional, estaria em crise. Verifica-se essa discussão também no âmbito do Direito Administrativo[229] e da Teoria do Direito.[230] No Direito Tributário, há autores que, há algum tempo, defendem concepções de legalidade mais flexíveis, com consequências de ampliação da competência tributária regulamentar.[231] Nos últimos anos, essas concepções ganharam eco em outras manifestações doutrinárias.[232]

Recentemente, esses argumentos doutrinários lograram êxito em sua função de influir na construção da argumentação jurídica material, com a sua acolhida pela mais alta corte do país. O Ministro Dias Toffoli, ao relatar os Recursos Extraordinários 704.292 e 838.284, ambos postos em julgamento no dia 30.06.2016, acatou grande parte desses argumentos. Conforme o voto do Ministro:

> [A]tualmente, há uma clara tendência da doutrina em oferecer uma alternativa teórica à corrente formalista tradicional e em desfazer o dogma de que a segurança jurídica do contribuinte seria garantida pela tipicidade fechada. Aponta-se para um esgotamento do modelo, incapaz de garantir os direitos da maioria dos cidadãos.[233]

Nesse voto, foram citados diversos autores que defendem concepções de flexibilização da legalidade tributária. As conclusões do voto foram acompanhadas por todos os ministros presentes em relação ao RE nº 704.292,[234] inclusive pelo Min. Edson Fachin, que, contudo,

---

[229] Cf. BINENBOJM, Gustavo. O sentido da vinculação administrativa à juridicidade no direito brasileiro. In: ARAGÃO, Alexandre dos santos de; MARQUES NETO, Floriano de Azevedo (Coord.). *Direito administrativo e seus novos paradigmas*. Belo Horizonte: Fórum, 2008. p. 145-154.

[230] Cf. LAPORTA, Francisco J. *El imperio de la ley*. Uma visión actual. Madrid: Trotta, 2007. p. 151-167.

[231] Cf. TORRES, Ricardo Lobo. *Tratado de Direito Constitucional Financeiro e Tributário*. Valores e Princípios Constitucionais Tributários. Rio de Janeiro: Renovar, 2005. v. II. p. 400-512. GRECO, Marco Aurélio. *Planejamento Tributário*. 3. ed. São Paulo: Dialética, 2011. p. 143-147.

[232] Cf., por todos, a seguinte obra coletiva: RIBEIRO, Ricardo Lodi; ROCHA, Sérgio André (Coords.). *Legalidade e Tipicidade no Direito Tributário*. São Paulo: Quartier Latin, 2008.

[233] RE 704.292, Relator: Min. Dias Toffoli, Tribunal Pleno, julgado em 19.10.2016, *DJe*-170 public. 03.08.2017, p. 15. RE 838.284, Relator: Min. Dias Toffoli, Tribunal Pleno, julgado em 19.10.2016, *DJe*-215 public. 22.09.2017, p. 12.

[234] Estavam ausentes os ministros Gilmar Mendes e Luiz Fux.

apresentou voto de vista, com fundamentos diversos. Relativamente ao RE nº 838.284,[235] o voto do Min. Toffoli foi seguido por cinco ministros, cabendo esclarecer que o Min. Fachin também apresentou voto de vista, com fundamentos diversos. Ademais, o Min. Marco Aurélio proferiu voto divergente.

Esses acórdãos do Supremo Tribunal Federal não encerram a discussão sobre a flexibilização da legalidade, seus limites ou fundamentos. Pelo contrário, apenas ressaltam a importância do seu aprofundamento crítico. Com efeito, os ministros acompanharam as conclusões do voto do relator, fixando duas teses de repercussão geral,[236][237] não se podendo afirmar, contudo, que o tribunal teria encampado todas as premissas do voto do Min. Toffoli.

Ademais, a função da dogmática jurídica é influir na construção argumentativa do direito.[238] Para cumprir esse papel, é essencial que o pesquisador tenha liberdade para analisar e criticar decisões do Poder Judiciário. Como afirma Aulis Aarnio, o pesquisador que abre mão de criticar a mais alta corte, por medo de perder autoridade, escraviza-se, põe-se em relação de dependência e perde sua genuína liberdade de expressão.[239] É instigante, nesse sentido, a provocação do ex-Ministro do Supremo Tribunal Federal, Cezar Peluso, no sentido de que "no Brasil, o mundo jurídico não reage à altura aos erros do Supremo". Conforme o ex-magistrado, "a maioria das críticas não tem pertinência, não avança no conteúdo, o que seria fundamental para melhorar a qualidade".[240]

Assim, este capítulo visa a analisar, criticamente, quatro argumentos que vêm sendo utilizados para defender concepções mais

---

[235] Acompanharam as conclusões os Ministros Edson Fachin, Roberto Barroso, Teori Zavascki, Rosa Weber e Cármen Lúcia. Estavam ausentes os Ministros Gilmar Mendes e Luiz Fux.

[236] RE 704.292: "É inconstitucional, por ofensa ao princípio da legalidade tributária, lei que delega aos conselhos de fiscalização de profissões regulamentadas a competência de fixar ou majorar, sem parâmetro legal, o valor das contribuições de interesse das categorias profissionais e econômicas, usualmente cobradas sob o título de anuidades, vedada, ademais, a atualização desse valor pelos conselhos em percentual superior aos índices legalmente previstos".

[237] RE 838.284: "Não viola a legalidade tributária a lei que, prescrevendo o teto, possibilita o ato normativo infralegal fixar o valor de taxa em proporção razoável com os custos da atuação estatal, valor esse que não pode ser atualizado por ato do próprio conselho de fiscalização em percentual superior aos índices de correção monetária legalmente previstos".

[238] ADEODATO, João Maurício, *Uma teoria retórica da norma jurídica e do direito subjetivo*. 2. ed. São Paulo: Noeses, 2014b. p. 194.

[239] AARNIO, Aulis. *Essays on the Doctrinal Study of Law*. Heidelberg: Springer, 2011. p. 68.

[240] Entrevista concedida à *Revista Piauí*. CARVALHO, Luiz Maklouf. O Supremo, quosque tandem? A indicação dos juízes, os pedidos de vistas, os conflitos de interesse, o ativismo e as disputas entre ministros – a agenda de dificuldades do STF. *Revista Piauí*, Edição 48, 2010.

alargadas de competência tributária regulamentar, alguns dos quais com ressonância na jurisprudência do Supremo Tribunal Federal.

Conforme exposto, grande parte dessas argumentações concluem ou partem da premissa de que se está diante de uma crise da legalidade. O vocábulo "crise", consoante o dicionário significa, dentre outros, "súbita alteração no curso de uma doença" ou "conjuntura cheia de incertezas, de aflições ou de perigos".[241] Trata-se, inequivocamente, de um termo com forte carga emotiva negativa, ao qual são associadas, normalmente, consequências desfavoráveis ao objeto ou ao sujeito diagnosticado como estando "em crise".

Em uma primeira aproximação, predicar estar-se diante de uma "crise da lei" é mera afirmação genérica que somente logra transmitir uma carga emotiva negativa. Trata-se de uma afirmação sobremodo vaga, à qual cada sujeito poderá atribuir significação distinta. Com isso, aumenta-se o grau de concordância dos destinatários, já que cada um atribui à afirmação o significado que julga pertinente. É o que João Maurício Adeodato denomina "controle de vagueza e ambiguidade". Conforme explica o autor, trata-se de estratégia argumentativa que manipula a circunstância de que, quanto mais preciso o discurso, menos acordo ele atrairá. Dessa forma, por meio de argumentos vagos, o orador logra convencer destinatários que não estariam de acordo, caso o discurso fosse mais preciso.[242]

É justamente o que ocorre em relação à propalada "crise da legalidade". A depender do conteúdo que lhe é atribuído, pode-se concordar ou não com o diagnóstico. Como afirma Clèmerson Merlin Clève "a lei não está em crise. Uma determinada concepção de lei, sim".[243]

Talvez mais importante do que a ambiguidade no diagnóstico do que consista a crise da lei, é a terapêutica proposta, ou seja, as consequências que cada autor atrela ao diagnóstico da referida crise. Verifica-se nesse contexto, que a um único argumento antecedente (a "crise da lei"), atrelam-se diversos argumentos consequentes. Dentre estes últimos, destacam-se: (i) possibilidade de a Administração Pública aplicar diretamente a Constituição sem fundamento legal;[244]

---

[241] AULETE, Caldas. *Dicionário Contemporâneo da Língua Portuguesa*. 2. ed. brasileira. Rio de Janeiro: Delta, 1964. v. II. p. 1.005.

[242] ADEODATO, João Maurício. *Uma teoria retórica da norma jurídica e do direito subjetivo*. 2. ed. São Paulo: Noeses, 2014b. p. 308.

[243] CLÈVE, Clèmerson Merlin. *Atividade legislativa do poder executivo*. 3. ed. São Paulo: Revista dos Tribunais, 2011. p. 55.

[244] Cf. BINENBOJM, Gustavo. O sentido da vinculação administrativa à juridicidade no direito brasileiro. In: ARAGÃO, Alexandre dos Santos de; MARQUES NETO, Floriano de

(ii) possibilidade de decretos e instruções normativas instituírem deveres não tratados em lei;[245] (iii) necessidade de aplicação não formalista da lei;[246] (iv) consequências genéricas, que se valem da mesma estratégia de controle de vagueza e ambiguidade, como uma "insuficiência da lei" ou uma contrariedade à "realidade do mundo hodierno".[247]

Dentre consequências mais específicas ou mais genéricas, parece haver, em geral, uma sobreposição de argumentos externos aos argumentos jurídicos, pautados no texto constitucional em vigor. Com isso, corre-se o risco apontado por Eros Roberto Grau, consistente na "substituição da racionalidade formal do direito (com sacrifício da legalidade e do procedimento legal) por uma racionalidade de conteúdo construída a partir da ética (qual ética?!), à margem do direito".[248]

Nesse contexto, faz-se relevante a análise dos argumentos que têm levado à ampliação dos limites da competência tributária regulamentar, muitos dos quais relacionados a uma pretensa "crise da legalidade" no Brasil. Conforme Harold R. Wohlrapp, a argumentação é dividida em três operações básicas, quais sejam, asserção, justificação e crítica.[249] A argumentação da dogmática jurídica, nesse contexto, produz asserções (teses doutrinárias), que devem ser justificadas a partir de premissas calcadas no direito positivo (justificação). Muitas vezes, no entanto, verifica-se haver premissas ocultas na argumentação (o chamado entimema ou silogismo retórico).[250]

Azevedo (Coord.). *Direito administrativo e seus novos paradigmas*. Belo Horizonte: Fórum, 2008. GRECO, Marco Aurélio. *Planejamento Tributário*. 3. ed. São Paulo: Dialética, 2011. p. 319-355.

[245] Cf. ROCHA, Sérgio André. A Deslegalização no Direito Tributário Brasileiro Contemporâneo: Segurança Jurídica, Legalidade, Conceitos Indeterminados, Tipicidade e Liberdade de Conformação da Administração Pública. In: RIBEIRO, Ricardo Lodi; ROCHA, Sérgio André (Coords.). *Legalidade e Tipicidade no Direito Tributário*. São Paulo: Quartier Latin, 2008.

[246] RIBEIRO, Ricardo Lodi. A tipicidade tributária. In: RIBEIRO, Ricardo Lodi; ROCHA, Sérgio André (Coords.). *Legalidade e Tipicidade no Direito Tributário*. São Paulo: Quartier Latin, 2008.

[247] ROCHA, Sérgio André. A Deslegalização no Direito Tributário Brasileiro Contemporâneo: Segurança Jurídica, Legalidade, Conceitos Indeterminados, Tipicidade e Liberdade de Conformação da Administração Pública. In: RIBEIRO, Ricardo Lodi; ROCHA, Sérgio André (Coords.). *Legalidade e Tipicidade no Direito Tributário*. São Paulo: Quartier Latin, 2008. p. 258.

[248] GRAU, Eros Roberto. *Por que tenho medo dos juízes*: a interpretação/aplicação do direito e os princípios. São Paulo: Malheiros, 2014. p. 17.

[249] WOHLRAPP, Harold R. *The Concept of Argument*. A Philosophical Foundation. Tradução de Tim Personn. Heidelberg: Springer, 2014. p. 130.

[250] ADEODATO, João Maurício. *Ética e retórica*: para uma teoria da dogmática jurídica. 5. ed. São Paulo: Saraiva, 2012. p. 265.

Nesse passo, a análise de argumentos consiste no isolamento das fundamentações de asserções na forma de silogismos ou entimemas, de modo a dissecá-los para análise.[251] Além da identificação de premissas ocultas, a análise do discurso visa a expor e submeter à crítica as fundamentações externas de cada um dos argumentos. Ao assim proceder, a análise da justificação externa parte para novos silogismos (meta-silogismos). Em que pese se reconheça que a estrutura da justificação não é inteiramente dedutiva, a construção de estruturas de justificação silogísticas permite a identificação da coerência dos argumentos.[252] Dentre as maneiras de refutação direta de uma tese, estão justamente a argumentação sobre a falsidade de seus fundamentos (*nego majorem, minorem*) e a negação de que, a partir de certos fundamentos, é possível deduzir a asserção (*nego consequentiam*).[253]

Assim, busca-se isolar quatro estruturas argumentativas utilizadas, com alguma recorrência, para afirmar uma ampliação dos limites da competência tributária regulamentar. Nesse contexto, cabe a advertência de Chaïm Perelman e Lucie Olbrechts-Tyteca, conforme a qual se estará, para fins de análise, a "separar articulações que são, na verdade, parte integrante do mesmo discurso e constituem uma única argumentação de conjunto".[254] A análise que se segue busca focar nos argumentos, não em autores individualmente considerados. As referências a partes dos discursos de certos doutrinadores serão feitas por transcrição, para conservar ao máximo seu pensamento original, e não terão por fito expor sua posição pessoal, mas evidenciar uma forma de defesa pontual do argumento de que se trata em certa altura.

Muitas vezes, os argumentos utilizados para a flexibilização da legalidade voltam-se contra um conceito de legalidade baseado na aplicação mecânica, que não se sustenta.[255] Outras vezes, voltam-se contra um conceito de legalidade que exige máxima determinação de sentido no âmbito legal. Em ambos os casos, contudo, o resultado final é uma

---

[251] ADEODATO, João Maurício. Continuidade e originalidade no pensamento jurídico brasileiro: análises retóricas. In: ADEODATO, João Maurício (Org.). *Continuidade e originalidade no pensamento jurídico brasileiro*: análises retóricas. Curitiba: CRV, 2015. p. 37.

[252] AARNIO, Aulis. *Essays on the Doctrinal Study of Law*. Heidelberg: Springer, 2011. p. 137.

[253] SCHOPENHAUER, Arthur. *Como vencer um debate sem precisar ter razão*: em 30 estratagemas (dialética erística). Tradução de Daniela Caldas e Olavo de Carvalho. Rio de Janeiro: Topbooks, 1997. p. 120.

[254] PERELMAN, Chaïm; OLBERECHTS-TYTECA, Lucie. *Tratado da argumentação*: a nova retórica. 3. ed. Tradução de Maria Ermantina de Almeida Prado Galvão. São Paulo: Martins Fontes, 2014. p. 211.

[255] Ver capítulos 1 e 5.

noção de legalidade tributária tão flexibilizada que não se compagina com o vetor densificação de dever acima referido. Por esse motivo, para fins de análise, esses argumentos, que apresentam alguma distinção, serão tratados em conjunto.

3.2 O argumento histórico-político

3.2.1 O argumento e as suas premissas

O que se denomina argumento histórico-político consiste na associação entre o momento histórico em que se formou o Estado liberal, sua superação e a necessidade de flexibilização da legalidade tributária atual. Verifica-se, na formulação desse argumento, a associação entre a superação do Estado Liberal e o declínio de uma concepção de legalidade que a ele se associa.

Além disso, associa-se a legalidade a um estrato social específico, denominado "burguesia", especialmente distinguível na derrota do absolutismo com a Revolução Francesa. Nesse sentido, veja-se a narrativa de Sergio André Rocha:

> Tendo em vista que o Estado Liberal clássico tinha por finalidade a estabilização e manutenção da classe burguesa no poder, com a restrição das atuações do Poder Público na esfera de liberdade dos indivíduos (notadamente da classe burguesa), a função estatal prevalecente nesse período foi a Legislativa, transformando-se o Parlamento no senhor das regras imponíveis à sociedade, principalmente das situações em que se fazia possível a intervenção estatal na esfera privada.
>
> O declínio do Estado Liberal e o consequente crescimento das atribuições estatais, característico do Estado Social, modificou o quadro acima descrito, uma vez que a dinâmica das novas atividades estatais dependia de uma maior celeridade do agir administrativo, o qual não poderia ver-se emperrado pela dependência de deliberações do Parlamento.
>
> Assim, com o advento do Estado Social verificou-se o declínio da supremacia do Poder Legislativo sobre o Executivo, presente no Estado Liberal clássico (...).[256]

---

[256] ROCHA, Sergio André. A Deslegalização no Direito Tributário Brasileiro Contemporâneo: Segurança Jurídica, Legalidade, Conceitos Indeterminados, Tipicidade e Liberdade de Conformação da Administração Pública. In: RIBEIRO, Ricardo Lodi; ROCHA, Sergio André (Coords.). *Legalidade e Tipicidade no Direito Tributário*. São Paulo: Quartier Latin, 2008. p. 226.

A partir dessa narrativa aparentemente neutra e de cunho meramente histórico, constrói-se a noção de legalidade que deveria prevalecer na atualidade, mais flexibilizada e menos restritiva do que a noção que se associa ao Estado Liberal clássico. Alguns autores relacionam a falha da lei enquanto instrumento para concretização de justiça à necessidade de sua flexibilização. Nesse sentido, tome-se a argumentação de Alexandre Santos de Aragão:

> O fato do Poder Legislativo não monopolizar toda a função normativa estatal, não implica, todavia, em desatenção ao Estado DE Direito. Este não se confunde com o Estado legal ou Estado DO Direito.
>
> A pedra de cal no ideal legalista do iluminismo segundo o qual as leis (do parlamento) seriam necessariamente justas e racionais, foi a série de iniquidades por elas veiculadas ao longo da história (nazismo, fascismo, etc.). Deu-se o que LOUIS FAVOREU qualificou como a 'dessacralização da lei': tendo-se percebido que poderia realmente 'causar danos às liberdades e direitos fundamentais dos indivíduos; é, portanto, necessário proteger-se também contra ela e não mais exclusivamente contra atos do poder executivo'.
>
> Ademais, é, *d. v.*, ingênua a posição segundo a qual o Poder Legislativo deve concentrar todo o poder normativo do Estado. O caráter lento e pouco técnico do processo legislativo inviabilizaria o desempenho das funções estatais na realidade contemporânea, cada vez mais complexa e dinâmica. Limitar as formas de atuação e organização estatal àquelas do século XVIII, ao invés de, como afirmado pelos autores mais tradicionais, proteger os direitos dos indivíduos e da sociedade, retira-lhes a possibilidade de regulamentação e atuação efetiva dos seus interesses.
>
> O que devemos buscar é a realização dos valores de justiça e equidade do Estado de Direito por parte de qualquer poder estatal. É mais importante satisfazê-los do que garantir a competência deste ou daquele Órgão Estatal/Poder.
>
> O mero Estado legal ou DO Direito consiste apenas no estabelecimento de uma regra de competência atributiva de sobrepujança do Poder Legislativo sobre os demais Poderes. O Estado DE Direito, ao revés, consubstancia-se numa ordem axiológica global.[257]

Percebe-se que, no excerto transcrito, associa-se uma pretensa falha do ideal de legalidade em concretizar valores de justiça e de racionalidade com a necessidade de sua superação, em prol de atenção global a valores como equidade e justiça.

---

[257] ARAGÃO, Alexandre dos Santos. Princípio da Legalidade e Poder Regulamentar no Estado Contemporâneo. *Revista de Direito da Procuradoria Geral do Rio de Janeiro*, Rio de Janeiro, v. 53, p. 46, 2000.

Ainda que sem o vincular a consequências tão intensas, o Ministro Dias Toffoli, no voto proferido no RE 704.292, adotou uma versão do argumento histórico-político de que ora se trata:

> No cenário nacional, Marco Aurélio Greco, (Planejamento Tributário. 3. ed. São Paulo: Dialética, 2011. p. 143), destaca que a ideia de legalidade vem mudando nos últimos duzentos anos. Afirma que, com a Revolução Francesa e a queda do absolutismo, a "lei passou a ser mais amplamente concebida como grande instrumento de controle da ação do poder estatal e, como tal, a legalidade neste período assumiu o perfil fundamentalmente de uma legalidade de meios" (idem p. 144) – donde viria a ideia de que o administrador só poderia fazer o que estivesse especificado em lei. Após a Segunda Guerra Mundial, continua o tributarista, a legalidade passou a ser não mais apenas "de meios ou de pressupostos da ação", mas também "uma legalidade de fins ou de objetivos e resultados".[258]

Para fins analíticos, o argumento histórico-político pode ser decomposto da seguinte forma: (i) a legalidade é associada a uma noção liberal burguesa que teve ápice no século XVIII; (ii) o Estado Liberal foi superado; (iii) a noção de legalidade deve ser flexibilizada, com ampliação da competência tributária regulamentar, em face da atual configuração do Estado.

3.2.2 Análise crítica

Inicialmente, cabem reservas à associação absoluta da legalidade unicamente ao ideário prevalecente quando da ascensão do Estado Liberal na Europa. É bem verdade que os tributos, em determinado momento histórico, consubstanciavam imposição do poder do soberano.[259] Entretanto, a origem de concordar com a tributação é anterior ao próprio Estado de Direito.[260] Nesse sentido, Schoueri identifica

---

[258] RE 704.292, Relator: Min. Dias Toffoli, Tribunal Pleno, julgado em 19.10.2016, *DJe*-170 public. 03.08.2017, p. 15.

[259] Sílvio Augusto de Bastos Meira explica que, no Império Romano, cabia ao imperador o direito de tributar. Conforme o *Digesto*: "sem a prescrição dos imperadores, não é permitido ao governador, nem ao administrador, nem à cúria criar tributos, reformar os precedentes e a esses acrescentar ou subtrair". Apenas em casos urgentíssimos, o prefeito do Pretório tinha poderes para a cobrança de impostos ou indicações extraordinárias, sujeitas à posterior aprovação imperial. MEIRA, Sílvio Augusto de Bastos. *Direito Tributário Romano.* Belém: UFPa, 2013. p. 40-41.

[260] XAVIER, Alberto. *Os princípios da legalidade e da tipicidade da tributação.* São Paulo: Revista dos Tribunais, 1978. p. 5-6.

instâncias do direito de concordar com a tributação no feudalismo, em um texto normativo francês do ano 614 (Edito de Paris) e na prática inglesa anterior ao ano de 1215, quando foi assinada a Magna Carta, documento geralmente apontado como marco inicial da legalidade.[261]

Não obstante, também é verdade que a consolidação da legalidade coincide com o nascimento do Estado Liberal. A Revolução Francesa do ano de 1789, que culminou com a queda do regime absolutista, representou a consolidação do direito de concordar com a tributação na Europa.[262] O mesmo ocorreu na Revolução que deu ensejo à independência dos Estados Unidos da América, em 1776, seguida pela promulgação da Constituição de 1789, que atribuiu a competência para instituir tributos ao Poder Legislativo, cujos membros são eleitos pelo povo.[263] [264]

No Brasil, a legalidade tributária genérica é prevista nos textos constitucionais desde a Constituição outorgada do Império de 1824, tendo surgido a legalidade tributária específica na Constituição de 1891 (art. 72, §30).[265] Entretanto, a legalidade, entendida como direito de participação política na deliberação sobre a tributação, sofreu momentos de negação durante a ditadura de Getúlio Vargas, época em que o parlamento não se reuniu e o presidente exerceu o poder de "decretar impostos" e durante a vigência da Emenda Constitucional nº 1/1969, no período da ditadura miliar, em que os Decretos-Lei foram utilizados

---

[261] SCHOUERI, Luís Eduardo. *Direito Tributário*. 3. ed. São Paulo: Saraiva, 2013. p. 280-281.

[262] SCHOUERI, Luís Eduardo. Contribuição à Investigação das Origens do Princípio da Legalidade em Matéria Tributária. In: VELLOSO, Carlos Mário da Silva; ROSAS, Roberto; AMARAL, Antonio Carlos Rodrigues do. *Princípios Constitucionais Fundamentais*. Estudos em homenagem ao professor Ives Gandra da Silva Martins. São Paulo: Lex, 2005a. p. 713.

[263] No original: "*Section. 8. The Congress shall have Power To lay and collect Taxes, Duties, Imposts and Excises, to pay the Debts and provide for the common Defence and general Welfare of the United States; but all Duties, Imposts and Excises shall be uniform throughout the United States; (…)."*

[264] Dispositivo similar se encontra na Constituição Francesa de 1791:
"*CHAPITRE III - DE L'EXERCICE DU POUVOIR LÉGISLATIF*
Section première. - Pouvoirs et fonctions de l'Assemblée nationale législative.
Article 1. - La Constitution délègue exclusivement au Corps législatif les pouvoirs et fonctions ci-après:
1º De proposer et décréter les lois: le roi peut seulement inviter le Corps législatif à prendre un objet en considération;
2º De fixer les dépenses publiques;
3º D'établir les contributions publiques, d'en déterminer la nature, la quotité, la durée et le mode de perception;".

[265] Cf. SCAFF, Fernando Facury. Quando as Medidas Provisórias se Transformaram em Decretos-Lei ou Notas sobre a Reserva Legal Tributária no Brasil. In: ROCHA, Fernando Luiz Ximenes; MORAES, Filomeno. *Direito Constitucional Contemporâneo*. Estudos em Homenagem ao Professor Paulo Bonavides. Belo Horizonte: Del Rey, 2005. p. 134-139.

com intensidade, como aponta Fernando Facury Scaff.[266] Nesse sentido, afirma-se que "ao longo do regime militar, o Poder Legislativo foi quem sofreu as consequências mais graves do autoritarismo".[267]

Nesse contexto, a positivação da legalidade tributária na Constituição de 1988 (art. 150, I), com proibição de delegações sem a observância do procedimento previsto no art. 68 da CF/88 e a não recepção das delegações anteriores (ADCT, art. 25), ocorreu em um momento de ruptura com um regime autoritário, em que um dos principais objetivos foi o de conter o exercício de poderes excessivos pelo Poder Executivo e retomar a competências do Legislativo. Logo, especialmente considerando-se a Constituição brasileira de 1988 e o seu contexto de positivação, não se pode associar a legalidade a um ideário mais antigo e, possivelmente, "ultrapassado". No Brasil, a reafirmação da legalidade ocorreu há menos de trinta anos. Se algum juízo ideológico sobre a pertinência dos ideais originariamente liberais do século XVIII deveria ser feito, o próprio constituinte brasileiro já o exerceu.

Além disso, não é precisa a afirmação de que Estado Liberal e os ideais por ele defendidos teria cedido lugar ao Estado Social, no início do século XX,[268] no qual a legalidade teria menor importância. Como pondera Paulo Bonavides, não há que se falar, propriamente, em ruptura entre o Estado Liberal e o Estado Social "senão metamorfose, que é aperfeiçoamento, enriquecimento e acréscimo".[269] Nesse contexto, esse movimento dialético de construção do estado deve ser analisado em conformidade com as peculiaridades com que se dá em cada país.

Não se pode traçar uma linha reta na história e contá-la como se fosse uniforme no mundo inteiro. Como afirma Norberto Bobbio, a história "não tem um único sentido".[270] Com efeito, descrever a história como um fluxo evolutivo linear importa em acreditar que essa tenha um fim ou finalidade detectável, o que não se verifica.[271] Não se pode

---

[266] *Ibidem*, p. 136-138.

[267] BARROSO, Luís Roberto. Vinte Anos da Constituição Brasileira de 1988: o Estado que Chegamos. In: ROCHA, Cléa Carpi (Coord.). *As constituições brasileiras*: notícia, história e análise crítica. Brasília: OAB, 2008. p. 149.

[268] Geralmente, o estado social é caracterizado pela previsão de direitos que demandam atuação positiva do Estado e seu marco inicial é apontado na Constituição do México de 1917 e na constituição de Weimar, de 1919.

[269] BONAVIDES, Paulo. *Teoria do Estado*. 7. ed. São Paulo: Malheiros, 2008. p. 41.

[270] BOBBIO, Norberto. *A era dos direitos*. Tradução de Carlos Nelson Coutinho. Rio de Janeiro: Elsevier, 2004. p. 60.

[271] ADEODATO, João Maurício. *Uma teoria retórica da norma jurídica e do direito subjetivo*. 2. ed. São Paulo: Noeses, 2014b. p. 54.

tratar uma suposta passagem do Estado Liberal para o Estado Social como uma verdade universal e absoluta, aplicando-a para todos os países. Conforme se buscou explicitar, não se trata de uma evolução linear, mas de um processo dialético de mudanças, que não ocorre de modo uniforme no mundo todo.

Por fim, cabem também críticas quanto à associação da legalidade a uma classe "burguesa". Se essa distinção fazia sentido na França do século XVIII, que se dividia entre nobreza, burguesia e clero, é difícil divisar esse tipo de separação de classes na sociedade atual. Afirma--se que a legalidade estaria a serviço da burguesia. Em que pese sejam inegáveis as distinções sociais no Brasil atual, é praticamente impossível precisar o que seria a burguesia. Não é claro se o conceito deveria ser usado da forma como criado no contexto da Revolução Francesa (que divide em burguesia, nobreza e clero) ou em sua acepção marxista (burguesia contraposta ao proletariado).

De toda sorte, a previsão constitucional da legalidade afasta a necessidade de razões de segunda ordem para a sua observância. Não obstante, caso se queira analisar essas justificativas, por questão de legitimidade, são pertinentes as ponderações de Eros Roberto Grau. Após o exercício da judicatura na mais alta corte do país, o autor, concluiu que, contra arbitrariedades de quem quer que seja "a legalidade é o último instrumento de defesa das classes subalternas, dos oprimidos". Em suas palavras, somente na "afirmação da legalidade e do direito positivo a sociedade encontrará segurança e os humildes a proteção e a garantia de seus direitos no modo de produção social dominante".[272] A legalidade, para além de garantia individual, assume posição de expressão de princípios institucionais.[273]

Em qualquer sentido que se analise, a associação entre a legalidade e a "burguesia" afigura-se altamente genérica, aproveitando-se da carga emotiva negativa deste último vocábulo, sem que lhe seja atribuído significado efetivo. Trata-se do chamado argumento *pathos*, que foca no sentimento que provoca no ouvinte.[274]

Em síntese, o argumento histórico-político exposto não apresenta coerência enquanto justificativa para a flexibilização da legalidade

---

[272] GRAU, Eros Roberto. Interpretação da Lei Tributária e Segurança Jurídica. *Revista de Direito Tributário*, São Paulo: Malheiros, n. 113, p. 225, 2011b.

[273] TESAURO, Francesco. *Compendio di Diritto Tributario*. Torino: UTET, 2002. p. 7.

[274] ADEODATO, João Maurício. Uma crítica retórica à retórica de Aristóteles. In: ADEODATO, João Maurício (Org.). *A retórica de Aristóteles e o direito*: bases clássicas para um grupo de pesquisa em retórica jurídica. Curitiba: CRV, 2014a. p. 29.

tributária e o alargamento da competência tributária regulamentar, pois: (i) no Brasil, a reafirmação da legalidade tributária ocorreu há poucas décadas, no contexto de ruptura com um regime autoritário, pelo que não há que se cogitar de tratar-se de uma noção "oitocentista" retrógrada, mas sim de regra válida e vigente; (ii) não procede a afirmação de que o Estado Liberal teria sido totalmente superado, pois o que ocorre é um movimento histórico dialético, com peculiaridades contingenciais em cada país, sendo impossível universalizar um fluxo histórico linear; (iii) a associação entre legalidade e a classe "burguesa" é genérica e seu conteúdo é incerto.

3.3 O argumento antiformalista

3.3.1 O argumento e as suas premissas

Sinteticamente, o argumento que se denomina antiformalista consiste na negação da possibilidade de prevalência da legalidade, em sua feição tradicional, por meio de uma rejeição do formalismo, que, normalmente, vincula-se à doutrina do Direito Tributário.

"Formalismo", no Brasil e no exterior, é palavra à qual se tem atrelado forte carga emotiva negativa, consistente em "emoções que, em adição aos objetos, também são representadas pelas mesmas palavras".[275] Tanto é assim que Frederick Schauer, ao final de artigo em que defende um "formalismo presumido", afirma que, para evitar o caráter pejorativo do termo, utilizando expressão ligeiramente menos pejorativa, sua teoria poderia ser chamada "positivismo presumido".[276]

Percebe-se, desse modo, que por sua simples utilização, o termo "formalismo" converte-se em instrumento de violência simbólica, consistente na manipulação e na imposição de significados linguísticos de maneira oculta, sem que os destinatários dessa violência tenham consciência de estarem sendo manipulados.[277] Essa questão é percebida com muita clareza quando o termo "formalista" é utilizado como mera forma de adjetivação negativa, como no trecho do voto do Min. Dias Toffoli, nos Recursos Extraordinários referidos, em que afirma

---

[275] FERRAZ JUNIOR, Tércio Sampaio. *Introdução ao Estudo do Direito*. 7. ed. São Paulo: Atlas, 2013. p. 15-16.

[276] SCHAUER, Frederick. Formalism. *Yale Law Journal*, v. 97, n. 4, p. 548, 1988.

[277] ADEODATO, João Maurício. *Uma teoria retórica da norma jurídica e do direito subjetivo*. 2. ed. São Paulo: Noeses, 2014b. p. 281.

que haveria "clara tendência da doutrina em oferecer uma alternativa teórica à corrente formalista tradicional".

Feitas essas advertências, passa-se à análise do argumento. Isoladamente considerado, critica-se fortemente o formalismo (por vezes, também denominado positivismo) por uma suposta desconsideração de muitos aspectos da incidência jurídica, ao concentrar a atenção, apenas, à regra e à legalidade. Nessa linha, tome-se a argumentação de J. L. Saldanha Sanches e João Taborda da Gama, autores portugueses, com obra publicada no Brasil:

> (...) há muito que a metodologia jurídica abandonou o positivismo legalista e o princípio da interpretação estrita das leis. Hoje, não há interpretação sem criação e sem pré-entendimentos do intérprete-aplicador.[278]

Em um passo adiante, conecta-se o formalismo em matéria tributária a uma desconsideração dos princípios constitucionais que regem a tributação. Nesse sentido, a argumentação de Ricardo Lodi Ribeiro:

> Como se vê, ao contrário do que sustenta a doutrina formalista, a estrutura conceitual abstrata não promove uma maior garantia aos direitos do contribuinte, pois a aplicação da lei a partir unicamente do seu texto, sem considerar o âmbito da norma e os princípios jurídicos imanentes, leva a uma aplicação irracional do Direito, por não atingir o significado concreto da norma que, embora limitado por seu texto, com ele não se confunde. (...)
>
> Deste modo, se o formalismo, por muito tempo, serviu de fundamento a uma concepção de segurança baseada no abuso das formas jurídicas, tais efeitos vêm sendo eliminados por uma legislação tributária que cria mecanismos para superar as práticas evasivas e elisivas. Por outro lado, tal linha de pensamento formalista acaba por se impor como obstáculo à efetivação dos princípios materiais que tutelam os direitos dos contribuintes, como o princípio da não-surpresa, o princípio da capacidade contributiva, e o princípio da igualdade.[279]

---

[278] SANCHES, J. L. Saldanha; GAMA, João Taborda da. Pressuposto Administrativo e Pressuposto Metodológico do Princípio da Solidariedade Social: a Derrogação do Sigilo Bancário e a Cláusula Geral Anti-abuso. In: GRECO, Marco Aurélio; GODOI, Marciano Seabra de (Coord.). *Solidariedade Social e Tributação*. São Paulo: Dialética, 2005. p. 104-105.

[279] RIBEIRO, Ricardo Lodi. A tipicidade tributária. In: RIBEIRO, Ricardo Lodi; ROCHA, Sérgio André (Coords.). *Legalidade e Tipicidade no Direito Tributário*. São Paulo: Quartier Latin, 2008. p. 210.

CAPÍTULO 3
QUATRO ARGUMENTOS UTILIZADOS PARA ALARGAR A COMPETÊNCIA TRIBUTÁRIA REGULAMENTAR | 101

Como desdobramento desse raciocínio, de maneira mais sofisticada, defende Marco Aurélio Greco a eficácia positiva do princípio constitucional da capacidade contributiva (CF/88, art. 145, §1º) como mandamento dirigido ao aplicador da norma jurídica tributária. Esse princípio, segundo propugna, imporia ao aplicador o dever de afastar a aplicação formal das regras legais em favor de uma interpretação que permita à tributação alcançar manifestações de capacidade contributiva que se encontrariam fora do âmbito expresso de incidência da norma legal. Veja-se a argumentação do autor:

> Tal como formulado o dispositivo [CF/88, art. 145, §1º], o princípio dirige-se também ao aplicador e no processo de interpretação servirá de critério iluminador do alcance concreto que a lei posta apresenta. Desta ótica, se existe capacidade contributiva captada pela lei tributária, ela tem de ser alcançada até onde for detectada; ou seja, o princípio funciona como vetor do alcance da legislação. Em outras palavras, a lei tributária alcança o que obviamente prevê, mas não apenas isso; alcança, também, aquilo que resulta da sua conjugação positiva com o princípio da capacidade contributiva.
>
> Trata-se de interpretar a lei não apenas à luz do desenho formal, não apenas da legalidade formal, mas examinar o ordenamento positivo e a realidade concreta irrigados com a ideia de capacidade contributiva.[280]

Em síntese, percebe-se, como linha geral, a defesa de uma concepção não formalista de aplicação do direito, que daria azo à possibilidade de considerar normas de cunho principiológico ou valorativo, como meios para afastar a aplicação formal das regras construídas com base na lei.

O argumento pode ser decomposto da seguinte forma: (i) a tradicional acepção da legalidade traduz-se em "formalismo"; (ii) o formalismo desconsidera princípios constitucionais e outras circunstâncias importantes na aplicação do direito (âmbito da norma, etc.); (iii) para dar eficácia aos princípios constitucionais e aos demais aspectos da incidência jurídica, deve-se abandonar a visão formalista da legalidade.

Exposto o argumento, passa-se ao seu exame crítico.

3.3.2 Análise crítica

A estrutura argumentativa acima exposta atrela a legalidade ao formalismo e faz decorrer a flexibilização da primeira em função

---

[280] GRECO, Marco Aurélio. *Planejamento Tributário*. São Paulo: Dialética, 2004. p. 328-329.

da inadequação do segundo. Em outras palavras, afirma-se que a legalidade deve ser flexibilizada porque é formalista e o formalismo desconsidera princípios constitucionais. Essas afirmações merecem uma série de explicitações. Inicialmente, para analisar o primeiro aspecto da premissa, que identifica legalidade com formalismo, deve-se deixar claro: (i) a qual concepção de formalismo se refere; (ii) qual é a concepção de legalidade adotada; (iii) qual a relação entre a concepção de formalismo e a concepção de lei adotada.

Iniciando pelo primeiro ponto, percebe-se que diferentes críticas ao formalismo, por vezes, tomam por base diversas compreensões de formalismo. Com efeito, o termo é plurívoco. Deve-se apartar, inicialmente, o que Frederick Schauer denomina formalismo como negação de escolha[281] do que chama formalismo como limitação de escolha.[282]

O formalismo como negação de escolha recusa que, na aplicação do direito, haja eleição de qual norma aplicar (*choice among norms*) ou mesmo dentro da aplicação de uma específica regra (*choice within norms*). Trata-se, pois, da defesa da possibilidade de aplicação mecânica da lei que, na seara tributária, encontraria respaldo na obra de Alberto Xavier.[283] Realmente, essa concepção de aplicação mecânica da lei mostra-se inadequada em face do reconhecimento do caráter argumentativo da prática jurídica. Já afirmara Hans Kelsen que, no ato de aplicação do direito, à cognição das possibilidades interpretativas soma-se um "ato de vontade em que o órgão aplicador do Direito efetua uma escolha entre as possibilidades".[284] O desafio kelseniano, então, para usar a expressão de Tércio Sampaio Ferraz Junior, não é negar a existência de vontade, mas atribuir um valor racional à metódica doutrinária.[285]

O formalismo como negação de escolha, pois, mostra-se verdadeiramente irreal. Parece ser contra essa concepção de formalismo que se insurge José Maria Arruda de Andrade,[286] oposição que não merece

---

[281] SCHAUER, Frederick. Formalism. *Yale Law Journal*, v. 97, n. 4, p. 511, 1988.

[282] *Ibidem*, p. 520.

[283] XAVIER, Alberto. *Os princípios da legalidade e da tipicidade da tributação*. São Paulo: Revista dos Tribunais, 1978. p. 38.

[284] KELSEN, Hans. *Teoria Pura do Direito*. Tradução de João Batista Machado. 7. ed. São Paulo: Martins Fontes, 2006. p. 394.

[285] FERRAZ JUNIOR, Tércio Sampaio. *Introdução ao Estudo do Direito*: técnica, decisão, dominação. 7. ed. São Paulo: Atlas, 2013. p. 230.

[286] Afirma o autor que "no âmbito tributário, entretanto, a forte identificação com pautas liberais (basicamente liberdade e propriedade) e o ódio aos impostos parecem obscurecer a crítica e a constatação da relativização dos pressupostos metodológicos daquelas escolas [positivismo e formalismo]". Cita, então, a posição de Alberto Xavier e os pressupostos teóricos de Paul Laband como as concepções a que se opõe. ANDRADE, José Maria Arruda de. *Interpretação da Norma Tributária*. São Paulo: MP, 2006. p. 94-100.

qualquer censura. Daí porque Cass R. Sunstein, de maneira enfática, qualifica essa espécie de formalismo (ao qual denomina "velho formalismo") como um "tipo de fraude", haja vista que os termos jurídicos "têm vários significados possíveis, e uma aula de linguagem não é suficiente para justificar a escolha".[287]

O formalismo como limitação de escolha adota pressupostos distintos. Reconhece que as regras jurídicas são veiculadas em linguagem, apresentando as limitações daí decorrentes, mas defende uma forma de aplicação das regras pautada pela desconsideração de razões jurídicas outras que não a própria regra, na maioria dos casos.

Como explica Frederick Schauer, embora a norma seja diferente de seu enunciado, a formulação do enunciado é importante pois possibilita o entrincheiramento de premissas decisórias.[288] Na aplicação do direito, a regra substituiu todas as razões tomadas em conta pelo legislador ao formulá-la, como explica Jaap C. Hage.[289] Ao fazê-lo, contudo, as regras dão azo às experiências recalcitrantes, que revelam o seu caráter subótimo. Têm-se, então, os fenômenos de sobreincludência e de subincludência. No primeiro, uma regra abrange situações que não seriam albergadas pela aplicação direta da justificativa de cuja aplicação resultou sua formulação. No segundo, a regra não abrange casos que seriam albergados pela aplicação direta da justificativa.[290]

Essa concepção de formalismo parte da premissa de que é possível a construção da regra *in abstracto*, ou seja, sem a consideração prévia dos fatos a serem tomados em conta. Trata-se do que Schauer[291] denomina significado parcialmente acontextual, pautado, unicamente, em conceitos universalmente conhecidos pelos falantes de um idioma.[292]

---

[287] SUNSTEIN, Cass R. Deve o Formalismo ser Defendido Empiricamente? In: *A Justificação do Formalismo Jurídico*: textos em debate. RODRIGUEZ, José Rodrigo (Org.). São Paulo: Saraiva, 2011. p. 209.

[288] SCHAUER, Frederick. *Playing by the Rules* – A Philosophical Examination of Rule-Based Decision-Making in Law and in Life. Oxford: Clarendon, 1991 (reimp. 2002). p. 64.

[289] HAGE, Jaap C. *Reasoning with Rules* – an Essay on Legal Reasoning and its Underlying Logic. Dordrecht, Kluwer, 1997. p. 111.

[290] SCHAUER, Frederick. *Playing by the Rules* – A Philosophical Examination of Rule-Based Decision-Making in Law and in Life. Oxford: Clarendon, 1991 (reimp. 2002). p. 31-33.

[291] *Idem*. p. 56.

[292] Essa possibilidade de construção (parcialmente) acontextual da norma jurídica abstrata, isto é, sem referência prévia ao caso a ser resolvido, entra em conflito com um dos principais pressupostos da "teoria estruturante do direito" de Friedrich Müller. Como explica Ralph Christensen, para essa teoria "partindo dos elementos dessas circunstâncias de fato [do caso concreto], o jurista seleciona, recorrendo auxiliarmente à sua pré-compreensão treinada, hipóteses sobre o texto da norma em meio ao conjunto dos textos de normas publicados nos códigos legais" (CHRISTENSEN, Ralph. Teoria Estruturante do Direito. In:

Não se nega que a construção abstrata da norma se dá, também, por relação a outros enunciados do sistema jurídico e mesmo de outros sistemas, quando for o caso.[293] O que se rejeita é somente a necessidade de referência prévia ao caso concreto ao qual a norma será aplicada para a determinação de seu conteúdo abstrato.

Nesse contexto, percebe-se que, em face de experiências recalcitrantes, o aplicador do direito pode adotar, pelo menos, quatro sortes de posturas, a saber: (i) o formalismo puro, que não admite a derrota de regras em hipótese alguma; (ii) o formalismo presumido, que aceita a derrota das regras apenas em casos excepcionais, cumprido o ônus de justificação específico;[294] (iii) o particularismo sensível às regras, que não ignora a existência da regra como ponto de partida, mas a vê como completamente transparente às suas justificações, qualquer que seja o caso;[295] [296] e (iv) o particularismo puro, que desconsidera a existência de regras e aplica, diretamente, as suas justificativas à luz das peculiaridades de cada caso.[297]

Dentre essas possibilidades, determinar qual delas deve ser utilizada pelos aplicadores das normas jurídicas tributárias é questão que deve ser resolvida por meio de argumentos jurídicos, especialmente os de índole constitucional. A eleição, como defende Schauer, deve tomar em conta a região regulatória a ser tratada.[298]

Como predica Juliano Maranhão, se, por um lado, as regras devem "fornecer uma razão independente de suas possíveis justificações para a nossa deliberação prática", sob pena de negar-se seu caráter vinculativo, por outro, existe um "'que' de irracionalidade" em

---

MÜLLER, Friedrich. *O novo paradigma do direito*: introdução à teoria e metódica estruturantes. 3. ed. São Paulo: Revisa dos Tribunais, 2013. p. 208).

[293] Conforme ensina Paulo de Barros Carvalho, faz parte da interpretação do direito o que denomina sistema S4, no qual o intérprete afere a compatibilidade da norma construída com as demais normas de mesma (coordenação) e superior hierarquia (subordinação), retornando aos patamares inferiores tantas vezes quantas forem necessárias. CARVALHO, Paulo de Barros. *Direito Tributário*: Fundamentos Jurídicos da Incidência. 9. ed. São Paulo: Saraiva, 2012b. p. 128.

[294] SCHAUER, Frederick. Formalism. *Yale Law Journal*, v. 97, n. 4, 1988. p. 547.

[295] SCHAUER, Frederick. *Playing by the Rules* – A Philosophical Examination of Rule-Based Decision-Making in Law and in Life. Oxford: Clarendon, 1991 (reimp. 2002). p. 97.

[296] É o que defendem Atienza e Manero, ao propugnar pela existência de ilícitos atípicos, decorrentes não da violação de regras de conduta, mas de princípios que a elas subjazem. ATIENZA, Manuel; MANERO, Juan Ruiz. *Ilícitos Atípicos*. Madrid: Trotta, 2000. p. 93.

[297] SCHAUER, Frederick. *Playing by the Rules* – A Philosophical Examination of Rule-Based Decision-Making in Law and in Life. Oxford: Clarendon, 1991 (reimp. 2002). p. 97.

[298] SCHAUER, Frederick. Formalism. *Yale Law Journal*, v. 97, n. 4, 1988. p. 547.

CAPÍTULO 3
QUATRO ARGUMENTOS UTILIZADOS PARA ALARGAR A COMPETÊNCIA TRIBUTÁRIA REGULAMENTAR | 105

se abandonar as justificativas da regra em face das peculiaridades de um caso concreto. A solução, pois, deve ficar entre os dois extremos.[299] Nesse contexto, Schauer defende uma espécie de formalismo presumido. Milita presunção em favor da aplicação direta da regra em todos os casos, mas como uma válvula de escape para evitar situações absurdas.[300] Assim, dentre as vantagens oferecidas pela adoção do formalismo (presumido), indica a previsibilidade e a confiança nas decisões e no regramento das condutas,[301] a eficiência do sistema jurídico,[302] a estabilidade[303] e a alocação de poderes,[304] esta última que, no ordenamento brasileiro, reconduz à noção de separação de poderes (CF/88, art. 2º).[305] Trata-se de circunstâncias que se coadunam perfeitamente com a segurança jurídico-tributária albergada pela Constituição Federal de 1988.

Nessa linha, adotando uma concepção de formalismo presumido, Humberto Ávila defende que razões baseadas em regras somente poderem ser superadas quando presentes as seguintes condições: (i) sob a perspectiva material, é necessário que a superação da regra não prejudique a segurança jurídica, nem a finalidade subjacente à regra;[306] (ii) do ponto de vista procedimental, requer-se justificativa condizente (em relação às condições materiais), fundamentação condizente e comprovação condizente.[307]

Percebe-se, pois, que há substanciais razões jurídicas para a adoção do formalismo presumido de aplicação, no Direito Tributário brasileiro.[308]

---

[299] MARANHÃO, Juliano. *Estudos sobre lógica e direito*. São Paulo: Marcial Pons, 2013. p. 127-128.

[300] SCHAUER, Frederick. Formalism. *Yale Law Journal*, v. 97, n. 4, p. 547, 1988.

[301] SCHAUER, Frederick. *Playing by the Rules* – A Philosophical Examination of Rule-Based Decision-Making in Law and in Life. Oxford: Clarendon, 1991 (reimp. 2002). p. 137.

[302] *Ibidem*, p. 145

[303] *Ibidem*, p. 155.

[304] *Ibidem*, p. 158.

[305] Em linha distinta, Cass Sunstein faz uma defesa empírica do formalismo. Para o autor, os argumentos conceituais acima referidos seriam irrelevantes, mas seriam importantes as circunstâncias de que o formalismo: (i) promove incentivos para que os legisladores corrijam seus erros (em oposição ao desleixo promovido por um regime não formalista); (ii) evita erros e injustiças ocasionados por um judiciário não formalista; (iii) evita altos custos de decisão e parca previsibilidade de um judiciário formalista. SUNSTEIN, Cass R. Deve o Formalismo ser Defendido Empiricamente? In: *A Justificação do Formalismo Jurídico*: textos em debate. RODRIGUEZ, José Rodrigo (Org.). São Paulo: Saraiva, 2011. p. 235.

[306] ÁVILA, Humberto. *Teoria dos Princípios*: da definição à aplicação dos princípios jurídicos. 16. ed. São Paulo: Malheiros, 2015b. p. 144-145.

[307] *Ibidem*, p. 146-147.

[308] Para Ricardo Mariz de Oliveira, "o 'formalismo' da doutrina brasileira, em verdade, é uma característica que, paradoxalmente, funda-se no respeito aos princípios e às normas do direito em vigor" (OLIVEIRA, Ricardo Mariz de. Formalismo e Substantivismo Tributário.

Logo, não se sustenta a postura que afirma que a flexibilização da legalidade decorreria de uma necessidade de afastamento do formalismo, haja vista que essa postura, se considerada um formalismo presumido como limitação de escolha, não só é possível como é a atitude interpretativa que melhor se coaduna com o direito constitucional tributário brasileiro.

No que respeita à concepção de lei adotada pela argumentação que conecta a negação do formalismo à flexibilização da legalidade e à própria conexão entre essas ideias, percebe-se que, de maneira geral, ainda que se acatasse uma negativa do formalismo de aplicação, isso significaria a negativa da aplicação de quaisquer regras, não somente das construídas com base em textos de lei. É dizer, o formalismo de aplicação não possui conexão necessária com a aplicação de regras construídas a partir de textos legais. Trata-se de uma postura que se relaciona com a aplicação de regras quaisquer, sejam elas construídas a partir de textos constitucionais, legais ou regulamentares.

Não obstante, no Direito Tributário brasileiro, a adoção do formalismo presumido deve ser acompanhada do prestígio da lei, na exata medida prescrita pela Constituição. Em realidade, a regra que será aplicada ao caso concreto será construída com base nos textos legais e, também, nos textos regulamentares (exercendo a função de interpretação). Ao construir-se essa regra, deve-se ter em conta que o regulamento deve observar os limites legais. Construída a regra, em função do formalismo de aplicação, essa não poderá, salvo situações muito peculiares, ser derrotada (ou afastada) com base em justificativas outras que não a própria regra.

A legalidade e o formalismo, pois, atuam em momentos distintos da aplicação do direito: a legalidade, na construção da norma abstrata e o formalismo presumido, na impossibilidade de reconstrução[309] da norma em função das particularidades do caso concreto, salvo cumprido um ônus de justificação específico.

Em síntese, a negativa do formalismo somente se sustenta caso se tome o formalismo como negação de escolha. Entendido como limitação

---

Dever Moral e Obrigação Jurídica. E a Segurança Jurídica? In: PRETO, Raquel Elita Alves (Coord.). *Tributação Brasileira em Evolução*: Estudos em Homenagem ao Professor Alcides Jorge Costa. São Paulo: IASP, 2015. Série Barão de Ramalho. p. 517).

[309] Essa terminologia foi utilizada por Daniel Monteiro Peixoto, com apoio nas obras de Paulo de Barros Carvalho e Frederick Schauer. PEIXOTO, Daniel Monteiro. *Responsabilidade Tributária e o s atos de formação, administração, reorganização e dissolução de sociedades*. São Paulo: Saraiva, 2012. p. 314-315.

de escolha, o formalismo presumido é a postura mais condizente com o direito constitucional tributário brasileiro. De todo modo, o formalismo prega o prestígio às regras de direito e ao texto positivado, que, não necessariamente, é o texto previsto em documento legal. Sob a Constituição Federal de 1988, em matéria tributária, o formalismo diz com a aplicação das regras construídas com base nos textos legais e regulamentares, sendo certo que as normas veiculadas por estes últimos não poderão violar os limites da competência tributária regulamentar.[310]

Assim, o argumento antiformalista acima descrito não apresenta coerência enquanto justificativa de flexibilização da legalidade, pois: (i) não há conexão necessária entre a norma da legalidade e o formalismo de aplicação; (ii) tomado como formalismo presumido de aplicação, não há motivos para afastar essa postura interpretativa em face do Direito Tributário brasileiro; e (iii) o formalismo presumido de aplicação não nega os princípios constitucionais, mas confere maior efetividade à Constituição, privilegiando as escolhas mais precisas do constituinte.

3.4 O argumento pautado na hipercomplexidade dos fatos

3.4.1 O argumento e as suas premissas

O argumento pautado na hipercomplexidade dos fatos consiste, basicamente, em derivar uma alteração da interpretação da legalidade tributária e dos limites da competência tributária regulamentar a partir de uma suposta mudança nos fatos sobre os quais as normas tributárias incidem, que teriam se tornado mais complexos.

Esse argumento parte de uma suposta constatação de fato, pautada na hipercomplexidade da sociedade contemporânea. Não raro, essa descrição dos fatos identifica-se com o diagnóstico de que hodiernamente haveria uma "sociedade de risco". Confira-se a descrição de Ricardo Lodi Ribeiro:

> [E]m face da ambivalência da *sociedade de risco*, a concepção tradicional de política perde a sua função de coordenação, tornando-se obsoleta, a partir da transnacionalização da economia e dos problemas ambientais, econômicos, migratórios e relativos à segurança pública. Nesse contexto, o Estado não mais consegue prevenir os riscos sociais sem a ajuda dos especialistas, sendo obrigado, na elaboração normativa, a se valore de

---

[310] Sobre o tema, cf. Capítulo 5.

órgãos técnico-administrativos e organizações não governamentais, a fim de não ficar refém dos interesses privados, sempre tão articulados logística e tecnologicamente.[311]

A partir desse diagnóstico de que a atual sociedade estaria imersa em riscos antes inexistentes, com complexidade crescente, deriva-se uma ampliação da competência tributária regulamentar. Nesse sentido, são as palavras de Ricardo Lobo Torres:

> Assiste-se, na sociedade de risco, ao surgimento de nova equação, na qual o Executivo, por normas regulamentares, procede à tipificação (*Typisierung*) e até à quantificação (*Puschalierung* em alemão).
> (...)
> No Brasil já temos inúmeros exemplos de regulamentos tipificadores, quase todos submetidos ainda à discussão judicial. Surgem eles no bojo do processo de flexibilização da legalidade.[312]

Percebe-se haver certo hiato entre a identificação da complexidade da dita sociedade de risco e a ampliação da competência tributária regulamentar. Na argumentação dos autores que sustentam o sentido ora analisado, essa conexão parece estar ligada ao caráter técnico de algumas matérias. Para determinados autores, contudo, essa ligação não se dá somente em razão dessa tecnicidade, mas também em função de adaptação a novas concepções valorativas. Veja-se a argumentação de Silvia Faber Torres:

> Nesse sentido, admitida a maior capacidade do Executivo de adaptação às mudanças nas concepções valorativas de cada tempo e aos avanços do conhecimento científico e tecnológico, de modo a cumprir com mais eficácia os objetivos fixados na legislação, a doutrina estrangeira vem reconhecendo a competência da Administração na elaboração de regulamentos com eficácia sobre terceiros, sem que essa atuação mais alargada represente violação aos princípios da legalidade e da determinação.[313]

---

[311] RIBEIRO, Ricardo Lodi. Globalização, Sociedade de Risco e Segurança. *Revista de Direito Administrativo*, São Paulo: Atlas, v. 246, 2007. p. 276-277.

[312] TORRES, Ricardo Lobo. *Tratado de Direito Constitucional Financeiro e Tributário*. Valores e Princípios Constitucionais Tributários. Rio de Janeiro: Renovar, 2005. v. II. p. 503.

[313] TORRES, Silvia Faber. *A flexibilização do princípio da legalidade no direito do estado*. Rio de Janeiro: Renovar, 2012. p. 305-306.

Esse argumento foi nos referidos votos do Ministro Dias Toffoli, nos RE 704.292 e 838.284, com a seguinte configuração:

> Segundo Silvia Faber Torres, a ortodoxa legalidade tributária fechada, absoluta e exauriente deve ser rechaçada, tendo em vista a complexidade da sociedade hodierna e a necessidade de a legislação tributária "adaptar-se à realidade em constante transformação" (TORRES, Silvia Faber. A flexibilização do princípio da legalidade no direito do estado. Rio de Janeiro: Renovar. p. 268). Apoiando-se em lições de Lerke Osterloh, entende Silvia Faber Torres ser ilusória "a previsão pormenorizada que representaria o "cálculo antecipado legal de todas as decisões possíveis" (*Ibidem*, p. 269 e 270).[314]

Para fins analíticos, o argumento pautado na hipercomplexidade de fatos pode ser decomposto da seguinte forma: (i) identifica-se, no domínio fático, uma sociedade mais complexa, que pode ser qualificada como "sociedade de risco"; (ii) deriva dessa modificação fática um descompasso com a legalidade tributária tradicional; (iii) o alargamento da competência tributária regulamentar, com flexibilização da legalidade, seria a melhor forma de lidar com essa circunstância. Passa-se à análise crítica dessa argumentação.

3.4.2 Análise crítica

A primeira porção da estrutura argumentativa ora analisada consiste em uma asserção de fato: o diagnóstico do atual estado da "sociedade de risco". A estratégia do argumento factual, explica João Maurício Adeodato, consiste, justamente, em apresentar "'fatos' como evidências e não como 'meros' argumentos de tese (opinativos)". Entretanto, essa distinção, ainda conforme o autor, não resiste à análise retórica, pela qual se percebe que também os fatos são frutos de consensos argumentativos.[315] Com efeito, somente por meio de argumentos é possível controlar incertezas de modo a garantir uma das características

---

[314] RE 704.292, Relator: Min. Dias Toffoli, Tribunal Pleno, julgado em 19.10.2016, *DJe*-170 public. 03.08.2017, p. 17. RE 838.284, Relator Min. Dias Toffoli, Tribunal Pleno, julgado em 19.10.2016, *DJe*-215 public. 22.09.2017, p. 14-15.

[315] ADEODATO, João Maurício. Continuidade e originalidade no pensamento jurídico brasileiro: análises retóricas. In: ADEODATO, João Maurício (Org.). *Continuidade e originalidade no pensamento jurídico brasileiro*: análises retóricas. Curitiba: CRV, 2015. p. 37.

fundamentais do ser humano, qual seja, "divergir sempre sobre o fluxo dos eventos em que está atolado o mundo".[316]

A suposta constatação do aumento da complexidade da sociedade e de sua caracterização como uma "sociedade de risco", assim, consubstanciam argumentos sobre fatos. O diagnóstico da sociedade de risco remonta a Urlich Beck, sociólogo alemão que escreveu uma obra com esse título em 1986. Nas palavras do autor, o conceito de "sociedade de risco expressa a acumulação de riscos – ecológicos, financeiros, militares, terroristas, bioquímicos, informacionais –, que tem uma presença esmagadora hoje em nosso mundo".[317] Concorde-se ou não com esse diagnóstico, cujo exame vai além dos propósitos deste estudo, percebe-se haver um grande hiato entre essa análise da sociedade atual e a conclusão de que a legalidade tributária seria inadequada. Na realidade, o argumento parece pautar-se mais em um aumento da complexidade da sociedade atual.

O diagnóstico do aumento de complexidade, por vezes denominada de "hipercomplexidade", é comum mesmo no âmbito da doutrina que não prega a flexibilização da legalidade tributária.[318] Não obstante, para derivar, do aumento da complexidade dos fatos, a inadequação da legalidade tributária enquanto necessidade de previsão de todos os elementos a norma tributária de incidência em lei, é necessária uma premissa que está omitida. Os saltos argumentativos entre premissas e conclusões são comuns e aceitáveis na argumentação jurídica, desde que razoáveis.[319] Nesse caso, no entanto, não há meramente um salto, mas uma premissa adicional oculta. Para concluir que, do aumento da complexidade deriva uma inadequação da legalidade tributária, é necessário, pressupor, também, que a regra tributária deve ser completa. É dizer, a premissa adicional oculta consiste na afirmação de que as normas tributárias deveriam cobrir todo o espectro de fatos.

Se aumenta a complexidade dos fatos e as regras são aplicadas por subsunção, mediante a verificação do enquadramento dos fatos nos critérios abstratos previstos pela norma, estes novos fatos ou se

---

[316] ADEODATO, João Maurício. Uma crítica retórica à retórica de Aristóteles. In: ADEODATO, João Maurício (Org.). *A retórica de Aristóteles e o direito*: bases clássicas para um grupo de pesquisa em retórica jurídica. Curitiba: CRV, 2014a. p. 41.

[317] BECK, Urlich. Diálogos com Urlich Beck (entrevista). In: BECK, Urlich. *Sociedade de risco*: rumo a uma outra modernidade. Tradução de Sebastião Nascimento. São Paulo: Editora 34, 2011. p. 361.

[318] Assim: ADEODATO, João Maurício. *Uma teoria retórica da norma jurídica e do direito subjetivo*. 2. ed. São Paulo: Noeses, 2014b. p. 65.

[319] PECZENIK, Aleksander. *On Law and Reason*. Heidelberg: Springer, 2009. p. 109.

enquadrarão na hipótese de incidência da norma ou não se enquadrarão. Por exemplo, se a regra tributária A determina a tributação dos contratos com as características x, y e z, e surge um novo tipo de contrato, que ostenta as características y e z, porém que não se enquadra na característica x, a regra A não incide sobre esse contrato. O argumento pautado na complexidade dos fatos sustenta que essa situação seria mais corriqueira na sociedade atual do que no passado. Ainda que se admita que isso seja verdade, somente será um problema caso se pressuponha que o Direito Tributário deva ser completo.

Ocorre que, ao contrário do Direito Privado, que possui pretensões de completude (para o que se utilizam técnicas como a interpretação analógica), o Direito Tributário caracteriza-se, justamente, por sua incompletude. Em razão da prevalência da segurança jurídica e da própria legalidade no Direito Tributário, dá-se um natural atraso entre as mudanças na realidade social e as normas postas pelo legislador. Como afirma Misabel Derzi, no Direito Tributário, o tempo de criação dos tributos pelo legislador "jamais coincide com a geração da riqueza nova, por isso o descompasso já existente entre o tempo do ambiente externo o tempo do sistema tributário, por ex., é maior do que em relação ao sistema do Direito privado".[320] Em sentido complementar, como afirma César García Novoa, nenhum fato do mundo deve, necessariamente, ser previsto em lei como hipótese de incidência tributária, nem sequer pela aplicação da capacidade contributiva, já que cabe ao legislador a escolha de quais manifestações de capacidade contributiva tributar.[321] Assim, a premissa oculta da completude do Direito Tributário não se sustenta.[322]

Adicionalmente, também merece ressalvas o terceiro aspecto do argumento sob análise, que conclui que a ampliação da competência tributária regulamentar seria a melhor forma de lidar com a suposta inadequação da legalidade tributária tradicional em face da sociedade

---

[320] DERZI, Misabel Abreu Machado. O planejamento tributário e o buraco do real. Contraste entre a completabilidade do Direito Civil e a vedação da completude no Direito Tributário. In. FERREIRA, Eduardo Paz; TORRES, Heleno Taveira; PALMA, Clotilde Celorico (Org.). *Estudos em homenagem ao Professor Doutor Alberto Xavier*: Economia, Finanças Públicas e Direito Fiscal. Coimbra: Almedina, 2013. v. 2. p. 414.

[321] NOVOA, César García. *La Cláusula Antielusiva en la nueva Ley General Tributaria*. Madrid: Marcial Pons, 2004. p. 252.

[322] A rejeição do argumentado pautado na hipercomplexidade dos fatos como fundamento para sustentar a crise da legalidade não significa que esse incremento de complexidade não tenha efeitos na interpretação do direito tributário. Conforme se exporá no Capítulo 5, a complexidade dos fatos fez com que a legislação se tornasse mais complexa, o que, por sua vez, gera problemas de interpretação e aplicação do direito.

atual. A maior adequação dos regulamentos decorreria de sua pretensa rapidez de resposta e das complexidades técnicas das quais se revestem a matéria tributária.

Relativamente à rapidez de resposta, deflui de maneira objetiva da Constituição Federal uma opção pela segurança jurídica, em sua dimensão de calculabilidade, em detrimento da rápida tributação de novas realidades. Essa circunstância é muito clara quando se analisam as regras constitucionais da anterioridade (CF/88, art. 150, III, "b" e "c" e art. 195, §6º), que proíbem surpresas repentinas no campo da agravação de encargos tributários.

No que respeita ao caráter técnico da matéria tributária, não parece haver como segregá-lo das opções políticas que são necessárias para a instituição e para o agravamento de tributos. Na Espanha, Fernández Rodríguez afasta peremptoriamente o argumento pelo alargamento da competência tributária com base no pretenso caráter técnico dos regulamentos por, pelo menos, dois motivos: (i) em sua análise, os textos legais e regulamentares são produzidos nos mesmos gabinetes; e (ii) a opção seria sempre política, tendo mais a ver com o desejo do Poder Executivo por mais liberdade de manobra e acréscimo de discricionariedade.[323] Com os devidos temperamentos, essas considerações parecem aplicáveis ao contexto brasileiro. Com efeito, não há evidência empírica de que o Congresso não seja capaz de estruturar comissões e grupos de trabalho para produzir legislação sobre questões complexas. Na seara tributária, verifica-se que, grande parte das leis tem seu texto inicial produzido pelo próprio Poder Executivo, sob a forma de medidas provisórias. Adicionalmente, realmente não se pode segregar a opção política de escolhas pretensamente técnicas, quando se trata do agravamento da imposição tributária.

Em conclusão, o argumento pautado na complexidade de fatos não apresenta coerência para justificação da ampliação da competência tributária regulamentar, pois: (i) parte de um argumento de fato (diagnóstico da "sociedade de risco") cuja pertinência com as conclusões é, no mínimo, duvidosa; (ii) omite uma premissa fundamental (de que o Direito Tributário precisa ser completo) que não se coaduna com a estruturação constitucional da matéria no Brasil; e (iii) pressupõe que o Poder Executivo seria mais apto para tratar de questões tributárias do que o Legislativo, por sua rapidez e caráter técnico, o que não

---

[323] RODRÍGUEZ, T. R. Fernández. Reflexiones en torno a la potestad reglamentaria del gobierno. *Revista Vasca de Administración Pública*, n. 34, v. II, p. 41-42, 1992.

necessariamente se sustenta, em face do desenho constitucional da segurança jurídica em matéria tributária, da natureza das decisões em questão ou das reais capacidades de cada um dos Poderes.

3.5 O argumento neoconstitucionalista

3.5.1 O argumento e as suas premissas

O que se denominou de argumento neoconstitucionalista talvez pudesse ser melhor caracterizado como argumentos que buscam dar prevalência a diretrizes constitucionais principiológicas e valorativas sobre a regra da legalidade. O vocábulo "neoconstitucionalismo" é altamente ambíguo e incorpora uma série de posições que, nem sempre, podem ser tomadas em conjunto.[324]

Não obstante, o modelo pode ser caracterizado, na linha de Daniel Sarmento, como: (i) valorização dos princípios; (ii) adoção de métodos mais abertos ou flexíveis na interpretação, especialmente a ponderação; (iii) abertura da argumentação jurídica à moral; (iv) reconhecimento e defesa da constitucionalização do Direito; e (v) prevalência do Poder Judiciário.[325] Humberto Ávila, a seu turno, caracteriza o neoconstitucionalismo por quatro fundamentos, quais sejam: (i) o normativo (prevalência dos princípios sobre as regras); (ii) o metodológico (prevalência da ponderação sobre a subsunção); (iii) o axiológico (prevalência da justiça particular sobre a justiça geral); e (iv) o organizacional (prevalência do Poder Judiciário sobre o Poder Legislativo).[326]

Em que pese o diferente posicionamento dos autores referidos em relação à consistência do neoconstitucionalismo, percebe-se que as definições confluem em alguns pontos. Para fins do tema deste estudo, é especialmente importante o foco na prevalência de princípios e na ponderação, enquanto métodos "mais abertos e flexíveis" de interpretação do direito, por meio dos quais se busca justificar a ponderação da legalidade com princípios como a solidariedade social. Nesse sentido, os já referidos J. L. Saldanha Sanches e João Taborda da Gama afirmam que:

---

[324] SARMENTO, Daniel. O neoconstitucionalismo no Brasil: riscos e possibilidades. In: QUARESMA, Regina; OLIVEIRA, Maria Lúcia de Paula; OLIVEIRA, Farlei Martins Riccio de (Org.). *Neoconstitucionalismo*. Rio de Janeiro: Forense, 2009. p. 9-10.

[325] *Ibidem*, p. 17.

[326] ÁVILA, Humberto. "Neoconstitucionalismo": entre a "Ciência do Direito" e o "Direito da Ciência". *Revista Brasileira de Direito Público*, v. 23, p. 12, 2008.

(...) o princípio da legalidade é um dos princípios do ordenamento jurídico, mas não o único. Deve por isso ser ponderado com princípios de sinal contrário, como o princípio da igualdade ou do Estado de bem-estar, e em certos casos dar lugar à prevalência destes.[327]

Em linha similar, porém fazendo referência expressa aos "princípios" da capacidade contributiva e da solidariedade social e a uma relação "custo/benefício", Ricardo Lobo Torres defende que:

(...) o dado mais importante é que a Constituição, sob a perspectiva dos direitos fundamentais, e não a lei formal, passa a ser o centro da normatividade jurídica No direito tributário é visível a nova abordagem constitucional da relação jurídica tributária, que continua a se definir como obrigação *ex lege*, mas que aparece totalmente vinculada pelos direitos fundamentais. A relação tributária não se esgota na lei formal, senão que deve buscar o seu fundamento na ideia de justiça e nos princípios constitucionais dela derivadas, máxima os da capacidade contributiva, do custo/benefício e da solidariedade social.[328]

No entanto, talvez o exemplo mais completo dessa argumentação possa ser visto no seguinte excerto de artigo de Paulo Caliendo, cujo título é "Neoconstitucionalismo e Direito Tributário":

No Brasil, o neoconstitucionalismo se firma com a reconstitucionalização do país com a promulgação da Constituição de 1988, inaugurando uma nova fase do Estado brasileiro, superando décadas de autoritarismo. O novo consensus nacional foi firmado sobre a ideia de expansão dos direitos fundamentais e reconhecimento das demandas reprimidas durante décadas.

O neoconstitucionalismo irá apresentar como fundamento filosófico a superação do modelo positivista baseado em regras, por um modelo edificado sobre um sistema de direitos fundamentais estruturado a partir do conceito de dignidade da pessoa humana.[329]

(...)

---

[327] SANCHES, J. L. Saldanha; GAMA, João Taborda da. Pressuposto Administrativo e Pressuposto Metodológico do Princípio da Solidariedade Social: a Derrogação do Sigilo Bancário e a Cláusula Geral Anti-abuso. In: GRECO, Marco Aurélio; GODOI, Marciano Seabra de (Coord.). *Solidariedade Social e Tributação*. São Paulo: Dialética, 2005. p. 104-105.

[328] TORRES, Ricardo Lobo. *Tratado de Direito Constitucional Financeiro e Tributário*. Valores e Princípios Constitucionais Tributários. Rio de Janeiro: Renovar, 2005. v. II. p. 411-412.

[329] CALIENDO, Paulo. Neoconstitucionalismo e Direito Tributário. *Revista da AJURIS*, v. 40, n. 129, p. 201, mar. 2013.

O modelo constitucional de 1988 exige maior solidariedade social (redução das desigualdades sociais e regionais) e esta somada unicamente à promoção do valor segurança jurídica não se constitui em uma adequada forma de limitação ao poder de tributar. Os instrumentos clássicos de proteção ao contribuinte eram vinculados ao valor segurança jurídica em um momento em que o governo não se submetia claramente a um Estado de Direito (princípio da legalidade, da anterioridade, da irretroatividade, etc.).

O momento atual exige claramente limitações materiais ao poder de tributar direcionadas à limitação à solidariedade que sufoque a liberdade de empresa, de propriedade, de iniciativa, de mercado e de concorrência; de igualdade que sufoque o direito à diferença, ao lucro, à preservação da empresa e dos ganhos pelo talento, trabalho e iniciativa. O momento exige mais ponderação e modulação entre princípios constitucionais conflitantes, mas complementares, do que meros proclamas de limitações formais ao poder de tributar.[330]

O que se denominou de argumento neoconstitucionalista, para fins de flexibilização da legalidade tributária e do alargamento da competência tributária regulamentar, pode ser assim decomposto: (i) houve "superação" de um modelo anterior pelo que se convencionou denominar neoconstitucionalismo; (ii) sob a perspectiva do neoconstitucionalismo, deve-se dar prevalência aos princípios e ao modo de aplicação por ponderação; e (iii) em determinadas circunstâncias, a norma da legalidade deve ceder espaço a "outros princípios" como a solidariedade social. Passa-se ao exame crítico dessa argumentação.

3.5.2 Análise crítica

Inicialmente, deve ser criticada a acepção de que o neoconstitucionalismo teria superado o modelo anterior positivista, pautado na subsunção e no respeito às regras. Rigorosamente, a depender do que se entenda por positivismo, essa superação não se sustenta. Reconhecer a supremacia constitucional e a necessidade de mecanismos para a sua concretização não é característica suficiente para discernir o "novo" modelo dos demais.[331] Por outro lado, caso o modelo

---

[330] CALIENDO, Paulo. Neoconstitucionalismo e Direito Tributário. *Revista da AJURIS*, v. 40, n. 129, p. 219-220, mar. 2013.

[331] Assim: DIMOULIS, Dimitri. Neoconstitucionalismo e moralismo jurídico. In: SARMENTO, Daniel (Org.). *Filosofia e teoria constitucional contemporânea*. Rio de Janeiro: Lumen Juris, 2009. p. 222.

neoconstitucionalista seja caracterizado como invocação frouxa e não fundamentada de princípios, colide, frontalmente, com a lógica do Estado de Direito.[332]

Muitas vezes, a distinção entre regras e princípios como espécies normativas é utilizada de maneira oportunista e pouco fundamentada. A distinção entre regras e princípios é defendida em diferentes formas[333] e estudada de diferentes perspectivas, seja como teoria sobre o conceito de direito, como teoria das normas, como teoria da adjudicação, como teoria da argumentação ou como teoria dos direitos fundamentais.[334] Em que pese sejam formuladas críticas a todas essas vertentes da distinção,[335] não se pode deixar de reconhecer que as versões mais consistentes da teoria dos princípios não se compaginam com a invocação frouxa de princípios como a solidariedade social para afastar a regra da legalidade, por exemplo.

A teoria dos princípios mais difundida, provavelmente, é a de Robert Alexy, que, em sua versão original, propugna haver uma diferença de qualidade entre as regras e os princípios. Conforme o autor, enquanto as regras apenas podem ser totalmente obedecidas ou descartadas (comandos definitivos), os princípios são normas comandando que algo seja realizado à máxima extensão possível em termos fáticos e normativos.[336] Nessa linha, defende Alexy que, enquanto o conflito entre regras pode ser resolvido com uma cláusula de exceção ou com a declaração de invalidade de uma das regras, a colisão de princípios é resolvida mediante precedência condicional de um princípio sobre o outro, em dada situação.[337] Para que se estabeleça essa precedência, defende-se a ponderação entre princípios, mediante recurso ao princípio da proporcionalidade, desdobrado nos subprincípios da adequação, necessidade e proporcionalidade *stricto sensu*.[338]

---

[332] SARMENTO, Daniel. O neoconstitucionalismo no Brasil: riscos e possibilidades. In: QUARESMA, Regina; OLIVEIRA, Maria Lúcia de Paula; OLIVEIRA, Farlei Martins Riccio de (Org.). *Neoconstitucionalismo*. Rio de Janeiro: Forense, 2009. p. 24.

[333] A distinção mais corrente é entre aqueles que defendem distinções fracas, pautadas no grau de abstração ou conteúdo axiológico, por exemplo, e aqueles que defendem distinções fortes, pautadas em elementos estruturais. Sobre isso, ver: ÁVILA, Humberto. *Teoria dos Princípios*: da definição à aplicação dos princípios jurídicos. 16. ed. São Paulo: Malheiros, 2015b. p. 55-60.

[334] POSCHER, Ralf. *The Principle Theory*: How many theories and what is their merit? May 2009. Disponível em: http://papers.ssrn.com/sol3/papers.cfm?abstract_id=1411181. Acesso: 13 jan. 2019.

[335] *Ibidem*.

[336] ALEXY, Robert. On the structure of legal principles. *Ratio Juris*, v. 13, n. 3, p. 295, set. 2000.

[337] *Ibidem*, p. 295-296.

[338] *Ibidem*, p. 297-298.

Em Alexy, a ponderação de princípios mediante proporcionalidade é altamente procedimentalizada. O autor busca construir parâmetros para a ponderação, chegando a uma "fórmula do peso" (*the weight formula*),[339] que toma como uma forma de argumentação racional no discurso jurídico.[340] Percebe-se que, ainda que essa distinção possa ser criticada, não há sugestão de que regras de atribuição de competência (comandos definitivos), como a legalidade, possam ser afastadas mediante mera referência a princípios de igual hierarquia (como a solidariedade social). Com efeito, as regras geram razões decisivas para a tomada de decisão, bem como razões para a exclusão de outras considerações que poderiam ser tomadas em conta, não fosse a existência da regra.[341] [342]

No Brasil, a vertente da teoria dos princípios de Humberto Ávila apresenta grande relevância. O autor enuncia três critérios para a distinção entre regras e princípios, quais sejam: (i) a natureza do comportamento prescrito; (ii) natureza da justificação exigida; e (iii) o critério da medida de contribuição para a decisão. Conforme o primeiro critério, enquanto os princípios são normas imediatamente finalísticas, isto é, estabelecem um "estado de coisas" desejado sem prescrever o meio para atingi-lo (*ought-to-be-norms*), as regras são imediatamente prescritivas de condutas, verificando-se, apenas mediatamente, um "estado de coisas" desejado (*ought-to-do-norms*).[343]

Quanto à natureza da justificação exigida, enquanto as regras requerem uma aferição da correspondência entre os fatos construídos, a construção conceitual da regra e a finalidade da regra, os princípios demandam a avaliação de correlação entre um dado comportamento e o "estado de coisas" (*state of affairs*) prescrito.[344] Em terceiro lugar, conforme o critério da medida de contribuição para a decisão, as regras são normas preliminarmente decisivas e abarcantes (caráter *prima facie* forte), enquanto os princípios ostentam pretensão de complementariedade

---

[339] ALEXY, Robert. On Ballancing and Subsumption. A Structural Comparison. *Ratio Juris*, v. 16, n. 4, p. 443-448, dez. 2003.

[340] ALEXY, Robert. Constitutional Rights and Proportionality. *Revus* – Journal for Constitutional Theory and Philosophy of Law, n. 22, p. 64, 2014.

[341] HAGE, Jaap C. *Reasoning with Rules* – An Essay on Legal Reasoning and its Underlying Logic. Dordrecht: Kluwer, 1997. p. 111.

[342] As exceções a essa circunstância seriam os casos de derrotabilidade da regra. Cf. item 3.3.2.

[343] ÁVILA, Humberto. *Teoria dos Princípios*: da definição à aplicação dos princípios jurídicos. 16. ed. São Paulo: Malheiros, 2015b. p. 95-96.

[344] *Ibidem*, p. 97-100.

e parcialidade (caráter *prima facie* fraco).[345] Para Ávila, além das regras e dos princípios, haveria, ainda, um terceiro tipo de norma jurídica, os postulados normativos de aplicação, dentre os quais o comumente denominado "princípio da proporcionalidade".[346]

Conforme a teoria dos princípios de Humberto Ávila, a existência de uma regra constitucional, como a legalidade tributária, "elimina a ponderação horizontal entre princípios pela existência de uma solução legislativa prévia destinada a eliminar ou diminuir os conflitos de co-ordenação, conhecimento, custos e controle de poder".[347] Em que pese o autor reconheça que a legalidade tributária possui uma dimensão de princípio e mesmo de postulado, além da dimensão de regra,[348] é certo que, em sua teoria, a dimensão de regra não poderia ser afastada por princípios constitucionais como a da solidariedade social.

Nesse passo, vê-se que as concepções mais consistentes da teoria dos princípios não admitem a invocação frouxa de princípios como a solidariedade social para afastar regras de atribuição de competência, como a legalidade tributária, que circunscreve a extensão da competência tributária regulamentar.

Nesse contexto, enquanto dogmática jurídica frouxa o suficiente para albergar qualquer decisão, o neoconstitucionalismo converte-se em um decisionismo que alega respeito à Constituição para descumprir, justamente, suas prescrições mais objetivas. Trata-se do que Dimitri Dimoulis denominou de "sinônimo vago e impreciso do moralismo jurídico".[349] Com efeito, generalizar uma ponderação sem parâmetros como forma de aplicação do direito "conduz a um subjetivismo e, com isso, à eliminação ou severa redução do caráter heterolimitador do Direito", como aponta Humberto Ávila.[350] Isso vai contra o Estado de Direito, que exige que premissas exclusivamente pautadas em desejos, preferências ou interesses pessoais do julgador sejam desconsideradas na argumentação jurídica.[351] Ademais, substituir a legalidade por uma

---

[345] ÁVILA, Humberto. *Teoria dos Princípios*: da definição à aplicação dos princípios jurídicos. 16. ed. São Paulo: Malheiros, 2015b. p. 100-102.

[346] *Ibidem*, p. 163-165.

[347] ÁVILA, Humberto. "Neoconstitucionalismo": entre a "Ciência do Direito" e o "Direito da Ciência". *Revista Brasileira de Direito Público*, v. 23, 2008. p. 15.

[348] ÁVILA, Humberto. *Sistema Constitucional Tributário*. 5. ed. São Paulo: Saraiva, 2012b. p. 178.

[349] DIMOULIS, Dimitri. Neoconstitucionalismo e moralismo jurídico. In: SARMENTO, Daniel (Org.). *Filosofia e teoria constitucional contemporânea*. Rio de Janeiro: Lumen Juris, 2009. p. 222.

[350] ÁVILA, Humberto. "Neoconstitucionalismo": entre a "Ciência do Direito" e o "Direito da Ciência". *Revista Brasileira de Direito Público*, v. 23, 2008. p. 18.

[351] LAPORTA, Francisco J. Imperio de La Ley. Reflexiones sobre un punto de partida de Elíaz Díaz. *DOXA*, n. 15-16, 1994. p. 144.

juridicidade geral, além de ilógico, desconsideraria a hierarquia das fontes do direito, como aponta Fernando Dias Menezes de Almeida.[352]

Assim, pode-se concluir que tampouco o argumento denominado neoconstitucionalista apresenta consistência enquanto justificativa para o alargamento da competência tributária regulamentar, pois: (i) não há que se falar em superação de um modelo anterior pelo modelo neoconstitucionalista; (ii) as teorias dos princípios que apresentam maior consistência não pregam a generalização da ponderação sem parâmetros como forma de aplicação do direito, nem admitem o afastamento de regras como a legalidade tributária pela simples menção a princípios, como a solidariedade social; e (iii) permitir o afastamento de regras constitucionais pela mera invocação de princípios pode dar ensejo a uma argumentação de caráter moral e subjetivo, que não encontra amparo no Estado de Direito.

3.6 Síntese do capítulo

A análise crítica de estruturas argumentativas utilizadas para justificar o alargamento da competência tributária regulamentar justifica-se pelo êxito que alguns desses argumentos têm apresentado, não somente em sede doutrinária, mas também na jurisprudência do Supremo Tribunal Federal, conforme se depreende dos votos do Ministro Dias Toffoli, nos Recursos Extraordinários 704.292 e 838.284. Nesse contexto, foram analisadas quatro estruturas argumentativas: (i) o argumento histórico-político; (ii) o argumento antiformalista; (iii) o argumento pautado na hipercomplexidade dos fatos; e (iv) o argumento neoconstitucionalista.

O argumento histórico-político pode ser decomposto da seguinte forma: (i) a legalidade é associada a uma noção liberal burguesa que teve ápice no século XVIII; (ii) o Estado Liberal foi superado; (iii) a noção de legalidade deve ser flexibilizada, com ampliação da competência tributária regulamentar, em face da atual configuração do Estado. Contudo, essa forma de argumentação é incoerente, uma vez que: (i) no Brasil, a reafirmação da legalidade tributária ocorreu há poucas décadas, no contexto de ruptura com um regime autoritário, pelo que não há que se cogitar de tratar-se de uma noção "oitocentista" retrógrada, mas sim de regra válida e vigente; (ii) não procede a afirmação de que o

---

[352] ALMEIDA, Fernando Dias Menezes de. *Formação da Teoria do Direito Administrativo no Brasil*. Tese de Titularidade – Universidade de São Paulo, São Paulo, 2013. p. 394.

Estado Liberal teria sido totalmente superado, pois o que ocorre é um movimento histórico dialético, com peculiaridades contingenciais em cada país, sendo impossível universalizar um fluxo histórico linear; e (iii) a associação entre legalidade e a classe "burguesa" é genérica e o seu conteúdo é incerto.

O argumento antiformalista pode ser decomposto da seguinte forma: (i) a tradicional acepção da legalidade traduz-se em um "formalismo"; (ii) o formalismo desconsidera princípios constitucionais e outras circunstâncias importantes na aplicação do direito (âmbito da norma, etc.); e (iii) para dar eficácia aos princípios constitucionais e aos demais aspectos da incidência jurídica, deve-se abandonar a visão formalista da legalidade. Entretanto, esse argumento não apresenta coerência enquanto justificativa de flexibilização da legalidade, pois: (i) não há conexão necessária entre a norma da legalidade e o formalismo de aplicação; (ii) tomado como formalismo presumido de aplicação, não há motivos para afastar essa postura interpretativa em face do Direito Tributário brasileiro; e (iii) o formalismo presumido de aplicação não nega os princípios constitucionais, mas confere maior efetividade à Constituição, privilegiando as escolhas mais precisas do constituinte.

O argumento pautado na hipercomplexidade de fatos pode ser decomposto da seguinte forma: (i) identifica-se, no domínio fático, uma sociedade mais complexa, que pode ser qualificada como "sociedade de risco"; (ii) deriva dessa modificação fática um descompasso com a legalidade tributária tradicional; e (iii) o alargamento da competência tributária regulamentar, com a flexibilização da legalidade, seria a melhor forma de lidar com essa circunstância. Contudo, esse argumento não apresenta coerência enquanto forma de justificação da ampliação da competência tributária regulamentar, pois: (i) parte de um argumento de fato (diagnóstico da "sociedade de risco") cuja pertinência com as conclusões é, no mínimo, duvidosa; (ii) omite uma premissa fundamental, a de que o Direito Tributário precisaria ser completo, a qual não se coaduna com a estruturação constitucional da matéria no Brasil; e (iii) pressupõe que o Poder Executivo seria mais apto para tratar de questões tributárias do que o Legislativo, por sua rapidez e caráter técnico, o que não necessariamente se sustenta em face do desenho constitucional da segurança jurídica em matéria tributária e da natureza das decisões em questão.

O argumento neoconstitucionalista pode ser decomposto da seguinte forma: (i) houve "superação" de um modelo anterior pelo que se convencionou denominar neoconstitucionalismo; (ii) sob a perspectiva do neoconstitucionalismo, deve-se dar prevalência aos princípios e ao modo de aplicação por ponderação; e (iii) em determinadas circunstâncias, a norma da legalidade deve ceder espaço a "outros princípios", como a solidariedade social. Esse argumento, contudo, não justifica o alargamento da competência tributária regulamentar, pois: (i) não há que se falar em superação de um modelo anterior pelo modelo neoconstitucionalista; (ii) as teorias dos princípios que apresentam maior consistência não pregam a generalização da ponderação sem parâmetros como forma de aplicação do direito, nem admitem o afastamento de regras como a da legalidade tributária pela simples menção a princípios como a solidariedade social; e (iii) permitir o afastamento de regras constitucionais pela mera invocação de princípios pode dar ensejo a uma argumentação de caráter moral e subjetivo, que não encontra amparo no Estado de Direito.

CAPÍTULO 4

DEFINIÇÃO DE COMPETÊNCIA TRIBUTÁRIA REGULAMENTAR

A falta de precisão de conceitos e de enunciados é o maior mal na justiça, que é obrigada a aplicar o direito, e dos escritores de direitos, que não são obrigados a aplicá-lo, pois deliberam êles-mesmos escrever.

(Pontes de Miranda)[353]

4.1 Para que definir competência tributária regulamentar?

O direito, por sua diferenciação funcional, reduz complexidades do estrato social para estabilizar expectativas normativas em relação ao futuro. Com essa referência futura, o direito promove previsibilidade (sempre relativa) em relação à satisfação das expectativas pautadas em normas jurídicas.[354] Como afirma Niklas Luhmann, "concretamente, o direito lida com a função de estabilizar expectativas normativas

---

[353] MIRANDA, Francisco Cavalcanti Pontes de. *Tratado de Direito Privado*. Parte Geral. 3. ed. Rio de Janeiro: Borsoi, 1970. v. 1. p. XXIV.

[354] LUHMANN, Niklas. *Law as a social system*. Tradução de Klaus A. Ziegart. Oxford: Oxford University, 2004. p. 150.

regulando como são generalizadas em relação às suas dimensões temporal, factual e social".[355]

Para alcançar esse objetivo, o direito funciona com uma forma de argumentação própria, calcada em textos específicos inseridos por autoridades e procedimentos entabulados pelo próprio sistema jurídico. Conforme Robert Alexy, a argumentação jurídica é um caso especial da argumentação prática (normativa) geral, cujo caráter diferencial consiste em sua vinculação ao direito vigente.[356] Em outras palavras, grande parte das premissas utilizadas na argumentação jurídica é externamente justificada com base em regras de direito positivo, em conformidade com critérios de validade.[357]

Nesse contexto, cumpre à dogmática jurídica fornecer critérios interpretativos e estratégias de construção do discurso jurídico para melhor realização da função do direito de estabilizar expectativas normativas. Esse mister é ressaltado pela particularidade do Direito Tributário brasileiro, permeado pela segurança jurídica e pelo ideal de calculabilidade. Como adverte Aulis Aarnio, enquanto houver pessoas questionando o conteúdo do direito válido, haverá necessidade de uma atividade que forneça respostas a essas questões.[358] Esse é o objetivo da dogmática.

Para cumprir sua função, o direito utiliza programas condicionais, que atrelam consequências jurídicas a fatos de possível realização futura.[359] Como afirma Luhmann, trata-se da estrutura "se um fato a é dado, decisão x é legal".[360]

Assim, as expectativas normativas somente são passíveis de serem previamente constituídas pela precisão do que seja o fato a abstratamente previsto e também da decisão x, prevista em termos igualmente abstratos. As expectativas normativas, pois, formam-se em relação aos critérios postos no antecedente normativo (evento suficiente

---

[355] Na versão inglesa: "*Concretely, law deals with the function of the stabilization of normative expectations by regulating how they are generalized in relation to their temporal, factual and social dimensions*" (LUHMANN, Niklas. *Law as a social system*. Tradução de Klaus A. Ziegart. Oxford: Oxford University, 2004. p. 148).

[356] ALEXY, Robert. *Teoria da Argumentação Jurídica*: a Teoria do Discurso Racional como Teoria da Fundamentação Jurídica. Tradução de Zilda Hutchinson Schild Silva. 3. ed. Rio de Janeiro: Forense, 2013. p. 210.

[357] *Ibidem*, p. 228.

[358] AARNIO, Aulis. *Essays on the Doctrinal Study of Law*. Heidelberg: Springer, 2011. p. 79.

[359] VILANOVA, Lourival. *As estruturas lógicas e o sistema de direito positivo*. 4. ed. São Paulo: Noeses, 2010. p. 57-58.

[360] "*If fact a is given, decision x is legal*" (LUHMANN, Niklas. *Law as a social system*. Tradução para o inglês: Klaus A. Ziegart. Oxford: Oxford University, 2004. p. 111).

para a incidência da norma), como também em relação às consequências jurídicas que serão derivadas desse evento.

Dentre as estratégias argumentativas mais relevantes de que se vale a dogmática jurídica para promover a cognoscibilidade prévia das hipóteses e dos consequentes normativos está a definição de palavras e de expressões utilizadas pelos textos jurídicos. O propósito da dogmática jurídica é fornecer critérios para influir no processo de positivação do direito positivo, de forma a corroborar o seu intento de resguardo de expectativas normativas.

Conceituar, contudo, não é a única estratégia argumentativa utilizada pela dogmática jurídica, nem a única estratégia de que deve valer-se. Essa constatação, todavia, não infirma a relevância da conceituação no direito.[361] Como afirma Herbert L. A. Hart, não existe um paraíso conceitual, consoante o qual, a um termo geral seria dada uma e somente uma significação em todos os seus usos no sistema jurídico.[362] Essa constatação, entretanto, não invalida a importância das definições para a dogmática do direito.

Define-se, no discurso da dogmática jurídica, para determinar regimes jurídicos aplicáveis a certas circunstâncias.[363] Com isso, ao se buscar uma definição de "competência tributária regulamentar" (termo que não é usado pelo direito positivo brasileiro), busca-se determinar os pressupostos para a incidência do regime jurídico que se pretende delinear neste trabalho. É dizer, define-se a expressão para circunscrever a aplicabilidade dos limites e das funções do exercício da competência tributária regulamentar que se desenvolvem neste texto.

Não se pretende, com isso, afirmar que um regime jurídico integralmente uniforme seja aplicado a toda e qualquer forma de produção normativa que se enquadre no conceito de "competência tributária regulamentar". Tampouco se pretende afirmar que os limites ou as funções exercidas por essa competência sejam somente os traçados neste

---

[361] A aparente contraposição entre o método conceitual e estratégias da dogmática pautadas em valores pode ser vista na polêmica entre a jurisprudência dos conceitos e a jurisprudência dos interesses na Alemanha. Cf. a respeito: LARENZ, Karl. *Metodologia da Ciência do Direito*. 3. ed. Tradução de José Lamego. Lisboa: Fundação Calouste Gulbekian, 1997. p. 21-76. Hodiernamente, todavia, a postura mais consistente parece ser uma síntese entre essas duas visões.

[362] HART, Herbert L. A. *The Concept of Law*. 3. ed. Oxford: Oxford University, 2012. p. 130.

[363] SANTI, Eurico Marcos Diniz de. *Tributo e classificação das espécies no sistema tributário brasileiro*. 19 mar. 2012. Disponível em: http://www.fiscosoft.com.br/a/5qd0/tributo-e-classificacao-das-especies-no-sistema-tributario-brasiLeiro-eurico-marcos-diniz-de-santi. Acesso em: 13 jan. 2019.

trabalho. Com efeito, certas funções que exercem os regulamentos em matéria tributária não são indistintamente aplicáveis a todas as suas formas de manifestação. Há limites adicionais ao exercício da competência tributária regulamentar que não serão, especificamente, tratados neste trabalho. O paraíso conceitual é uma utopia. Não obstante, pela definição de "competência tributária regulamentar", delineiam-se, de maneira geral, as formas de produção normativa que se enquadram nas proposições analíticas e doutrinárias propostas por este ensaio, fazendo-se ressalvas quando houver especificidades.

Conceituar é representar um signo por meio de outros signos. Como explica Umberto Eco, ao tratar da recursividade semântica infinita, "toda unidade semântica posta para analisar um semema é por sua vez um semema que deve ser analisado".[364] Nesse ensejo, conceituar e definir são, ao fim e ao cabo, a mesma atividade. Diversos autores utilizam uma distinção entre conceituar e definir, calcada no fundamento de que o conceito é uma ideia e a definição, sua expressão sígnica. Neste trabalho, não se adota a perspectiva de que os conceitos possam existir enquanto ideias inexpressadas. Assim definidos, os conceitos "soam como entidades misteriosas das quais não temos notícias a não ser mediante as palavras"[365] e outros signos.

Como explica Torben Spaak, ao fim e ao cabo, a análise do sentido ou intensão de uma expressão (critérios de inclusão de classe) determina a sua extensão (a classe de objetos ao quais se aplica o conceito).[366] Por esse motivo, passa-se, inicialmente, à definição intensional do objeto do estudo deste trabalho, seguida, posteriormente, da sua definição extensional

4.2 Definição intensional

Por meio de uma definição intensional, conotativa ou por designação, enunciam-se as características definitórias que deve ter um elemento para pertencer a uma classe.[367] Esse tipo de definição, pois,

---

[364] ECO, Umberto. *Tratado Geral de Semiótica*. Tradução de Antonio de Pádua Danesi e Gilson Cesar Cardoso de Souza. 4. ed. São Paulo: Perspectiva, 2009. p. 110.

[365] Alaôr Caffé Alves atribuiu essa visão aos chamados "nominalistas". ALVES, Alaôr Caffé. *Lógica*: pensamento formal e argumentação. 5. ed. São Paulo: Quartier Latin, 2011. p. 173.

[366] SPAAK, Torben. Explicating the concept of legal competence. In: HAGE, Jaap C.; PFORDTEN, Dietmar von der (Eds.). *Concepts in Law*. Amsterdam: Springer, 2009. p. 68.

[367] GUIBOURG, Ricardo A.; GHIGLIANI, Alejandro M.; GUARINONI, Ricardo V. *Introducción al conocimiento científico*. Buenos Aires: Eudeba, 2000. p. 58.

consiste em enunciar os critérios de inclusão de classe que devem ser satisfeitos para que um objeto linguístico qualquer possa ser tomado como elemento pertencente àquela categoria. Delimita-se a conotação ou intensão do termo ou expressão.

Uma definição intensional, desse modo, opera segundo a lógica do terceiro excluído, de modo que, um elemento isoladamente considerado ou se enquadra na classe ou não se enquadra, inexistindo uma terceira possibilidade. Para melhor cumprir essa função de separar os elementos que se enquadram em um conceito daqueles que não o fazem, há certas diretrizes a serem cumpridas. Como propugna Susan Stebbing: (i) o *definiens* (frase definitória) deve ser equivalente ao *definiendum* (classe que se define); (ii) o *definiens* não deve conter nenhuma frase ou expressão contida no *definiendum*, pois não se pode definir um termo por referência a ele próprio; (iii) o *definiens* não deve conter expressões figurativas ou obscuras, o que prejudica a clareza do discurso; e (iv) o *definiens* não deve ser negativo, a não ser que o seja o *definiendum*.[368]

A definição de qualquer conceito importa sua reconstrução. Como afirma Torben Spaak, explicar um conceito "x" equivale a transformar "x" (*explicandum*) em um conceito mais exato (*explicatum*), retendo-se seu conteúdo intuitivo, mas o tornando mais exato, de modo a promover sua funcionalidade para certos propósitos.[369]

Assim, busca-se definir a intensão do conceito de "competência tributária regulamentar", com base em critérios cuja justificação remonta ao direito positivo brasileiro. Para tanto, serão seguidas essas diretrizes, de modo a procurar imprimir maior clareza ao discurso. Ao definir-se o termo, com o fim precípuo de demarcar as formas de produção normativa a que se pode aplicar a argumentação analítica e doutrinária delineada neste estudo, apartar-se-á a competência tributária regulamentar de outras modalidades afins, como a competência tributária legislativa e a competência tributária de aplicação. Como assevera Eurico de Santi, "toda definição é classificatória" e "da mesma forma, toda classificação também é definitória".[370]

---

[368] STEBBING, L. Susan. *A Modern Elementary Logic*. London: Methuen & Co, 1961. p. 119.

[369] SPAAK, Torben. Explicating the concept of legal competence. In: HAGE, Jaap C.; PFORDTEN, Dietmar von der (Eds.). *Concepts in Law*. Amsterdam: Springer, 2009. p. 68.

[370] SANTI, Eurico Marcos Diniz de. *Tributo e classificação das espécies no sistema tributário brasileiro*. Disponível em: http://www.fiscosoft.com.br/a/5qd0/tributo-e-classificacao-das-especies-no-sistema-tributario-brasiLeiro-eurico-marcos-diniz-de-santi. Acesso em: 13 jan. 2019.

Desse modo, definir competência tributária regulamentar importa classificar a competência tributária, de modo a separar a primeira das demais modalidades de competências. Assim, às diretrizes para bem definir, acima expostas, somam-se diretrizes para bem classificar. Novamente recorrendo às lições de Susan Stebbing, tem-se que as classificações devem obedecer aos seguintes critérios: (i) ter apenas um fundamento de divisão; (ii) as classes devem esgotar a superclasse; e (iii) as operações sucessivas de classificação devem ser graduais.[371]

Feitas essas advertências, passa-se a definir cada um dos termos que compõem a expressão "competência tributária regulamentar", de modo a justificar as definições, bem como a classificação adotada neste trabalho.

4.2.1 Definição de "competência"

Deve-se iniciar pela definição de "competência". Trata-se de expressão muito utilizada, sobretudo no discurso da dogmática jurídica. Inicialmente, cabe distinguir entre duas realidades próximas, porém distintas, quais sejam: (i) poder normativo; e (ii) competência.

Genericamente, a expressão poder normativo (*legal power*) é mais utilizada em sistemas de *common law*, notadamente nos Estados Unidos da América e no Reino Unido.[372] Não obstante, esse termo também é utilizado no Brasil, inclusive com o qualificativo "poder regulamentar".[373] Neste trabalho, opta-se por separar os conceitos de poder e competência. Poder normativo, como afirma Jaap Hage, corresponde a capacidades para fazer algo que decorrem da existência de uma norma legal. Trata-se de efeitos colaterais da existência da norma. O agente tem poder porque a norma existe, mas não porque confere a ele uma prerrogativa. Trata-se da distinção entre normas que conferem poder (*power-conferring rules*) e normas que atribuem competência (*power-attributing rules*).[374]

---

[371] STEBBING, L. Susan. *A Modern Elementary Logic*. London: Methuen & Co, 1961. p. 109.

[372] SPAAK, Torben. The concept of legal competence. *The IVR Encyclopedia of Jurisprudence, Legal Theory and Philosophy of Law*, May 2005. Disponível em: http://ssrn.com/abstract=923531. Acesso em: 13 jan. 2019.

[373] Esse é o título da obra clássica de Diógenes Gasparini, embora o próprio autor critique o uso desse termo, preferindo "atribuição regulamentar". GASPARINI, Diógenes. *Poder Regulamentar*. São Paulo: Bushatsky, 1978. p. 42.

[374] HAGE, Jaap C. *Powers and Competences*. [S.d.]. Disponível em: https://www.academia.edu/20694868/POWERS_AND_COMPETENCES. Acesso em: 13 jan. 2019. p. 4-5.

Competência, a seu turno, tem que ser atribuída.[375] Torben Spaak sintetiza três elementos comuns nas definições de competência de diversos autores, quais sejam: (i) habilidade para modificar posições legais; (ii) condição para validade legal; e (iii) modificação pelo agente de posições legais por meio de um tipo especial de ato.[376]

A primeira característica significa que o exercício da competência produz uma modificação do estado legal. É dizer, produz efeitos jurídicos. Adicionalmente, a competência consubstancia condição de validade para o ato produzido. Os critérios de reconhecimento funcionam como definições intensionais do direito válido, como afirmam Jordi F. Beltrán e Giovanni B. Ratti.[377] A referência entre critérios de validade e o conceito de competência é, usualmente, o motivo pelo qual se prefere falar de competência em sede tributária e não de poder, que remete à ideia de submissão irrestrita. Nesse sentido, Ruy Barbosa Nogueira afirma que no Estado Democrático de Direito, "o poder de tributar se convola em direito de tributar".[378]

O ato de exercício de competência (C-act) seria caracterizado por sua intenção de trazer a cabo o efeito legal e pela qualificação legal do sujeito.[379] Com isso, distingue-se competência de meros "poderes" como cometer um crime ou diminuir a incidência tributária mudando o país de residência de uma pessoa física. Esses dois exemplos são efeitos colaterais da existência de normas penais e tributárias (poderes). Competência, em sentido contrário, é aptidão conferida por uma regra e por ela condicionada ao exercício de um ato específico.

Norberto Bobbio conceitua normas de estrutura,[380] que conferem competências, como "aquelas normas que não prescrevem a conduta

---

[375] HAGE, Jaap C. *Powers and Competences*. [S.d.]. Disponível em: https://www.academia.edu/20694868/POWERS_AND_COMPETENCES. Acesso em: 13 jan. 2019. p. 7.

[376] SPAAK, Torben. Explicating the concept of legal competence. In: HAGE, Jaap C.; PFORDTEN, Dietmar von der (Eds.). *Concepts in Law*. Amsterdam: Springer, 2009. p. 70.

[377] BELTRÁN, Jordi Ferrer; RATTI, Giovanni Battista. Defeasibility and Legality: A Survey. In: BELTRÁN, Jordi Ferrer; RATTI, Giovanni Battista (Eds.). *The Logic of Legal Requirements*: essays on defeasibility. Oxford: Oxford University, 2012. p. 33.

[378] NOGUEIRA, Ruy Barbosa. *Curso de Direito Tributário*. 14. ed. São Paulo: Saraiva, 1995. p. 119-120.

[379] SPAAK, Torben. Explicating the concept of legal competence. In: HAGE, Jaap C.; PFORDTEN, Dietmar von der (Eds.). *Concepts in Law*. Amsterdam: Springer, 2009. p. 76.

[380] A distinção entre normas de estrutura e normas de comportamento não é analiticamente rigorosa. Com efeito, normas de estrutura também dizem respeito ao comportamento (de produção de textos normativos). Outrossim, a depender da forma como se constrói uma norma, pode ela ostentar características de estrutura e de comportamento simultaneamente. Cf. a respeito: FERRAZ JUNIOR, Tércio Sampaio. *Introdução ao Estudo do Direito*: técnica, decisão, dominação. 7. ed. São Paulo: Atlas, 2013. p. 97-98.

que se deve ter e que não se deve ter, mas as condições e os procedimentos por meio dos quais emanam normas de condutas válidas".[381] A rigor, o agente competente não produz normas de conduta, mas sim textos jurídicos a partir dos quais elas serão construídas.

Assim, neste trabalho, conceitua-se competência como a aptidão conferida por normas jurídicas a certos sujeitos e mediante determinados procedimentos, para modificar situações legais por meio da introdução de textos jurídicos no sistema de direito posto, atendendo aos critérios de validade.

4.2.2 Definição do qualificativo "tributária"

No termo "competência tributária regulamentar", ao vocábulo "competência" adiciona-se o qualificativo "tributária". Com isso, faz-se referência ao conjunto de normas de competência que se relacionam direta ou indiretamente com o Direito Tributário. Como já se afirmou anteriormente,[382] o isolamento de normas em razão da matéria tem caráter precário, dada a inter-relação entre todas as normas do ordenamento jurídico. Não obstante, como predica Tércio Sampaio Ferraz Junior, há "núcleos aglutinadores de normas às vezes extraídas de diferentes códigos e ramos do direito, mas que compõem certa unidade de regulamentação".[383]

No caso das normas tributárias, o critério aglutinador consiste no conceito de "tributo".[384] Há diversas formas de construir um conceito de tributo a partir do ordenamento jurídico brasileiro, dentre as quais se destacam as seguintes: (i) construção de um conceito constitucional de tributo, por indução, a partir das espécies tributárias previstas na Constituição;[385] e (ii) construção do conceito de tributo, a partir das

---

[381] BOBBIO, Norberto. *Teoria do Ordenamento Jurídico.* Tradução de Ari Marcelo Solon. São Paulo: Edipro, 2011. p. 47.

[382] Ver item 1.2.2.

[383] FERRAZ JUNIOR, Tércio Sampaio. *A Ciência do Direito.* 3. ed. São Paulo: Atlas, 2014a. p. 77.

[384] Há largo dissenso doutrinário a respeito do conceito de tributo no Brasil, cuja análise detalhada extrapolaria os lindes deste estudo. Cf. a respeito, dentre inúmeros outros: OLIVEIRA, Regis Fernandes de. *Receitas não tributárias. Taxas e Preços Públicos.* 2. ed. São Paulo: Malheiros, 2003. CARVALHO, Paulo de Barros. *Curso de Direito Tributário.* 24. ed. São Paulo: Saraiva, 2012a. p. 51-62. SCHOUERI, Luís Eduardo. *Direito Tributário.* 3. ed. São Paulo: Saraiva, 2013. p. 123-151.

[385] Assim: TORRES, Heleno Taveira. *Direito Constitucional Tributário e Segurança Jurídica*: metódica da segurança jurídica do sistema constitucional tributário. 2. ed. São Paulo: Revista dos Tribunais, 2012. p. 475-476.

conceituações infraconstitucionais existentes (art. 3º do CTN e art. art. 9º da Lei nº 4.320/1964), confrontando-as com os ditames constitucionais. Em que pese ambas as estratégias sejam plenamente sustentáveis e se possa mesmo sustentar, em favor da primeira, que confere maior importância à Constituição, a diferença principal entre essas estratégias está em seu produto. O resultado da primeira estratégia consiste em um conceito de tributo constitucional ou válido. Entretanto, se o tributo, para ser tributo, precisa obedecer aos limites materiais da Constituição, não há a figura do "tributo inconstitucional", mas sim um outro tipo de prestação. Para que uma norma possa violar a legalidade prescrita pelo art. 150, I da CF/88, por exemplo, é preciso que institua ou majore tributo. Entretanto, se o conceito de tributo pressupõe a criação por lei, essa norma nunca poderia ser violada. Em função desse problema, opta-se pela segunda estratégia.

O art. 3º do Código Tributário Nacional[386] (Lei nº 5.172/66, recepcionada como lei complementar, a teor do art. 34, §5º do Ato das Disposições Constitucionais Transitórias) veicula seis critérios para o conceito de tributo, a saber: (i) prestação; (ii) pecuniária, em moeda ou em cujo valor nela se possa exprimir; (iii) compulsória; (iv) que não constitua sanção de ilícito; (v) instituída em lei; (vi) cobrada mediante atividade administrativa plenamente vinculada.

Para os fins ora perseguidos, os dois últimos critérios (legalidade e cobrança vinculada) devem ser descartados, haja vista que consubstanciam requisitos para a validade de um tributo, não para a subsunção de uma prestação ao conceito de tributo (falácia da inversão do efeito pela causa). Adicionalmente, também a compulsoriedade se revela problemática, se entendida como a circunstância de não poder o particular furtar-se de incorrer no fato imponível para alcançar os fins que deseja. Interpretado dessa forma, o critério tem caráter sociológico e subjetivo, como aponta Régis Fernandes de Oliveira.[387] Com efeito, a compulsoriedade de se incorrer no fato jurídico tributário só é referida pelo art. 79, I, "b" do CTN, no que respeita às taxas cobradas pelo uso potencial de serviços de utilização compulsória. Não obstante, é preciso discernir entre as obrigações tributárias e as obrigações contratuais. Embora a obrigação tributária e a obrigação contratual sejam idênticas, do ponto

---

[386] Art. 3º Tributo é toda prestação pecuniária compulsória, em moeda ou cujo valor nela se possa exprimir, que não constitua sanção de ato ilícito, instituída em lei e cobrada mediante atividade administrativa plenamente vinculada.

[387] OLIVEIRA, Regis Fernandes de. *Receitas não tributárias*. Taxas e Preços Públicos. 2. ed. São Paulo: Malheiros, 2003. p. 54-55.

de vista estrutural, como aponta Alcides Jorge Costa,[388] a norma (legal) que prevê o tributo em termos abstratos não nasce da vontade do sujeito que incorrerá em sua hipótese de incidência, ao contrário do que ocorre com a norma contratual. Nesse sentido, pode-se acatar a compulsoriedade como nota distintiva do conceito de tributo.[389]

O art. 9º da Lei nº 4.320/1964[390] (lei geral financeira, também recepcionada com *status* de Lei Complementar, a teor do art. 34, §5º do ADCT, c/c art. 165, §7º da CF/88), prevê dois critérios adicionais para a caracterização de uma prestação como tributo.[391] Conforme esse dispositivo, são notas essenciais do conceito de tributo: (i) tratar-se de receita derivada; e (ii) a destinação ao custeio das atividades gerais ou específicas das entidades de direito público que o instituíram.

O primeiro critério (receita derivada), refere-se à diferenciação entre: (i) receitas originárias (decorrentes do uso do patrimônio público); (ii) receitas derivadas (decorrentes do poder de império); e (iii) movimentos de caixa (que não aderem definitivamente ao patrimônio público). Esse critério é compatível com a Constituição Federal de 1988. Com efeito, como destaca Luís Eduardo Schoueri, a circunstância de conceituar-se tributo como receita derivada não exclui da natureza tributária os empréstimos compulsórios (tributos restituíveis), pois estes se equiparam às operações de crédito, conforme o art. 57 da Lei nº 4.320/1964.[392] Rigorosamente, o critério em questão deve ser tomado como exclusão das receitas originárias e movimentos de caixa do conceito de tributo, já que a parafiscalidade impede que todo e qualquer tributo seja receita originária do ente que o instituiu.

Com efeito, a destinação ao custeio das atividades do ente público instituidor do tributo não se presta à definição global do conceito de tributo, uma vez que se admite, no Brasil, a chamada parafiscalidade, por meio da qual se delega a capacidade tributária ativa, ou a aptidão

---

[388] COSTA, Alcides Jorge. *Da extinção das obrigações tributárias*. São Paulo: EDUSP, 1991. p. 27.

[389] Alfredo Augusto Becker descarta a "não voluntariedade" como nota distintiva do conceito de tributo pois a toma como característica da incidência da norma tributária e não de sua produção. BECKER, Alfredo Augusto. *Teoria Geral do Direito Tributário*. 6. ed. São Paulo: Noeses, 2013. p. 283.

[390] "Art. 9º Tributo é a receita derivada instituída pelas entidades de direito publico, compreendendo os impostos, as taxas e contribuições nos termos da constituição e das leis vigentes em matéria financeira, destinando-se o seu produto ao custeio de atividades gerais ou especificas exercidas por essas entidades".

[391] Há autores que negam a aplicabilidade desse dispositivo para fins tributários. Nesse sentido, cf. FAVACHO, Fernando Gomes. *Definição do conceito de tributo*. São Paulo: Quartier Latin, 2011. p. 72.

[392] SCHOUERI, Luís Eduardo. *Direito Tributário*. 3. ed. São Paulo: Saraiva, 2013. p. 137

para ocupar o polo ativo da relação jurídica tributária.[393] Nesse caso, não só a cobrança, como também o produto da arrecadação é acometido a terceiro. É o que ocorre, por exemplo, com as contribuições destinadas às entidades privadas de serviço social e de formação profissional vinculadas ao sistema sindical, expressamente admitidas pelo art. 240 da CF/88.

Assim, em face da análise dos artigos 3º do CTN e 9º da Lei nº 4.320/1964, identificam-se os seguintes critérios no conceito intensional de tributo, compatíveis com a Constituição Federal de 1988: (i) prestação pecuniária; (ii) compulsória; (iii) que não constitua sanção de ato ilícito; e (iv) que não constitua receita originária ou movimento de caixa. Desse modo, competência tributária, em sentido amplo, abarcará a aptidão para a produção de textos a partir dos quais sejam construídas normas que versem direta ou indiretamente sobre tributos (prestações pecuniárias, compulsórias, que não constituem sanção de ato ilícito, nem receita originária ou movimento de caixa), seja na fase de instituição, na de fiscalização, na de arrecadação ou na de destinação, quando relevante para a validade da imposição tributária.[394]

4.2.3 Definição do qualificativo "regulamentar"

Finalmente, cabe definir o termo "regulamentar", de modo a completar o sentido de "competência tributária regulamentar". Para tanto, é preciso distinguir a competência tributária regulamentar de outras aptidões para a produção de textos normativos que lhe são afins, como a competência para aplicar o Direito Tributário concretamente, a competência legislativa e a competência de julgamento da validade de normas tributárias construídas a partir de textos existentes.

Para tanto, serão utilizados os seguintes critérios: (i) exercício mediante provocação dos interessados; (ii) veicular textos a partir dos quais sejam construídas normas cujo consequente seja de observância geral; e (iii) ter alcance material imediato definido na Constituição da República, ou não.

O primeiro critério de classificação remonta à doutrina de Miguel Seabra Fagundes. Ao tratar das funções do Estado e da sua distribuição entre os Poderes Legislativo, Executivo e Judiciário, adverte o autor que "cada um desses órgãos não exerce, de modo exclusivo, a função que

---

[393] CARVALHO, Paulo de Barros. *Curso de Direito Tributário*. 24. ed. São Paulo: Saraiva, 2012a. p. 271.

[394] Sobre a relevância da destinação dos tributos no Brasil, cf. BARRETO, Paulo Ayres. *Contribuições*. Regime Jurídico, Destinação e Controle. São Paulo: Noeses, 2006. p. 40-49.

nominalmente lhe corresponde".[395] Com efeito, os Poderes constituídos exercem funções típicas e atípicas.

Nessa linha, nota o autor que, tanto a função jurisdicional, como a função administrativa, podem ser tomadas como atos de aplicação do direito legislado (o que denominou "funções de execução"). Identifica, então, como critério de diferenciação entre essas duas modalidades de competência, a circunstância de a função jurisdicional ser exercitada somente mediante provocação de terceiro diferente daquele que a exerce ("aplicar a lei contenciosamente"). A função administrativa, de outro lado, deve ser, em regra, exercida *ex officio*, ou seja, independentemente de qualquer provocação por parte do sujeito interessado.[396]

Rigorosamente, esse critério não se afigura adequado para discernir propriamente as competências tributárias jurisdicionais das demais, mas sim as competências tributárias de julgamento, das demais.

É que a significação corrente de jurisdição[397] no direito brasileiro é sobremodo atrelada à relação triangular processual marcada pela imparcialidade do julgador, à aptidão para formação de coisa julgada e à possibilidade de controle de constitucionalidade, características do processo judicial que não se verificam, por exemplo, no processo administrativo tributário. Desse modo, uma vez que esse fundamento de divisão (exercício de ofício ou mediante provocação) não aparta o processo tributário judicial do administrativo, parece ser mais coerente denominar a classe por ele inaugurada de "competência tributária de julgamento".

O segundo fundamento de divisão diz respeito à generalidade ou à individualidade do consequente das normas construídas a partir de textos inseridos por cada espécie de competência tributária. Conforme preleciona Norberto Bobbio, enquanto as normas gerais se referem a uma classe de pessoas, as normas individuais (não gerais) possuem por destinatário um sujeito individualizado.[398] Trata-se de classificação

---

[395] FAGUNDES, Miguel Seabra. *O Controle dos Atos Administrativos pelo Poder Judiciário*. 5. ed. Rio de Janeiro: Forense, 1979. p. 15.

[396] FAGUNDES, Miguel Seabra. *O Controle dos Atos Administrativos pelo Poder Judiciário*. 5. ed. Rio de Janeiro: Forense, 1979. p. 15.

[397] Interessante conceito de jurisdição, afastado de pressupostos de aplicação mecânica da norma, é fornecido por Fredie Didier Junior, para quem: "a jurisdição é a função atribuída a terceiro imparcial de realizar o Direito de modo imperativo e criativo, reconhecendo/efetivando/protegendo situações jurídicas concretamente deduzidas, em decisão insuscetível de controle externo e com aptidão para tornar-se indiscutível" (DIDIER JUNIOR, Fredie. *Curso de Processo Civil*. Introdução ao Direito Processual Civil e Processo de Conhecimento. 13. ed. Salvador: JusPodium, 2011. p. 89).

[398] BOBBIO, Norberto. *Teoria da Norma Jurídica*. Tradução de Fernando Pavan Baptista e Ariani Bueno Sudatti. 3. ed. Bauru: Edipro, 2005. p. 181.

CAPÍTULO 4
DEFINIÇÃO DE COMPETÊNCIA TRIBUTÁRIA REGULAMENTAR | 135

independente da divisão entre normas concretas e abstratas, que foca no antecedente normativo, separando as normas que preveem, abstratamente, fatos de ocorrência possível futura e aquelas que descrevem fatos já ocorridos.[399]

Para fins de definição de competência tributária regulamentar, a generalidade de que se trata consiste na análise do destinatário da norma construída a partir dos textos produzidos em conformidade com a competência. Não se trata, portanto, da generalidade da norma que confere competência. Rigorosamente, assim como a competência regulamentar, a norma que prevê a aptidão para produzir normas de lançamento (competência de aplicação), por exemplo, tem consequente genérico, aplicando-se, potencialmente, a uma gama previamente indeterminada de sujeitos. Individual é a norma construída a partir do texto produzido conforme essa competência de aplicação, enquanto que as normas construídas a partir dos textos regulamentares têm caráter geral. A generalidade destas últimas consubstancia fundamento seguro para diferenciá-las das normas de aplicação individual do direito, conforme notou Celso Antônio Bandeira de Mello.[400]

Tanto para as normas gerais construídas a partir dos regulamentos, como para as concretas construídas a partir de atos de lançamento, por exemplo, utilizou-se o termo "norma". Tradicionalmente, era comum atrelar o sentido de norma somente a atos com força vinculativa geral, como fizeram Albert Hensel[401] e Diógenes Gasparini.[402] A partir desse conceito, fala-se de poder normativo como sinônimo de competência regulamentar. Essa terminologia pressupunha que os atos de aplicação ou de julgamento do direito não criassem direito novo. Entretanto, em que pese haja diversas vinculações de forma e de conteúdo, não se pode negar, totalmente, o caráter criativo das funções de aplicação e de julgamento. Como afirma Spaak, em relação à função dos tribunais, estes têm uma competência limitada para criar direito ao decidirem, que diverge, substancialmente, da competência do parlamento ao criar leis.[403] Por esse motivo, opta-se por usar o termo norma sem restringi-lo

---

[399] BOBBIO, Norberto. *Teoria da Norma Jurídica*. Tradução de Fernando Pavan Baptista e Ariani Bueno Sudatti. 3. ed. Bauru: Edipro, 2005. p. 183.

[400] MELLO, Celso Antonio Bandeira de. *Curso de Direito Administrativo*. 25. ed. São Paulo: Malheiros, 2007. p. 333.

[401] HENSEL, Albert. *Derecho Tributario*. Tradução de Andrés Báez Moreno, María Luisa González-Cuéllar Serrano e Enrique Ortiz Calle. Madrid: Marcial Pons, 2005. p. 139.

[402] GASPARINI, Diógenes. *Poder Regulamentar*. São Paulo: Bushatsky, 1978. p. 23.

[403] SPAAK, Torben. Explicating the concept of legal competence. In: HAGE, Jaap C.; PFORDTEN, Dietmar von der (Eds.). *Concepts in Law*. Amsterdam: Springer, 2009. p. 72.

aos atos gerais.

O terceiro fundamento de classificação, para separar a competência tributária regulamentar de outras modalidades de competência tributária, diz respeito à circunstância de possuir ou não alcance material imediato definido na Constituição da República. Segundo ensina Francisco Laporta, as regras de competência possuem seis elementos, quais sejam: (i) sujeito ativo; (ii) caráter; (iii) procedimento; (iv) hierarquia; (v) âmbito de aplicação; e (vi) alcance ou matéria.[404] O alcance ou matéria consiste no objeto circunscrito pela competência.[405] Trata-se de requisitos de validade material (semântica), do conteúdo da norma construída a partir do texto criado por meio do exercício da competência.[406] São diretrizes materiais ou de conteúdo que devem ser seguidas pelo sujeito competente, sob pena de invalidade da produção do exercício da competência.

Assim, uma vez que a legalidade exige que deveres jurídicos impostos aos particulares tenham seu processo semântico de positivação iniciado no âmbito legal (vetor de instituição de dever),[407] percebe-se que as normas regulamentares têm alcance material definido imediatamente pela lei em sentido formal. A seu turno, as leis em sentido formal têm alcance material definido, imediatamente, pela Constituição. Essa distinção funciona como critério adequado para segregar a competência tributária regulamentar da competência tributária legislativa.

Com isso não se quer afirmar, de modo algum, que os regulamentos não devam guardar conformidade material com a Constituição. Assevera-se, unicamente, que seu alcance material imediato é definido por lei, embora, mediatamente, também a Constituição limite o seu conteúdo. Haverá casos, inclusive, em que será possível afirmar que um regulamento violou diretamente a Constituição, como na hipótese do regulamento que criasse tributo sem qualquer fundamento em lei. Isso não infirma, contudo, a circunstância de que o alcance material da competência tributária regulamentar, enquanto aptidão para a modificação de posições normativas atrelada a critérios de validade, é definido imediatamente pela lei.

A única exclusão que se faz por meio dessas afirmações diz respeito aos regulamentos autônomos (sem qualquer fundamento legal)

---

[404] LAPORTA, Francisco J. *El imperio de la ley*. Uma visión actual. Madrid: Trotta, 2007. p. 97-101.

[405] *Ibidem*, p. 101.

[406] GAMA, Tácio Lacerda. *Competência Tributária*: fundamentos para uma teoria da nulidade. 2. ed. São Paulo: Noeses, 2011. p. 330.

[407] Ver item 2.2.1.

em matéria tributária. Para Ricardo Lôbo Torres, esses regulamentos seriam admitidos, desde que versassem sobre direitos humanos relativos à tributação.[408] A Constituição admite regulamentos autônomos que digam respeito à "organização e funcionamento da administração federal, quando não implicar aumento de despesa nem criação ou extinção de órgãos públicos" e à "extinção de funções ou cargos públicos, quando vagos" (CF/88, art. 84, VI, com redação determinada pela EC 32/01). Entretanto, esses regulamentos não seriam propriamente tributários, mas sim administrativos.[409] Em matéria estritamente tributária, não há espaço para regulamentos autônomos.

Desse modo, aplicando-se os três fundamentos de divisão que ora parecem suficientemente justificados externamente, chega-se à seguinte classificação:

Figura 1 – Classificação das competências tributárias

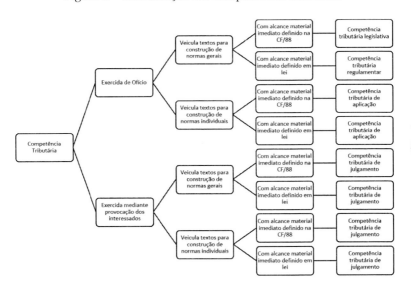

---
[408] TORRES, Ricardo Lobo. *Tratado de Direito Constitucional Financeiro e Tributário*. Valores e Princípios Constitucionais Tributários. Rio de Janeiro: Renovar, 2005. v. II. p. 437.

[409] Ferreiro Lapatza defende o mesmo em relação ao ordenamento jurídico espanhol: *"No cabe, pues, en relación a los tributos, hablar de reglamentos autónomos o independientes, a los que, por lo demás, nuestra Constitución reconoce, como há pusto de manifesto repetidamente doctrina y jurisprudência (cfr., por todos, G. de Enterría y S.T.C. de 14-6-82), un estrecho campo de acción limitado al terreno de la organización administrativa y a las llamadas relaciones especiales de poder (por ejemplo, funcionarios, concesionarios, etc)"* (LAPATZA, José Juan Ferreiro. *Curso de Derecho Financiero Español*. Derecho Financiero. 24. ed. Madrid: Marcial Pons, 2004. v. 1. Coleção Ingresos. Gastos. Presupuesto. p. 51).

Fonte: Elaborada pelo autor.

Percebe-se que o primeiro fator de classificação aparta das demais modalidades de competência tributária a competência tributária de julgamento, a qual somente é exercida mediante provocação dos interessados. Com efeito, por meio da competência tributária de julgamento podem ser inseridos no sistema de direito posto textos a partir dos quais se podem construir, tanto normas de observância geral, como normas de observância individual. As primeiras têm, como exemplos, o controle concentrado de constitucionalidade em matéria tributária (ADI, ADPF, etc.) e, hodiernamente, também as súmulas vinculantes, os recursos repetitivos e mesmo o incidente de uniformização de demandas repetitivas (art. 927, III do Código de Processo Civil – Lei nº 13.105/15). Já as últimas são exemplificadas pelas ações judiciais tributárias individuais, sejam elas exacionais (aquelas cujo autor é o Estado) ou antiexacionais (aquelas cujo autor é o particular),[410] ou administrativas.

Nessa linha, sejam de observância geral ou individual, as normas construídas por meio de textos produzidos por meio da competência tributária de julgamento podem ter alcance material imediato na Constituição ou não. Dentre aquelas que possuem alcance material imediato na Constituição, pode-se citar sentença que reconheça imunidade incondicionada[411] para um particular, como norma de observância individual. O julgamento de Ação Direta de Inconstitucionalidade ou recurso repetitivo sobre matéria tributária julgado pelo Supremo Tribunal Federal, por sua vez, produzem normas de observância geral.

Quanto às normas construídas a partir de textos introduzidos pela competência tributária de julgamento sem alcance material imediato definido na Constituição, destaca-se o julgamento de recurso repetitivo sobre matéria infraconstitucional, pelo Superior Tribunal de Justiça. Por outro lado, constituem exemplos de formas de competência que dão azo à construção de normas de observância individual: o julgamento de ação judicial individual tributária a respeito de uma isenção ou de uma norma de incidência qualquer sem discussão constitucional subjacente e o procedimento administrativo tributário de controle de

---

[410] CONRADO, Paulo Cesar. *Processo Tributário*. 2. ed. São Paulo: Quartier Latin, 2007. p. 196.

[411] Aires Fernandino Barreto e Paulo Ayres Barreto conceituam imunidades incondicionadas como "aquelas que independem de qualquer integração de norma infraconstitucional para viabilizá-las. Ou, dito de outra forma, a Constituição não estabelece qualquer requisito, qualquer condição para que a imunidade tenha plena eficácia" (BARRETO, Aires Fernandino; BARRETO, Paulo Ayres. *Imunidades tributárias*: limitações constitucionais ao poder de tributar. 2. ed. São Paulo: Dialética, 2001. p. 14).

legalidade de um lançamento ou de uma declaração de compensação. O segundo critério de classificação (generalidade da norma construída a partir do texto introduzido), de sua parte, segrega a competência tributária regulamentar do que se denominou "competência tributária de aplicação", consistente na aptidão para produzir, independentemente de provocação dos interessados, textos a partir dos quais são construídas normas individuais de Direito Tributário. A rigor, todo ato de positivação de textos jurídicos, exceto o de positivação da Constituição originária, constitui ato de aplicação de norma anterior. Desse modo, a denominação "competência de aplicação" não é de todo precisa. Nada obstante, com a devida elucidação, o termo é adequado para denominar a competência tributária exercida de ofício para a positivação de textos a partir dos quais são construídas normas individuais. A primeira modalidade da competência de aplicação é aquela cujo alcance material imediato é estipulado por lei. É o que se verifica, por exemplo, no lançamento tributário e no chamado autolançamento, bem como nas declarações de compensação, por exemplo.

No tocante à competência tributária de aplicação com alcance material imediato na Constituição Federal, embora essa não se afigure, *a priori*, incompatível com o sistema tributário nacional, parcos são os exemplos de que se pode cogitar. Pode-se pensar nas declarações referentes às imunidades incondicionadas, sob o argumento de que a lei que determina sua obrigatoriedade diria sobre os aspectos formais do exercício da competência, enquanto que os aspectos de conteúdo da norma introduzida estariam na Constituição. Entretanto, é difícil afirmar que essa competência teria fundamento direto e imediato na Constituição, mesmo porque os aspectos formais do exercício da competência (agente competente, por exemplo) são fundamentais.

Finalmente, o terceiro critério (alcance material imediato na Constituição Federal ou em lei), segrega da competência tributária regulamentar a competência tributária legislativa, dado que esta última possui alcance material imediatamente determinado pela Constituição, enquanto a primeira possui fundamento de validade material imediato nas leis.[412]

---

[412] Cumpre esclarecer que parte da doutrina do Direito Administrativo admite a existência, no direito positivo brasileiro, de "regulamentos autônomos", com supedâneo no art. 84, VI, da Constituição da República, com redação determinada pela EC nº 32/2001, os quais teriam fundamento semântico de validade somente na Lei Maior. Tais regulamentos, contudo, desbordam do nosso campo de estudo, dado que não dizem respeito à tributação. Conferir, em exegese que admite a existência desses regulamentos autônomos: BINENBOJM, Gustavo. O sentido da vinculação administrativa à juridicidade no direito brasileiro. In:

Em síntese, a competência tributária regulamentar pode ser definida, por intensão, como a aptidão para a produção de textos jurídicos a partir dos quais são construídas normas jurídicas de observância geral sobre a instituição, a arrecadação, a fiscalização e a destinação de tributos, exercida de ofício, com alcance material imediato determinado por lei em sentido formal.

4.3 Definição extensional

Além das definições intencionais, como a que se buscou traçar acima, também há definições de caráter extensional ou denotativo, consistentes na enumeração de elementos que pertencem à classe inaugurada pelo *definiendum*. Esse tipo de definição, defendem Guibourg, Ghigliani e Guarinoni, é menos efetiva que a definição intensional, pois há classes muito extensas, cuja enumeração de todos os elementos é impossível. Adicionalmente, mostra-se excessiva a rigidez advinda da enumeração taxativa de todos os elementos que pertencem a uma classe.[413]

Com efeito, não se pode pretender que uma definição extensional seja taxativa, mormente no direito, em que as normas são feitas de maneira a abranger classes universais (seja de comportamentos, seja de sujeitos). Assim ocorre justamente para que as normas possam abarcar eventos futuros, ainda que não imaginados pelo legislador (*lato sensu*) em todas as suas características quando da positivação do texto (relativa indeterminação de escopo[414]). Como afirma Luhmann, o que o direito faz é evitar que certas características de fato não previstas quando da decisão geral, sejam tornadas relevantes para determinar a decisão em concreto.[415] Os conceitos jurídicos, por sua característica funcional, revelam natural aptidão para serem definidos de maneira intensional, mediante critérios de inclusão de classe aplicáveis a tantos elementos futuros quantos neles se enquadrem.

Isso parece ocorrer com a competência tributária regulamentar. A argumentação analítica e doutrinária que se busca delinear neste

---

ARAGÃO, Alexandre dos santos de; MARQUES NETO, Floriano de Azevedo (Coord.). *Direito administrativo e seus novos paradigmas*. Belo Horizonte: Fórum, 2008. p. 183-184. Em sentido contrário: MELLO, Celso Antonio Bandeira de. *Curso de Direito Administrativo*. 25. ed. São Paulo: Malheiros, 2007. p. 336-337.

[413] GUIBOURG, Ricardo A.; GHIGLIANI, Alejandro M.; GUARINONI, Ricardo V. *Introducción al conocimiento científico*. Buenos Aires: Eudeba, 2000. p. 59.

[414] HART, Herbert L. A. *The Concept of Law*. 3. ed. Oxford: Oxford University, 2012. p. 128.

[415] LUHMANN, Niklas. *Law as a social system*. Tradução para o inglês: Klaus A. Ziegart. Oxford: Oxford University, 2004. p. 198.

trabalho não se pretende aplicável apenas a um conjunto já existente e predeterminado de modalidades de competência tributária regulamentar, mas à classe como um todo, ainda que de maneira genérica.

Dessa forma, a definição extensional, por meio de referências a algumas das formas específicas de exercício da competência tributária regulamentar, no Brasil, de modo algum se pretende exaustiva. Tanto podem surgir novas modalidades aqui não tratadas, como certas formas existentes serão negligenciadas pela enumeração que se segue. A análise empreendida será pautada na Constituição (que apenas trata de Decretos e Instruções Normativas) e na legislação federal, sem pretensão de exaustividade sequer nessa esfera, na qual serão abordadas as formas de exercício da competência tributária regulamentar que parecem mais relevantes. Nada impede que os Estados e os Municípios tenham formas diversas de exercício da competência tributária regulamentar, nem, tampouco, que a União venha a criar novas modalidades de exercício dessa competência.

Assim, por definição extensional, meramente exemplificativa, a competência tributária regulamentar consiste na aptidão para produzir: (i) decretos; (ii) instruções normativas; (iii) resoluções; (iv) portarias; (v) pareceres normativos; (vi) soluções de consulta; e (vii) atos declaratórios.

4.3.1 Decretos

Conforme repetidamente exposto, prescreve o art. 84, IV, da Constituição Federal ser de competência privativa do Presidente da República "sancionar, promulgar e fazer publicar as leis, bem como expedir decretos e regulamentos para sua fiel execução". O teor literal do texto conduz a uma falsa oposição entre o sentido de "decreto" e o de "regulamento". Não existe, no Brasil, um procedimento ou uma competência específica para a modalidade de exercício de competência denominada "regulamento". Os regulamentos expedidos pelo Presidente da República são veiculados por meio de decreto.[416]

Dessa forma, parece mais condizente tratar "regulamento" como gênero que abarca diversas espécies submetidas a um regime jurídico similar, enquanto que o "decreto" é uma de suas espécies, de competência privativa do Presidente da República.

---

[416] CARRAZZA, Roque Antonio. *Curso de Direito Constitucional Tributário*. 27. ed. São Paulo: Malheiros, 2011. p. 394. Nota de rodapé nº 174.

Uma vez que a competência para a expedição de decretos regulamentares encontra guarida na Constituição Federal, pode-se afirmar que seu fundamento formal de validade é a própria constituição. Dessa forma, embora um decreto regulamentar precise de uma lei anterior como requisito para que se possa dar seu procedimento e deva obedecer ao conteúdo legal (hierarquia semântica material), o fundamento formal ou sintático de sua validade é de índole eminentemente constitucional.

Por esse motivo, aliás, não podem as leis proibir a regulamentação. Como afirma Roque Antonio Carrazza, a faculdade regulamentar "não tem origem na lei, mas na Constituição", de modo que não pode a lei proibir o seu exercício.[417] Com efeito, a lei poderá tratar da matéria a que se propõe de modo o mais pormenorizado possível, como forma de circunscrever o âmbito de configuração do exercício da competência tributária regulamentar a um mínimo. Não poderá, entretanto, vedar o seu exercício, sob pena de afronta à Constituição.

Nessa linha, a Constituição prevê, como requisito formal para a elaboração de decretos regulamentares, a chamada referenda ministerial. O art. 87, parágrafo único, I, da Constituição, determina a competência dos Ministros de Estado para "referendar os atos e decretos assinados pelo Presidente da República". Duas questões se põem em relação a esse dispositivo: (i) qual ministro deverá referendar o decreto regulamentar em matéria tributária?; e (ii) a falta de referenda prejudica a constitucionalidade do decreto?

Relativamente à primeira questão, afirma Diógenes Gasparini a necessidade de referenda pelos ministros aos quais caiba a fiel execução e a observância do decreto. Adiante, porém, afirma a necessidade de o Ministro da Justiça referendar todos os decretos, haja vista que lhe caberia o exame de sua legalidade e de sua constitucionalidade.[418] Não parece, contudo, que o Ministro da Justiça tenha, necessariamente, essa competência, mormente ante a ausência de disposição normativa nesse sentido. Em matéria tributária, a regra geral é ser o Ministro da Fazenda o responsável pela referenda dos decretos regulamentares, para o que bastará a aposição de sua assinatura no ato.[419]

Quanto à segunda questão, a resposta não pode deixar de ser positiva, uma vez que a necessidade do referendo é prevista pela

---

[417] CARRAZZA, Roque Antonio. *O Regulamento no Direito Tributário Brasileiro*. São Paulo: Revista dos Tribunais, 1981. p. 115.

[418] GASPARINI, Diógenes. *Poder Regulamentar*. São Paulo: Bushatsky, 1978. p. 210.

[419] CARRAZZA, Roque Antonio. *Curso de Direito Constitucional Tributário*. 27. ed. São Paulo: Malheiros, 2011. p. 414.

própria Constituição. A esse respeito, Diógenes Gasparini afirma que não poderia o Ministro recusar-se a referendar o ato, em face de sua subordinação ao Presidente, sob pena de renúncia tácita ao cargo.[420] Embora se concorde com a obrigatoriedade de referenda, que importa, inclusive, corresponsabilidade em relação ao ato,[421] a negativa de assinatura não necessariamente representa renúncia ao cargo, que deverá ser formalizada pelo próprio Ministro ou pelo Presidente, no caso de destituição.

Outro dispositivo constitucional importante em relação aos decretos é o parágrafo único do art. 84, que determina a indelegabilidade da competência para a sua expedição, privativa do Presidente da República. Como argumenta Clèmerson Merlin Clève, isso não significa que outros órgãos da Administração estejam impedidos de emanar atos regulamentares.[422] Com efeito, apenas a forma normativa "decreto" é privativa do Presidente. Os Ministros de Estado, por exemplo, possuem competência regulamentar própria, de índole também constitucional (CF/88, art. 87, parágrafo único, II), porém devem obediência ao conteúdo material dos decretos.

Logo, não poderá o Presidente delegar a elaboração de um regulamento pela via de decreto, que se sobrepõe às instruções normativas ministeriais. Poderá, porém, atribuir funções normativas a órgãos que lhe sejam hierarquicamente inferiores. Entendimento contrário conduziria à conclusão de que os Ministros de Estado poderiam delegar a função regulamentar (já que inexiste vedação no art. 87), mas que o Presidente não poderia fazê-lo, o que seria um contrassenso. Desse modo, parece que a vedação de delegação apenas diz respeito à atribuição para a expedição de decretos, não para a positivação de regulamentos em geral, por outras vias.[423]

Em razão da prevalência semântica dos decretos sobre as instruções normativas ministeriais e os demais atos regulamentares, José dos Santos Carvalho Filho denomina os primeiros de "atos

---

[420] GASPARINI, Diógenes. *Poder Regulamentar*. São Paulo: Bushatsky, 1978. p. 211-212.

[421] CARRAZZA, Roque Antonio. *Curso de Direito Constitucional Tributário*. 27. ed. São Paulo: Malheiros, 2011. p. 414.

[422] CLÈVE, Clèmerson Merlin. *Atividade legislativa do poder executivo*. 3. ed. São Paulo: Revista dos Tribunais, 2011. p. 308.

[423] José Carlos Francisco chega a conclusão análoga, porém sob premissas distintas. Para o autor, seria indelegável somente o exercício geral da função regulamentar, sendo permitida a delegação específica, em razão de diferenciação entre os sentidos de privatividade e de exclusividade. FRANCISCO, José Carlos. *Função Regulamentar e Regulamentos*. Rio de Janeiro: Forense, 2009. p. 252-253.

de regulamentação de primeiro grau", enquanto que as instruções ministeriais e demais regulamentos seriam "atos de regulamentação de segundo grau".[424] A ideia parece correta, embora a terminologia não seja a mais adequada. Por um giro, não parece cabível falar em atos de segundo grau, uma vez que as instruções ministeriais também têm a Constituição por fundamento formal de validade. Por outro lado, na ausência de decreto, subordinam-se materialmente somente à lei (imediatamente) e à Constituição (mediatamente).

Ainda no campo procedimental, é interessante ressaltar que o Decreto nº 4.176/02, ao regulamentar a Lei Complementar nº 95/98, que trata sobre a "elaboração, redação, alteração e consolidação das leis", na forma do art. 59, parágrafo único, da CF/88, instituiu normas a serem observadas pelos órgãos do Poder Executivo quando encaminharem ao Presidente projetos de decretos. Essas disposições vinculam os subordinados hierárquicos do Presidente da República, consubstanciando forma salutar de organização administrativa.

Por fim, deve-se destacar que o decreto é a forma por excelência do exercício de todas as funções exercidas pelos regulamentos em matéria tributária. Com efeito, servem para conferir execução às leis tributárias, veicular a interpretação administrativa de seu sentido, fixar alíquotas nos casos em que isso é permitido e compilar a legislação tributária. Nesse contexto, existem regulamentos tributários importantes veiculados por decreto, como o Regulamento Aduaneiro (Decreto nº 6.759/07), o Regulamento da Previdência Social (Decreto nº 3.048/99) e o Regulamento do Imposto sobre a Renda (Decreto nº 9.580/18).

4.3.2 Instruções normativas

Conforme mencionado acima, a competência dos Ministros de Estado para a expedição de instruções normativas encontra-se prevista no art. 87, parágrafo único, II, da Constituição Federal. O dispositivo prescreve a competência destes órgãos do Poder Executivo para "expedir instruções para a execução das leis, decretos e regulamentos". A exemplo da competência do Presidente para expedir decretos, a competência dos Ministros de Estado para expedir instruções normativas tem fundamento formal de validade na Constituição Federal, com a diferença de que as instruções normativas devem obediência material aos decretos presidenciais.

---

[424] CARVALHO FILHO, José dos Santos. *Manual de Direito Administrativo*. 22. ed. Rio de Janeiro: Lumen Juris, 2009. p. 53.

A competência dos Ministros de Estado, ao contrário da competência presidencial para a expedição de decretos, admite delegações. São as denominadas delegações verticais, dentro da estrutura orgânica do Poder Executivo, que não encontram impedimento na separação de poderes. Como afirma J. J. Gomes Canotilho, a vedação à delegação de competências encontra respaldo na separação funcional de poderes.[425] Logo, delegações dentro da estrutura de um mesmo poder não violam, em princípio, a separação de poderes. Assim, faz-se necessário discernir entre as instruções normativas ministeriais, expedidas pelos Ministros de Estado, e as instruções normativas expedidas por outros órgãos, em face de atribuição de competência por meio de norma infraconstitucional.[426] Ao contrário das instruções normativas ministeriais, as instruções normativas não ministeriais não têm fundamento formal de validade na Constituição, devendo obedecer a uma cadeia de delegação que deve remontar ao Ministro de Estado ou ao Presidente.

Por meio de atribuição normativa do Ministro da Fazenda (art. 280, III, da Portaria MF nº 203, de 14 de maio de 2012 – atual Regimento Interno da Secretaria da Receita Federal do Brasil[427]), vêm sendo regularmente editadas instruções normativas pelo Secretário da Receita Federal do Brasil (RFB), que exerce competência tributária regulamentar, no tocante à tributação federal. Os exemplos são inúmeros. Por sua expressividade, vale referência à Instrução Normativa SRFB nº 1.515, de 24 de novembro de 2014, que regulamentou a Lei nº 12.973/14, que introduziu inúmeras modificações na sistemática de apuração do Imposto sobre a Renda e outros tributos, para adequá-las à "nova contabilidade", com o fim do Regime Tributário de Transição (RTT). Em vez de serem introduzidas modificações no Decreto nº 3.000/99 (alcunhado de "Regulamento do Imposto de Renda"), preferiu-se empreender tal regulamentação por meio de Instrução Normativa do Secretário da Receita Federal. Posteriormente, essa instrução normativa foi revogada e substituída pela IN RFB 1.700/17, que mais se aproximou de uma regulamentação geral sobre o Imposto de Renda. Finalmente, ao final

---

[425] CANOTILHO, José Joaquim Gomes. *Direito Constitucional e Teoria da Constituição*. 4. ed. Coimbra: Almedina, 1987. p. 322.

[426] ROSENBLATT, Paulo. *A competência regulamentar no direito tributário brasileiro*: legalidade, delegações legislativas e controle judicial. São Paulo: MP, 2009. p. 93.

[427] Art. 280. Ao Secretário da Receita Federal do Brasil incumbe:
(...)
III - expedir atos administrativos de caráter normativo sobre assuntos de competência da RFB;
(...)

de 2018, sobreveio o Decreto nº 9.580/18, este sim uma regulamentação geral sobre o Imposto de Renda.

Também as instruções normativas, como ocorre com os regulamentos, vocacionam-se ao exercício de todas as funções da competência tributária regulamentar. Adverte-se, no entanto, que elas devem conformidade material não só à lei, mas também aos decretos e que, no caso das instruções não ministeriais, devem observar a cadeia de delegações.

4.3.3 Resoluções

As Resoluções, em matéria tributária, não possuem fundamento de validade formal na Constituição. Decorrem de atos de delegação, devendo conformidade material à lei, aos decretos e aos demais atos regulamentares que lhe sejam superiores, além, é claro, da Constituição.

A nota distintiva das Resoluções consiste na circunstância de, normalmente, serem emanadas por atos colegiados, como ressalta José Carlos Francisco.[428] Nada impede, porém, que um ato normativo de um órgão simples (não colegiado) seja veiculado mediante um instrumento normativo denominado "Resolução", uma vez que o sistema de direito posto não estabelece qualquer regramento específico para essa modalidade de exercício da competência tributária regulamentar.

Exemplo mais eloquente de exercício da competência tributária regulamentar por órgão colegiado, por intermédio de Resoluções, é o da Câmara de Comércio Exterior (CAMEX), criada pelo art. 20-B da MP nº 2.216-37/2001, abarcada pela cláusula de perpetuidade do art. 2º da EC nº 32/2001. A composição do colegiado é ora regulamentada pelo Decreto nº 4.732/03, que determina que seu órgão de deliberação final será composto de sete Ministros de Estado (art. 4º). À CAMEX compete, a teor do art. 2º, XIII e XIV do Decreto, fixar alíquotas dos Impostos de Importação e Exportação, o que faz mediante Resoluções. Com isso, a CAMEX exerce, tanto a função de interpretação de conceitos legais, como a função de fixação de alíquotas.[429]

Embora sem a mesma abrangência da Câmara de Comércio Exterior, há outros colegiados que exercem a competência tributária regulamentar. O inciso XXIV do art. 8º do Decreto nº 6.306/07, ao reduzir a zero a alíquota do Imposto sobre Operações de Crédito em relação a

---

[428] FRANSISCO, José Carlos. *Função Regulamentar e Regulamentos*. Rio de Janeiro: Forense, 2009. p. 299.

[429] Ver capítulos 5 e 6.

operação realizada "por instituição financeira, com recursos do Tesouro Nacional, destinada ao financiamento de estocagem de álcool etílico combustível", remeteu a definição dessa operação ao Conselho Monetário Nacional (CMN), órgão colegiado da estrutura do Banco Central do Brasil (BCB), que exerceu essa competência por meio da Resolução nº 3.708, de 16 de abril de 2009. Nesse caso, a resolução apenas cumpre o desiderato de interpretação do conceito legal. Diversos outros exemplos poderiam ser elencados.

Em síntese, as resoluções deverão obedecer a norma de delegação, cingindo-se ao exercício das funções da competência tributária regulamentar delegadas. Faz-se necessário, pois, analisar a cadeia vertical de delegação, tanto em relação à autoridade competente, como no que toca à extensão material da atribuição.

4.3.4 Portarias

As portarias, de sua parte, são modalidade de exercício da competência tributária regulamentar que se caracterizam por sua inespecificidade. Não há qualquer regramento que delimite aspectos procedimentais ou materiais dessa forma de exercício da competência tributária regulamentar, nem, tampouco, o agente competente para exercê-la. Como ressalta Paulo de Barros Carvalho, as portarias podem ser emitidas em todos os graus hierárquicos, "desde os ministérios até as mais simples repartições do serviço público", veiculando comandos gerais ou individuais.[430]

Dessa forma, quando houver Portarias veiculando normas de alcance geral em matéria tributária, sempre com subordinação material ao conteúdo legal, estar-se-á diante do exercício da competência tributária regulamentar. Interessante notar que, por vezes, opta-se pelo exercício dessa competência por meio de portaria, quando poderia ser levado a efeito por intermédio de instrução normativa ministerial. O atual Regimento Interno do Conselho Administrativo de Recursos Fiscais do Ministério da Fazenda (CARF-MF), tribunal administrativo federal, por exemplo, foi aprovado pela Portaria do Ministro da Fazenda nº 343, de 9 de junho de 2015.

Outro exemplo de uso do instrumento Portaria quando poderia ter sido utilizada instrução normativa consiste na redução do percentual

---

[430] CARVALHO, Paulo de Barros. *Curso de Direito Tributário*. 24. ed. São Paulo: Saraiva, 2012a. p. 109.

de tributação nominal da renda para que um país seja considerado "País com Tributação Favorecida", para fins de aplicação de regras de preços de transferência, em conformidade com o permissivo do art. 24-B da Lei nº 9.430/96, incluído pela Lei nº 11.727/08. Essa função foi exercida por intermédio da Portaria nº 488, de 28 de novembro de 2014, subscrita pelo Ministro da Fazenda. Quanto às Portarias expedidas por outros órgãos, pode-se citar, por exemplo, as Portarias do Secretário da Receita Federal do Brasil que estabelecem a competência das Delegacias da Receita Federal do Brasil de Julgamento (Portaria nº 1.006, de 24 de julho de 2013 e alterações posteriores).

As portarias, assim, dado o seu caráter genérico, podem exercer todas as funções da competência tributária regulamentar, desde que observem os limites de competência e matéria de eventual cadeia de delegação, bem como os demais limites materiais aplicáveis. A rigor, portarias de observância geral, expedidas pelo Ministro de Estado da Fazenda, com fundamento no art. 87, parágrafo único, II, da CF/88, consubstanciam, materialmente, instruções normativas, tendo fundamento formal de validade diretamente na Constituição Federal.

4.3.5 Pareceres normativos

Pareceres normativos, normalmente, consubstanciam atos que declaram a interpretação da Administração Pública acerca de um termo ou enunciado legal, ou, ainda, sobre um conjunto de enunciados. São instrumentos, por excelência, para o exercício da função de interpretação, gerando vinculação da administração e expectativas de confiança legítima no jurisdicionado.[431]

Por vezes, os pareceres não possuem eficácia vinculante em si, fruto direto de uma cadeia de delegação, mas tal força lhes é atribuída por um ato posterior de aprovação. Nesses casos, não será o parecer o instrumento do exercício da competência tributária regulamentar, mas o ato que o aprova. Como assevera José Carlos Francisco, tais atos de aprovação vinculam a administração e funcionam como regulamentos quando aprovados por autoridade competente para tanto.[432]

À guisa de exemplo, o art. 19, II, da Lei nº 10.522/02, que teve sua redação alterada pela Lei nº 12.844/13, determina a dispensa de recursos

---

[431] Ver Capítulo 5.
[432] FRANSISCO, José Carlos. *Função Regulamentar e Regulamentos*. Rio de Janeiro: Forense, 2009. p. 297.

pela Procuradoria Geral da Fazenda Nacional (PGFN) quando houver jurisprudência pacífica dos tribunais superiores contrária à Fazenda, desde que a matéria seja "objeto de ato declaratório do Procurador-Geral da Fazenda Nacional, aprovado pelo Ministro de Estado da Fazenda". O que costuma ocorrer, nesse processo, é a aprovação de um parecer (normativo) pelo Procurador-Geral da Fazenda, que é, posteriormente, aprovado por despacho do Ministro da Fazenda. Trata-se de ato complexo que somente se aperfeiçoa com o cumprimento de todas essas etapas. O parecer subscrito por procurador da Fazenda, então, funciona, apenas, como um dos elementos do ato. De todo modo, trata-se de regulamento tributário, pois veiculará texto produzido de ofício, a partir do qual serão construídas normas de observância geral, cujo alcance material é imediatamente determinado por lei.

Em outros casos, pareceres normativos são aprovados pelo Secretário da Receita Federal com fundamento em sua competência normativa delegada pelo Ministro da Fazenda (art. 280, III e XXVI da Portaria MF nº 203/2012). Frequentemente, na atualidade, tais pareceres são frutos de soluções de consultas internas, formuladas por órgãos da própria administração. Tome-se, como exemplo, o Parecer Normativo da Coordenação-Geral de Tributação (COSIT) nº 11, de 19 de dezembro de 2014, que, em resposta a consulta interna formulada pela Divisão de Tributação da Superintendência Regional da Receita Federal do Brasil na 8ª Região Fiscal (Disit/SRRF08), foi aprovado pelo Secretário da RFB, veiculando interpretação regulamentar das normas que regem a decadência da compensação com créditos reconhecidos em juízo.

Percebe-se, pois, que ante a ausência de um regramento específico do veículo "parecer normativo", essa modalidade de exercício da competência tributária regulamentar é utilizada de modos diversos, com fundamento em normas de competência diferentes. De maneira geral, vocaciona-se ao exercício da função de interpretação do sentido de conceitos e de enunciados legais, fixando interpretação vinculante para a Administração, que, potencialmente, gera expectativas de confiança legítima nos administrados.[433] De toda sorte, é sempre necessária a análise do fundamento normativo que ensejou a aprovação do parecer, seja a respeito da autoridade competente, seja no que toca à matéria.

---

[433] Ver Capítulo 5.

4.3.6 Soluções de consulta

O processo de consulta encontra-se regrado pela Lei nº 9.430/96, pelo Decreto nº 70.235/72 e pela Instrução Normativa do Secretário da Receita Federal do Brasil nº 1.396/13. São sujeitos legitimados para formular a consulta, tanto órgãos da própria administração pública, como particulares (sujeito passivo da obrigação principal ou acessória, ou, ainda, entidade representativa de categoria econômica ou profissional). Dessa forma, pode-se segregar as consultas entre: (i) consultas internas, formuladas por órgãos da Administração Tributária; e (ii) consultas externas, formuladas por particulares.

Em primeira análise, somente as consultas internas se enquadrariam no conceito de "competência tributária regulamentar", acima delineado em notas conotativas. É que a nota intensional "exercida de ofício" não se encontra presente nas soluções de consultas formuladas por particulares. Entretanto, o conceito contraposto ao exercício de ofício é o de exercício mediante provocação dos sujeitos interessados. Conforme exposto, o art. 9º da referida IN SRFB nº 1.396/13 (com redação conferida pela IN SRFB nº 1.434/13),[434] imprime efeitos vinculativos gerais às soluções de consulta formuladas por particulares. Logo, as soluções de consulta externa funcionam como regulamentos tributários para os contribuintes que não as formularam e para a Administração Tributária federal, em relação a esses contribuintes.

Adicionalmente, destaque-se que a função da definição de "competência tributária regulamentar", conforme exposto, consiste em bem delimitar um conjunto de instrumentos normativos aos quais o sistema jurídico confere similar regime jurídico, de modo a facilitar a construção de estratégias argumentativas de controle. Nesse passo, o regime jurídico a que se submetem as soluções de consulta mais se aproxima do regime da competência tributária regulamentar do que da competência tributária de julgamento, haja vista a importância de sua função de vinculação geral. Em relação ao sujeito que formula a consulta, tem-se um regramento muito similar ao processo administrativo, inclusive com a suspensão da incidência de juros de mora (art. 161, §2º, do CTN). Nada obstante, sob a perspectiva dos demais particulares,

---

[434] Art. 9º A Solução de Consulta Cosit e a Solução de Divergência, a partir da data de sua publicação, têm efeito vinculante no âmbito da RFB, respaldam o sujeito passivo que as aplicar, independentemente de ser o consulente, desde que se enquadre na hipótese por elas abrangida, sem prejuízo de que a autoridade fiscal, em procedimento de fiscalização, verifique seu efetivo enquadramento.

há um verdadeiro processo apto a formar um texto normativo regulamentar a partir dos quais são construídas normas de observância geral, sem que tenha havido provocação prévia daquele sujeito em particular. Dessa formula, utilizando a terminologia de Herbert L. A. Hart,[435] pode-se afirmar que, da perspectiva dos participantes do processo de consulta, trata-se do exercício de competência tributária de julgamento, enquanto que, da perspectiva dos demais particulares, observadores, trata-se do exercício de competência tributária regulamentar.

Seja na solução de consulta interna ou na da formulada por particular, o instrumento final consubstancia ato regulamentar que se vocaciona ao exercício da função interpretativa da competência tributária regulamentar, a exemplo do que ocorre com os pareceres.

4.3.7 Atos declaratórios

Chamar uma categoria só de "atos declaratórios" é, destarte, uma simplificação exagerada desses instrumentos. Com efeito, além dos já referidos atos declaratórios que aprovam pareceres para a dispensa de recursos, pode-se falar, pelo menos, em duas sortes de outros atos declaratórios, a saber: (i) os atos declaratórios interpretativos (ADI); e (ii) os atos declaratórios executivos (ADE).

Os atos declaratórios interpretativos vêm sendo exarados com base na competência normativa geral do Secretário da Receita Federal (art. 280, III e XXVI da Portaria MF nº 203/2012), muito se aproximando de alguns pareceres e portarias, com a circunstância contingencial de serem, normalmente, mais curtos. O ato declaratório interpretativo RFB nº 4, de 20 de abril de 2015, por exemplo, em seus três artigos, veiculou interpretação (excessivamente restritiva) de artigos 3º, §14 e 15, II, da Lei nº 10.833/03, no tocante à tomada de créditos da Contribuição ao PIS e da Cofins não cumulativos sobre encargos de depreciação de veículos automotores incorporados ao ativo não circulante. Percebe-se, assim, que os atos declaratórios interpretativos se vocacionam ao exercício da função de interpretação, como os pareceres normativos.

Outro uso importante de Atos Declaratórios Executivos, também na função de interpretação, consiste na aprovação dos chamados

---

[435] O autor usa a distinção entre a perspectiva interna (participantes) e a perspectiva externa (observadores) para discernir entre aqueles que vem a regra de reconhecimento enquanto válida para aplicá-la (participantes) e aqueles que tomam a sua existência para terceiros como um fato (observadores). HART, Herbert L. A. *The Concept of Law*. 3. ed. Oxford: Oxford University, 2012. p. 102-103.

"Perguntas e Respostas" disponibilizados pela Receita Federal do Brasil para expor as interpretações do órgão sobre disposições legais e infralegais atinentes a certas matérias. A título de exemplo, o Ato Declaratório Interpretativo RFB nº 6, de 09 de agosto de 2016, aprovou a versão 1.1 do "Perguntas e Respostas" atinente ao Regime Especial de Regularização Cambial e Tributária (RERCT), instituído pela Lei nº 13.254/16. Com isso, vincula-se a RFB a essas interpretações e geram-se, potencialmente, expectativas de confiança legítima nos particulares.

No tocante aos atos declaratórios executivos (ADE), é necessário discernir, ainda, entre aqueles que apresentam efeitos gerais e os que têm efeitos individuais. Há muitos atos declaratórios de efeitos concretos, por exemplo, para declarar nula uma inscrição de CNPJ específica (*e.g.* ato declaratório executivo DRF/GOI nº 44, de 26 de junho de 2015). Tais atos, a partir dos quais são construídas normas individuais, não se incluem no conceito de competência tributária regulamentar.

Não obstante, também há atos declaratórios executivos que veiculam normas de observância geral, exercendo, portanto, a competência tributária regulamentar, uma vez que também preenchem os demais requisitos. Exemplos são os Atos Declaratórios Executivos, expedidos com base no art. 3º da Portaria Cosit nº 3, de 8 de maio 2008, que fixam taxas de câmbio para fins de determinação do lucro real, relativamente a variações monetárias em créditos ou obrigações em moeda estrangeira. Tais atos, em regra, vocacionam-se ao exercício da competência tributária regulamentar em sua função de execução.[436]

4.4 Síntese do capítulo

A definição de "competência tributária regulamentar" visa a delinear o âmbito de aplicabilidade das conclusões analíticas e doutrinárias traçadas por meio deste trabalho. Define-se a expressão para circunscrever a matéria à qual se pode aplicar a argumentação pautada em limites e em funções do exercício da competência tributária regulamentar que se desenvolve neste texto. A partir desse conceito geral, procura-se especificar peculiaridades, sempre que houver.

A definição intensional de "competência tributária regulamentar" pressupõe a definição de cada um dos termos que forma a expressão, por meio da identificação de critérios de inclusão de classe necessários para que um elemento possa ser enquadrado no conceito.

---

[436] Ver Capítulo 7.

O termo "competência" pode ser conceituado como a aptidão conferida por normas jurídicas a certos sujeitos e mediante determinados procedimentos, para modificar situações legais, por meio da introdução de textos jurídicos no sistema de direito posto, atendendo aos critérios de validade. Trata-se de conceito contraposto ao de "poder", que designa mero efeito colateral da existência de normas, não uma atribuição de prerrogativa.

O qualificativo "tributária" remete aos textos a partir dos quais se constroem normas que versem direta ou indiretamente sobre tributos (prestações pecuniárias compulsórias que não constituam sanção de ato ilícito, nem receita originária ou movimento de caixa), seja na fase de instituição, na de fiscalização, na de arrecadação ou na de destinação, quando relevante para a validade do tributo.

Por fim, o termo "regulamentar" é definido por meio de três critérios, que o segregam de modalidades afins do exercício da competência tributária (competência tributária legislativa, de julgamento e de aplicação). São eles: (i) o exercício independentemente de provocação dos interessados; (ii) veicular textos a partir dos quais sejam construídas normas cujo consequente seja de observância geral; e (iii) ter alcance material imediato definido em lei. Desse modo, a competência tributária regulamentar pode ser definida, por intensão, como a aptidão, exercida de ofício, para a produção de textos jurídicos a partir dos quais são construídas normas jurídicas de observância geral sobre a instituição, arrecadação, fiscalização e destinação de tributos (prestações pecuniárias compulsórias que não constituam sanção de ato ilícito, nem receita originária ou movimento de caixa), com alcance material imediato em lei em sentido formal.

Adicionalmente, a competência tributária regulamentar pode ser definida de maneira extensional ou denotativa, por meio da enumeração dos tipos de produção normativa que se enquadram no conceito. Essa espécie de definição é precária e não tem caráter exaustivo, mas confere maior concretude ao discurso. Dessa forma, enquadram-se no conceito extensional de competência tributária regulamentar, as aptidões para produzir, dentre outros: (i) decretos; (ii) instruções normativas (ministeriais e não ministeriais); (iii) resoluções; (iv) portarias; (v) pareceres normativos; (vi) soluções de consulta (internas e externas); (vii) atos declaratórios (interpretativos e executivos). Cada uma dessas modalidades vocaciona-se ao exercício de determinadas funções da competência tributária regulamentar e se submete a requisitos formais próprios, como a observância de cadeias de delegação específica, quando permitidas.

PARTE II

FUNÇÕES

CAPÍTULO 5

FUNÇÃO DE INTERPRETAÇÃO

Mais do que um parâmetro a ser utilizado com finalidade de validar a interpretação, o texto é um objeto que a interpretação constrói no decorrer do esforço circular de validar-se com base no que acaba sendo o seu resultado.

(Umberto Eco)[437]

5.1 Identificação: Argumentos teóricos ou analíticos

No cumprimento da função de interpretação, os regulamentos veiculam um passo argumentativo[438] na construção do significado do direito, situando-se em patamar intermediário entre as leis tributárias e os atos concretos de aplicação do direito. Com isso, exercem papel de diminuição do "abismo gnosiológico" existente entre significantes e significados, que representa a distância entre a o texto da regra abstrata

---

[437] ECO, Umberto. Superinterpretando textos. In: ECO, Umberto. *Interpretação e superinterpretação.* 3. ed. São Paulo: WMF Martins Fontes, 2012d. p. 74-75.

[438] Essa expressão é utilizada por Pierluigi Chiassoni para referir-se às etapas na concretização de cláusulas gerais até a decisão concreta. Cf. CHIASSONI, Pierluigi. Las cláusulas generales, entre teoría analítica y dogmática jurídica. *Revista de Derecho Privado*, Bogotá, n. 21, p. 104-105, 2011.

enquanto significante e a norma jurídica significada, o que: (i) torna mais difícil a previsão da decisão concreta; e (ii) aumenta o papel e a importância daquele que decide.[439]

Tal abismo agrava-se com o incremento da complexidade na sociedade dita pós-industrial. Embora não necessariamente seja o caso de reconhecer uma mudança do *status* do conhecimento científico em função dessas modificações na sociedade, como aponta Jean-François Lyotard,[440] não se pode ignorar que o incremento de complexidade implica um maior distanciamento entre o texto significante veiculado por lei (e a norma geral a partir dele construída) e os fatos aos quais serão aplicados. Nesse contexto, o ato de interpretação e de aplicação do direito, tende a tornar-se tanto mais errático quanto mais aumentar a complexidade dos fatos e da legislação a ser aplicada. Como afirma Adeodato, "os relatos sobre o mundo tornam-se mais e mais imprevisíveis, posto que mais e mais relatos são admitidos e compreendidos no discurso".[441]

Não obstante, seria possível argumentar que o procedimento subsuntivo na aplicação do direito eliminaria os efeitos dessa complexidade. Uma vez que o ato de aplicação do direito consiste no reconhecimento ou não de subsunção (*match*) entre uma regra construída a partir de um texto de direito (com critérios conotativos bem definidos) e uma classificação de fato obtida a partir da análise de um relato de fatos brutos,[442] então a regra do terceiro excluído eliminaria o efeito da complexidade. Realmente, tomando-se o modelo de subsunção conceitual, mediante critérios intensionais bem delimitados e uma descrição de um fato qualquer, então a regra do terceiro excluído impediria qualquer sorte de dúvida. Ou haveria subsunção ou não haveria, sendo relevantes, única e exclusivamente, os critérios da regra abstrata e não a complexidade do fato em si.

Nessa linha, Misabel Derzi, após reconhecer que o sistema jurídico é, naturalmente, incompleto em seu conjunto, em virtude da incapacidade humana de surpreender a "coisitude da coisa" (o que denomina "buraco do real"), conclui que, diferentemente do Direito

---

[439] ADEODATO, João Maurício. *Uma teoria retórica da norma jurídica e do direito subjetivo*. 2. ed. São Paulo: Noeses, 2014b. p. 61.

[440] Cf. LYOTARD, Jean-François. *La condition postmoderne*: rapport sur le savoir. Paris: Les editions de minuit, 1979. p. 11 e seguintes.

[441] ADEODATO, João Maurício. *Uma teoria retórica da norma jurídica e do direito subjetivo*. 2. ed. São Paulo: Noeses, 2014b. p. 65.

[442] HAGE, Jaap C. *Reasoning with Rules* – an Essay on Legal Reasoning and its Underlying Logic. Dordrecht, Kluwer, 1997. p. 95.

Privado, o Direito Tributário, iluminado pela segurança jurídica, é marcado, justamente, pela incompletabilidade.[443] O reconhecimento do caráter subótimo do Direito Tributário e a aceitação da impossibilidade de sua correção pela via interpretativa funcionariam como um impeditivo para que a complexidade dos fatos tivesse efeitos deletérios sobre a sua interpretação.

Embora essas considerações sejam procedentes, não parece que a aceitação da incompletabilidade do Direito Tributário e do caráter subsuntivo da aplicação do direito, por si só, eliminem o problema do abismo gnosiológico. O incremento de complexidade não se verifica somente no mundo dos fatos, mas, também, no campo da legislação tributária. Ao tentar acompanhar as contingências da modificação da sociedade, a legislação tributária material torna-se mais complexa.

Dessa forma, o incremento de textos, quase diário, no ordenamento jurídico, gera complexidade no processo de construção da norma *in abstracto*. As relações entre os textos jurídicos tornam-se menos claras. Problematiza-se, também, o processo de seleção do texto normativo aplicável ao caso. O "problema da pertinência", longe de caracterizar apenas situações de difícil solução, como aponta Neil MacCormick,[444] torna-se rotineiro na aplicação do Direito Tributário.

Em matéria tributária, esse aumento de complexidade da legislação é ainda mais problemático no contexto da generalização do lançamento por homologação. Nessa sistemática, o particular é o primeiro a interpretar os textos legislativos. Entretanto, sua interpretação será, posteriormente, confrontada com a interpretação do Fisco, que, no caso de discordância, aplicará penalidades. Em que pese a chamada "privatização da gestão tributária" deva ser pautada em um paradigma de cooperação entre Administração e administrado, como defende Lapatza,[445] não é exatamente isso o que se vivencia no Brasil.

Nesse contexto, cresce a importância da interpretação regulamentar. Os textos produzidos em conformidade com a competência

---

[443] DERZI, Misabel Abreu Machado. O planejamento tributário e o buraco do real. Contraste entre a completabilidade do Direito Civil e a vedação da completude no Direito Tributário. In. FERREIRA, Eduardo Paz; TORRES, Heleno Taveira; PALMA, Clotilde Celorico (Org.). *Estudos em homenagem ao Professor Doutor Alberto Xavier*: Economia, Finanças Públicas e Direito Fiscal. Coimbra: Almedina, 2013. v. 2. p. 403-409.

[444] Cf. MACCORMICK, Neil. *Argumentação jurídica e teoria do direito*. Tradução de Waldéa Barcellos. São Paulo: Martins Fontes, 2006. p. 326-327.

[445] LAPATZA, José Juan Ferreiro. La privatización de la gestión tributaria y las nuevas competências de los Tribunales Económico-Administrativos. *Civitas – Rev. Esp. Der. Fin*, n. 37/81, p. 92, 1983.

tributária regulamentar situam-se em patamar intermediário entre a maior abstração dos textos legais e a maior concretude dos textos de aplicação individual do direito. Enquanto uma lei, em tese, possui extensão máxima (pode abranger grande quantidade de casos e objetos) e compreensão mínima (seus termos são altamente gerais e abstratos), o regulamento tem "uma extensão mais restrita e uma compreensão muito mais rica".[446] No chamado processo de positivação do direito, que se caracteriza por uma trajetória que "vai da mais ampla generalidade e abstração, para atingir níveis de individualidade e concreção",[447] os regulamentos situam-se em patamar intermediário entre a lei e a decisão concreta. Assim, possuem vocação para minorar o abismo gnosiológico no processo de positivação do Direito Tributário.

5.1.1 Imprecisão conceitual e interpretação regulamentar

Na interpretação do direito, frequentemente, o aplicador depara-se com os chamados vícios ou problemas da linguagem, quais sejam, a vagueza das palavras, sua ambiguidade, carga emotiva e porosidade.[448] Na interpretação do Direito Tributário, particularmente, não são raros os problemas relacionados à intensão ou à extensão de uma palavra isolada. Basta pensar no conceito de "insumo", previsto pelos arts. 3º, II, das Leis nº 10.637/02 e 10.833/03, como critério para permitir a tomada de créditos referentes à Contribuição ao PIS e à Cofins não cumulativos. Há controvérsias que versam sobre a intensão do termo (por exemplo, se tem identidade com o conceito de despesa necessária, usado para fins do IRPJ, ou com os conceitos de matérias-primas, produtos intermediários e materiais de embalagem, empregados pela legislação do IPI). Também há discussões sobre sua extensão (controverte-se se diversas rubricas se enquadram no conceito, gerando um grande contencioso no âmbito do Conselho Administrativo de Recursos Fiscais).

Nada obstante, não se pode negligenciar que, em tantos outros casos, as dúvidas oriundas da linguagem do direito positivo não dizem respeito a conceitos isolados, mas a enunciados completos, postos em relações de coordenação e de subordinação com outros enunciados.

---

[446] DERZI, Misabel Abreu Machado. *Modificações da Jurisprudência no Direito Tributário*. Proteção da confiança, boa-fé objetiva e irretroatividade como limitações constitucionais ao Poder de Tributar. São Paulo: Noeses, 2009. p. 50.

[447] CARVALHO, Paulo de Barros. *Direito Tributário*: fundamentos jurídicos da Incidência. 9. ed. São Paulo: Saraiva, 2012b. p. 294.

[448] Sobre esses conceitos, ver Capítulo 1, item 1.2.3.

Como afirma John Searle, a partir das lições de Frege, "sentenças, não palavras, são usadas para dizer coisas" ou "o revestimento gramatical de um ato ilocucionário é uma sentença completa". Na mesma passagem, afirma o autor que não haveria possibilidade de precisar o sentido das palavras fora de um contexto.[449]

Quanto à segunda parte das considerações do autor, relativa à impossibilidade de sentido fora de contexto, o próprio direito positivo consubstancia o contexto das palavras utilizadas por textos jurídicos. Como afirma Laporta, na linguagem jurídica, as expressões e os enunciados adquirem seu significado pleno em suas inter-relações com outras expressões e enunciados da mesma linguagem.[450] Logo, não há que se falar em sentido totalmente acontextual nessa seara. O contexto de uma palavra, no direito positivo, é o campo específico de regulação em que se situa. Como afirma Umberto Eco, os contextos (ou isotopia) permitem que a "aposta interpretativa" seja "menos incerta que uma aposta no vermelho ou no preto de uma roleta".[451]

No que tange ao primeiro aspecto referido por Searle, a circunstância de a comunicação se dar por enunciados completos também se verifica no direito. Disso decorre que o ato regulamentar não apenas tem que precisar conceitos legais isolados, mas, também, deve interpretar enunciados inteiros, em relações verticais e horizontais com outros enunciados. Ademais, mesmo quando termos isolados são interpretados (como no exemplo referente ao conceito de "insumos"), muitas vezes é necessário tomar em conta suas relações com enunciados jurídicos.

Tanto na interpretação de conceitos isolados, como na de enunciados, seja no âmbito do direito positivo ou da dogmática jurídica, aplica-se o que Umberto Eco denominou "princípio da indeterminação". Trata-se de um limite epistemológico à perquirição da maneira pela qual um significante é colocado no lugar de um significado (semiótica). Uma vez que "significar e comunicar são funções sociais que determinam a organização e a evolução cultural", os atos de falar sobre a própria fala, ao "significar a significação ou comunicar a respeito da comunicação,

---

[449] No original: *"The linguistic correlate of this point is that sentences, not words, are used to say things. This is also what Frege meant when he said that only in the context of a sentence do words have reference – 'Nur im Zusammenhang eines Satzes bedeuten die Wörter etwas'. The same thing in my terminology. One only refers as part of the performance of an illocutionary act, and the grammatical clothing of an illocutionary act is the complete sentence"* (SEARLE, John R. *Speech acts*: an essay in the philosophy of language. New York: Cambridge, 2011. p. 25).

[450] LAPORTA, Francisco J. *El imperio de la ley*. Uma visión actual. Madrid: Trotta, 2007. p. 183.

[451] ECO, Umberto. Superinterpretando textos. In: ECO, Umberto. *Interpretação e superinterpretação*. 3. ed. São Paulo: WMF Martins Fontes, 2012d. p. 74.

não podem deixar de influenciar no universo do falar, do significar, do comunicar".[452]

Dessa forma, percebe-se que, produzir textos jurídicos ou textos doutrinários que falam sobre temas jurídicos, são funções sociais que determinam o próprio direito positivo, seja o modificando diretamente, seja indiretamente (por meio da doutrina jurídica). Dessa forma, não se pode introduzir novo texto no direito sem alterar o todo do direito positivo. Adicionalmente, a linguagem da doutrina jurídica também modifica seu objeto. Aliás, influir no processo de produção do direito é um dos grandes objetivos do seu estudo doutrinário.[453]

A partir dessas considerações, pode-se perceber que a interpretação do direito não é neutra, mas possui certo caráter criativo ou construtivo. Dessa forma, não é possível defender que os atos regulamentares não possam inovar, com caráter criativo, no sistema de direito positivo, nem, tampouco, que apenas alguns atos regulamentares possam fazê-lo, pois é impossível não inovar, uma vez que se trata, em última instância, de interpretações. Nesse contexto, também não parecem precisas outras distinções, como entre inovação e valoração,[454] pois essas instâncias não são nitidamente separáveis. Todo ato normativo, especialmente os abstratos, possui algum grau de inovação, embora não se trate de uma criação *ex nihilo*.[455]

A interpretação consubstanciada nos regulamentos tributários parte dos textos de lei e da Constituição. Todo ato de aplicação do direito deve ser racionalmente reconduzível ao disposto, implícita ou explicitamente, nos textos do sistema.[456] Isso não significa, contudo, que o intérprete apenas reconstrua um argumento já existente. Como afirma Jaap Hage, a ideia de que a lei é autoaplicável e que a argumentação jurídica consiste somente na reconstrução de argumentos já existentes

---

[452] ECO, Umberto. *Tratado Geral de Semiótica*. Tradução de Antonio de Pádua Danesi e Gilson Cesar Cardoso de Souza. 4. ed. São Paulo: Perspectiva, 2009. p. 22.

[453] Para Misabel Derzi, "a dogmática jurídica exerce (...) uma espécie de controle sobre a aplicação do Direito e é norte para as decisões a tomar" (DERZI, Misabel Abreu Machado. *Modificações da Jurisprudência no Direito Tributário*. Proteção da confiança, boa-fé objetiva e irretroatividade como limitações constitucionais ao Poder de Tributar. São Paulo: Noeses, 2009. p. 21).

[454] Assim: "O limite do processo de interpretação aplicativa será a função de *inus novum* ou integradora, permitindo-se a função valorativa. O problema será deslindar quando há inovação e quando, simplesmente, há valoração" (GOMES, Marcus Lívio. *A interpretação da legislação tributária*: instrumentos para a unificação de critério administrativo em matéria tributária. São Paulo: Quartier Latin, 2010. p. 68-69).

[455] LAPORTA, Francisco J. *El imperio de la ley*. Uma visión actual. Madrid: Trotta, 2007. p. 183.

[456] LAPORTA, Francisco J. *El imperio de la ley*. Uma visión actual. Madrid: Trotta, 2007. p. 171.

não pode ser verificada, nem falseada.[457] Com isso, o autor rejeita a distinção entre casos fáceis e difíceis, que pressupõe consequências dadas *a priori* em relação aos casos fáceis.[458]

Dessa forma, resta claro não ser possível sustentar que os regulamentos apenas aclarem algo que já existia em sua inteireza no conteúdo legal. Seja definindo palavras isoladamente consideradas, seja interpretando enunciados em correlação com outros enunciados, os regulamentos funcionam como um ato de interpretação do texto legal que, como qualquer ato de interpretação, contêm certo caráter criativo.[459] A interpretação regulamentar será vertida em novo texto (regulamento), que será novamente interpretado para a construção da norma abstrata a ser aplicada a um caso concreto, com o que será produzido novo texto (*e.g.* autolançamento). Conforme a ideia de círculo hermenêutico, o "texto é um objeto que a interpretação constrói no esforço circular de validar-se com base naquilo que produz como resultado".[460]

Dessa forma, conclui-se que os textos introduzidos por meio do exercício da competência tributária regulamentar consubstanciam resultado de interpretações dos termos e dos enunciados veiculados pelo texto legal, que, como quaisquer interpretações, apresentam certo caráter criativo. Em função das limitações da linguagem (ambiguidade, vagueza, carga emotiva e porosidade) e do princípio da indeterminação da linguagem, qualquer redefinição ou interpretação apresenta certo caráter criativo.

5.1.2 Interpretação regulamentar como passo interpretativo na positivação do Direito

Conforme exposto, os atos regulamentares, em matéria tributária, situam-se entre o plano de maior abstração legal e o plano de aplicação concreta do direito positivo. Dessa forma, veiculam enunciados que comporão o conjunto de textos a serem tomados em conta para a construção da norma abstrata a ser aplicada aos casos concretos. Nesse contexto, a depender da perspectiva que se adote, os regulamentos

---

[457] HAGE, Jaap C. *Construction or Reconstruction?* On the function of argumentation in the Law. Maastricht: Maastricht European Private Law Institute, Working Paper nº 2011/37. p. 9.

[458] *Ibidem*, p. 9.

[459] Isso não significa que não haja limites para a interpretação regulamentar, conforme se verá nos tópicos subsequentes.

[460] ECO, Umberto. Superinterpretando textos. In: ECO, Umberto. *Interpretação e superinterpretação*. 3. ed. São Paulo: WMF Martins Fontes, 2012d. p. 75-76.

tributários podem ser considerados: (i) fontes do direito (conceito que abarca todos os textos ou práticas que o aplicador do direito deve – *must* –, deveria – *should* –, ou pode – *may* – utilizar como razões de autoridade[461]); (ii) argumento interpretativo aduzido pelo Fisco sobre a interpretação da lei.[462]

Consoante exposto, os regulamentos tributários vocacionam-se a diminuir o grau de abstração do texto legal, fazendo-o por, pelo menos, duas formas: (i) desdobrando conceitos isolados; e (ii) interpretando enunciados completos, coordenados e subordinados a outros enunciados.

O papel exercido pela competência tributária regulamentar na primeira situação foi percebido por Celso Antônio Bandeira de Mello. Conforme o autor, mesmo em casos em que a Administração é vinculada à lei (como sucede em matéria tributária), inexistindo falar em discricionariedade, ao regulamento é dado enunciar de "modo analítico, é dizer, desdobradamente, tudo aquilo que estava enunciado na lei mediante conceitos de 'síntese'", função essa exclusivamente interpretativa.[463] Continua o autor para afirmar que os regulamentos, ao "decompor analiticamente o conteúdo de conceitos sintéticos" procedem à "simples discriminação integral do que neles se contém".[464]

Embora seja precisa a identificação do exercício de função interpretativa na decomposição analítica dos conceitos sintéticos da lei, não se pode afirmar que se trata da simples discriminação de algo que já estava lá. Os termos legais, como quaisquer palavras, não contêm significado intrínseco algum. Como afirma Richard Rorty, "não existe propriedade não-relacional, intrínseca"[465] aos signos.

---

[461] PECZENIK, Aleksander. *On Law and Reason*. Heidelberg: Springer, 2009. p. 260.

[462] Nesse sentido, Ricardo Mariz de Oliveira afirma que atos como instruções normativas "representam apenas o que a autoridade fiscal maior entende sobre a lei (é a sua interpretação), para orientação uniforme das repartições fiscais a ela subordinadas e também para conhecimento dos contribuintes" (OLIVEIRA, Ricardo Mariz de. Os Métodos PCI e Pecex: mais um Caso de Confronto entre Lei e Instrução Normativa? O Conceito de *Commodities*. O Prêmio e suas Vicissitudes (Observações Iniciais). In: SCHOUERI, Luís Eduardo (Coord.). *Tributos e Preços de Transferência*. São Paulo: Dialética, 2013. v. 4. p. 239).

[463] MELLO, Celso Antônio Bandeira de. *Curso de Direito Administrativo*. 25. ed. São Paulo: Malheiros, 2007. p. 359.

[464] *Ibidem*, p. 360.

[465] RORTY, Richard. A trajetória do pragmatista. In: ECO, Umberto. *Interpretação e superinterpretação*. 3. ed. São Paulo: WMF Martins Fontes, 2012. p. 110. Ressalte-se que, para esse autor, somente seria possível analisar a viabilidade de descrições de acordo com "sua eficácia enquanto instrumentos a serviço de objetivos", ou seja, mediante sua utilidade para um propósito, perspectiva que não é adotada nesse trabalho. *Ibidem*, p. 109.

Com efeito, "toda unidade semântica posta para analisar um semema é por sua vez um semema que deve ser analisado",[466] conforme já exposto. Dessa forma, um signo só adquire o sentido que lhe é atribuído pelas interconexões com outros signos, obtidas sempre de maneira convencional e, portanto, transitória.[467]

No campo do direito, tais interconexões são, de certo modo, restritas, em função da especial forma de configuração de sua argumentação, caracterizada pela "vinculação ao direito vigente".[468] Nada obstante, os acordos linguísticos verificados nessa seara continuam a ser circunstanciais, temporários, autorreferentes e passíveis de constantes rompimentos,[469] uma vez que podem mudar, tanto os textos abstratos, como a interpretação que deles se faz.

Com tudo isso, quer-se significar que a decomposição analítica dos termos legais empreendida pelos regulamentos não se cinge a discriminar aquilo que já estava na lei, mas apresenta certo caráter criativo, motivo pelo qual cabe à doutrina jurídica construir meios de controle para frear eventuais desbordamentos no exercício dessa atribuição.

Ademais, deve-se destacar que, ainda em relação a termos legais isoladamente considerados, os regulamentos tributários não somente os decompõem de maneira analítica, como, por vezes, também enunciam critérios de inclusão de classe, demarcando a conotação dos conceitos legais. Assim, os regulamentos tanto podem redefinir os conceitos legais de maneira denotativa ou extensional, como de maneira conotativa ou intensional.[470]

A título de exemplo, o art. 8º, §4º da Instrução Normativa SRF nº 404/04, ao prescrever o que se entende como "insumos" para fins da aplicação do art. 3º, II, da Lei nº 10.833/01 (relativa à Cofins não cumulativa) e enumerar espécies de bens e serviços que se enquadrariam no conceito, procede à definição denotativa (ou decomposição analítica) do conceito. Diversamente, o art. 161, §3º, da Instrução Normativa RFB nº 1.700/17, ao prescrever que "empregados ou similares", para fins de aplicação do art. 36 da Lei nº 12.973/14 "são indivíduos que prestam

---

[466] ECO, Umberto. *Tratado Geral de Semiótica*. Tradução de Antonio de Pádua Danesi e Gilson Cesar Cardoso de Souza. 4. ed. São Paulo: Perspectiva, 2009. p. 110.

[467] *Ibidem*, p. 114.

[468] ALEXY, Robert. *Teoria da Argumentação Jurídica*: a Teoria do Discurso Racional como Teoria da Fundamentação Jurídica. Tradução de Zilda Hutchinson Schild Silva. 3. ed. Rio de Janeiro: Forense, 2013. p. 210.

[469] ADEODATO, João Maurício. *Uma teoria retórica da norma jurídica e do direito subjetivo*. 2. ed. São Paulo: Noeses, 2014b. p. 6.

[470] Sobre a distinção, ver Capítulo 4, itens 4.2 e 4.3.

serviços personalizados" à empresa, empreende definição conotativa ou intensional.

Em segundo lugar, também é relevante ressaltar que os regulamentos em matéria tributária, ao exercerem a função de interpretação, não somente definem termos legais, mas também interpretam enunciados legais completos, postos em relações de coordenação e subordinação com outros enunciados do sistema. Em ambos os casos, os regulamentos sugerem significados para significantes do texto legal, enquadrando-se em conceitos amplos de interpretação.[471] Não obstante, quando interpretam enunciados completos, as interpretações regulamentares se aproximam ainda mais de sentidos mais corriqueiros do termo interpretação, como aquele adotado por Umberto Eco, que se refere a uma interpretação que "confira sentido a amplas porções do discurso com base em decodificações parciais".[472]

A interpretação de enunciados legais extensos é frequentemente levada a efeito pela competência tributária regulamentar por intermédio de veículos como os pareceres normativos e as soluções de consulta. Tome-se, a título de exemplo, as Soluções de Consulta COSIT nº 60/2015 e 110/2015. Ambas versaram sobre a possibilidade de compensação tributária para a prova de quitação de imposto sobre a renda retido na fonte em remessas para o exterior (a primeira, entendendo em sentido negativo e a segunda, em sentido positivo). Interpretaram, com isso, dentre diversos outros dispositivos, o art. 170 do Código Tributário Nacional, o art. 74 da Lei nº 9.430/96 e o art. 880 do Regulamento do Imposto sobre a Renda então vigente (Decreto nº 3.000/99), que congrega o art. 125, parágrafo único, "c" do Decreto-Lei nº 5.844/43 e o art. 57, parágrafo único, da Lei nº 4.595/64. Outro exemplo é o Parecer Normativo PGFN/CAT 1.035/2016 que, interpretando a integralidade do texto da Lei nº 13.254/16, instituidora do Regime Especial de Regularização Cambial e Tributária (RERCT), veiculou o posicionamento das autoridades fiscais no sentido de que bens consumidos antes de 31

---

[471] A literatura jurídica sobre o conceito de interpretação é bastante rica. Para João Maurício Adeodato, interpretar "consiste numa estratégia retórica que tem como objetivo sugerir significados para significantes escolhidos diante de um conflito 'real'" (ADEODATO, João Maurício. Uma crítica retórica à retórica de Aristóteles. In: ADEODATO, João Maurício (Org.). *A retórica de Aristóteles e o direito*: bases clássicas para um grupo de pesquisa em retórica jurídica. Curitiba: CRV, 2014a. p. 28). Francisco Laporta, de sua parte, afirma, com fundamento em Wroblewski, que a interpretação consiste em um momento no caminho que vai desde o conteúdo do direito até a decisão que será adotada no caso concreto. LAPORTA, Francisco J. *El imperio de la ley*. Uma visión actual. Madrid: Trotta, 2007. p. 173.

[472] ECO, Umberto. *Tratado Geral de Semiótica*. Tradução de Antonio de Pádua Danesi e Gilson Cesar Cardoso de Souza. 4. ed. São Paulo: Perspectiva, 2009. p. 118.

de dezembro de 2014, também deveriam ser declarados para a adesão ao regime.

Percebe-se que os regulamentos em matéria tributária, ao delimitarem conceitos ou interpretações de enunciados legais, funcionam como novos textos a serem tomados como premissas decisórias para aplicação concreta. Em face de sua tendência a possuírem menor abstração do que o texto legal, funcionam como maneiras de diminuição do referido abismo gnosiológico entre significantes (textos) e significados (normas construídas para a aplicação ao caso concreto).

Mais do que isso, os regulamentos também configuram argumentos interpretativos aduzidos por uma das partes interessadas no processo de positivação da lei tributária, o Fisco, que serão tomados como verdadeiros caso não sejam contraditados. O argumento prevalece, a menos que seja disputado por outros argumentos efetivamente aduzidos, conforme o procedimento adotado pelo sistema.[473] É dizer, os regulamentos fixam uma interpretação da lei vinculativa para as autoridades fiscais encarregadas da fiscalização, de modo que, caso sejam acatados pelos particulares no autolançamento, prevalecem. Caso os particulares discordem e a Administração identifique essa discordância, efetuará o lançamento dos tributos e das multas que entenda devidos. Ao contribuinte será, então, facultado iniciar um processo (administrativo ou judicial) para determinar qual interpretação da lei deverá prevalecer.

Embora corrobore para a diminuição do grau de imprecisão e de incerteza em relação à norma abstrata a ser aplicada, a interposição dos textos regulamentares no processo de positivação do Direito Tributário não consubstanciará a solução de todos os problemas. Permanecerá certa imprecisão das premissas decisórias. É dizer, ainda que sejam menos abstratos do que a lei, os textos regulamentares estarão sujeitos aos mesmos vícios de linguagem e às mesmas dificuldades de interpretação a que estão submetidos os textos legais. Mantida a estrutura decisória baseada no silogismo, o grande problema é como chegar até a premissa.[474]

Muitas vezes, será necessário o "salto razoável" (*reasonable jump*) das premissas normativas gerais até a norma que será aplicada no caso concreto. Frequentemente, como afirma Peczenik, o passo de uma premissa normativa em particular para uma conclusão representa um

---

[473] HAGE, Jaap C. *Construction or Reconstruction?* On the function of argumentation in the Law. Maastricht: Maastricht European Private Law Institute, Working Paper nº 2011/37. p. 15

[474] ALVES, Aláôr Caffé. *Lógica*: pensamento formal e argumentação. 5. ed. São Paulo: Quartier Latin, 2011. p. 386.

salto, de modo que somente deve prevalecer se for um salto razoável, considerando-se outras premissas adicionadas, inclusive valorativas.[475]

Dessa forma, tem-se que os textos introduzidos pela competência tributária regulamentar, situados entre a maior abstração do plano legal e o plano concreto, exercerão a função de interpretação quando se prestem a definir termos legais (de modo intensional ou extensional) e quando veiculem interpretações de enunciados legais em consideração com os demais enunciados do sistema. Em ambas as hipóteses, funcionarão como elementos para a construção da premissa decisória abstrata para a solução do caso concreto. Consubstanciando o argumento do Fisco sobre o conteúdo legal, prevalecerão, a menos que disputados pelo particular em conformidade com os procedimentos previstos pelo sistema.

5.1.3 Os limites e o controle da interpretação regulamentar

Nos dois tópicos anteriores, buscou-se expor que, ao interpretar termos e enunciados legais, o exercício da função interpretativa pela competência tributária regulamentar apresenta certo caráter criativo, mesmo porque, caso não o tivesse, seria desnecessário. Afirmar esse caráter criativo, contudo, não significa predicar a inexistência de limites ou a impossibilidade de controle da interpretação regulamentar.

O caráter argumentativo ou retórico do direito não faz dele "dependente de cada indivíduo". Conforme esclarece Adeodato, há "controles públicos de linguagem", regras que, embora mutáveis e circunstanciais, limitam a possibilidade de construção de verdades solipsistas. Nesse passo, relativamente ao direito positivo, cabe à dogmática jurídica estratégica buscar reduzir as inevitáveis imprecisões.[476]

Reconhecer o caráter linguístico ou argumentativo do direito e a circunstância de ser qualquer linguagem construída de maneira histórica e convencional não significa a impossibilidade de estabelecer controles sobre o emprego da linguagem. Como afirma Eco, "a noção de uma semiótica ilimitada não leva à conclusão de que a interpretação não tem critérios".[477]

---

[475] PECZENIK, Aleksander. *On Law and Reason*. Heidelberg: Springer, 2009. p. 109-110.

[476] ADEODATO, João Maurício. *Uma teoria retórica da norma jurídica e do direito subjetivo*. 2. ed. São Paulo: Noeses, 2014b. p. 21-22.

[477] ECO, Umberto. Interpretação e história. In: ECO, Umberto. *Interpretação e superinterpretação*. 3. ed. São Paulo: WMF Martins Fontes, 2012b. p. 28.

CAPÍTULO 5
FUNÇÃO DE INTERPRETAÇÃO | 169

O caráter criativo das interpretações e das definições veiculadas pela competência tributária regulamentar não impede que estas sejam objeto de controle. A única diferença é que, em vez de se defender a existência de limites atávicos ou intrínsecos nas palavras e nas frases legais (aquilo que a lei já dizia e o regulamento apenas elucidou, o espírito da lei ou formulações similares), buscam-se formas de controle da linguagem veiculada pelos regulamentos que, efetivamente, considerem os limites da própria linguagem do direito.

Há pelo menos duas possíveis formas de ver a máxima segundo a qual "significado é uso" (*meaning is use*). Como afirma John Searle, a noção de uso é tão vaga que leva a confusões.[478] Deve-se diferenciar entre aqueles que afirmam que o significado de uma proposição depende de seu uso em particular, e aqueles que defendem que, embora seja o significado construído pelo uso coletivo, certo uso individual pode ser tido por inaceitável. Trata-se da diferença entre aqueles que aceitam qualquer interpretação e aqueles que defendem a existência de "superinterpretações", isto, é interpretações inaceitáveis.

Richard Rorty parece seguir a primeira linha, ao defender um pragmatismo em consonância com o qual "tudo o que se pode fazer com uma coisa é usá-la".[479] Para o autor, o círculo hermenêutico parece girar de forma tão rápida quanto a última interpretação que o compõe, de modo que, qualquer interpretação nova viria a atribuir-lhe uma nova coerência, não sendo passível de controle pelo paradigma de coerência anterior. Afirma, assim, que um texto "tem apenas a coerência que por acaso adquiriu na última volta da roda hermenêutica", comparando-o à coerência que um monte de barro adquire na última volta em torno do oleiro.[480]

Já Umberto Eco defende que nem toda interpretação é aceitável. Para o autor, com fundamento em Karl Popper, embora não existam regras para identificar a melhor interpretação (no discurso geral), pode-se afirmar que certas interpretações são inaceitáveis.[481] Então, reconhecendo, em princípio, o mesmo "círculo hermenêutico" a que alude Rorty, Eco elege a coerência do texto como paradigma que pode

---

[478] SEARLE, John R. *Speech acts*: an essay in the philosophy of language. New York: Cambridge, 2011. p. 146.

[479] RORTY, Richard. A trajetória do pragmatista. In: ECO, Umberto. *Interpretação e superinterpretação*. 3. ed. São Paulo: WMF Martins Fontes, 2012. p. 110.

[480] RORTY, Richard. A trajetória do pragmatista. In: ECO, Umberto. *Interpretação e superinterpretação*. 3. ed. São Paulo: WMF Martins Fontes, 2012. p. 115.

[481] ECO, Umberto. Superinterpretando textos. In: ECO, Umberto. *Interpretação e superinterpretação*. 3. ed. São Paulo: WMF Martins Fontes, 2012d. p. 61.

apontar para uma superinterpretação (interpretação inaceitável).[482] Adiante, em resposta aos questionamentos de Rorty, Umberto Eco admite que os controles públicos de linguagem não necessariamente funcionam tão bem para uma crítica literária (objeto da discussão dos teóricos), como para decidir a verdade da afirmação "está chovendo". Nada obstante, o autor nega a existência de uma distinção absoluta entre os dois fenômenos de significação, concluindo que "há graus de aceitabilidade de interpretações".[483]

Francisco Laporta utiliza-se dessas lições para afirmar que, a exemplo do que predica Eco relativamente à crítica literária, a aplicação do direito não deve ser orientada ao leitor (*reader-oriented*), nem ao autor (*author-oriented*), mas sim ao próprio texto (*text-oriented*). Nesse sentido, conclui que os textos jurídicos têm significados autônomos que dependem de convenções jurídicas sobre o uso das palavras.[484] Em linha similar, Ruy Barbosa Nogueira defende que a interpretação da lei tributária não deve ser "pró fisco" nem "pró contribuinte", mas *"pro lege"*.[485]

Nessa linha, deve-se destacar que o direito positivo brasileiro, de tradição romano-germânica, apresenta-se fortemente gramaticalizado. É dizer, há diversas regras que limitam os possíveis caminhos da interpretação.[486] Nesse passo, tanto o direito positivo, como o seu estudo doutrinário podem ser tomados como jogos de linguagem (*Sprachspiel, language-games*), no sentido wittgensteiniano.[487] Como esclarece Aulis Aarnio, o estudo doutrinário do direito "consiste em numerosos jogos de linguagem distintos, cada um específico a certo ramo do direito".[488]

---

[482] ECO, Umberto. Superinterpretando textos. In: ECO, Umberto. *Interpretação e superinterpretação*. 3. ed. São Paulo: WMF Martins Fontes, 2012d. p. 75-76.

[483] ECO, Umberto. Réplica. In: ECO, Umberto. *Interpretação e superinterpretação*. 3. ed. São Paulo: WMF Martins Fontes, 2012c. p. 176.

[484] LAPORTA, Francisco J. *El imperio de la ley*. Uma visión actual. Madrid: Trotta, 2007. p. 174.

[485] NOGUEIRA, Ruy Barbosa. *Da interpretação e da aplicação das leis tributárias*. 2. ed. São Paulo: José Bushatsky, 1974. p. 113.

[486] ECO, Umberto. *Tratado Geral de Semiótica*. Tradução de Antonio de Pádua Danesi e Gilson Cesar Cardoso de Souza. 4. ed. São Paulo: Perspectiva, 2009. p. 126.

[487] Ludwig Wittgenstein estabelece uma analogia entre a linguagem e jogos em relação aos quais as regras vão sendo construídas a cada jogada. WITTGENSTEIN, Ludwig. *Philosophical Investigations*. Tradução de G. E. M. Anscombe. 2. ed. Oxford: Blackwell, 1997. p. 39e. Para o autor, falar uma língua é parte de uma forma de vida, de modo que novos jogos de linguagem, com regras próprias, surgem a cada momento, enquanto outros se tornam obsoletos. *Ibidem*, p. 11.

[488] No original: "*DSL consists of numerous different language-games, every one specific to a certain field of law*" (AARNIO, Aulis. *Essays on the Doctrinal Study of Law*. Heidelberg: Springer, 2011. p. 34).

Enquanto o direito positivo consiste em um jogo de linguagem primário, a doutrina pode ser tomada como jogo de linguagem de segundo grau (linguagem secundária).[489]

Dessa forma, além de conter, em seu próprio corpo de linguagem primária, diversas regras que limitam interpretações, o direito positivo tem uma linguagem secundária que sobre ele se verte, para influenciar o seu processo de positivação, fornecendo critérios para a interpretação (doutrina jurídica),[490] o que ressalta a limitação da interpretação nessa seara. A doutrina, assim, funciona como instância institucional de controle.

Além da gramaticalização, também a procedimentalização do direito funciona como instrumento de fixação de sentidos no âmbito jurídico. Conforme Tércio Sampaio Ferraz Junior, "a institucionalização do conflito e do procedimento decisório conferem aos conflitos jurídicos uma qualidade especial: eles terminam".[491] Embora a decisão emanada em sentença ou em qualquer outro instrumento também consubstancie texto a ser interpretado, ela substitui a discordância quanto ao texto abstrato, remetendo-a a um texto de aplicação concreta e individual entre os litigantes.

Perceba-se, então, que a interpretação jurídica e, por via de consequência, a interpretação regulamentar, submetem-se a diversas limitações adicionais àquelas aplicáveis à interpretação literária sobre a qual controvertem Rorty e Eco. Por um lado, trata-se de jogo de linguagem muito mais setorizado e gramaticalizado, pelo que são maiores as restrições à interpretação. Dentre outras balizas, a interpretação regulamentar é limitada: (i) pelo texto jurídico; (ii) por interpretações anteriores no mesmo ramo do direito; (iii) por controles institucionais, como a doutrina. Por outro lado, o direito prevê um procedimento para encerrar discordâncias, a fim de não se protraírem indefinidamente no tempo.

Frequentemente, o controle da interpretação regulamentar é feito mediante o uso da classificação entre regulamentos *secundum legem* (conforme a lei), *praeter legem* (suplementar à lei) ou *contra legem* (em sentido contrário da lei).[492] O desafio, contudo, é construir parâmetros

---

[489] *Ibidem*, p. 36.

[490] ADEODATO, João Maurício. *Uma teoria retórica da norma jurídica e do direito subjetivo*. 2. ed. São Paulo: Noeses, 2014b. p. 24.

[491] FERRAZ JUNIOR, Tércio Sampaio. *Introdução ao Estudo do Direito*: técnica, decisão, dominação. 7. ed. São Paulo: Atlas, 2013. p. 289.

[492] José Carlos Francisco examina interpretação que decorreria do art. 84, IV da CF/88, conforme a qual seriam admitidos somente regulamentos *secundum legem* e não *praeter legem* nem *contra legem*, defendendo, ao final, uma "visão mais elástica", conforme a qual

argumentativos para diferenciar cada tipo de argumentação regulamentar, de modo a enquadrá-la nessa classificação.[493]

Dessa forma, conclui-se que a função de interpretação desempenhada pelo exercício da competência tributária regulamentar, em que pese apresente certo caráter criativo, submete-se a controles baseados nos textos pertinentes à matéria tributária, nas interpretações anteriormente albergadas pelo sistema e na doutrina jurídica, dentre outros. Adicionalmente, a procedimentalização do direito não admite que eventuais conflitos quanto à interpretação regulamentar protraiam-se indefinidamente no tempo.

5.2 Definição

Em face do exposto, pode-se definir a função de interpretação como o papel exercido pelos instrumentos regulamentares em matéria tributária, postos em patamar intermediário entre a lei e o ato concreto de aplicação do Direito Tributário, de veicular o argumento interpretativo da Administração Tributária sobre o conteúdo legal, definindo termos (de forma extensional ou intensional) e propondo significações para porções extensas de enunciados legais.

5.3 Limites

Até este ponto, destacou-se que a competência tributária regulamentar, no exercício da função de interpretação, define termos legais (intensional ou extensionalmente) e interpreta enunciados legais em cotejo com outros enunciados. Tais interpretações e definições, em virtude das características da linguagem do direito positivo, sempre apresentam certo caráter criativo. Não obstante, há limites para essa interpretação, sendo possível à dogmática jurídica fornecer critérios para o controle do exercício dessa função, já que existem interpretações inadmissíveis (superinterpretações). Isso não significa que essas limitações sejam imanentes à interpretação em si, pois argumentos em sentido contrário à interpretação regulamentar precisam ser, efetivamente, formulados pelos contribuintes, conforme o procedimento legal.

Nesse contexto, o argumento interpretativo regulamentar é, em princípio, vinculativo para a Administração Tributária que o produziu,

---

seriam admitidos regulamentos com fundamento direto na Constituição. FRANCISCO, José Carlos. *Função Regulamentar e Regulamentos*. Rio de Janeiro: Forense, 2009. p. 342-343.

[493] Sobre isso serão os tópicos subsequentes.

ressalvadas as hipóteses de revogação ou anulação, que serão analisadas adiante. Embora não se possa aceitar a acepção tradicional de que os regulamentos consubstanciem somente autolimitação da discricionariedade administrativa,[494] é adequado reconhecer que constituem autolimitação da Administração.

Dentre as interpretações possíveis (ou impossíveis) de um termo legal ou enunciado de lei, o regulamento fixa uma, que vinculará a Administração Tributária em sua relação com os particulares. Daí a propriedade da metáfora de Paulo Ayres Barreto,[495] conforme a qual prescrições constitucionais de diversas sortes interagem e se amoldam, formando "círculos que convergem para a delimitação de uma área precisa e determinada de atuação do legislador no plano infraconstitucional", de modo que a legislação infraconstitucional não poderá desbordar dos limites constitucionais, que, por sua vez, não poderão ser transpostos pelos regulamentos, em uma sucessão de círculos concêntricos, cujos diâmetros diminuirão a cada passo do processo de positivação.

A autolimitação da Administração por meio das interpretações regulamentares poderá voltar-se tanto a preceitos legais de agravamento da situação do particular (aquelas que pioram a posição jurídica do destinatário, seja instituindo um gravame, seja restringindo ou suprimindo uma vantagem[496]), como a preceitos legais que melhoram sua situação. Dessa forma, deve-se diferenciar entre o exercício da competência tributária regulamentar, em sua função de interpretação: (i) sobre preceitos legais que agravam a situação do particular (positivos); e (ii) sobre preceitos legais que melhoram a situação do particular (negativos).[497]

Quando a competência tributária regulamentar exerce a função de interpretação de preceitos legais que agravem a situação do particular, ou seja, quando adscreve o campo de incidência de normas tributárias instituidoras ou agravadoras de exação, não se pode aceitar

---

[494] CARRAZZA, Roque Antonio. *O Regulamento no Direito Tributário Brasileiro*. São Paulo: Revista dos Tribunais, 1981. p. 137.

[495] BARRETO, Paulo Ayres. *Elisão Tributária*. Limites normativos. Tese de Livre-Docência – Universidade de São Paulo, São Paulo, 2008. p. 203.

[496] TIPKE, Klaus; LANG, Joachim. *Direito Tributário (Steuerrecht)*. Tradução de Luiz Doria Furquim. Porto Alegre: Sergio Antonio Fabris, 2008. v. 1. p. 248.

[497] Conforme explica Klaus Vogel, essa divisão é utilizada na Alemanha, onde se admite que se exija a aplicação de norma administrativa favorável ao contribuinte, enquanto que regra gravosa não poderá ter por único suporte uma norma administrativa. Essa interpretação é pacificamente acolhida para regulamentos sobre o exercício de discricionariedade. Entretanto, também há parcela da doutrina que admite sua aplicação para dispositivos interpretativos. VOGEL, Klaus. Problemas na interpretação de acordos de bitributação. Tradução de Luís Eduardo Schoueri. In: SCHOUERI, Luís Eduardo (Coord.). *Direito tributário*: homenagem a Alcides Jorge Costa. São Paulo: Quartier Latin, 2005. v. II. p. 968.

que o resultado da interpretação regulamentar seja uma definição ou uma interpretação mais ampla que o preceito legal. Como veiculam interpretação interna da Administração em relação a preceitos legais que limitam direitos dos contribuintes (em consonância com permissivos constitucionais), tais regulamentos deverão guardar distância do que se poderia considerar uma interpretação ampliativa.

Consoante definição esposada por Karl Larenz, ampliativo é o resultado da interpretação que "compreende também fenômenos da franja marginal, que no uso linguístico geral só algumas vezes se tem também em conta".[498] Não se trata, pois, de uma interpretação que, necessariamente, desborde do "sentido literal possível", mas de uma interpretação que tangencie suas fronteiras, de dentro para fora. O "sentido literal possível", para Larenz, consiste no maior ou no menor número de significados possíveis e variantes de significado da norma, já em correlação com a estrutura do setor material regulado.[499]

Em sentido oposto, outra forma de raciocínio será aplicável à função interpretativa que se volte à interpretação de preceitos legais que melhorem a situação do particular. Por tratar-se de autolimitação da Administração relacionada a direitos do contribuinte, não pode haver uma tendência de restrição daquilo que a lei não restringiu. É dizer, a função interpretativa relacionada a preceitos legais que mitigam encargos deverá abster-se de tangenciar o halo interno de sentido possível, de fora para dentro.

O "sentido literal possível" é uma abstração que apresenta relevância e funcionalidade para transmitir a ideia de que se trata. No entanto, deve-se reconhecer que a função interpretativa dos regulamentos deverá ser contraposta a possibilidades de interpretação final da lei, em conformidade com os tipos de argumentação que sejam adequados para cada sorte de preceito, não ao "sentido literal possível" de um termo isolado ou de enunciados isolados.

Nada obstante, a diretriz conforme a qual a função de interpretação deve tender à restrição quando se tratar de preceitos legais agravadores e à ampliação, quando se tratar de preceitos legais mitigadores, permanece válida. Tratando-se da interpretação de diversos enunciados completos, não raro a análise do caráter restritivo ou ampliativo do preceito regulamentar envolverá toda a complexidade de qualquer interpretação do direito, com todos os lugares da argumentação

---

[498] LARENZ, Karl. *Metodologia da Ciência do Direito*. 3. ed. Tradução de José Lamego. Lisboa: Fundação Calouste Gulbekian, 1997. p. 501.

[499] LARENZ, Karl. *Metodologia da Ciência do Direito*. 3. ed. Tradução de José Lamego. Lisboa: Fundação Calouste Gulbekian, 1997. p. 452.

possíveis. Por outro lado, muitas vezes é possível reconduzir a questão à interpretação de apenas um termo legal ou de um enunciado curto, ainda que posto em relação com todo o restante do sistema jurídico. Consoante Aleksander Peczenik, a interpretação pode ser classificada, de acordo com os seus resultados e de maneira independente dos métodos usados para atingi-los, como: (i) redutora, que elimina não somente a periferia, mas também parte do núcleo incontroverso da aplicação da regra; (ii) restritiva, que restringe a aplicabilidade da regra ao seu núcleo incontroverso; (iii) literal, que se situa no exato meio entre a interpretação restritiva e a ampliativa; (iv) ampliativa, que alberga não somente o núcleo, mas também a periferia da área de aplicabilidade da norma; e (v) criação de uma nova norma, com a extensão de sua aplicabilidade para além da periferia.[500]

Nesse contexto, no exercício da função de interpretação de preceitos legais agravadores, os regulamentos devem tender à interpretação restritiva, abstendo-se de tangenciar a chamada "franja marginal" ou periferia do campo de aplicabilidade da norma. Em sentido oposto, quando da interpretação de preceitos legais mitigadores, os regulamentos devem tender à interpretação ampliativa, aproximando-se mais da periferia do que do centro. Basicamente, trata-se de alocar preferência, *a priori*, pelas interpretações que não restrinjam direitos dos particulares, sendo ônus argumentativo da Administração justificar outras situações. Trata-se de diretriz para: (i) a Administração Tributária no exercício da competência tributária regulamentar; (ii) o contribuinte, na verificação da validade da interpretação regulamentar; e (iii) os órgãos destinados ao controle da competência tributária regulamentar.

No campo dos preceitos legais mitigadores de encargo, a referida tendência ao resultado ampliativo poderia ser vista como violação à regra do art. 111 do Código Tributário Nacional, que prescreve uma interpretação "literal" da legislação que disponha sobre exclusão ou suspensão do crédito tributário, isenção ou dispensa de dever instrumental. Conforme explica Rubens Gomes de Sousa, autor do anteprojeto que deu origem ao CTN, "a explicação do dispositivo é de que as hipóteses nele enumeradas são exceções a regras gerais de direito tributário". Por esse motivo, prossegue, seria justificável que "a exceção não pudesse ser estendida por via interpretativa além do alcance que o legislador lhe quis dar".[501]

---

[500] PECZENIK, Aleksander. *On Law and Reason*. Heidelberg: Springer, 2009. p. 317-318.
[501] SOUSA, Rubens Gomes de. Normas de Interpretação no Código Tributário Nacional. In: *Interpretação no Direito Tributário*. São Paulo: Saraiva, 1975. p. 379.

Nessa linha, o dispositivo do CTN exigiria que a interpretação de preceitos legais mitigadores de encargo fosse literal, situando-se no exato meio entre a interpretação ampliativa e a restritiva. Contudo, essa precisão absoluta, no mais das vezes, não será possível. O núcleo duro do campo de aplicabilidade do preceito legal não será facilmente identificável, como quer a interpretação literal. Trata-se de um limite epistemológico à aplicação do art. 111. Por isso, aqui se sugere que a interpretação regulamentar de preceitos mitigadores de encargo tenda para o lado da interpretação ampliativa e não da restritiva, de modo a resguardar direitos do contribuinte. A competência tributária regulamentar, no exercício de sua função interpretativa relativamente a preceitos legais mitigadores de encargo, não pode se converter em meio para a restrição de direitos. Fosse dado à Administração Tributária restringir direitos previstos em lei, então de nada serviria a legalidade, em sua função de bloqueio do comportamento administrativo.

Por outro lado, muitas vezes uma interpretação ampliativa de uma isenção, por exemplo, decorrerá de sua interpretação em conformidade com a Constituição. Ademais, a aplicação do art. 111 do CTN relativamente ao Poder Judiciário pode levantar dúvidas quanto à violação à separação de poderes.[502] Ao fim e ao cabo, como afirma Ricardo Lobo Torres, essas diretrizes "procuram cristalizar uma certa orientação teórica ou política do legislador, mas não conseguem manietar a atividade do juiz, tornando-se ineficazes ou inúteis".[503] Em suma, a regra do art. 111 do CTN não invalida a diretriz ora exposta no que respeita à interpretação regulamentar de preceitos mitigadores de encargo, seja por sua limitação epistemológica ou por questões materiais de índole constitucional.

Há casos em que a violação à diretriz ora exposta é muito evidente. Tome-se, por exemplo, a Solução de Consulta Cosit 104/2016, que interpretou o art. 1º, XI, da Lei nº 10.925/04, que veicula uma isenção da Contribuição ao PIS para "leite fluido pasteurizado ou industrializado, na forma de ultrapasteurizado". Em se tratando de interpretação regulamentar sobre preceito legal mitigador de encargo, deveria ter

---

[502] Linda Jellum defende que esse tipo de norma viola tanto uma acepção formalista da separação de poderes, pois o Legislativo estaria praticando um ato judicial, como uma acepção funcionalista da separação de poderes, por causar indevido engrandecimento do Legislativo sobre o Judiciário. JELLUM, Linda D. Dodging the Taxman: why treasury's anti abuse regulation is unconstitutional. *University of Miami Law Review*, v. 70, n. 1, p. 9-10, 2015.

[503] TORRES, Ricardo Lobo. *Tratado de Direito Constitucional Financeiro e Tributário*. Valores e Princípios Constitucionais Tributários. Rio de Janeiro: Renovar, 2005. v. II. p. 459.

tendido a um resultado mais ampliativo. No entanto, a interpretação regulamentar foi no sentido de que "leite fluido pasteurizado ou industrializado de coco não faz jus ao benefício", pois não estaria enquadrado na definição de leite, "haja vista que leite, sem outra especificação, refere-se apenas ao produto oriundo da ordenha de vacas". Percebe--se, muito claramente, que essa interpretação regulamentar tendeu à restrição do conteúdo do preceito legal. O regulamento adicionou ao termo leite uma adjetivação ("de origem bovina") que a lei não trouxe.

Ainda a título de exemplo, vale retomar um caso acima já referido. A mencionada solução de consulta Cosit nº 60/2015 pode ter seu escopo reduzido à interpretação do termo "prova de pagamento do imposto", utilizado pelo art. 880 do Regulamento do Imposto sobre a Renda então vigente (Decreto nº 3.000/99), que, reproduzindo dispositivos de lei, determina que "o Banco Central do Brasil não autorizará qualquer remessa de rendimentos para fora do País, sem a prova de pagamento do imposto". A controvérsia cingia-se a determinar se a compensação tributária, para esses fins, consubstanciaria "pagamento do imposto". Enquanto a referida solução de consulta se apegou a uma interpretação restritiva do art. 156 do CTN (consoante a qual decidiu que compensação não seria pagamento, logo não poderia ser usada para fins do art. 880 do RIR/99), a solução de consulta Cosit nº 110/2015, que lhe sobreveio, chegou ao resultado oposto, interpretando o dispositivo conforme a evolução histórica do instituto da compensação e as suas atuais previsões legais.

Ambas as interpretações envolvem diversas variáveis de coerência sistêmica do direito positivo. Não obstante, ainda que de maneira simplificadora, pode-se perceber que a primeira solução de consulta, exercendo a função de interpretação de um preceito agravador da situação do contribuinte, deu interpretação tendente à restrição ao enunciado "prova de pagamento do imposto", enquanto que a segunda lhe deu interpretação tendente à ampliação. Não se defende que o caráter ampliativo ou restritivo do resultado da interpretação seja a única forma, por excelência, de determinar qual a interpretação regulamentar acertada. Afirma-se, unicamente, que a interpretação restritiva veiculada pela primeira solução de consulta deve despertar maior desconfiança, haja vista que tende a restringir algo que não foi restringido pela lei, levando a Administração a negar (em função da constrição regulamentar) direito que a lei garante ao contribuinte (prova de pagamento de tributos mediante declaração de compensação em remessas de dividendos para o exterior).

Em síntese, pode-se afirmar que a função de interpretação exercida pela competência tributária regulamentar deve ser dividida entre a função de interpretação de preceitos legais que agravam a situação do contribuinte e a função de interpretação de preceitos legais que melhoram sua situação. No primeiro caso, os regulamentos devem tender à interpretação restritiva, abstendo-se de tangenciar a chamada "franja marginal" ou periferia do campo de aplicabilidade da norma. No segundo caso, devem tender à interpretação ampliativa, aproximando-se mais da periferia do que do centro. Trata-se de parâmetros argumentativos *a priori* para o controle do exercício da interpretação regulamentar.

5.4 Decorrências: Argumentos doutrinários ou estratégicos

As principais decorrências da função de interpretação exercida pelos regulamentos em matéria tributária dizem respeito à proteção da confiança inspirada nesses regulamentos e à consequente vinculação (ou não) da Administração Tributária ao argumento interpretativo regulamentar.

Na situação ideal, em que a interpretação regulamentar é exercida de modo adequado, sem restrição de direitos, nem ampliação de deveres dos particulares, promovem-se os ideais da segurança jurídica, que, no ordenamento jurídico brasileiro, protege um estado de cognoscibilidade, confiabilidade e calculabilidade.[504]

A função de interpretação exercida pelos regulamentos em matéria tributária promoverá a segurança jurídica, trazendo maior cognoscibilidade material ao Direito Tributário positivo. Com efeito, tanto mais fácil será aos aplicadores da norma tributária identificar a subsunção ou não de determinado fato ao conceito jurídico, quanto mais específico for esse conceito jurídico. Essa circunstância aplica-se não só às autoridades administrativas, como, principalmente, aos particulares incumbidos da interpretação e da aplicação do direito por meio do chamado autolançamento (ou lançamento por homologação, na terminologia do CTN).

---

[504] ÁVILA, Humberto. *Segurança Jurídica*. Entre permanência, mudança e realização no direito tributário. 2. ed. São Paulo: Malheiros, 2012a. p. 256. Maria Sylvia Zanella Di Pietro, em lições convergentes, afirma que a Segurança Jurídica triparte-se nos vetores: (i) previsibilidade (ou calculabilidade) dos efeitos jurídicos da conduta; (ii) acessibilidade, material e cognoscitiva, dos textos de direito posto; (iii) estabilidade ou permanência. DI PIETRO, Maria Sylvia Zanella. Princípios da Segurança Jurídica no Direito Administrativo. In: BOTTINO, Marco Túllio. *Segurança Jurídica no Brasil*. São Paulo: RG, 2012. p. 165.

Em adição, essa maior precisão nos conceitos jurídicos e na interpretação de porções amplas do direito virá a promover a previsibilidade normativa relativa dos efeitos jurídicos da conduta (ou calculabilidade). Em outras palavras, o regulamento possibilitará um melhor entendimento prévio à realização da conduta de quais serão seus efeitos jurídicos (tributários) no futuro. As regras do direito devem guiar as ações dos seus destinatários, para o que necessitam ser precisas e consistentes.[505] A função interpretativa dos regulamentos corrobora esse desiderato ao esclarecer a posição interpretativa da Administração Tributária em relação ao texto legal.

Traçou-se, até este ponto, um cenário ideal, em que a função de interpretação exercida pela competência tributária regulamentar cumpre sua vocação sistêmica, servindo como instrumento de promoção (ou concretização) da segurança jurídica. O problema surge nos momentos em que a interpretação administrativa (regulamentar) traduz uma vantagem ao contribuinte e a Administração pretende vê-la modificada, inclusive em razão do argumento de ilegalidade.[506] Genericamente, pode-se afirmar que o direito não promete que a conduta com ele se coadune, mas protege aqueles que têm expectativas acerca dessa conduta condizente.[507] Em outras palavras, o direito não garante que não haverá violação aos seus preceitos, mas prevê modos de resguardar aqueles que neles confiaram, quando estes são violados.

O problema, porém, é saber quais expectativas são resguardadas pelo sistema jurídico, especialmente em face das situações em que existem descompassos entre a interpretação de uma das partes interessadas (particular ou fisco) sobre o preceito legal e a interpretação regulamentar.

A questão que se põe diz respeito aos casos em que existem descompassos entre a legalidade e o exercício da função de interpretação pelos regulamentos em matéria tributária.

Nesse contexto, deve-se discernir entre: (i) regulamentos que, ao interpretar de maneira tendente à restrição preceitos legais agravadores da situação do contribuinte ou, ao interpretar de maneira tendente à ampliação preceitos legais que melhoram a situação do contribuinte,

---

[505] MAXEINER, James R. Legal Certainty: A European Alternative to American Legal Indeterminacy? *Tulane Journal of International & Comparative Laws*, v. 15, n. 2, p. 602, 2007.

[506] ÁVILA, Humberto. *Segurança Jurídica*. Entre permanência, mudança e realização no direito tributário. 2. ed. São Paulo: Malheiros, 2012a. p. 450.

[507] LUHMANN, Niklas. *Law as a social system*. Tradução para o inglês: Klaus A. Ziegart. Oxford: Oxford University, 2004. p. 150.

conferem-lhe direitos ou afastam-lhe deveres; (ii) regulamentos que, ao interpretar de maneira tendente à ampliação preceitos legais agravadores da situação do contribuinte ou, ao interpretar de maneira tendente à restrição preceitos legais que melhoram a situação do contribuinte, conferem-lhe deveres ou afastam-lhe direitos.

Relativamente ao primeiro caso poderá haver pretensões contrapostas. De um lado, haverá a pretensão dos contribuintes de ver cumprido o dispositivo regulamentar que assegurou seus direitos. De outro, poderá haver pretensão da Administração Tributária de afastar a aplicação do preceito regulamentar, em face de sua suposta ilegalidade. No segundo caso, de maneira similar, porém invertida, haverá pretensão dos contribuintes de afastar a aplicação do ato regulamentar, enquanto que a Administração buscará mantê-la.

Neste trabalho, focar-se-á no primeiro caso.[508] Quando a Administração quer afastar a aplicação de uma interpretação regulamentar, poderá revogar o regulamento em questão ou declarar sua nulidade (Súmulas nº 346[509] e 473[510] do STF), o que, no mais das vezes, ocorre no curso do procedimento administrativo, relativamente a somente um particular. A principal distinção entre a revogação e a declaração de nulidade consiste em seus efeitos temporais. Enquanto a revogação opera efeitos prospectivos (*ex nunc*), sendo resguardada a aplicação do dispositivo revogado aos eventos anteriores à revogação, a declaração de nulidade opera efeitos retroativos (*ex tunc*), afastando a aplicação do dispositivo anulado em relação aos eventos ocorridos entre o início de sua vigência e a declaração de nulidade.

5.4.1 Na revogação dos dispositivos regulamentares

Conforme brevemente exposto, na revogação de um dispositivo regulamentar pelo Poder Executivo, ficam resguardadas as suas

---

[508] A análise do controle do exercício da função de interpretação em sentido contrário aos particulares demandaria exame de questões referentes ao processo administrativo tributário, ao processo judicial e mesmo ao funcionamento do Poder Legislativo, já que o art. 49, V, da CF/88 atribui ao Congresso Nacional a competência para "sustar os atos normativos do Poder Executivo que exorbitem do poder regulamentar ou dos limites de delegação legislativa", questões que estariam muito além do objeto deste trabalho.

[509] Súmula 346. A administração pública pode declarar a nulidade dos seus próprios atos. Sessão Plenária de 13/12/1963.

[510] Súmula 473. A administração pode anular seus próprios atos, quando eivados de vícios que os tornam ilegais, porque deles não se originam direitos; ou revogá-los, por motivo de conveniência ou oportunidade, respeitados os direitos adquiridos, e ressalvada, em todos os casos, a apreciação judicial. Sessão Plenária de 03/12/1969

aplicações a eventos ocorridos entre o início da vigência do regulamento e sua revogação. Nesse caso, a incidência da norma construída a partir do preceito regulamentar revogado sobre fatos anteriores à revogação permanece.[511]

Adicionalmente, afirma-se que a revogação, ao contrário da anulação, não se dá por argumento de ilegalidade, mas por questões de conveniência e oportunidade.[512] No caso dos regulamentos tributários, quando ocorre mudança da interpretação regulamentar sem mudança da lei, não se pode propriamente afirmar tratar-se de questão de conveniência e de oportunidade. Trata-se de mudança de critério interpretativo administrativo. É claro que, tanto o regulamento revogado, como o regulamento superveniente poderão ser objeto de questionamento pelo particular, caso discorde da interpretação por eles veiculadas. Não obstante, o que se pretende examinar aqui é um efeito específico dessa mudança de interpretação regulamentar, quando importe o agravamento da situação do particular, consistente na aplicabilidade da regra da anterioridade.

Excetuados alguns tributos, a Constituição proíbe a cobrança de exações "no mesmo exercício financeiro em que haja sido publicada a lei que os instituiu ou aumentou" ou "antes de decorridos noventa dias da data em que haja sido publicada a lei que os instituiu ou aumentou" (CF/88, art. 150, III, "b" e "c" e §1º c/c art. 195, §6º). Percebe-se que os dispositivos constitucionais fazem referência ao aumento ou à instituição do tributo por lei, já que a própria Constituição somente admite que haja aumento ou instituição de tributo por veículo legal (CF/88, art. 150, I).

Ocorre, contudo, que há situações em que a Administração Tributária acredita que a interpretação regulamentar anterior, mais favorável ao contribuinte, não era a mais correta. Ao "corrigir" essa situação (sob a perspectiva da Administração), revoga o regulamento anterior, passando a veicular interpretação regulamentar mais gravosa, sem que haja mudança de lei. Em situação como essa, pode-se argumentar que a Administração deveria anular o preceito regulamentar anterior. Entretanto, seja para resguardar situações passadas, seja por outros motivos, a própria Administração opta pela revogação. Ao fazê-lo, dá azo ao mesmo efeito prático do aumento de tributo por lei.

---

[511] FERRAZ JUNIOR, Tércio Sampaio. *Introdução ao Estudo do Direito*: técnica, decisão, dominação. 7. ed. São Paulo: Atlas, 2013. p. 215.

[512] MELLO, Celso Antônio Bandeira de. *Curso de Direito Administrativo*. 25. ed. São Paulo: Malheiros, 2007. p. 475.

Passa-se de uma situação anterior mais favorável ao contribuinte, para uma situação posterior menos favorável.

É claro que o particular sempre poderá questionar a validade do preceito regulamentar superveniente. No entanto, independentemente disso, parece ser o caso de aplicação do resguardo constitucional temporal à surpresa pela mudança normativa, consubstanciado na anterioridade. Sob a perspectiva prática brasileira, nem sempre o particular terá à disposição os recursos ou a aptidão para correr os riscos de aplicação de penalidades necessários para a discussão da legalidade de um dispositivo regulamentar. Nesse contexto, as proteções da legalidade e da anterioridade não devem ser consideradas excludentes, mas cumulativas.

Conforme Humberto Ávila, a regra da anterioridade deve ser interpretada de acordo com "o sobreprincípio da segurança jurídica, que lhe é axiologicamente subjacente".[513] Nessa linha, a interpretação da anterioridade, prossegue, deve ser feita tomando-se em conta a conexão material entre o comportamento do Poder Público e os fins de calculabilidade e cognoscibilidade, que decorrem da segurança jurídica.[514]

Nesse contexto, é coerente propugnar que, no caso de revogação de um preceito regulamentar mais favorável ao contribuinte e de sua substituição por um preceito regulamentar interpretativo desfavorável, além de ser resguardado seu direito à discussão da legalidade da mudança, também será aplicável a regra constitucional da anterioridade, cuja interpretação em consonância com os ideais da segurança jurídica conduz a essa conclusão.

5.4.2 Na declaração de nulidade dos dispositivos regulamentares

A situação é ainda mais complexa quando a Administração declara a ilegalidade de instrumentos regulamentares que asseguram direitos para os particulares. Nesse caso, a declaração de nulidade, em princípio, significaria afastar a aplicabilidade da interpretação regulamentar favorável, no que concerne a eventos ocorridos entre o início da vigência do regulamento e a declaração de nulidade.

---

[513] ÁVILA, Humberto. *Sistema Constitucional Tributário*. 5. ed. São Paulo: Saraiva, 2012b. p. 212-213.

[514] *Ibidem*, p. 213.

Em muitos casos, contudo, essa revisão do posicionamento administrativo, entendendo pela nulidade de interpretação anteriormente esposada pela própria Administração Tributária em favor do particular, dará ensejo a uma quebra da confiança existente entre o particular e o Estado.

De maneira genérica, Misabel Derzi define "confiança" a partir de três características, a saber, a permanência de estados, a simplificação, pela redução de complexidades e a antecipação do futuro, pela projeção do presente.[515]

A proteção da confiança, então, funciona como eficácia reflexa da segurança jurídica, em casos em que o particular, confiando na validade (ou aparência de validade) de um ato normativo geral ou individual, tem sua confiança frustrada pela descontinuidade da vigência desse ato, inclusive, em razão de invalidação.[516] Para Humberto Ávila, a proteção à confiança diferencia-se da segurança jurídica em sua feição de justiça geral, aferível *in abstracto*, por caracterizar-se como norma vocacionada à realização de justiça individual, mediante a demonstração concreta dos pressupostos de: (i) base da confiança; (ii) confiança; (iii) exercício da confiança; e (iv) frustração da confiança.[517]

A proteção à confiança pressupõe a existência de uma base da confiança criada por uma autoridade pública que haja suscitado o exercício da confiança por uma pessoa privada.[518] Nesse contexto, é importante determinar quando um regulamento tributário considerado, posteriormente, ilegal, pela própria Administração Tributária ou mesmo pelo Poder Judiciário, poderá ter configurado uma base para confiança do particular.

Os regulamentos tributários que agem dentro da esfera das determinações legais, preenchendo competências discricionárias ou conceitos indeterminados, são aptos a gerar vinculação externa à Administração. Dessa forma, sua anulação em prejuízo do contribuinte não poderá alcançar fatos ocorridos antes da declaração de nulidade, sob pena de violação da proteção da confiança e da própria legalidade.[519] Percebe-se

---

[515] DERZI, Misabel Abreu Machado. *Modificações da Jurisprudência no Direito Tributário.* Proteção da confiança, boa-fé objetiva e irretroatividade como limitações constitucionais ao Poder de Tributar. São Paulo: Noeses, 2009. p. 328.

[516] ÁVILA, Humberto. *Segurança Jurídica.* Entre permanência, mudança e realização no direito tributário. 2. ed. São Paulo: Malheiros, 2012a. p. 161.

[517] *Ibidem*, p. 369-370.

[518] CALMES, Sylvia. *Du principe de protection de la confiance légitime en droits allemand, communautaire et français.* Paris: Dalloz, 2001. p. 299.

[519] ÁVILA, Humberto. *Segurança Jurídica.* Entre permanência, mudança e realização no direito tributário. 2. ed. São Paulo: Malheiros, 2012a. p. 456.

que a publicação do regulamento é fundamental para que se possa falar em base da confiança,[520] que, no mais das vezes, será obrigatória em função de seus efeitos em relação ao cidadão.[521]

Em sentido contrário, há autores que negam a possibilidade de a segurança jurídica justificar a manutenção de um regulamento ilegal, sob o argumento de que violaria a submissão da Administração à lei e ao direito.[522] Entretanto, deve-se reconhecer que, na maioria dos casos em que a própria Administração, em determinado momento, adota uma interpretação legal favorável ao particular e, depois, julga-a ilegal, é porque havia certo grau de incerteza interpretativa. Se a interpretação da lei fosse sempre unívoca, realmente não se justificaria a proteção de confiança ter por base regulamentos posteriormente julgados ilegais. No entanto, não é isso o que acontece. As incertezas interpretativas permeiam o direito e a função dos regulamentos é, justamente, diminuí--las.[523] Nesse contexto, caso regulamentos favoráveis ao contribuinte pudessem ter sua aplicação a todo tempo afastada, não exerceriam adequadamente suas funções. Como afirma Sylvia Calmes, um regulamente ilegal pode se tornar obrigatório em função do princípio da proteção à confiança, pois o cidadão que confia no direito espera que suas ações estejam a salvo de modificações retroativas desfavoráveis.[524]

Isso não significa que qualquer regulamento tributário favorável ao particular sempre seja apto a funcionar como base de confiança em caso de posterior ilegalidade. Haverá casos em que a ilegalidade será de tal modo manifesta que a proteção não se justificará. Consoante Humberto Ávila, haverá tanto mais motivos para a proteção da confiança, quanto estiverem presentes mais dos seguintes critérios na base de confiança: (i) vinculatividade; (ii) aparência de legitimidade; (iii) permanência; (iv) efetividade; (v) indução de comportamentos; (vi) individualidade; (vii) onerosidade; (viii) durabilidade.[525]

---

[520] CALMES, Sylvia. *Du principe de protection de la confiance légitime en droits allemand, communautaire et français*. Paris: Dalloz, 2001. p. 360.

[521] Cf. Capítulo 2.

[522] Assim: LUENGO, Javier García. *El princípio de Protección de la Confianza em el Derecho Administrativo*. Madrid: Civitas, 2001. p. 229.

[523] Para Celso Antônio Bandeira de Mello, os regulamentos exercem função de balizamento do comportamento daqueles que estão incumbidos de aplicar a lei, de modo a "oferecer segurança jurídica aos administrados sobre o que deve ser considerado proibido ou exigido pela lei". MELLO, Celso Antônio Bandeira de. *Curso de Direito Administrativo*. 25. ed. São Paulo: Malheiros, 2007. p. 357.

[524] CALMES, Sylvia. *Du principe de protection de la confiance légitime en droits allemand, communautaire et français*. Paris: Dalloz, 2001. p. 441.

[525] ÁVILA, Humberto. *Segurança Jurídica*. Entre permanência, mudança e realização no direito tributário. 2. ed. São Paulo: Malheiros, 2012a. p. 414-415.

Regulamentos tributários, embora não possuam a característica da individualidade, frequentemente influenciam comportamentos do particular obrigado ao autolançamento e possuem plena efetividade. Com efeito, os regulamentos atuam, diretamente, na esfera de direitos dos particulares encarregados de interpretar e aplicar a lei tributária, sendo adotados, diariamente, pelos cidadãos. A aparência de legitimidade, a permanência e a durabilidade serão elementos adicionais favoráveis à proteção de uma base de confiança regulamentar.[526] Em muitos casos, a negativa da Administração Pública de aplicar o seu próprio critério de legalidade, veiculado pelo regulamento, consubstanciará verdadeiro comportamento administrativo contraditório.[527]

No Direito Tributário, o exercício da confiança, grande parte das vezes, será externalizado por meio do autolançamento efetuado em conformidade com a interpretação regulamentar, ou mesmo por meio de sua ausência, nos casos de isenção com dispensa de obrigações acessórias, por exemplo. A frustração da confiança, por sua vez, virá com a não homologação do autolançamento, mediante a lavratura de lançamento de ofício e de auto de infração. Por meio desses, a Administração Tributária cobrará, além do tributo que considerar devido, correção monetária, juros, penalidades moratórias e, muitas vezes, penalidades punitivas.

Nesse contexto, surge a necessidade de se estabelecer qual modo de proteção deve ser adotado para o resguardo das expectativas de confiança legítima geradas por regulamentos posteriormente considerados ilegais. O Código Tributário Nacional, em dois dispositivos distintos, parece dar duas respostas antagônicas a essa questão. Por um lado, o art. 146 do CTN determina que:

> A modificação introduzida, de ofício ou em conseqüência de decisão administrativa ou judicial, nos critérios jurídicos adotados pela autoridade administrativa no exercício do lançamento somente pode ser efetivada, em relação a um mesmo sujeito passivo, quanto a fato gerador ocorrido posteriormente à sua introdução.

---

[526] Para Patrícia Baptista somente em situações excepcionais e diante da presença de regulamento duradouro que atinja a um grande número de administrados é que seria possível a aplicação da proteção à confiança em face de regulamento posteriormente julgado ilegal. BAPTISTA, Patrícia. A Tutela da Confiança Legítima como Limite ao Exercício do Poder Normativo da Administração Pública. A proteção das Expectativas Legítimas dos Cidadãos como Limite à Retroatividade Normativa. *REDE*, Salvador, n. 11, p. 26, 2007.

[527] TORRES, Heleno Taveira. *Direito Constitucional Tributário e Segurança Jurídica*: Metódica da Segurança Jurídica do Sistema Constitucional Tributário. 2. ed. São Paulo: Revista dos Tribunais, 2012. p. 233.

Por outro lado, o art. 100, I e parágrafo único, do CTN, prescreve que a observância dos "atos normativos expedidos pelas autoridades administrativas" apenas "exclui a imposição de penalidades, a cobrança de juros de mora e a atualização do valor monetário da base de cálculo do tributo", sendo possível, assim, a cobrança do tributo principal. A solução do art. 146 pode ser tida por maximalista, pois a eficácia meramente prospectiva da alteração de critério é solução que resguarda totalmente a confiança no regulamento.[528] Por outro lado, a solução do art. 100 apenas resguarda parcialmente a confiança, visto que permite a aplicação retroativa da declaração de nulidade, para fins da cobrança de tributo, somente afastando penalidades e encargos moratórios.

É bem verdade que o art. 146 parece voltar-se para um caso bem mais específico do que o art. 100 do CTN. Como esclarece Misabel Derzi, a diferença entre o âmbito de aplicabilidade desses dispositivos é que o art. 146 pressupõe que já tenha havido lançamento em relação ao mesmo sujeito passivo, usando o critério administrativo anterior, enquanto que o art. 100 é mais genérico.[529] Entretanto, com a generalização da sistemática do lançamento por homologação, a aplicabilidade do art. 146 fica reduzida a praticamente caso algum. Com efeito, na maioria das vezes, não haverá lançamento (no sentido do art. 142 do CTN) aplicando o critério regulamentar anterior favorável ao sujeito passivo, mas mero autolançamento que poderá ou não já estar convalidado pelo decurso do prazo de cinco anos para homologação de que trata o art. 150, §4º do Código.

No entanto, em grande parte dos casos (a depender da maior presença dos critérios acima listados), a confiança gerada por um regulamento posteriormente considerado ilegal justificará uma proteção maximalista, ainda que não tenha havido lançamento anterior contra o mesmo sujeito passivo, nos termos do art. 146 do CTN. Ter-se-á, assim, a aplicação direta da proteção à confiança, para resguardar os efeitos do regulamento posteriormente considerado ilegal, em relação a eventos anteriores à declaração de nulidade.[530]

---

[528] CALMES, Sylvia. *Du principe de protection de la confiance légitime en droits allemand, communautaire et français*. Paris: Dalloz, 2001. p. 439.

[529] DERZI, Misabel Abreu Machado. Notas de atualização. In: BALEEIRO, Aliomar. *Direito Tributário Brasileiro*. 13. ed. Rio de Janeiro: Forense, 2015. p. 1.220.

[530] ÁVILA, Humberto. *Segurança Jurídica*. Entre permanência, mudança e realização no direito tributário. 2. ed. São Paulo: Malheiros, 2012a. p. 456.

5.5 Aplicação

5.5.1 A regulamentação do regime de tributação em bases universais e o conceito de renda

Os regimes brasileiros de Tributação em Bases Universais de investimentos em sociedades controladas e coligadas no exterior, pelo Imposto sobre a Renda das Pessoas Jurídicas (IRPJ) e pela Contribuição Social sobre o Lucro Líquido (CSLL), têm suscitado discussões profundas em relação à sua constitucionalidade, bem como acerca de sua compatibilidade com as convenções bilaterais para evitar a dupla tributação firmadas pelo Brasil.[531] Para fins da presente exposição, no entanto, serão destacadas apenas duas oportunidades em que houve tensões entre o tratamento da matéria no âmbito legal e a sua interpretação regulamentar. Em um dos casos, tratava-se da interpretação de normas legais que agravavam os encargos do contribuinte. No outro, tratava-se do reconhecimento, por meio da interpretação regulamentar, de norma implícita construída a partir do conceito de renda tributável (norma mitigadora de encargo).

Sinteticamente, pode-se dividir a Tributação em Bases Universais brasileira em quatro momentos.[532] No primeiro, o art. 25 da Lei nº 9.249/96 determinou que os lucros auferidos por filiais, sucursais e controladas, bem como por coligadas residentes no exterior deveriam ser adicionados ao lucro real das pessoas jurídicas domiciliadas no Brasil. No segundo momento, vigeu o regime da Medida Provisória nº 2.158-35/01, convalidada, por prazo indeterminado, pelo art. 2º da EC 32/01, cujo art. 74 determinou considerar-se disponibilizado o lucro da sociedade estrangeira para a pessoa jurídica domiciliada no Brasil no momento em que apurado em balanço da controlada ou coligada no exterior. O terceiro momento foi marcado pelo julgamento da Ação Direta de Inconstitucionalidade nº 2.588, pelo Supremo Tribunal Federal, que declarou inconstitucional a tributação de que trata o art. 74 da MP nº 2.158-35/01 no que respeita às pessoas coligadas domiciliadas em países sem tributação favorecida e constitucional, nas demais hipóteses, embora não tenha sido alcançada a maioria necessária para a atribuição de efeitos vinculativos nos casos de coligadas em países com

---

[531] Para uma exposição ampla e completa sobre o tema, cf. XAVIER, Alberto. *Direito Tributário Internacional do Brasil*. 8. ed. Rio de Janeiro: Forense, 2015. p. 473-496

[532] Sobre isso, ver nosso: KOURY, Paulo Arthur Cavalcante. Os tratados contra a bitributação e os resultados no exterior. *Revista Dialética de Direito Tributário*, São Paulo: Dialética, v. 235, p. 121-122, 2015a.

PAULO ARTHUR CAVALCANTE KOURY
COMPETÊNCIA REGULAMENTAR EM MATÉRIA TRIBUTÁRIA: FUNÇÕES E LIMITES DOS DECRETOS, INSTRUÇÕES...

tributação favorecida e quanto às controladas em países sem tributação favorecida.[533] O quarto momento consiste na edição da Medida Provisória nº 627/2013, posteriormente convertida na Lei nº 12.973/14, que revogou o art. 74 da Medida Provisória nº 2.158-35/01, instituindo um novo regime de Tributação em Bases Universais.

Para fins da presente análise, importam o primeiro e o segundo momentos. No primeiro momento, o *caput* do art. 25 da Lei nº 9.249/95 determinou que os lucros auferidos no exterior seriam computados na determinação do lucro real das pessoas jurídicas residentes no Brasil. Embora o dispositivo legal afirmasse que as filiais, sucursais e controladas deveriam demonstrar a apuração dos lucros que auferissem em cada exercício fiscal, segundo as normas da legislação brasileira (§2º, I) e que os lucros assim contabilizados seriam adicionados ao lucro líquido da controladora brasileira, para fins de apuração do lucro tributável (§2º, II), a prescrição não era absolutamente clara em relação ao momento em que esses lucros seriam considerados disponibilizados para a controladora ou coligada brasileira.[534]

---

[533] Cf. Solução de Consulta COSIT nº 18/2013.

[534] Art. 25. Os lucros, rendimentos e ganhos de capital auferidos no exterior serão computados na determinação do lucro real das pessoas jurídicas correspondente ao balanço levantado em 31 de dezembro de cada ano.
§1º Os rendimentos e ganhos de capital auferidos no exterior serão computados na apuração do lucro líquido das pessoas jurídicas com observância do seguinte:
I - os rendimentos e ganhos de capital serão convertidos em Reais de acordo com a taxa de câmbio, para venda, na data em que forem contabilizados no Brasil;
II - caso a moeda em que for auferido o rendimento ou ganho de capital não tiver cotação no Brasil, será ela convertida em dólares norte-americanos e, em seguida, em Reais;
§2º Os lucros auferidos por filiais, sucursais ou controladas, no exterior, de pessoas jurídicas domiciliadas no Brasil serão computados na apuração do lucro real com observância do seguinte:
I - as filiais, sucursais e controladas deverão demonstrar a apuração dos lucros que auferirem em cada um de seus exercícios fiscais, segundo as normas da legislação brasileira;
II - os lucros a que se refere o inciso I serão adicionados ao lucro líquido da matriz ou controladora, na proporção de sua participação acionária, para apuração do lucro real;
III - se a pessoa jurídica se extinguir no curso do exercício, deverá adicionar ao seu lucro líquido os lucros auferidos por filiais, sucursais ou controladas, até a data do balanço de encerramento;
IV - as demonstrações financeiras das filiais, sucursais e controladas que embasarem as demonstrações em Reais deverão ser mantidas no Brasil pelo prazo previsto no art. 173 da Lei nº 5.172, de 25 de outubro de 1966.
§3º Os lucros auferidos no exterior por coligadas de pessoas jurídicas domiciliadas no Brasil serão computados na apuração do lucro real com observância do seguinte:
I - os lucros realizados pela coligada serão adicionados ao lucro líquido, na proporção da participação da pessoa jurídica no capital da coligada;
II - os lucros a serem computados na apuração do lucro real são os apurados no balanço ou balanços levantados pela coligada no curso do período-base da pessoa jurídica;

Nesse passo, havia, pelo menos, duas alternativas interpretativas, quais sejam: (i) considerar que as referências legais aos demonstrativos financeiros da controlada ou coligada no exterior determinariam a tributação desses lucros pela controladora ou coligada brasileira independentemente de seu efetivo recebimento na forma de dividendos, ou mesmo da deliberação societária pelo pagamento de dividendos; e (ii) considerar que os valores somente poderiam ser tributados no Brasil quando a controladora ou coligada brasileira efetivamente adquirisse o direito ao recebimento de dividendos ou recebesse tais ingressos.

Ao interpretar a norma legal, o art. 2º da Instrução Normativa SRF nº 38/96 seguiu pelo segundo caminho, ao determinar que seriam considerados disponibilizados os lucros pagos ou creditados para a matriz, controladora ou coligada brasileira:

> Art. 2º Os lucros auferidos no exterior, por intermédio de filiais, sucursais, controladas ou coligadas serão adicionados ao lucro líquido do período-base, para efeito de determinação do lucro real correspondente ao balanço levantado em 31 de dezembro do ano-calendário em que tiverem sido disponibilizados.
>
> §1º Consideram-se disponibilizados os lucros pagos ou creditados à matriz, controladora ou coligada, no Brasil, pela filial, sucursal, controlada ou coligada no exterior.
>
> §2º Para efeito do disposto no parágrafo anterior, considera-se:
>
> I - creditado o lucro, quando ocorrer a transferência do registro de seu valor para qualquer conta representativa de passivo exigível da filial, sucursal, controlada ou coligada, domiciliada no exterior;
>
> II - pago o lucro, quando ocorrer:
>
> a) o crédito do valor em conta bancária em favor da matriz, controladora ou coligada, domiciliada no Brasil;
>
> b) a entrega, a qualquer título, a representante da beneficiária;

III - se a pessoa jurídica se extinguir no curso do exercício, deverá adicionar ao seu lucro líquido, para apuração do lucro real, sua participação nos lucros da coligada apurados por esta em balanços levantados até a data do balanço de encerramento da pessoa jurídica;

IV - a pessoa jurídica deverá conservar em seu poder cópia das demonstrações financeiras da coligada.

§4º Os lucros a que se referem os §§2º e 3º serão convertidos em Reais pela taxa de câmbio, para venda, do dia das demonstrações financeiras em que tenham sido apurados os lucros da filial, sucursal, controlada ou coligada.

§5º Os prejuízos e perdas decorrentes das operações referidas neste artigo não serão compensados com lucros auferidos no Brasil.

§6º Os resultados da avaliação dos investimentos no exterior, pelo método da equivalência patrimonial, continuarão a ter o tratamento previsto na legislação vigente, sem prejuízo do disposto nos §§1º, 2º e 3º.

c) a remessa, em favor da beneficiária, para o Brasil ou para qualquer outra praça;

d) o emprego do valor, em favor da beneficiária, em qualquer praça, inclusive no aumento de capital da filial, sucursal, controlada ou coligada, domiciliada no exterior. (...)

Essa interpretação apresenta-se consonante com a diretriz acima referida em caso da interpretação regulamentar de normas agravadoras de encargo, pela preferência de soluções que não resultem em ampliação do âmbito de incidência da regra impositiva. Adicionalmente, e de maneira ainda mais relevante, essa interpretação coaduna-se com os conceitos de disponibilidade jurídica ou econômica, veiculados pelo art. 43 do CTN, ao definir o que se entende por renda, para fins tributários, bem como com o chamado "princípio da realização da renda". Conforme leciona Ricardo Mariz de Oliveira, a realização da renda confunde-se com os próprios conceitos de disponibilidade econômica e jurídica. Trata-se de decorrência da norma constitucional da capacidade contributiva (CF/88, art. 145, §1º), conforme a qual somente pode ser tributado pelo Imposto sobre a Renda o ingresso "que já entrou na titularidade do contribuinte, em caráter definitivo e sem se submeter a qualquer condição ou evento futuro e de acontecimento incerto".[535]

Entretanto, houve questionamentos quanto a uma possível desconformidade entre a Instrução Normativa e o texto legal. Essas dúvidas foram eliminadas com a superveniência da Lei nº 9.532/97, objeto da conversão da Medida Provisória nº 1.602/97, cujo art. 1º, §1º, "b", previu, expressamente, que, no caso de controlada ou coligada no exterior, os rendimentos somente seriam considerados disponibilizados à controladora ou coligada brasileira quando do "pagamento ou do crédito em conta representativa de obrigação da empresa no exterior".

A superveniência da norma legal, sem eficácia retroativa, não impediu que tivesse curso uma Representação perante o Ministério Público Federal,[536] em que se questionava a prática de ilícito pelas autoridades subscritoras da Instrução Normativa 38/96. Nestes autos, foi apresentada a Nota SRF nº 38/2000, que afirmou que a Instrução Normativa havia apenas aplicado os próprios limites do ordenamento

---

[535] OLIVEIRA, Ricardo Mariz de. Disponibilidade econômica de rendas e proventos, princípio da realização da renda e princípio da capacidade contributiva. In: MARTINS, Ives Gandra da Silva. PASIN, João Bosco Coelho (Coords.). *Direito Tributário Contemporâneo* – Estudos em homenagem ao Prof. Luciano da Silva Amaro. São Paulo: Saraiva, 2012. p. 293.

[536] Representação nº 1.34.001.0001481/2000-35.

jurídico para a tributação da renda, consistentes no conceito de renda determinado pelo art. 43 do CTN, que somente admite a tributação da renda efetivamente disponibilizada, não havendo ilegalidade. De toda sorte, o caso é relevante pois demonstra que a interpretação regulamentar não se limita à interpretação do conteúdo de uma lei isolada, mas abrange o sistema jurídico considerado em seu conjunto. Além disso, consubstancia exemplo de regulamento que deu interpretação adequadamente tendente à restrição a uma norma agravadora de encargo.

O segundo momento de tensão na interpretação regulamentar se deu quando da regulamentação do art. 74 da Medida Provisória nº 2.158-35/01 pela Instrução Normativa SRF 213/02. O dispositivo legal não tratava da possibilidade de os prejuízos apurados em um exercício por uma filial, controlada ou coligada no exterior serem, posteriormente, compensados com lucros apurados, por essa ou por outra entidade. No entanto, mais uma vez interpretando o conceito de renda, a referida IN 213/02, em seu art. 4º, §2º, estabeleceu a possibilidade de compensação de prejuízos apurados por uma controlada ou coligada no exterior com lucros posteriormente apurados pela mesma entidade.[537]

Em que pese essa norma de compensação de prejuízos possa ser justificada com base no referido conceito de renda, construído a partir do art. 43 do CTN e do art. 153, III, da CF/88, há quem afirme que a interpretação regulamentar não teria base legal. Essa última interpretação prevaleceu em julgado da 2ª Turma Ordinária da 3ª Câmara da 1ª Seção de Julgamento do Conselho Administrativo de Recursos Fiscais (Acórdão 1302-001.629, sessão de 3 de fevereiro de 2015). Nesse caso, o

---

[537] Art. 4º É vedada a compensação de prejuízos de filiais, sucursais, controladas ou coligadas, no exterior, com os lucros auferidos pela pessoa jurídica no Brasil.

§1º Os prejuízos a que se refere este artigo são aqueles apurados com base na escrituração contábil da filial, sucursal, controlada ou coligada, no exterior, efetuada segundo as normas legais do país de seu domicílio, correspondentes aos períodos iniciados a partir do ano-calendário de 1996.

§2º Os prejuízos apurados por uma controlada ou coligada, no exterior, somente poderão ser compensados com lucros dessa mesma controlada ou coligada.

§3º Na compensação dos prejuízos a que se refere o §2º não se aplica a restrição de que trata o art. 15 da Lei nº 9.065, de 1995.

§4º A pessoa jurídica brasileira que absorver patrimônio de filial, sucursal, controlada ou coligada, no exterior, de outra pessoa jurídica brasileira, e continuar a exploração das atividades no exterior, poderá compensar os prejuízos acumulados pela referida filial, sucursal, controlada ou coligada, correspondentes aos períodos iniciados a partir do ano-calendário de 1996, observado o disposto neste artigo.

§5º Tratando-se de filiais e sucursais, domiciliadas num mesmo país, quando a matriz no Brasil indicar uma dessas filiais ou sucursais como entidade líder, os resultados poderão ser consolidados por país e os prejuízos de uma poderão ser compensados com os lucros de outra.

contribuinte havia realizado a compensação de prejuízos incorridos por controlada no exterior com posteriores lucros da própria controlada. No entanto, essa compensação havia sido glosada pela fiscalização. Após julgamento desfavorável na primeira instância administrativa, os conselheiros, por voto de qualidade, negaram provimento ao Recurso Voluntário do contribuinte, nesse ponto, sob o entendimento de que o art. 4º da IN 213/02 seria ilegal:

> O art. 4º da IN SRF 213/02 criou, sem base legal, ao mesmo tempo, um elemento redutor da base de cálculo do IRPJ e CSLL e um tratamento diferenciado no caso de investida avaliada pelo MEP, razão pela qual entendo que a interpretação da Receita Federal, albergada no art. 4º, extrapola os parâmetros hermenêuticos das normas legais que regem a matéria e, por isso, não é uma intepretação razoável do quadro normativo legal.

Não se pretende, aqui, discutir o mérito da decisão, mas sim os efeitos da declaração de nulidade da norma regulamentar favorável ao contribuinte. Após expor os motivos pelos quais considerou ilegal a prescrição regulamentar, o conselheiro relator determinou a aplicação do art. 100, I e parágrafo primeiro do CTN para excluir a multa de ofício e os juros de mora. Trata-se do que acima se denominou de proteção minimalista da confiança gerada pelo preceito regulamentar. Entretanto, ainda que se admitisse a ilegalidade da instrução normativa em questão, havia razões para a aplicação de uma proteção maximalista, de modo a resguardar o direito de compensar os prejuízos, pois o contribuinte havia confiado na interpretação da Receita Federal sobre o tema, que era razoável.

Posteriormente, a 1ª Turma da Câmara Superior de Recursos Fiscais reverteu a decisão nesse ponto (Acórdão 9101002.332, sessão de 4 de maio de 2016). A justificativa do Conselheiro relator para tanto consistiu na circunstância de ter o contribuinte efetuado a compensação baseado no dispositivo regulamentar, o qual, por sua vez, teria fundamento no art. 43 do CTN:

> Compreendo que o dispositivo em questão dá respaldo aos atos praticados pelo contribuinte, gozando de base legal suficiente para tanto. O art. 4º da IN 213/02 vivifica o art. 43 do CTN, em consonância com a diretriz *da tributação da renda enquanto acréscimo patrimonial*. Deve ser julgado legítimo o agir do contribuinte que se embasou nessa expressa e correta orientação do Fisco (grifos originais).

Esse exemplo mostra que o tema dos limites à interpretação regulamentar, bem como da proteção da confiança gerada a partir dela apresenta grande relevância prática. No caso examinado, além da discussão material sobre a legalidade ou não do dispositivo regulamentar, também a discussão sobre a confiança gerada no particular pelo dispositivo regulamentar deveria ter sido abordada de maneira mais aberta.

5.5.2 A tributação dos repasses de dividendos por fundos de investimento em participações

Um caso emblemático de alteração de interpretação regulamentar consolidada há mais de quatorze anos verifica-se na modificação do entendimento da Receita Federal do Brasil sobre a tributação de repasses diretos de dividendos para cotistas de Fundos de Investimento em Participações (FIP), levada a efeito pelo art. 21 da Instrução Normativa RFB nº 1.585/15.

Os Fundos de Investimento em Participações societárias consistem em condomínios, comunhão de recursos destinados à aquisição de ações, debêntures, bônus de subscrição, ou de outros títulos e valores mobiliários conversíveis ou permutáveis em ações de emissão de companhias, abertas ou fechadas, nos termos do art. 2º da Comissão de Valores Mobiliários 391/2003, editado consoante a norma de competência prevista nos arts. 2º, IX, 8º, I, e 19 da Lei nº 6.385/76. Por meio dos FIP, investidores com qualquer perfil podem contar com administração especializada dos seus recursos, razão qual seu caráter democrático é, frequentemente, exaltado.[538]

O investidor, assim, subscreve cotas do Fundo, que utiliza o valor para adquirir, dentre outros títulos, ações de companhias abertas. Essas ações podem pagar dividendos. Quando isso ocorre, há duas possibilidades, a depender do regulamento do Fundo, quais sejam: (i) incorporar os valores ao patrimônio comum do FIP; e (ii) repassar os dividendos diretamente aos cotistas do Fundo, sem incorporá-los ao patrimônio comum.

Na hipótese de repasse direto de dividendos aos cotistas, surge a questão acerca da aplicabilidade da isenção de Imposto de Renda sobre dividendos, conforme o art. 10 da Lei nº 9.249/95, cujo *caput* assim prescreve:

---

[538] EIZIRIK, Nelson; GAAL, Ariádna B.; PARENTE, Flávia; HENRIQUES, Marcos de Freitas. *Mercado de Capitais* – regime jurídico. 3. ed. Rio de Janeiro: Renovar, 2011. p. 81.

Art. 10. Os lucros ou dividendos calculados com base nos resultados apurados a partir do mês de janeiro de 1996, pagos ou creditados pelas pessoas jurídicas tributadas com base no lucro real, presumido ou arbitrado, não ficarão sujeitos à incidência do imposto de renda na fonte, nem integrarão a base de cálculo do imposto de renda do beneficiário, pessoa física ou jurídica, domiciliado no País ou no exterior.

(...)

Em face dessa disposição legal, em princípio, duas alternativas interpretativas seriam possíveis, a saber:

(i) o repasse direto dos dividendos aos cotistas do FIP está albergado pela isenção de que trata o art. 10 da Lei nº 9.249/95;

(ii) o repasse direto dos dividendos aos cotistas do FIP não está albergado pela isenção de que trata o art. 10 da Lei nº 9.249/95, submetendo-se à regra geral de tributação de rendimentos no âmbito do cotista.

Em se tratando da interpretação regulamentar de norma legal que mitiga o encargo do contribuinte, por meio da isenção, conforme a diretriz interpretativa exposta acima, há uma preferência por interpretações que não conduzam a um resultado restritivo, exigindo-se maior ônus da argumentação para justificar interpretações restritivas. Esse foi o caminho trilhado pelo art. 8º, §13 da Instrução Normativa SRF nº 25/2001 e pelo art. 22 da Instrução Normativa RFB nº 1.022/10, que a sucedeu. Ambos os dispositivos regulamentares, ao interpretarem o art. 10 da Lei nº 9.249/95, determinaram que a isenção se aplica integralmente ao repasse direto de dividendos:

IN SRF 25/01.

Art. 8º Os quotistas dos fundos de investimento em ações serão tributados pelo imposto de renda exclusivamente no resgate de quotas, às seguintes alíquotas:

(...)

§13. Os valores recebidos das companhias emissoras de ações integrantes da carteira do fundo, repassados diretamente aos quotistas, são isentos do imposto de renda, no caso de dividendos, e tributados, na fonte, à alíquota de 15%, no caso de juros sobre o capital próprio.

IN RFB 1.022/10.

Art. 22. Os valores recebidos das companhias emissoras de ações integrantes da carteira do fundo, repassados diretamente aos cotistas, são isentos do imposto sobre a renda, no caso de dividendos; e tributados na fonte à alíquota de 15% (quinze por cento), no caso de juros sobre o capital próprio.

Parágrafo único. O disposto no caput aplica-se, também, a qualquer fundo de investimento que tenha ações em sua carteira.

Decorridos mais de quatorze anos desde a primeira interpretação regulamentar, sobreveio a Instrução Normativa RFB nº 1.585/15, que revogou a Instrução Normativa RFB nº 1.022/10, veiculando novas disposições sobre a tributação de rendimentos e de ganhos líquidos auferidos nos mercados financeiro e de capitais. O art. 21 dessa nova regulamentação, no entanto, modificou o entendimento administrativo sobre a aplicabilidade da isenção de dividendos aos repasses diretos realizados por Fundos de Investimento em Participações. Além de modificar a interpretação administrativa sobre a aplicabilidade da referida isenção, o dispositivo em questão determinou a tributação dos repasses de dividendos equiparando-os ao resgate ou amortização de cotas:

> Art. 21. O administrador de fundo ou clube de investimento que destinar diretamente aos cotistas as quantias que lhes forem atribuídas a título de dividendos, juros sobre capital próprio, reembolso de proventos decorrentes do empréstimo de valores mobiliários, ou outros rendimentos advindos de ativos financeiros que integrem sua carteira, fica responsável pela retenção e pelo recolhimento do imposto sobre a renda:
>
> I - como resgate de cotas, no caso de fundo constituído sob a forma de condomínio aberto; ou
>
> II - como amortização de cotas, no caso de fundo constituído sob a forma de condomínio fechado.
>
> Parágrafo único. O disposto no caput aplica-se, também, a qualquer fundo de investimento que tenha ações em sua carteira.

Sob a perspectiva estritamente material, um dos fundamentos mais claros para a ilegalidade desse dispositivo consiste na equiparação do repasse direto de dividendos ao resgate ou amortização de cotas, que se sujeitam a uma regra específica de tributação na fonte à alíquota de 15%, na forma do art. 2º, §2 da Lei nº 11.312/06. Trata-se, na melhor das hipóteses, de tributação por analogia, expressamente vedada pelo art. 108, §1º, do CTN.

Conforme a diretriz interpretativa acima exposta, a interpretação regulamentar da isenção em questão deveria pautar-se por uma preferência contrária a resultados restritivos como o veiculado pelo art. 21 da Instrução Normativa RFB 1.585/15. Nesse caso específico, o desrespeito dessa diretriz interpretativa é agravado pela circunstância de ter a interpretação anterior prevalecido por mais de quatorze anos.

Favoravelmente à nova interpretação administrativa, argumenta-se que o FIP seria o cotista das ações, motivo pelo qual a isenção de dividendos somente se aplicaria à relação entre a companhia investida e o Fundo, bem como que a norma teria fundamento no art. 4º da Lei nº 13.403/14. O primeiro argumento desconsidera a natureza despersonalizada do Fundo, bem como veicula uma interpretação sobremodo restritiva da isenção de dividendos. O segundo argumento, de sua parte, é manifestamente improcedente, pois o referido art. 4 da Lei nº 13.403/14[539] não veicula norma de tributação, mas, apenas, norma de sujeição passiva tributária. Em outras palavras, o dispositivo não institui ou majora tributo, apenas prescreve que o administrador do Fundo será responsável tributário pelo imposto de renda *devido* no caso de resgate de cotas ou distribuição de valores. Logo, da perspectiva material, não se justifica a interpretação restritiva veiculada pela norma regulamentar em questão, em relação à regra mitigadora de incidência, consistente na isenção de dividendos, no caso de repasse direto do FIP aos cotistas, conforme a previsão do seu regulamento.[540]

Da perspectiva da proteção constitucional da segurança jurídica, em se tratando de revogação de disposição regulamentar interpretativa, deveria ser aplicada a regra da anterioridade de exercício, prevista no art. 150, III, "b", da CF/88. Instado a se manifestar sobre essa questão, o Tribunal Regional Federal da 3ª Região afirmou, laconicamente que, "não se tratando de inovação legislativa, não se sujeita a previsão do artigo 21 da IN SRF 1.585/2015 ao princípio da anterioridade".[541] Contudo, conforme exposto no item 5.4.1 supra, não há razões jurídicas para negar aplicabilidade a essa norma constitucional protetiva da segurança jurídica, nas hipóteses de revogação de dispositivo regulamentar que importe em majoração da carga tributária, como ocorreu

---

[539] Lei nº 13.403/14:
Seção II
Dos Fundos de Índice de Renda Fixa e das Emissões de Títulos de Responsabilidade do Tesouro Nacional
(...)
Art. 4º São responsáveis pelo recolhimento do imposto sobre a renda devido:
I - na alienação de cotas em mercado secundário, a instituição ou entidade que faça o pagamento dos rendimentos ou ganhos ao beneficiário final, ainda que não seja a fonte pagadora original; e
II - no resgate de cotas e na distribuição de qualquer valor, o administrador do fundo. (...)

[540] Para uma análise aprofundada dessas questões, ver: SANTOS, Ramon Tomazela. Fundos de investimentos e o repasse direto de dividendos para os cotistas. *Revista Fórum de Direito Tributário* – RFDT, Belo Horizonte: Fórum, n. 78, p. 139-162, 2015.

[541] Agravo Legal em Agravo de Instrumento nº 0025727-14.2015.4.03.0000/SP, Rel. Desembargador Federal Carlos Muta. *DJe* de 12.02.2016.

com a revogação da Instrução Normativa RFB nº 1.022/10 pela Instrução Normativa RFB nº 1.585/15.

Com este exemplo, buscou-se esclarecer a aplicabilidade do critério interpretativo acima defendido em relação a interpretações regulamentares de preceitos legais que mitigam o ônus tributário, bem como da regra da anterioridade de exercício, no caso de revogação de dispositivos regulamentares da qual decorra aumento de carga tributária para o contribuinte.

5.6 Síntese do capítulo

Por estarem situados em patamar intermediário entre a maior abstração dos textos legais e a maior concretude dos textos de aplicação individual do direito, os textos produzidos em conformidade com a competência tributária regulamentar apresentam vocação para minorar o abismo gnosiológico entre significantes e significados no processo de positivação do Direito Tributário. Trata-se do resultado de interpretações dos termos e dos enunciados veiculados pelo texto legal que, como quaisquer interpretações, apresenta certo caráter criativo.

Os textos produzidos pela competência tributária regulamentar, situados entre a maior abstração do plano legal e o plano concreto, exercerão a função de interpretação quando se prestem a definir termos legais (de modo intensional ou extensional) e quando veiculem interpretações de enunciados legais em consideração com os demais enunciados do sistema. Em ambas as hipóteses, funcionarão como elementos para a construção da premissa decisória abstrata para a solução do caso concreto. Consubstanciando o argumento do Fisco sobre o conteúdo legal, prevalecerão, a menos que disputados pelo particular.

A função de interpretação exercida pela competência tributária regulamentar, em que pese apresente certo caráter criativo, submete-se a controles baseados nos textos de direito positivo pertinentes à seara tributária, nas interpretações anteriormente albergadas pelo sistema e na doutrina jurídica, dentre outros. Adicionalmente, a procedimentalização do direito não admite que eventuais conflitos quanto à interpretação regulamentar protraiam-se indefinidamente no tempo.

A função de interpretação pode ser definida como o papel exercido pelos instrumentos regulamentares em matéria tributária, postos em patamar intermediário entre a lei e o ato concreto de aplicação do Direito Tributário, de veicular o argumento interpretativo da Administração Tributária sobre o conteúdo legal, definindo termos (de forma extensional ou intensional) e propondo significações para porções extensas de enunciados legais.

A função de interpretação exercida pela competência tributária regulamentar deve ser dividida entre a função de interpretação de preceitos legais que agravam a situação do contribuinte e a função de interpretação de preceitos legais que melhoram sua situação. No primeiro caso, os regulamentos devem tender à interpretação restritiva, abstendo-se de tangenciar a chamada "franja marginal" ou periferia do campo de aplicabilidade da norma. No segundo caso, devem tender à interpretação ampliativa, aproximando-se mais da periferia do que do centro. Trata-se de parâmetros argumentativos *a priori* para o controle do exercício da interpretação regulamentar (função heurística da doutrina).

Na situação ideal, em que a interpretação regulamentar é exercida de modo adequado, sem restrição de direitos nem ampliação de deveres dos particulares, promovem-se os ideais da segurança jurídica, que, no ordenamento jurídico brasileiro, protege um estado de cognoscibilidade, confiabilidade e calculabilidade. No entanto, haverá casos em que esses ideais serão confrontados com o afastamento dos preceitos regulamentares favoráveis ao contribuinte pela Administração, seja por meio de revogação do regulamento, seja pela declaração de nulidade.

No caso de revogação de um preceito regulamentar mais favorável ao contribuinte e de sua substituição por um preceito regulamentar interpretativo desfavorável, além de ser resguardado seu direito à discussão da legalidade da mudança, também será aplicável a regra constitucional da anterioridade, cuja interpretação, em consonância com os ideais da segurança jurídica, conduz a essa conclusão. No caso de declaração de nulidade de um regulamento favorável ao particular, a confiança gerada pelo regulamento posteriormente considerado ilegal poderá justificar uma proteção maximalista, com resguardo da aplicabilidade da norma regulamentar, seja pela aplicação do art. 146 do CTN, seja pela aplicação direta do primado da proteção da confiança.

CAPÍTULO 6

FUNÇÃO DE FIXAÇÃO DE ALÍQUOTAS

*Na propriedade só a lei pode tocar, e, ainda assim,
debaixo das ressalvas constitucionais, quer quanto
à desapropriação, quer quanto ao imposto (...) Só a
lei, porque representa o consenso dos contribuintes, a
sua generalidade, a sua comunidade, a sua totalidade,
assentindo no encargo, a que deliberam ficar adstritos
nos seus bens e pessoas.*

(Rui Barbosa)[542]

6.1 Identificação: Argumentos teóricos ou analíticos

O que se denomina de função de fixação de alíquotas poderia ser, preliminarmente, definido como a atribuição exercida pelos regulamentos na fixação de alíquotas de certos tributos, observadas as condições legais.

Trata-se de um desdobramento especial do vetor de densificação de dever da norma da legalidade em matéria tributária, relacionado à alíquota dos tributos. A Constituição Federal de 1988, incluindo

---

[542] BARBOSA, Rui. As Docas de Santos e as Taxas de Capatazia. In: BARBOSA, Rui. *Trabalhos jurídicos.* Rio de Janeiro: Fundação Casa de Rui Barbosa, 1991a. v. XLV. p. 212.

modificações posteriores e o Ato das Disposições Constitucionais Transitórias, empregou o termo "alíquota" dezenas de vezes. A Constituição (art. 153, §1º) estabelece a possibilidade de o Poder Executivo, "atendidas as condições e os limites estabelecidos em lei", alterar as alíquotas do Imposto sobre Produtos Industrializados (IPI), do Imposto de Exportação (IE), do Imposto de Importação (II) e do Imposto sobre operações de crédito, câmbio e seguro ou relativas a títulos ou valores mobiliários (IOF). O art. 177, §4º, I, da CF/88, inserido pela EC 33/01, determinou que a alíquota da CIDE-Combustíveis pode ser "diferenciada por produto ou uso" e "reduzida e restabelecida por ato do Poder Executivo". Além disso, há previsões concernentes à fixação de alíquotas máximas e mínimas (*v.g.* art. 155, §2º, V, art. 156, §3º, I) e ao uso indutor de alíquotas (*e.g.* art. 153, §4º, I), além de um regramento bastante minucioso acerca das alíquotas do ICMS (art. 155, §2º, VII e VIII), dentre outros exemplos.

Percebe-se, pois, que o termo "alíquota", em matéria tributária, foi utilizado na Constituição Federal para prescrever diversas sortes de efeitos jurídicos, motivo pelo qual se afigura muito relevante sua precisa conceituação doutrinária. Em matéria de legalidade e de regulamentos tributários, essa conceituação adquire importância ainda maior, haja vista a expressa permissão constitucional para que normas regulamentares fixem alíquotas dos quatro referidos impostos federais, nos limites e nas condições prescritos em lei. Adicionalmente, essa precisão conceitual também se faz necessária para o controle das relações entre leis e regulamentos na fixação de alíquotas de tributos que não estejam albergados pela referida proteção constitucional.

Tratando, especificamente, sobre o tema, Aires F. Barreto critica a tradicional acepção, conectada a uma das raízes etimológicas da palavra "alíquota", de que essa consistiria em "quota, pedaço, quantia ou fração" da base de cálculo. Conforme explica, há casos em que a alíquota atinge ou supera a inteireza da base de cálculo. Adicionalmente, excetuado o pagamento do tributo em espécie, a alíquota não funciona como parte da base de cálculo, mas como critério para a obtenção do *quantum* devido.[543]

Dessa forma, o referido autor conceitua alíquota como "o indicador da proporção a ser tomada da base de cálculo". No patamar da norma abstrata, explica, a alíquota funciona como mero indicador,

---

[543] BARRETO, Aires Fernandino. *Base de cálculo, alíquota e princípios constitucionais*. São Paulo: Revista dos Tribunais, 1986. p. 41-42.

somente podendo ser conjugada à base calculada, no âmbito da norma concreta, para a efetiva determinação do *quantum debeatur*.[544]

Nessa linha, enquanto indicadora da proporção a ser tomada da base de cálculo, a alíquota pode apresentar-se como fração da base de cálculo, expressa em unidades monetárias (alíquota *ad valorem*) ou como valor monetário fixo ou variável em função de unidades ou escalas de base de cálculo (alíquota específica).[545] No primeiro caso, as diferenças de qualidade e valor entre produtos tributados, por exemplo, são tomadas em consideração, pois a tributação será tanto maior, em termos absolutos, quanto maior o preço. Quando são usadas alíquotas específicas, essas diferenças são desconsideradas.[546]

Tem-se alíquota *ad valorem*, por exemplo, na Contribuição Social sobre o Lucro Líquido (CSLL), calculada pela aplicação do percentual de 9% (alíquota *ad valorem*), salvo exceções, sobre o valor do resultado ajustado (base de cálculo expressa em unidades monetárias), conforme o art. 3º, II, da Lei nº 7.689/88, incluído pela Lei nº 11.727/08. Por outro lado, tem-se alíquota específica, por exemplo, quando a Lei nº 10.336/01 prescreve que a Contribuição de Intervenção no Domínio Econômico sobre Combustíveis (CIDE-Combustíveis), dentre outras hipóteses, será devida em R$ 860,00 (oitocentos e sessenta reais), por metro cúbico de gasolina (unidade de base de cálculo).

Essa classificação das alíquotas em específicas e *ad valorem* encontra respaldo na disciplina do Código Tributário Nacional acerca dos Impostos de Importação (art. 20) e de Exportação (art. 24). Adicionalmente, encontra-se também referida pela Constituição Federal, em dispositivos inseridos pela Emenda nº 33/01, relativamente às contribuições em geral (art. 149, §2º, III) e ao ICMS, cobrado uma única vez sobre combustíveis e lubrificantes (art. 155, §4º, IV, "b"). Embora não tratem, especificamente, de regulamentos, esses dispositivos confirmam a importância da distinção, bem como sua relevância, por indução, para a própria conceituação de "alíquota". Para que a definição tenha conformidade com o ordenamento jurídico, é preciso que albergue essas duas espécies de alíquotas, pelo menos.

Desse modo, tem-se que, para fins da função de fixação de alíquotas exercida pelos regulamentos tributários, alíquota consiste no

---

[544] BARRETO, Aires Fernandino. *Base de cálculo, alíquota e princípios constitucionais*. São Paulo: Revista dos Tribunais, 1986. p. 43-44.

[545] STIGLITZ, Joseph E. *Economics of the Public Sector*. 3. ed. New York: Norton & Company, 1999. p. 488.

[546] *Ibidem*, p. 489.

indicar abstrato de proporção da base de cálculo que funciona como elemento para a determinação do *quantum* de tributo devido *in concreto*, podendo ser expressa em fração ou percentual (alíquota *ad valorem*) ou em valor fixo, por unidade de base de cálculo (alíquota específica).

Conforme essa definição, as alíquotas consistem em importâncias numéricas (percentuais ou absolutas). Logo, seria possível concluir que, em conformidade com o vetor de densificação de dever da legalidade tributária, as alíquotas deveriam sempre estar integralmente previstas no texto legal. Em que pese todos os conceitos sejam vagos, os matemáticos são os que mais se aproximam da completa precisão, como predica Karl Engisch.[547] Assim, seria coerente propugnar, conforme tudo quanto já exposto, que a lei devesse sempre prever a alíquota do tributo em seu texto, de modo a deixar espaço de configuração praticamente nulo para o regulamento no que respeita a essa matéria.

Ocorre, entretanto, que a própria Constituição, em sua redação originária e nas alterações introduzidas por Emendas, previu, expressamente, casos em que o Poder Executivo poderá fixar alíquotas dentro do intervalo legal ou modificar alíquotas previstas em lei. Adicionalmente, deve-se distinguir entre a legalidade positiva, para fins de aumento da carga tributária, e a legalidade negativa, para fins de mitigação da carga tributária.

Para uma análise mais precisa da extensão, dos limites e das decorrências dessa função exercida pela competência tributária regulamentar, faz-se relevante a justificação externa das premissas que se passa a expor, das quais derivam algumas conclusões sobre o tema.

6.1.1 A conformação constitucional da legalidade e as alíquotas

Em um cenário de ausência de regramento sobre a fixação de alíquotas por meio de regulamentos, seria possível defender, com bons argumentos, que a calibração da alíquota de tributos contraprestacionais, como taxas e contribuições, pudesse ser realizada por regulamento, dentro de limites e dos parâmetros legais.[548] Por outro lado, também seria possível defender que, relativamente a quaisquer impostos, não

---

[547] ENGISCH, Karl. *Introdução ao pensamento jurídico*. 10. ed. Tradução de João Baptista Machado. Lisboa: Fundação Calouste Gulbekian, 2008. p. 208-209.

[548] Nesse sentido: TORRES, Ricardo Lobo. *Tratado de Direito Constitucional Financeiro e Tributário*. Valores e Princípios Constitucionais Tributários. Rio de Janeiro: Renovar, 2005. v. II. p. 425-427.

deveria haver brecha para a fixação regulamentar de alíquotas, haja vista a necessidade de autoconsentimento para a tributação.

Além dessas posições, inúmeras outras poderiam ser defendidas, no referido cenário de total liberdade argumentativa. Esse problema, contudo, não se apresenta, uma vez que a argumentação jurídica se caracteriza pela vinculação aos textos de direito positivo[549] e a Constituição veicula escolhas específicas a respeito do tema. Com efeito, a Constituição encampa uma séria de escolhas tomadas sem vinculação a um conteúdo normativo moral prévio, que devem ser respeitadas tanto mais quanto mais objetivas forem.

O princípio moral de autoconsentimento na tributação apenas consubstancia razão jurídica na medida em que fornece justificativa coerente (uma das existentes) para a legalidade tributária. Não obstante, essa justificativa é jurídica somente enquanto se amoldar ao direito constitucional positivo, não o contrário.[550] A Constituição originária previu casos em que o Poder Executivo pode fixar alíquotas de tributos (CF/88, art. 153, §1º) e casos em que não pode. Logo, não é jurídico manipular o princípio do consentimento para modificar o conteúdo dessas escolhas do constituinte. O princípio moral somente é razão jurídica na exata medida em que constitua justificativa coerente para o direito posto. O mesmo se diga em relação a uma desejada adaptabilidade das alíquotas em certos tributos que se caracterizam por seu caráter contraprestacional.

A expressa previsão, na Constituição originária, da possibilidade de, por ato regulamentar, o Poder Executivo fixar as alíquotas de quatro impostos "atendidas as condições e os limites estabelecidos em lei" (art. 153, §1º), excetua a regra geral de que aumentos de imposição tributária somente poderão ser realizados por lei (art. 150, I), moldando sua extensão, uma vez que inexiste precedência lógica, normativa ou temporal (diacronicidade) entre elas. Em sentido contrário, ao tratar essas situações como casos especiais, a Constituição fixa, como regra geral, aplicável aos demais tributos, a necessária fixação das alíquotas por lei, nos casos de instituição ou de aumento de imposição. Também nesse caso, não se pode sobrepor visões pautadas no que seria um sistema tributário ideal, ou um sistema adaptado para as atuais condições de mundo, à escolha constitucional.

---

[549] ALEXY, Robert. *Teoria da Argumentação Jurídica*: a Teoria do Discurso Racional como Teoria da Fundamentação Jurídica. Tradução de Zilda Hutchinson Schild Silva. 3. ed. Rio de Janeiro: Forense, 2013. p. 210.

[550] Assim: MARANHÃO, Juliano. *Positivismo jurídico lógico-inclusivo*. Madri: Marcial Pons, 2012b. p. 120.

Assim, na interpretação do conteúdo e dos limites da função de fixação de alíquotas exercida pelos regulamentos, não se pode alçar valores como o "consentimento da tributação", a solidariedade, a segurança jurídica, ou mesmo modelos de tributação ideal, acima dos contornos que o Constituinte originário deu para a legalidade em matéria tributária.

6.1.2 A Legalidade tributária positiva como direito individual

O art. 150, I, da Constituição Federal de 1988 encontra-se, topograficamente, localizado na Seção II do capítulo reservado ao "Sistema Tributário Nacional", intitulada "das limitações do poder de tributar". Trata-se de dispositivo nitidamente vocacionado à circunscrição da competência tributária, em molde de defesa do contribuinte. Tanto é assim que o dispositivo não prescreve, genericamente, a necessidade de veículo legal para reger matéria tributária, mas somente a obrigatoriedade de lei para a instituição ou o aumento de tributo.

A referida regra protege um efeito, o agravamento de imposição, mediante um meio específico: a necessidade do veículo legal dispor sobre a norma de imposição tributária em grau de densificação máxima. Independentemente da opinião que se tenha acerca do lastro valorativo desse direito, trata-se de um limite objetivo, de uma escolha constitucional realizada na defesa do contribuinte em face do Estado. Quer se conecte a legalidade ao nobre valor da "necessidade de que aqueles que suportarão a carga tributária sejam consultados ao seu respeito" (autoconsentimento),[551] quer se lhe imponha a pecha de direito liberal de índole burguesa e individualista,[552] não se pode negar que o constituinte de 1988 lhe atribuiu um caráter de defesa do cidadão contra o Estado.

A constatação de que há deveres contrapostos a quaisquer direitos não invalida o efeito protetivo dos particulares que a legalidade tributária positiva assume, que se aplica à instituição e à majoração de tributos. Embora a efetivação dos demais direitos constitucionais envolva custos que, em um Estado fiscal, são satisfeitos, predominantemente, pela receita tributária,[553] não se pode negligenciar que

---

[551] Assim: SCHOUERI, Luís Eduardo. *Direito Tributário*. 3. ed. São Paulo: Saraiva, 2013. p. 287.

[552] Assim: ARAGÃO, Alexandre dos Santos. Princípio da Legalidade e Poder Regulamentar no Estado Contemporâneo. *Revista de Direito da Procuradoria Geral do Rio de Janeiro*, Rio de Janeiro, v. 53, p. 41-47, 2000.

[553] Sobre a evolução do custeio do estado até o estado fiscal atual, cf. SCHOUERI, Luís Eduardo. *Direito Tributário*. 3. ed. São Paulo: Saraiva, 2013. p. 19-33.

o Constituinte de 1988 não se ocupou da positivação de um "dever fundamental de pagar impostos",[554] como defende José Casalta Nabais, ou de pagar quaisquer outros tributos. Focou, sim, no direito dos contribuintes de somente os pagar mediante critérios de competência fixados no texto constitucional[555] Não se discute que, a um direito do Estado (competência tributária), contraponha-se um dever (ao menos em potencial) dos particulares. O que se critica é o indevido foco nesse dever, adjetivado de *fundamental* (como são os direitos), por não ter sido essa, em momento algum, a ênfase do Constituinte brasileiro de 1988.

Dessa forma, tem-se que o art. 150, I da CF/88, veicula um direito (legalidade tributária positiva) vocacionado à defesa dos particulares. Insere-se, com isso, no rol de "direitos e garantias individuais" gravadas pela cláusula de imutabilidade do art. 60, §4º, IV, da Constituição. Conforme esse dispositivo, não será objeto de deliberação proposta de emenda constitucional "tendente a abolir" os direitos e as garantias individuais.[556] Com isso, o poder constituinte originário (poder político), que tudo pode, delimitou a competência do poder de reforma da constituição, esse um poder jurídico, contido na Constituição e por ela limitado.[557]

Houve uma escolha objetiva de gravar com a imutabilidade os direitos e as garantias individuais, que devem ser compreendidos como aqueles relacionados à proteção da esfera de liberdade dos particulares e aos seus direitos de participação política.[558] Não se restringem, com isso, ao art. 5º da Constituição.[559] Assim, a legalidade tributária,

---

[554] José Casalta Nabais afirma que os deveres fundamentais são dirigidos essencialmente ao legislador, que resta vinculado quanto ao *se* e ao *quando* de sua concretização. Nessa linha, defende que, por ser o imposto um contributo essencial para a organização de uma sociedade mediante um estado fiscal, cuja ação direta na economia é meramente subsidiária, não se pode falar em "direito fundamental a não pagar impostos", pelo que conclui pela existência de um dever fundamental ao seu pagamento. NABAIS, José Casalta. *O dever fundamental de pagar impostos*. Coimbra: Almedina, 1998. p. 677-679.

[555] TORRES, Heleno Taveira. *Direito Constitucional Tributário e Segurança Jurídica*: metódica da segurança jurídica do sistema constitucional tributário. 2. ed. São Paulo: Revista dos Tribunais, 2012. p. 432.

[556] Essa cláusula e a extensão da competência para reforma da Constituição provocam diversas discussões, cuja análise vai além do escopo deste trabalho.

[557] BONAVIDES, Paulo. *Curso de Direito Constitucional*. 24. ed. São Paulo: Malheiros, 2009. p. 201.

[558] Trata-se de uma definição em conformidade com a evolução histórica dos direitos humanos, em que são classificados como individuais os direitos de liberdade e os direitos políticos, em contraponto aos direitos sociais, de índole coletiva ou difusa. Sobre essa perspectiva histórica, cf. BOBBIO, Norberto. *A era dos direitos*. Tradução de Carlos Nelson Coutinho. Rio de Janeiro: Elsevier, 2004. p. 32.

[559] Assim decidiu o Supremo Tribunal Federal na ADI 939, Relator Min. Sydney Sanches, Tribunal Pleno, julgada em 15.12.1993, *DJ* de 18.03.1994.

em sua dupla vetorialização, encontra-se albergada por essa garantia contra modificações empreendidas no exercício da competência para reformar a Constituição.

A majoração ou a instituição de tributos, pois, com as exceções já referidas e previstas no próprio texto constitucional, somente pode ocorrer por meio de lei (art. 150, I, da CF/88), que deve densificar, ao máximo, o dever que institui. O dispositivo em questão assume feição de tamanha proteção do contribuinte que apenas alude à instituição ou à majoração do tributo, não à sua diminuição. Trata-se de proteção contra leis mais gravosas, que, segundo Tipke e Lang, são aquelas que pioram a posição jurídica do destinatário, seja instituindo um gravame, seja restringindo ou suprimindo uma vantagem.[560] Relativamente à fixação de alíquotas por regulamentos, a legalidade tributária positiva tem eficácia de bloqueio[561] em relação a qualquer aumento de alíquota de tributo por via regulamentar. Em outras palavras, fora dos casos expressamente excetuados pelo Constituinte, a Constituição proíbe aumentos de alíquotas por regulamentos.

6.1.3 A legalidade tributária negativa e sua vinculação à legalidade orçamentária e ao princípio democrático

Se a norma construída a partir do referido art. 150, I, da Constituição Federal assume o papel de direito individual do particular, com forte eficácia de bloqueio em relação à ação do Estado, o §6º do mesmo artigo, ora com a redação determinada pela EC nº 3/1993, não possui o mesmo encadeamento normativo. Esse dispositivo não se refere a uma proteção do particular contra o Estado, nem a uma forma especial de promoção da segurança jurídica.

Consoante o referido §6º do art. 150 da CF/88, "qualquer subsídio ou isenção, redução de base de cálculo, concessão de crédito presumido, anistia ou remissão" somente poderá ser concedido "mediante lei específica, federal, estadual ou municipal, que regule exclusivamente as matérias acima enumeradas ou o correspondente tributo ou contribuição". A isso se pode denominar legalidade tributária negativa.

---

[560] TIPKE, Klaus; LANG, Joachim. *Direito Tributário (Steuerrecht)*. Tradução de Luiz Doria Furquim. Porto Alegre: Sergio Antonio Fabris, 2008. v. 1. p. 248.

[561] Trata-se da função de inibir normas e comportamentos que sejam contrários ao conteúdo de determinada prescrição constitucional. Sobre esse conceito, cf. FERRAZ JUNIOR, Tércio Sampaio. *Direito Constitucional*. Liberdade de fumar, Privacidade, Estado, Direitos Humanos e outros temas. São Paulo: Manole, 2007. p. 252.

Ao contrário da legalidade tributária positiva de que trata o art. 150, I, da CF/88, aplicável ao agravamento de imposição, a legalidade tributária negativa diz respeito a medidas menos gravosas, aquelas que melhoram a posição do destinatário, seja mediante a extinção da imposição, ou de modificação de seus pressupostos ou dos critérios abstratos para cálculo da prestação.

O §6º do art. 150 da CF/88 trata, pois, do gênero denominado "renúncia de receita tributária" (nas modalidades que enumera), também chamado "gasto tributário indireto" ou *tax expenditure*, determinando a necessidade de lei específica para tanto. Essa prescrição guarda estreita relação com outras duas normas do sistema jurídico brasileiro que não a segurança jurídica. São elas: (i) a legalidade orçamentária (com seus influxos normativos próprios); e (ii) o princípio democrático.

No que respeita à legalidade orçamentária, o art. 165, §6º, da CF/88 determina que o projeto de lei orçamentária se faça acompanhar de "demonstrativo regionalizado do efeito, sobre as receitas e despesas" de renúncias de receita amplamente consideradas, decorrentes de "isenções, anistias, remissões, subsídios e benefícios de natureza financeira, tributária e creditícia".

Esse dispositivo encontra-se regulamentado pelo art. 14 da Lei Complementar nº 101/00, que além do demonstrativo de impacto, estabelece que a renúncia de receita deverá vir acompanhada, alternativamente: (i) de demonstrativo comprovando que fora tomada em conta na lei orçamentária (inciso I); ou (ii) de medidas de compensação por aumento de receita (inciso II). O referido dispositivo excetua de sua disciplina as diminuições de alíquota por regulamento, permitidas pela Constituição Federal, em relação ao IPI, IOF, IE e II (§3º, I). Essa última prescrição deixa clara a relação entre a legalidade tributária negativa (art. 150, §6º) e as prescrições orçamentárias que demandam a inclusão de renúncias de receitas em lei e a tomada de medidas para impedir que tenham efeitos deletérios no equilíbrio orçamentário.

Em matéria orçamentária, a legalidade tributária negativa consubstancia forma específica por intermédio da qual se garantem consentimento popular, generalidade e publicidade aos benefícios fiscais, de modo a possibilitar a concretização do equilíbrio orçamentário, decorrência lógica da própria existência do orçamento público.[562] O objetivo da legalidade orçamentária não é proteger situações individuais

---

[562] OLIVEIRA, Regis Fernandes de. *Curso de Direito Financeiro*. 6. ed. São Paulo: Revista dos Tribunais, 2014. p. 596.

da atuação do Estado, mas sim resguardar o equilíbrio econômico entre receitas e dispêndios no orçamento público.

Já no que tange ao princípio democrático, pode-se perceber que a necessidade de lei específica para veicular renúncias de receita, conecta-se à proteção de um mecanismo de aprovação legislativa que, efetivamente, submeta a renúncia de receita em questão à discussão pelos representantes do povo. Como afirma Roque Antonio Carrazza, essa determinação constitucional exerce o mister de evitar que "emendas capciosas induzam parlamentares menos avisados a aprovar, sem que o percebam, favores fiscais que nada têm a ver com o assunto central do ato".[563] Em sentido idêntico, afirmou o Ministro Ilmar Galvão, do Supremo Tribunal Federal, que a regra em comento visa a evitar introduções oportunistas de normas isentivas em textos legislativos referentes a outras matérias.[564]

Muitos são os sentidos que se pode imprimir à democracia, etimologicamente relacionada ao governo ou poder (kratos) do povo (demos). Em suas origens, na Grécia antiga, o exercício de democracia direta cabia, apenas, a uma classe privilegiada. Já quando do iluminismo, Montesquieu defendia a promoção da igualdade como requisito para a democracia. Afirmava que "devem as leis manter a frugalidade na democracia".[565]

Para fins do estudo doutrinário do direito a que se propõe este trabalho, não se afigura possível a construção de um conceito de democracia antes ou fora do direito positivo. Embora se possa, em termos de justiça ideal, defender que "a democracia positivada enquanto direito da quarta geração há de ser, necessariamente, uma democracia direta",[566] não se pode negar que a Constituição de 1988 positivou, como regra geral, a democracia indireta (exercida por meio de representação eleita, conforme determina o art. 1º, parágrafo único, da CF/88), com alguns temperamentos de democracia direta (e.g. referendo, plebiscito e iniciativa legislativa popular).

Isso não significa, contudo, que não se deva otimizar o processo legislativo, de modo que a democracia indireta seja exercida da forma

---

[563] CARRAZZA, Roque Antonio. *Curso de Direito Constitucional Tributário*. 27. ed. São Paulo: Malheiros, 2011. Nota de rodapé nº 66. p. 992-993.

[564] ADI 1376 MC, Relator(a): Min. ILMAR GALVÃO, Tribunal Pleno, julgado em 11.12.1995, *DJ* de 31.08.2001 PP-00035 EMENT VOL-02041-01 PP-00165.

[565] MONTESQUIEU, Charles Secondat, Baron de. *O espírito das leis*. Tradução de Cristina Muraschco. São Paulo: Martins Fontes, 1993. p. 58-59.

[566] BONAVIDES, Paulo. *Curso de Direito Constitucional*. 24. ed. São Paulo: Malheiros, 2009. p. 571.

mais lídima e transparente possível, nos termos procedimentais estabelecidos pela Constituição. É nesse quadro que se insere o referido §6º do art. 150 da Lei Maior, cuja atual redação foi conferida pela Emenda Constitucional nº 3/1993.

As condições históricas de produção desse dispositivo consistem em um contexto em que se fizeram aprovar diversos benefícios fiscais pelo Poder Legislativo, sem qualquer discussão, em leis que sequer versavam sobre Direito Tributário.[567] Trata-se de comportamento frequentemente levado a cabo por meio das vulgarmente denominadas "emendas jabuti", emendas parlamentares introduzidas durante a tramitação de projetos de lei que nada dizem sobre seu tema, como maneira sub-reptícia de lograr sua aprovação, sem a devida discussão. A justificativa da necessidade de lei específica para a renúncia de receita tributária reside na preservação do aspecto substancial do princípio democrático por meio do procedimento legislativo, que não se pode deixar converter em mera formalidade.

Assim, uma vez que a regra resultante da interpretação do art. 150, §6º, da CF/88 se encontra acoplada às normas de legalidade orçamentária e de preservação do princípio democrático, são diferentes suas exigências de concretização em relação ao que ocorre com a legalidade tributária positiva (art. 150, I). Como predica Humberto Ávila, a diminuição da abertura semântica de uma prescrição normativa por meio do estabelecimento de relações com outras normas constitucionais aumenta sua capacidade de fundamentação de decisões, intensificando sua eficácia.[568]

Nesse ensejo, a norma construída a partir do art. 150, §6º, da CF/88 não se traduz em um vetor de instituição de dever por meio de lei e em outro, de máxima densificação desse dever em lei, como se defendeu em relação à regra do art. 150, I. Traduz-se, sim, em mandamento voltado a garantir a inclusão de renúncias de receita tributárias na dinâmica do orçamento, garantindo seu equilíbrio em um contexto de responsabilidade fiscal, e a assegurar a discussão dessas medidas pelos representantes do povo, no âmbito parlamentar. Isso resulta em diferente interação com os regulamentos. Enquanto na legalidade tributária positiva (art. 150, I) se exige máxima densificação na lei, como específica forma de garantia de segurança jurídica prescrita na CF/88, na legalidade tributária negativa (art. 150, §6º) não há essa exigência

---

[567] ÁVILA, Humberto. *Sistema Constitucional Tributário*. 5. ed. São Paulo: Saraiva, 2012b. p. 186.
[568] *Ibidem*, p. 88.

com a mesma intensidade, por serem diversos seus encadeamentos normativos. Desse modo, a legalidade tributária negativa admite que se deixe um maior espaço de conformação ao regulamento, desde que que isso não prejudique o equilíbrio orçamentário, nem a discussão da medida pelo parlamento.

Rejeita-se, com isso, a visão similar à de José de Casalta Nabais, para quem a "reserva à lei dos benefícios fiscais", prevista em dispositivo na Constituição de Portugal,[569] teria a mesma justificação da "reserva à lei dos impostos", sob fundamento de que "benefícios fiscais a uns implicam mais impostos para a generalidade dos contribuintes e a eventual recusa de benefícios a outros".[570] Esse argumento é falacioso porque desconsidera que o aumento de carga tributária correspondente ao benefício não necessariamente ocorrerá e, caso ocorra, demandará previsão legal específica, submetendo-se à legalidade. Ademais, não encontra qualquer aderência à Constituição do Brasil, cujo encadeamento normativo conduz a solução diversa.

Dessa forma, conclui-se que a legalidade negativa veiculada no art. 150, §6º, da CF, com redação ora determinada pela EC nº 3/1993, acopla-se à legalidade orçamentária (CF/88, art. 165, §6º) e se vocaciona a garantir a efetiva discussão parlamentar sobre a renúncia tributária, para a concretização do primado democrático. Não proíbe, *prima facie*, que a lei específica de que trata institua parâmetros para a redução parcial ou total (isenção) de alíquotas por regulamento, desde que não haja prejuízo ao equilíbrio orçamentário e a matéria seja discutida pelo parlamento, bem como seja respeitada a legalidade de que trata o art. 150, I, em eventual aumento.

6.1.4 O órgão competente para a fixação de alíquotas

Ao tratar da possibilidade de alteração de alíquotas do IPI, IOF, IE e II por meio de regulamento, dentro do limite legal, a Constituição facultou tal possibilidade ao "Poder Executivo" (CF/88, art. 153, §1º). Não há qualquer referência a órgão específico da estrutura do Poder Executivo ao qual seja acometida essa competência.

Não obstante, os regulamentos que fixam alíquotas dos referidos impostos não deixam de pertencer à categoria geral das normas

---

[569] Art. 103, 2: "Os impostos são criados por lei, que determina a incidência, a taxa, os benefícios fiscais e as garantias dos contribuintes".

[570] NABAIS, José Casalta. *O dever fundamental de pagar impostos*. Coimbra: Almedina, 1998. p. 363-364.

regulamentares. Dessa forma, também terão fundamento no dispositivo que atribui a competência para a expedição de decretos, reservada ao Presidente da República (CF/88, art. 84, IV) ou no dispositivo que trata da competência para a expedição de instruções normativas, reservada aos ministros de estado (CF/88, art. 87, parágrafo único, II).

Conforme explicado,[571] o Presidente não pode delegar a competência tributária regulamentar que lhe é própria, como se depreende do parágrafo único do art. 84, que limita a possibilidade de delegação aos chamados regulamentos de organização.

Os Ministros de Estado, de sua parte, possuem competência originária para a expedição de instruções normativas. Essa competência, conferida pela própria Constituição, apenas difere da competência do Presidente pelo motivo de sua submissão semântica às disposições contidas em decreto regulamentar porventura existente, como ressalta Clèmerson Merlin Clève.[572] Com isso, percebe-se que, o que o Presidente não pode delegar é a possibilidade de expedir decreto que se sobreponha ao regulamento emanado dos Ministros de Estado, uma vez que estes já possuem competência originária para expedirem textos regulamentares. Consoante já exposto, não há impedimento para que o Presidente delegue competência regulamentar, exercida por meio de instrumento diverso do decreto.

Os Ministros de Estado, de sua parte, podem, na maior parte dos casos, delegar sua atribuição normativa a outros órgãos do Poder Executivo. Não há, na Constituição, nenhuma disposição que o proíba. A separação de poderes apenas veda a chamada delegação horizontal de funções (entre Poderes), não a delegação vertical, entre órgãos de um mesmo poder.[573] A delegação horizontal de funções importa burla à divisão de competências realizada pela Constituição, mas o mesmo não ocorre com a delegação vertical. Logo, será lícita a delegação da competência para expedir atos regulamentares de fixação de alíquotas de tributos, dentro da estrutura do próprio Poder Executivo, consoante o permissivo constitucional.

Com efeito, ao atribuir a função fixadora de alíquotas ao "Poder Executivo", a Constituição deu liberdade às normas de organização

---

[571] Ver Cápitulo 4.

[572] CLÈVE, Clèmerson Merlin. *Atividade legislativa do poder executivo*. 3. ed. São Paulo: Revista dos Tribunais, 2011. p. 308.

[573] Como afirma J. J. Gomes Canotilho, o fundamento da vedação da delegação indiscriminada de competências está na separação funcional dos órgãos constitucionais. CANOTILHO, José Joaquim Gomes. *Direito Constitucional e Teoria da Constituição*. 4. ed. Coimbra: Almedina, 1987. p. 322.

hierárquica emanadas por membros desse Poder para definir o órgão específico que expedirá o regulamento que fixará as alíquotas, desde que internamente à estrutura de competências do próprio poder. Permite-se, pois, a delegação vertical (dentro do Poder Executivo) da função fixadora de alíquotas da competência tributária regulamentar, sendo vedada a delegação horizontal (para outros poderes).

6.1.5 A motivação dos regulamentos

A motivação dos atos normativos administrativos dá ensejo a diversas contendas em sede doutrinária e jurisprudencial. Para fins deste estudo, é relevante responder às seguintes questões: (i) a motivação dos atos administrativos tem sede constitucional?; (ii) o que se deve entender por motivação?; (iii) o dever de motivação abrange os atos administrativos gerais?; (iv) para que serve a motivação?; e (v) como veicular a motivação dos regulamentos?

Relativamente à primeira questão, verifica-se a existência de duas correntes. Para uma primeira corrente, adotada por José dos Santos Carvalho Filho,[574] não há que se falar em motivação como um mandamento de observância obrigatória para todo ato administrativo, uma vez que a Constituição não fez referência expressa a essa exigência. Logo, somente seria obrigatória a motivação quando houvesse expresso mandamento constitucional ou legal nesse sentido, como ocorre no que respeita às decisões administrativas dos Tribunais (CF/88, art. 93, X) e relativamente aos atos administrativos federais, em função do art. 50 da Lei nº 9.784/99.

Em sentido contrário, corrente perfilhada por Diógenes Gasparini,[575] Celso Antonio Bandeira de Mello[576] e Maria Sylvia Zanella di Pietro[577] entende que a motivação é norma geral implícita na Constituição Federal, que orienta toda a atuação da função administrativa. Dentre os fundamentos constitucionais desse dever, elencados por esses autores, destacam-se o princípio democrático (CF/88, art. 1º, parágrafo único), a inafastabilidade da tutela jurisdicional (art. 5º, XXXV) e o Estado de Direito.

---

[574] CARVALHO FILHO, José dos Santos. *Manual de Direito Administrativo*. 22. ed. Rio de Janeiro: Lumen Juris, 2009. p. 108-112.

[575] GASPARINI, Diógenes. *Poder Regulamentar*. São Paulo: Revista dos Tribunais, 1982. p. 179.

[576] MELLO, Celso Antônio Bandeira de. *Curso de Direito Administrativo*. 25. ed. São Paulo: Malheiros, 2007. p. 112-113.

[577] PIETRO, Maria Sylvia Zanella di. *Direito Administrativo*. 16. ed. São Paulo: Atlas, 2003. p. 82-83.

Augustín Gordillo, nessa linha, afirma que a falta de motivação, entendida como falta de fundamentação normativa e fática, torna inconstitucional o ato por "vício de arbitrariedade".[578] Embora não pareça ser o caso de recorrer a essa categoria estranha ao direito administrativo nacional ("vício de arbitrariedade"), de fato, a vinculação ao direito, característica ao Estado Democrático de Direito, e a garantia de controle jurisdicional conduzem à exigência de motivação de todos os atos administrativos. Como afirma Francisco Laporta, o Estado de Direito exige que toda decisão seja motivada e que essa motivação se funde em normas gerais e certas.[579]

Não pode haver vinculação à lei e à Constituição, nem controle dessa parametricidade, sem que fiquem claras todas as circunstâncias que envolvem a positivação do ato. Nesse contexto, a motivação relaciona-se, também, com a própria publicidade dos atos administrativos (CF/88, art. 37, *caput*), que se deve dar por inteiro, o que inclui os motivos.

Com isso, passa-se à segunda questão referida, relativa ao conteúdo normativo do dever de motivação. Augustín Gordillo, no trecho acima mencionado, tem-no como fundamentação normativa e fática do ato. Com efeito, a motivação do ato abarcará enunciados de fato e enunciados de direito que consubstanciem a explicação do porquê da prática daquele ato, em vez da prática de ato nenhum. Em adição, muitas vezes, será necessário deixar clara a relação de "pertinência lógica entre os fatos ocorridos e o ato praticado".[580]

Dessa forma, e já adentrando na resposta à terceira questão acima formulada (aplicabilidade do dever de motivação aos atos administrativos gerais), pode-se perceber certa diferença entre a motivação dos atos administrativos gerais e a dos atos administrativos individuais (conceito que se aproxima dos "atos administrativos em acepção estrita", na terminologia de Celso Antônio Bandeira de Mello[581]). Relativamente

---

[578] GORDILLO, Augustín. *Tratado de derecho administrativo y obras selectas*. Buenos Aires: FDA, 2012. Libro II. t. V. p. EAA-IV-29.

[579] LAPORTA, Francisco J. Imperio de La Ley. Reflexiones sobre un punto de partida de Elíaz Díaz. *DOXA*, n. 15-16, 1994. p. 144.

[580] MELLO, Celso Antônio Bandeira de. *Curso de Direito Administrativo*. 25. ed. São Paulo: Malheiros, 2007. p. 393.

[581] Para o autor, atos administrativos em sentido amplo são declarações do Estado, no exercício de prerrogativas públicas, manifestada mediante providências jurídicas complementares da lei a título de lhe dar cumprimento, e sujeitas a controle de legitimidade por órgão jurisdicional. Em sentido estrito, adiciona-se a essa conceituação os caracteres de concreção e unilateralidade. *Ibidem*, p. 378-380.

aos atos administrativos individuais, que tratam de relação jurídica com sujeitos individualizados, o enunciado de motivação jurídica será a própria norma geral, o enunciado de motivação fática será o fato praticado que se tenha amoldado ao conceito da norma abstrata e a causalidade será a própria imputação jurídica, como explica Eurico Marcos Diniz de Santi.[582]

No que respeita aos atos administrativos gerais, contudo, o enunciado de fato que consubstancie o motivo da prática do ato, frequentemente, comportará maior número de elementos, de modo que será necessário demonstrar sua relação de causalidade com outros fatos, ocorridos ou esperados, com a prática do ato.[583]

Exemplificando, a motivação de um regulamento que aumente alíquotas do Imposto sobre Operações de Crédito relativamente a operações contraídas com pessoas físicas, para fins de controle da inflação, deveria demonstrar a necessidade de controle da inflação (enunciado de fato pretérito), a expectativa de que o aumento da incidência desincentive pessoas a tomar crédito (expectativa de fato futuro como efeito imediato do ato administrativo) e o esperado efeito de diminuição da demanda e a consequente redução de aumento de preços (expectativa de fato futuro como efeito mediato do ato administrativo).

Dessa forma, resta claro que o dever de motivação abrange os atos administrativos gerais, visto que a sua fundamentação constitucional no Estado Democrático de Direito e no controle judicial também se aplica a estes atos. Além disso, percebe-se que o dever de motivação assume relevante função no que toca aos atos gerais, o que conduz à quarta questão acima exposta (para que serve o dever de motivação). O dever de motivação dos atos administrativos regulamentares tem por finalidade possibilitar o controle de legalidade e de constitucionalidade desses atos, seja pelo Poder Judiciário, seja pelo Poder Legislativo, ou pelos próprios controles internos do Poder Executivo.

A motivação dos atos regulamentares consubstanciará enunciado seguro de saturação do chamado argumento genético. Conforme propugna Robert Alexy, o argumento genético (*voluntas legislatoris*)

---

[582] SANTI, Eurico Marcos Diniz de. *Lançamento tributário*. 3. ed. São Paulo: Saraiva, 2010. p. 78-80.

[583] Em linha similar, Eurico de Santi, tratando de atos discricionários, afirma que "além da descrição do motivo do ato a partir do prescritor normativo, é necessária a enunciação de outros aspectos objetivos e subjetivos que permitam a convergência desta motivação às normas que consubstanciam seu fundamento legal (motivo legal)" (SANTI, Eurico Marcos Diniz de. *Lançamento tributário*. 3. ed. São Paulo: Saraiva, 2010. p. 84).

apresenta duas grandes dificuldades, consistentes na determinação de seu conteúdo e de seu sujeito.[584] A motivação dos regulamentos resolve o problema da determinação do conteúdo. A questão dos sujeitos, por sua vez, não se mostra tão relevante em relação aos atos regulamentares como ocorre com as leis, uma vez que aqueles, ao contrário destas, frequentemente não representam a convergência de vontade entre vários sujeitos, mas ato simples (*e.g.* do Presidente da República, Ministro de Estado), embora também haja regulamentos expedidos por órgãos plurais (como são as resoluções do Conselho de Ministros da Câmara de Comércio Exterior – Camex, que, dentre outros desideratos, fixam alíquotas dos impostos aduaneiros).

No que respeita à quinta pergunta (como veicular a motivação dos decretos), a forma ideal seria a existência de uma exposição de motivos, a exemplo do que ocorre nas medidas provisórias, que deveria ter a mesma publicidade do ato regulamentar em si. Nesse sentido, o art. 37 do Decreto nº 4.176/02, que regulamenta a Lei Complementar nº 95/98, estabelece que as propostas de atos normativos encaminhadas à Casa Civil para análise de constitucionalidade, legalidade e mérito deverão ser acompanhadas de exposição de motivos. O art. 38 desse mesmo decreto estabelece uma série de requisitos a serem preenchidos pela exposição de motivos.[585] Essa disciplina aplica-se somente ao procedimento interno para a elaboração de atos regulamentares pelo Presidente da República. Entretanto, trata-se de diretriz que adequadamente concretiza o dever constitucional de motivação ora referido. Adicionalmente, além de uma exposição de motivos formal, também eventuais trabalhos preparatórios para a edição do ato regulamentar podem ser tomados como fonte da motivação.

Assim, a motivação do regulamento assume a mesma importância da exposição de motivos de uma lei, sendo certo que, não pode

---

[584] ALEXY, Robert. *Teoria da Argumentação Jurídica*: a Teoria do Discurso Racional como Teoria da Fundamentação Jurídica. Tradução de Zilda Hutchinson Schild Silva. 3. ed. Rio de Janeiro: Forense, 2013. p. 236.

[585] Art. 38. A exposição de motivos deverá:
I - justificar e fundamentar a edição do ato normativo, de tal forma que possibilite a sua utilização como defesa prévia em eventual argüição de inconstitucionalidade;
II - explicitar a razão de o ato proposto ser o melhor instrumento normativo para disciplinar a matéria;
III - apontar as normas que serão afetadas ou revogadas pela proposição;
IV - indicar a existência de prévia dotação orçamentária, quando a proposta demandar despesas; e
V - demonstrar, objetivamente, a relevância e a urgência no caso de projeto de medida provisória.

ser sobreposta ao próprio conteúdo do ato normativo, em caso de contradição.[586] Na verdade, há pelo menos três saltos argumentativos na consideração da motivação como fonte do argumento genético referido acima. São eles: (i) a conclusão de que eventuais trabalhos preparatórios veiculam a vontade do legislador (em sentido amplo); (ii) que a vontade do legislador é a vontade da lei (*ratio legis*); e (iii) que a partir da *ratio legis* se pode construir o texto do ato normativo.[587] Desde que cada uma dessas etapas seja justificada, a exposição de motivos ou os trabalhos preparatórios podem ter importante função interpretativa.

Assim, conclui-se que os decretos, as instruções normativas, as portarias ou qualquer que seja o documento normativo regulamentar que veicule modificação de alíquota de tributos deverão ser motivados, com enunciados de fundamentos fáticos e jurídicos que justifiquem a modificação, bem como a explicitação da devida relação de causalidade entre os dois elementos. Tal motivação do ato consubstanciará elemento interpretativo relevante para a sua aplicação e para o exame de sua legalidade e de sua constitucionalidade.

6.2 Definição

A função de fixação de alíquotas, exercida pelos regulamentos expedidos em conformidade com a competência tributária regulamentar, pode ser definida como o papel de fixar, nos casos permitidos pela Constituição e dentro de limites e de parâmetros legais, o indicador abstrato de proporção da base de cálculo que funciona como elemento para determinação do *quantum* de tributo devido *in concreto*, podendo ser expresso em fração ou percentual (alíquota *ad valorem*) ou em valor fixo por unidade de base de cálculo (alíquota específica).

6.3 Limites

Em face do exposto, pode-se identificar, pelo menos, quatro limites específicos ao exercício da função fixadora de alíquotas por regulamentos em geral, aos quais se somam requisitos específicos em relação a determinados tributos e requisitos constitucionais gerais, relativos à tributação como um todo. São os limites específicos a que se

---

[586] Assim: BARRETO, Paulo Ayres. *Elisão Tributária*: Limites normativos. Tese de Livre-Docência – Universidade de São Paulo, São Paulo, 2008. p. 188.

[587] PECZENIK, Aleksander. *On Law and Reason*. Heidelberg: Springer, 2009. p. 284.

faz referência: (i) a necessidade de expresso permissivo constitucional quando se tratar de agravamento da posição do contribuinte; (ii) a necessidade de obediência às condições, limites e parâmetros veiculados em lei e pela Constituição; (iii) a necessidade de exteriorização da motivação; (iv) a necessidade de obediência a eventual cadeia de delegação vertical existente.

6.3.1 Necessidade de expresso permissivo constitucional quando se tratar de agravamento da posição do contribuinte

Primeiramente, deflui da circunstância de ser a possibilidade do exercício da função de fixação de alíquotas por regulamento um amoldamento específico do vetor de densificação de dever da legalidade positiva em sede tributária, que essa função somente poderá ser exercida nos casos em que estiver prevista, expressamente, na Constituição. É dizer, para que um ato regulamentar possa fixar alíquotas de um tributo, agravando posição do destinatário da norma (contribuinte), será necessário expresso permissivo constitucional que excepcione o art. 150, I, da CF/88. Fora dessas hipóteses, incidirá a legalidade tributária em sua dupla vetorialização, a determinar que a cadeia semântica de positivação do dever seja iniciada em lei, que densifique, ao máximo, o conteúdo desse dever. Dessa forma, exigir-se-á que os conceitos numéricos, como as alíquotas, sejam determinados em sede legal.

Inexistente autorização constitucional específica, não será permitido ao ato regulamentar instituir ou majorar alíquota de tributo. Trata-se de corolário do vetor de densificação de dever da legalidade positiva de que trata o art. 150, I, da CF/88. Conforme exposto, a interpretação *a contrario sensu* das normas que permitem a alteração de alíquotas por regulamentos em relação ao IPI, IOF, II e IE (art. 153, §1º) também suporta essa conclusão. Se para esses tributos é permitida a fixação de alíquotas por regulamento, dentro dos parâmetros legais, para os demais tributos isso não é possível. A rigor, a interpretação *a contrario* não ostenta caráter lógico, funcionando como um argumento "quase-lógico", como aponta Tércio Sampaio Ferraz Júnior.[588]

Com efeito, o argumento *a contrario* somente se revela irrefutável no campo das relações biunívocas, em que uma consequência se

---

[588] FERRAZ JUNIOR, Tércio Sampaio. *Introdução ao Estudo do Direito*: técnica, decisão, dominação. 7. ed. São Paulo: Atlas, 2013. p. 313-314.

encontra atrelada a um e somente a um antecedente, de modo que se possa alterar o consequente para a posição sintática de antecedente, a demonstrar a "correlatividade ou a recíproca relação formal de implicação", na terminologia de Lourival Vilanova.[589] De todo modo, esse argumento funciona como mais uma linha argumentativa a corroborar a mesma conclusão, de que a legalidade tributária, nos casos que não sejam objeto de expressa ressalva constitucional, prescreve máxima densificação do dever tributário em lei.

Adicionalmente, também o art. 97, IV, do Código Tributário Nacional, funciona como argumento nesse sentido. Conforme esse dispositivo, somente à lei é permitida "a fixação de alíquota do tributo e da sua base de cálculo". Percebe-se que, ao exercer a função de regular as limitações constitucionais ao poder de tributar, na forma do art. 146, II, da CF/88, o dispositivo interpreta a legalidade como abarcando a fixação de alíquotas, ressalvando os impostos excetuados pela própria Constituição. Conforme o §2º do referido art. 97 do CTN, não se constitui majoração de tributo a atualização do valor monetário de sua base de cálculo.

6.3.2 Necessidade de obediência às condições, aos limites e aos parâmetros veiculados em lei e pela Constituição

O segundo limite consiste na obediência de parâmetros, de condições e de limites impostos em lei e pela Constituição. Ao prescrever a possibilidade de alteração de alíquotas do IPI, IOF, II e IE por meio de regulamentos, a Constituição manifestou uma "preferência" de que tais impostos funcionem como normas tributárias indutoras, como aponta Luís Eduardo Schoueri.[590]

Para o autor, contudo, a identificação desse desiderato da "mitigação" do princípio da legalidade levaria à conclusão de que não poderia o Poder Executivo valer-se de tal autorização sem intuito indutor, ou seja, apenas com o objetivo de aumentar a arrecadação.[591] Ter-se-ia,

---

[589] VILANOVA, Lourival. *As estruturas lógicas e o sistema de direito positivo*. 4. ed. São Paulo: Noeses, 2010. p. 59-60.

[590] SCHOUERI, Luís Eduardo. *Normas tributárias indutoras e intervenção econômica*. Rio de Janeiro: Forense, 2005b. p. 262.

[591] *Ibidem*, p. 262.

então, um legítimo caso de sobreincludência,[592] pois a previsão do art. 153, §1º, cuja justificativa seria possibilitar o exercício da função indutora (ou extrafiscal, na terminologia tradicional[593]), abarcaria mais do que a aplicação direta de sua justificativa (casos em que a modificação de alíquotas pelo Executivo não visasse à intervenção).

Embora se possa argumentar que, nessa hipótese, a superação da regra não violaria a segurança jurídica, haja vista o caráter de defesa do contribuinte que ostenta, não parece que seja possível a superação, na maior parte dos casos. Como afirma Humberto Ávila, a superação de uma regra requer "comprovação condizente" de que não haverá aumento excessivo de controvérsias, de incerteza, de problemas de coordenação e conhecimento.[594] Nesse passo, seria necessário que se pudesse identificar, em relação a cada uma das incidências dos quatro impostos abarcados pela especial configuração da legalidade, uma função indutora que os justificasse isoladamente. Todavia, a função indutora somente se pode verificar no contexto de um todo de incidências, em que se possa perceber a diferenciação da tributação de certa situação com o fim de promover certa finalidade. Logo, em muitos casos, seria difícil identificar a função indutora em considerando uma norma isoladamente.

Em contraposição a esse raciocínio, seria possível predicar o estabelecimento de um marco de "normalidade" a partir do qual se analisariam as normas supervenientes, isoladamente, em seu caráter indutor. Não nos parece, contudo, que possa ter êxito essa empreita-da. Economicamente, como explica o próprio Schoueri, é impossível identificar a tributação "normal", como ponto de partida para a desviante. Juridicamente, poder-se-ia pensar em marcos temporais como a instituição do tributo ou a superveniência da Constituição de 1988. Ambos os marcos, contudo, parecem inservíveis. Não abarcam novas incidências, deixam certas situações a salvo do controle de constitucionalidade e estabelecem, de um certo modo, uma supremacia do parlamento passado em relação ao parlamento presente.[595]

---

[592] SCHAUER, Frederick. *Playing by the Rules* – A Philosophical Examination of Rule-Based Decision-Making in Law and in Life. Oxford: Clarendon, 1991 (reimp. 2002). p. 31.

[593] Luís Eduardo Schoueri critica essa terminologia, uma vez que abrange tanto o gênero (normas tributárias não arrecadadoras nem simplificadoras) como a espécie (normas tributárias que veiculam intervenção sobre o domínio econômico). SCHOUERI, Luís Eduardo. *Normas tributárias indutoras e intervenção econômica*. Rio de Janeiro: Forense, 2005b. p. 32.

[594] ÁVILA, Humberto. *Teoria dos Princípios*: da definição à aplicação dos princípios jurídicos. 16. ed. São Paulo: Malheiros, 2015b. p. 147.

[595] SCHOUERI, Luís Eduardo. *Normas tributárias indutoras e intervenção econômica*. Rio de Janeiro: Forense, 2005b. p. 23 e seguintes.

Nada obstante, caso superadas essas dificuldades, a identificação da função indutora na fixação regulamentar das alíquotas dos quatro impostos referidos poderá funcionar como limite constitucional ao exercício da função de fixação de alíquotas pelos regulamentos.

Adicionalmente, há outros limites na Constituição à função fixadora de alíquotas pelos regulamentos. Além dos limites gerais à tributação, como a capacidade contributiva (CF/88, art. 145, §1º), a vedação ao confisco (CF/88, art. 150, IV) e a igualdade tributária (CF/88, art. 150, II), que devem ser respeitados por toda norma infraconstitucional concretizadora do sistema constitucional tributário, e das limitações impostas por tratados e convenções internacionais ratificadas pelo Brasil,[596] assumem relevância a seletividade em relação ao IPI (CF/88, art. 153, §3º, I) e a circunstância de o próprio dispositivo que autoriza a fixação de alíquotas por regulamentos circunscrever essa possibilidade às condições e aos limites estabelecidos em lei.

Relativamente ao Imposto sobre Produtos Industrializados, o referido art. 153, §3º, I, da CF/88, determina que o imposto "será seletivo, em função da essencialidade do produto". Percebe-se que a seletividade do imposto não é mera faculdade da União, mas um dever constitucional destinado a mitigar o efeito regressivo da tributação indireta, que tende a onerar, de maneira proporcionalmente mais intensa, as camadas de menor renda da população.[597] Com a seletividade, alivia-se o ônus tributário do IPI sobre produtos essenciais, consumidos pelas camadas de menor renda, de modo a diminuir o perverso efeito regressivo desse imposto.

Embora a seletividade do IPI consubstancie dever diretamente decorrente da Constituição, essa e outras circunstâncias deverão ser objeto de regulação por lei, ao estabelecer as condições e limites a que

---

[596] Sob o sistema constitucional tributário brasileiro, os tratados internacionais consubstanciam leis nacionais (aplicáveis a todas as pessoas políticas) que, portanto, não podem ser revogados por leis federais, estaduais ou municipais, podendo manter relação de hierarquia semântica em relação a estas. A respeito, cf. nosso KOURY, Paulo Arthur Cavalcante. Os tratados contra a bitributação e os resultados no exterior. *Revista Dialética de Direito Tributário*, São Paulo: Dialética, v. 235, p. 116-121, 2015a.

[597] Conforme estudo organizado por Maria Helena Zockun, "a progressividade da tributação direta é insuficiente para compensar a elevada regressividade da tributação indireta". Nessa linha, demonstra que estudo "comparando as cargas diretas e indiretas por faixa de renda familiar em 1996 e em 2004, mostra que, nesse período, além do aumento da carga tributária total para todas as faixas de renda, aumentou também a regressividade do sistema como um todo" (ZOCKUN, Maria Helena (Coord.). *Simplificando o Brasil*: propostas de reforma na relação econômica do governo com o setor privado. São Paulo: Fipe, 2007. p. 18).

se refere o art. 153, §1º da CF/88. Como afirma José Carlos Francisco, o Legislativo teria um "juízo de conveniência e oportunidade em transferir e sobre o 'quanto' delegar ao Executivo".[598] De fato, é possível que a lei estabeleça as alíquotas desses impostos em densificação total e não deixe espaço aos regulamentos. Nada obstante, é discutível que haja total liberdade do legislador sobre como poderá a referida lei circunscrever a função fixadora de alíquotas dos regulamentos.

Afirma Roque Antonio Carrazza que o referido dispositivo deve ser lido como autorização para que lei determine o teto e o piso de alíquotas do IOF e dos impostos alfandegários, determinação essa que seria imperativa para o IPI, como forma de concretização da seletividade.[599] Por um lado, é possível vislumbrar o atendimento da seletividade diretamente por lei, pelo que não seria obrigatória a previsão de pisos e tetos sequer em relação ao IPI, como defende o referido autor.

Por outro lado, e de modo mais importante, não parece que deva a lei limitar-se à referida previsão de pisos e tetos de alíquotas, técnica essa que prevalece no bojo das leis instituidoras dos quatro referidos impostos.[600] Além da previsão desse intervalo de alíquotas máximas e mínimas, a lei também deve prestigiar os "aspectos institucionais" a que alude Carlos Ari Sundfeld. Para esse autor, a lei deve fixar parâmetros substantivos e adjetivos que "em seu conjunto, orientem de modo consistente a ação normativa administrativa".[601] Com efeito, a lei deveria instituir, tanto parâmetros materiais para circunscrever a possiblidade de fixação de alíquotas pelo Executivo, como critérios adjetivos de composição de órgãos que poderão fixar tais alíquotas, como forma de promoção de autonomia, conhecimento técnico, vinculação a procedimento, motivação e controle.

Tais considerações, embora pré-legislativas, não são pré-jurídicas. Conforme predica Alfredo Augusto Becker, um dos componentes do mister da dogmática jurídica no "momento jurídico" é a análise da

---

[598] FRANSISCO, José Carlos. *Função Regulamentar e Regulamentos*. Rio de Janeiro: Forense, 2009. p. 383.

[599] CARRAZZA, Roque Antonio. *Curso de Direito Constitucional Tributário*. 27. ed. São Paulo: Malheiros, 2011. p. 323.

[600] A título de exemplo, o art. 1º da Lei nº 8.894/94 determina que a alíquota máxima do Imposto sobre operações de crédito e do imposto sobre operações relativas a títulos e valores mobiliários será, regra geral, de 1,5% ao dia. Com isso, verifica-se a fixação de um piso de 0% e um teto de 1,5% de alíquota para esses impostos, aumentada a 25% nos casos de operações envolvendo derivativos.

[601] SUNDFELD, Carlos Ari. *Direito Administrativo para Céticos*. 2. ed. São Paulo: Malheiros, 2014. p. 268.

criação da regra jurídica e a orientação do Estado sobre a "arte de construí-lo e torná-lo praticável".[602] Nesse passo, a previsão de critérios substantivos e adjetivos na lei, que estabeleçam condições para a fixação de alíquotas por regulamento, longe de ser consideração política ou pré-jurídica, parece ser a forma de melhor realizar os desideratos constitucionais de transparência e de controle, em conformidade com a "ótima concretização da norma".[603]

Previsão dessa sorte, ainda que embrionária, é veiculada no regramento da CAMEX (Câmara de Comércio Exterior), criada pelo art. 20-B da MP nº 2.216-37/2001, alcançada pela cláusula de perpetuidade do art. 2º da EC nº 32/2001. Embora tal dispositivo tenha delegado ao próprio Executivo a fixação de "competências, a organização e o funcionamento" do órgão (desiderato ora exercido pelo Decreto nº 4.732/03), a simples determinação legal de um órgão colegiado com competências e organização regulada para o exercício da função fixadora de alíquotas dos impostos aduaneiros (função atribuída à CAMEX pelo mesmo decreto: art. 2º, XIII e XIV), já significa um avanço.

6.3.3 Necessidade de exteriorização da motivação

O terceiro limite ao exercício da função de fixação de alíquotas pelos regulamentos tributários consiste na motivação normativa geral. Conforme se afirmou acima, todos os atos normativos devem ser motivados, em razão da vinculação ao direito característica do Estado Democrático de Direito (CF/88, art. 1º), da inafastabilidade do controle jurisdicional (CF/88, art. 5º, XXXV) e da publicidade (CF/88, art. 37, *caput*). Tal motivação, conforme igualmente exposto, além de requisito do ato, funcionará como enunciado para a construção de argumento genético para a interpretação e o controle de legalidade e constitucionalidade do regulamento. Conforme argumenta Roque Antonio Carrazza, caso o ato normativo do Executivo que modifique alíquotas "não se paute por critérios fundados e pertinentes, explicitados em justificação adequada, padecerá de manifesta injuricidade".[604]

Nessa linha, é salutar que o Decreto nº 4.176/02, ao dispor sobre "normas e diretrizes para a elaboração, a redação, a alteração e a

---

[602] BECKER, Alfredo Augusto. *Teoria Geral do Direito Tributário*. 6. ed. São Paulo: Noeses, 2013. p. 23.

[603] HESSE, Konrad. *A força normativa da Constituição*. Tradução de Gilmar Ferreira Mendes. Porto Alegre: Sergio Antonio Fabris, 1991. p. 22-23.

[604] CARRAZZA, Roque Antonio. *Curso de Direito Constitucional Tributário*. 27. ed. São Paulo: Malheiros, 2011. p. 318.

consolidação de atos normativos a serem encaminhados ao Presidente da República pelos Ministérios e órgãos da estrutura da Presidência da República", tenha determinado que tais projetos contenham exposição de motivos (arts. 37 e 38). De acordo com o referido decreto, a exposição de motivos dos projetos a serem encaminhados à Presidência devem conter justificativa e fundamentação (art. 38, I), além de "explicitar a razão de o ato proposto ser o melhor instrumento normativo para disciplinar a matéria" (art. 38, II), dentre outros requisitos. A referida exposição de motivos, conforme já exposto, além de funcionar como elemento para tomada de decisão, pelo Presidente, acerca da positivação ou não do texto proposto, consistirá, ainda, motivação do ato (caso editado), consubstanciando relevante elemento para o controle de sua constitucionalidade e legalidade. Além disso, funcionará como base para a construção de argumento genético em sede da interpretação do regulamento.

6.3.4 Necessidade de obediência a eventual cadeia de delegação vertical

Por fim, o quarto limite ao exercício da função fixadora de alíquotas pelos regulamentos consiste na observância à eventual cadeia de delegação vertical, no caso de a competência não ser exercida, diretamente, pelo Presidente da República ou por Ministro de Estado. Conforme exposto supra, a função fixadora de alíquotas é reservada ao Poder Executivo em geral (CF/88, art. 153, §1º), de modo que pode ser exercida diretamente pelo Presidente (art. 84, IV) ou pelos Ministros de Estado (art. 87, parágrafo único, II), ou, ainda, por outros órgãos componentes da estrutura do Poder Executivo, mediante delegação.

O Supremo Tribunal Federal, comungando desse entendimento, nos autos do Recurso Extraordinário nº 570.680 (DJ de 04.12.2009), decidiu não ser a fixação de alíquotas de que trata o art. 153, §1º, da CF/88 de competência privativa do Presidente da República. Nesse passo, o Tribunal validou a atribuição de competência à CAMEX, por meio de decreto presidencial, para fixar alíquotas dos impostos aduaneiros. Consoante se fez constar do voto condutor, de lavra do Ministro Ricardo Lewandowski:

> o §1º do art. 153 da Constituição Federal, ao atribuir genericamente ao Poder Executivo a faculdade de alterar as alíquotas de determinados impostos, observados os limites legais, abriu a possibilidade da criação de um órgão governamental para desincumbir-se dessa atribuição.

Nesse contexto, é relevante destacar que a circunstância de ser possível a delegação vertical, dentro da estrutura do Poder Executivo, afora ressaltar uma não limitação (caráter não privativo da referida competência[605]), também tem por resultado uma limitação. Trata-se da necessidade de que: (i) haja regular cadeia normativa de delegação vertical; e (ii) que essa cadeia seja obedecida. Esses requisitos devem ser observados para que a competência tributária regulamentar, em sua função fixadora de alíquotas, possa ser regulamente exercida por órgão outro da estrutura do Poder Executivo que não o Presidente da República ou Ministro de Estado, que receberam competência diretamente da Constituição Federal.

6.4 Decorrências: Argumentos doutrinários ou estratégicos

Dentre as decorrências da função fixadora de alíquotas, exercida pelos regulamentos em matéria tributária, nos limites e condições já expostos, três chamam, particularmente, a atenção. Trata-se: (i) da aplicabilidade de parâmetros diversos para a possibilidade de regulamentos diminuírem ou aumentarem a carga tributária por meio de modificações de alíquota; (ii) da circunstância de a função de fixação de alíquotas ser, rotineiramente, exercida em conjunto com a função de interpretação; e (iii) da vocação da função de fixação de alíquotas para funcionar como instrumento da realização de desideratos indutores de condutas na seara fiscal.

6.4.1 No agravamento e na mitigação da imposição tributária

A primeira das decorrências acima referidas diz com o contraste entre a legalidade tributária positiva (para a instituição ou o aumento de tributo, em piora da posição do destinatário da norma) e a legalidade tributária negativa (para a concessão de benefícios fiscais listados no art. 150, §6º). Conforme exposto, a legalidade tributária positiva

---

[605] Em sentido contrário, defende Roque Antonio Carrazza que o art. 153, §1º somente pode ser interpretado restritivamente, de modo que só ao Presidente seria atribuída a competência para a fixação de alíquotas de tributos por meio de regulamento. Em sua ótica, eventual possibilidade implícita de delegação implicaria em derrogação do princípio da legalidade. CARRAZZA, Roque Antonio. *Curso de Direito Constitucional Tributário*. 27. ed. São Paulo: Malheiros, 2011. p. 322.

acopla-se à segurança jurídica em matéria tributária e ao consentimento na tributação (princípio democrático). Nesse passo, em matéria tributária, a legalidade assume feição de máxima densificação de deveres no âmbito legal. Por outro lado, a legalidade tributária negativa conecta-se à legalidade orçamentária e ao primado democrático (em feição de efetiva deliberação dos representantes do povo acerca da concessão do benefício), de modo que não exige máxima densificação do direito em lei para que cumpra sua função.

Assim, é possível concluir pela existência de um diferente regime jurídico para o aumento de alíquotas por regulamento e para a diminuição (até mesmo a zero, o que para alguns configura isenção[606]) por regulamento. Enquanto qualquer aumento de alíquota de tributo (fora os casos expressamente ressalvados no Texto Constitucional) deve ser, integralmente, previsto em lei, que deve precisar a alíquota em conceito numérico, o mesmo não se pode afirmar em relação à diminuição de alíquotas. Uma vez que a legalidade tributária negativa não apresenta a mesma finalidade e o mesmo vetor de máxima densificação legal que caracteriza a legalidade positiva, é possível que a lei que institua o benefício fiscal o faça com grau de densificação menor, atribuindo maior espaço de configuração ao regulamento.

Em matéria de legalidade tributária negativa, então, é possível, em princípio, a adoção de estratégia conhecida por "deslegalização", consistente em permissão legal para que a lei possa vir a ser modificada por regulamento.[607] Seria o caso de lei que determinasse ser a alíquota de certo tributo "x", mas que permitisse que essa fosse reduzida, por regulamento, atendendo às condições "y" e "z".

Tem-se, então, um aparente confronto, derivado da circunstância de ser permitido à lei deferir margem relativamente larga de possibilidades de redução de alíquotas por meio de regulamentos, enquanto

---

[606] Identificam-se pelo menos três correntes relevantes acerca do conceito de isenção no Brasil. Para a primeira, em linha com o disposto no Código Tributário Nacional, entende-a como dispensa do pagamento do tributo devido, operando-se no campo da incidência. Nesse sentido: FANUCCHI, Fábio. *Curso de Direito Tributário Brasileiro*. 3. ed. São Paulo: Resenha Tributária, 1975. v. 1. p. 368-380. Para a segunda corrente, a isenção se opera no campo da não incidência, consubstanciando hipótese de não incidência legalmente qualificada. Assim: BORGES, José Souto Maior. *Teoria Geral da Isenção Tributária*. 3. ed. São Paulo: Malheiros, 2007. p. 183-185. Por fim, a terceira corrente entende a isenção como norma jurídica autônoma que mutila parcialmente a regra-matriz de incidência tributária, impedindo sua aplicação. Assim: CARVALHO, Paulo de Barros. *Curso de Direito Tributário*. 24. ed. São Paulo: Saraiva, 2012a. p. 568-569.

[607] ROSENBLATT, Paulo. *A competência regulamentar no direito tributário brasileiro*: legalidade, delegações legislativas e controle judicial. São Paulo: MP, 2009. p. 174-175.

que todo aumento de alíquotas deve ser veiculado por instrumento legal em máxima densificação.

Inicialmente, deve-se destacar que não se trata de uma impossibilidade lógica. É perfeitamente possível que o regulamento, nas condições previstas em lei (que deve respeitar, de antemão, todos os requisitos orçamentários), possa diminuir a alíquota de certo tributo, enquanto que posterior aumento somente poderá ser empreendido por lei, em máxima densificação, ou seja, com a fixação da alíquota pela própria lei.

Pelo menos três óbices poderiam ser levantados em relação a essa possibilidade, quais sejam: (i) o desrespeito ao art. 150, §6º da CF/88; (ii) a violação do art. 97, IV, do CTN; e (iii) a violação a uma regra geral de simetria de formas.

Relativamente ao primeiro argumento, deve-se reconhecer que a redução de alíquotas por meio da competência tributária regulamentar em momento algum poderá importar violação do art. 150, §6º da CF/88, vinculado à legalidade orçamentária e ao princípio democrático. Logo, o preceito legal que estabelecer a possibilidade de diminuição de alíquotas por regulamento deverá obedecer às regras de equilíbrio orçamentário, bem como ser veiculado por lei específica, de modo a atender os desideratos de discussão parlamentar a que se propõe o referido dispositivo constitucional. Não será, pois, qualquer diminuição de alíquota por regulamento permitida, mas somente aquelas que decorram de lei que cumpra esses requisitos.

O art. 97, IV do CTN determina, conforme exposto, que "somente a lei pode estabelecer (...) a fixação de alíquota do tributo e da sua base de cálculo", ressalvadas as exceções constitucionais. Ocorre que esse dispositivo, conforme, igualmente, referido, exerce função de lei complementar para regular limitações constitucionais ao poder de tributar, na forma do art. 146, II, da CF/88. Logo, aplica-se à legalidade tributária positiva (para o agravamento da posição do particular). Entretanto, a legalidade tributária negativa (para a mitigação de encargo), está fora da função de lei complementar nacional exercida por esse dispositivo.

O terceiro argumento toma em conta um paralelismo ou simetria entre as formas, ou seja, a circunstância de que somente um mesmo veículo normativo poderia modificar anterior veículo de igual compostura. Esse paralelismo, contudo, não configura imposição lógica, mas circunstância meramente contingente no sistema. Nessa linha, o Supremo Tribunal Federal, em várias oportunidades, entendeu pela revogação do art. 6º, II, da Lei Complementar nº 70/91 pelo art. 56 da

Lei nº 9.430/96, textualmente afirmando que, ante a "ausência de reserva constitucional de lei complementar para conceder ou revogar a isenção relativa à Cofins", afigura-se inaplicável a "teoria da simetria entre as formas".[608]

A propalada simetria entre as formas, pois, somente existe na medida em que a imponha o sistema. Perceba-se, nessa linha, que o STF, no julgado citado, fez referência à ausência de reserva de lei complementar para "conceder ou revogar" a isenção de que se tratava, a evidenciar que nada dita que eventual reserva de lei complementar apenas se aplique a um dos "lados da moeda".

Exemplo paradigmático da circunstância de que o ordenamento jurídico brasileiro admite assimetria de formas consiste na possibilidade de criação de unidades de conservação ambiental por decreto (art. 22 da Lei nº 9.985/00), havendo, porém, reserva de lei para a sua posterior alteração ou supressão (CF/88, art. 225, §1º, III). O Supremo Tribunal Federal admite essa assimetria, ao reconhecer a legalidade da criação de unidades de conservação por ato regulamentar.[609]

Nessa linha, não se pode tomar em sentido absoluto o entendimento esposado por Tárek Moysés Moussallem de que "o procedimento determinado para a revogação do ato de fala revogador de lei complementar deve ser o procedimento de lei complementar".[610] A simetria de formas pode ser tomada como regra geral *a priori*. Todavia, deve ceder sempre que interpretação constitucional bem justificada conduza a conclusão diversa, como parece ser o caso em relação à fixação de alíquotas de tributos.

Com isso, não se defende ampla e irrestrita possibilidade de diminuição de alíquotas de tributos por meio de atos regulamentares. A eventual fixação de alíquotas mais favoráveis por meio de regulamento deverá decorrer de autorização legal que obedeça as regras de equilíbrio orçamentário e a exigência de que a lei trate especificamente da matéria, na forma do art. 150, §6º da CF/88, além de submeter-se aos demais limites constitucionais. Entretanto, posterior aumento da alíquota somente poderá se dar por meio de lei, pois estar-se-á no

---

[608] Cf. RE 459492 AgR, Relator(a): Min. Joaquim Barbosa, Segunda Turma, julgado em 09.12.2008, *DJe*-025 DIVULG 05.02.2009 PUBLIC 06-02-2009 EMENT VOL-02347-06 PP-01182.

[609] MS-AgR 26067, Relator Min. Ricardo Lewandowski. Tribunal Pleno, julgado em 06.10.2011, *DJe* de 24.10.2011. MS 27622, Relator Min. Cezar Peluso, Tribunal Pleno, julgado em 24.06.2010, *DJe* de 13.08.2010.

[610] MOUSSALLEM, Tárek Moysés. *Revogação em Matéria Tributária*. 2. ed. São Paulo: Noeses, 2011. p. 290.

campo de aplicabilidade da legalidade tributária positiva, de que trata o art. 150, I, da CF/88.

6.4.2 No exercício conjunto com a função de interpretação

A segunda decorrência da função de fixação de alíquotas exercida pela competência tributária regulamentar diz respeito à circunstância de ser ela, rotineiramente, exercida em conjunto com a função interpretativa. Há diversos exemplos dessa circunstância.

A Tabela de Incidência do Imposto sobre Produtos Industrializados (TIPI) ora é veiculada por meio do Decreto nº 7.660/11 e suas alterações, cujo art. 2º determina que a classificação das mercadorias, para fins de incidência do imposto, empreendida no anexo I, tome por base a nomenclatura comum do Mercosul (NCM). A tabela, nesse ensejo, consoante o permissivo do art. 153, §1º, da CF/88, classifica produtos industrializados sobre os quais se dá a incidência do IPI, com o fim precípuo de estabelecer os percentuais de alíquotas aplicáveis ao seu processo de industrialização ou importação.

A título de exemplo, o item nº 3703.10.21 da TIPI determina que, para o produto industrializado "papel heliográfico", a alíquota é de 15 %. Percebe-se que esse item, em sua primeira coluna, exerce a função interpretativa em relação ao conceito amplo "produto" (previsto no art. 153, IV, da CF/88, no art. 46 do CTN e no art. 1º da Lei nº 4.502/64). A segunda parte, a seu turno, exerce a função de fixação de alíquotas, estipulando-a em 15% sobre o preço do produto.

Com a conjunção desses dois preceitos regulamentares, pode-se obter a norma de incidência do referido imposto, em sua máxima especificação, no âmbito abstrato. Em outras palavras, a fixação de alíquotas nada diz sem estar atrelada à especificação do critério material, mas esta última é realizada justamente, para possibilitar a aposição de alíquota individualizada (afora esclarecer a incidência do imposto sobre esses produtos).

Ainda no que respeita ao IPI, é interessante notar que o Decreto referido classifica alguns produtos como não tributados, estando fora do campo de incidência do imposto, enquanto, para outros, estabelece alíquota zero, reconhecendo que estão no campo da incidência. Ao estabelecer certo produto como não tributado, o Decreto exerce a função interpretativa dos conceitos legais. A fixação de alíquota zero, por outro lado, consiste no exercício da função de fixação de alíquotas.

Nesse contexto, destaca-se a virtude da análise de funções exercidas pela competência tributária regulamentar, no sentido de que se pode identificar mais de uma função exercida pelo mesmo preceito regulamentar. Não obstante, é importante a identificação da função específica exercida, pois cada uma delas se sujeita a regime jurídico distinto.

6.4.3 Na indução de comportamentos

Finalmente, é relevante destacar a vocação da função de fixação de alíquotas, exercida pela competência tributária regulamentar para funcionar como instrumento da realização de desideratos indutores de condutas por meio de normas tributárias. Como predica Luís Eduardo Schoueri, com fundamento em Klaus Vogel, as normas tributárias indutoras caracterizam-se por uma determinada função (à qual outras podem ser conjugadas), de induzir determinadas condutas, por meio de vantagem (estímulo) ou de agravamento de natureza tributária.[611]

A relação entre a indução de comportamentos e a função de fixação de alíquotas por regulamento é especialmente relevante no que respeita aos impostos cobertos pela norma de exceção construída a partir do art. 153, §1º da CF/88. Nesse contexto, a indução de condutas funciona como um dos mais importantes desdobramentos da função de fixação de alíquotas. A mitigação da legalidade, combinada com a não aplicabilidade da anterioridade ao IPI, ao II, ao IE e ao IOF (com exceção da aplicação da anterioridade nonagesimal ao IPI, por força do art. 150, §1º), demonstra sua vocação ao estímulo e ao desestímulo de condutas.

A função fixadora de alíquotas revela especial aptidão para a instrumentalização de indução de comportamentos por dois de seus atributos, quais sejam: (i) a (maior) possibilidade de utilização de critérios técnicos para seu exercício; e (ii) a possibilidade de adaptação mais rápida a circunstâncias contingentes.

Relativamente à possibilidade de utilização de critérios técnicos, verifica-se que, tradicionalmente, um dos mais relevantes argumentos para a justificação pré-jurídica de normas regulamentares pela doutrina consiste na suposta maior possibilidade de o Executivo valer-se de critérios técnicos do que se verificaria no âmbito do Poder Legislativo. Diógenes Gasparini, nessa senda, afirmou, já nos anos 1970, que a "complexidade ou o tecnicismo exigem na regulação de certas matérias conhecimentos especializados e oportunidade de ação".[612]

---

[611] SCHOUERI, Luís Eduardo. *Normas tributárias indutoras e intervenção econômica*. Rio de Janeiro: Forense, 2005b. p. 30.

[612] GASPARINI, Diógenes. *Poder Regulamentar*. São Paulo: Bushatsky, 1978. p. 45.

Tais desafios, completa, seriam melhor adereçados pelo Executivo, "melhor aparelhado tecnicamente e com melhor mão de obra".[613] Essas afirmações devem ser tomadas com certas reservas. Por um lado, não se pode afirmar, aprioristicamente, que o Executivo seja, necessariamente, melhor aparelhado ou mais capacitado tecnicamente. Nada obstante, conforme exposto supra, a possibilidade de delegação vertical da função fixadora de alíquotas abre espaço a que se lhe acometa a órgão com conhecimentos técnicos especializados. Poderá vir a ser o caso da CAMEX, por exemplo, se os cargos ministeriais que a compõem forem ocupados por profissionais tecnicamente capacitados.

Outro aspecto que ressalta a aptidão dos regulamentos para veicular normas tributárias indutoras por meio da fixação de alíquotas é a sua maior rapidez, em relação ao processo legislativo. José Carlos Francisco, nessa linha, pondera que "o processo legislativo exige reflexão por representantes de diferentes origens sociais e ideológicas", pelo que, naturalmente, demora mais tempo, o que poderia conduzir a uma "crise de eficiência na produção da lei pelo Legislativo".[614]

Com as devidas cautelas em relação à enunciação de uma crise de efetividade da lei,[615] não há dúvidas de que a competência regulamentar possibilita respostas mais expeditas a determinadas questões, em face do caráter muito mais simples do procedimento para a positivação de texto regulamentar, se comparado ao legal. Essa circunstância endereça a urgência necessária para a indução de comportamentos por meio de manipulações de alíquotas de tributos, que muda com o mesmo dinamismo da economia e dos demais tipos de comportamento que podem ser induzidos pela legislação tributária.

6.5 Aplicação

6.5.1 A incidência da contribuição ao PIS e da Cofins sobre receitas financeiras e a fixação regulamentar de alíquotas

Caso interessante em relação à função fixadora de alíquotas da competência tributária regulamentar e que adquiriu grande relevância

---

[613] GASPARINI, Diógenes. *Poder Regulamentar*. São Paulo: Bushatsky, 1978. p. 45.

[614] FRANSISCO, José Carlos. *Função Regulamentar e Regulamentos*. Rio de Janeiro: Forense, 2009. p. 43.

[615] Sobre o tema, ver Capítulo 3.

no Direito Tributário brasileiro, diz respeito à previsão do art. 27, §2º, da Lei nº 10.865/04, que assim determina:

> §2º - O Poder Executivo poderá, também, reduzir e restabelecer, até os percentuais de que tratam os incisos I e II do caput do art. 8º desta Lei, as alíquotas da contribuição para o PIS/PASEP e da COFINS incidentes sobre as receitas financeiras auferidas pelas pessoas jurídicas sujeitas ao regime de não-cumulatividade das referidas contribuições, nas hipóteses que fixar.

Percebe-se que o dispositivo utiliza o vocábulo "restabelecer", em substituição à fórmula genérica "alterar as alíquotas", como tentativa de imprimir maior legitimidade à sua prescrição. Na realidade, contudo, nada mais fez o dispositivo do que possibilitar ao Poder Executivo alterar as alíquotas da Contribuição ao Programa de Integração Social (PIS) e da Contribuição para o financiamento da Seguridade Social (Cofins), estabelecendo limite mínimo de zero e limite máximo, respectivamente, de 1,65% e 7,6%.

Analisando-se o dispositivo em conformidade com tudo o quanto foi exposto neste capítulo, verifica-se potencial violação à legalidade tributária positiva (CF/88, art. 150, I), ao permitir-se o aumento de tributo por instrumento infralegal. O uso da fórmula "reduzir e restabelecer", nada mais é do que outra maneira de permitir ao regulamento reduzir ou aumentar alíquotas, dentro do intervalo legal.

Ao estabelecer a possibilidade de uma redução de alíquota por regulamento, contudo, não há, necessariamente, violação à legalidade tributária negativa, consubstanciada nos arts. 150, §6º e 165, §6º, da CF/88. Conforme exposto, a legalidade tributária negativa conforma-se com uma maior delegação à regulamentação. No caso específico, a renúncia de receita foi prevista na lei que trata, especificamente, das contribuições. Será, somente, o caso de verificar se foi feito incluir nas leis orçamentárias o demonstrativo do efeito dessa renúncia de receitas e cumpridos os demais requisitos de equilíbrio orçamentário.

Nesse passo, devem ser analisados quatro momentos normativos distintos, após a edição da referida Lei nº 10.865/04:

(i) Decreto nº 5.164, de 30.07.04: reduziu a zero a alíquota das referidas contribuições sobre receita financeira, devidas no regime não cumulativo, excluídas as auferidas em razão de juros sobre capital próprio, com produção de efeitos a partir de 2 de agosto de 2004;

(ii) Decreto nº 5.442, de 09.05.05: reduziu a zero a alíquota das referidas contribuições sobre receita financeira, devidas no regime não cumulativo, inclusive sobre operações de *hedge*, excluídos apenas os juros sobre capital próprio, com produção de efeitos a partir de 1º de abril de 2005;

(iii) Decreto nº 8.426, de 01.04.15: aumentou, para 0,65% a alíquota da contribuição ao PIS e para 4%, a alíquota da Cofins sobre receitas financeiras, mantida a incidência de 1,65% e 7,6% sobre receitas de juros sobre capital próprio, com efeitos a partir de 1º de julho de 2015; e

(iv) Decreto nº 8.451, 20.05.15: reduziu a zero as alíquotas de ambas as contribuições em relação às receitas financeiras de variação cambial em exportação, obrigações contraídas pela pessoa jurídica (como empréstimos e financiamentos) e sobre *hedge* relacionado às atividades operacionais da pessoa jurídica, com produção de efeitos a partir de 1º de julho de 2015.

Relativamente à legalidade tributária positiva, percebe-se que o Decreto nº 8.426/15 a violou, ao ter aumentado a incidência do tributo, porque dispositivo infralegal. Uma vez que o paralelismo de formas não é regra absoluta, a diminuição de alíquotas empreendida pelos Decretos nºs 5.164/04 e 5.442/05, somente poderia ser revertida por meio de lei, já que a Constituição é clara ao prescrever que o aumento de tributo somente se pode dar por intermédio de lei (art. 150, I).

Quanto à anterioridade nonagesimal à qual estão submetidas as referidas contribuições, por força do art. 195, §6º, da Constituição Federal, é interessante notar que o Decreto nº 8.426/15, expressamente, determinou sua observância, prescrevendo a produção de efeitos do aumento de alíquotas somente após decorridos noventa dias da sua publicação, o que deixa claro ter havido, na hipótese, verdadeiro aumento de tributo.

Essa questão foi submetida ao Superior Tribunal de Justiça nos autos do Recurso Especial 1.586.950/RS[616] Nessa oportunidade, a 1ª Turma do Tribunal, por apertada maioria, entendeu pelo não provimento do Recurso do contribuinte, que alegava, dentre outras matérias, a ilegalidade do Decreto nº 8.426/15. O Min. Gurgel de Faria, que foi designado relator para o acórdão, baseou a sua posição em uma suposta simetria de formas entre a redução e o restabelecimento das alíquotas, no que foi acompanhado pelo Min. Benedito Gonçalves e pelo Min. Sérgio Kukina. Conforme o relator designado, "se considerarmos legal a permissão dada ao administrador para reduzir tributos,

---

[616] RESP 1.586.950/RS, Primeira Turma, Rel. para o Acórdão: Min. Gurgel de Faria, *DJe* de 09.10.2017.

também devemos considerar legal o seu restabelecimento, pois não se pode compartimentar o próprio dispositivo legal para fins de manter a tributação com base em redução indevida".

No entanto, consoante exposto ao longo deste capítulo, o paralelismo ou simetria de formas não configura imposição lógica ou normativa, mas circunstância meramente contingente no sistema jurídico nacional. Por esse motivo, não poderia ter servido de base para o posicionamento dos três referidos julgadores. Nesse sentido votaram o Min. Napoleão Nunes Maia Filho e a Min. Regina Helena Costa. Conforme o voto de vista do primeiro, "a aceitação de redução de alíquota de tributo por ato administrativo não autoriza que esse mesmo instrumento (ato administrativo) possa ser utilizado para realizar movimento inverso, porque, em tal hipótese, se está onerando o patrimônio particular". Espera-se que, em futuros julgados, essa posição venha a prevalecer, posto que mais coerente com o ordenamento jurídico, que não impõe simetria de formas.

6.5.2 A fixação regulamentar da alíquota da taxa para "anotação de responsabilidade técnica"

Outro caso de fixação de alíquota de tributo por meio de regulamento que, recentemente, ganhou grande relevância diz respeito à taxa para "anotação de responsabilidade técnica" (ART), instituída pela Lei nº 6.496/77. Conforme o art. 1º desse diploma legal, "todo contrato, escrito ou verbal, para a execução de obras ou prestação de quaisquer serviços profissionais referentes à Engenharia, à Arquitetura e à Agronomia". A função do ART consiste em definir os responsáveis técnicos pelo empreendimento (art. 2º). Conforme a jurisprudência do Supremo Tribunal Federal, a referida prestação pecuniária tem natureza jurídica de taxa.[617] De fato, trata-se de tributo vinculado a uma prestação estatal de exercício do poder de polícia, nos termos do art. 145, II, da CF/88 e dos arts. 77 e 78 do CTN.

Na evolução legislativa dessa taxa, verifica-se, pelo menos, três momentos relativamente ao regramento da alíquota da taxa fixação que o regramento da fixação da alíquota no âmbito legal. São eles:

(i) vigência da prescrição do art. 2º, §2º, da Lei nº 6.496/77, consoante o qual o Conselho Federal de Engenharia, Arquitetura e

---

[617] Por todos: ARE 748445 RG, Relator Min. Ricardo Lewandowski, julgado em 31.10.2013, PROCESSO ELETRÔNICO REPERCUSSÃO GERAL – MÉRITO DJe-029, divulg. 11.02.2014, public. 12.02.2014.

Agronomia (CONFEA) fixaria "os critérios e os valores das taxas da ART *ad referendum* do Ministro do Trabalho";

(ii) vigência do art. 2º, parágrafo único, da Lei nº 6.994/82, conforme o qual a taxa em questão teria a alíquota fixada pelo CONFEA, observado o limite máximo de 5 (cinco) MVR;[618]

(iii) vigência do art. 11 da Lei nº 12.514/11, que fixa o valor máximo do tributo em R$ 150,00 (cento e cinquenta reais), atualizados, anualmente, de acordo com a variação integral do Índice Nacional de Preços ao Consumidor (INPC), calculado pela Fundação Instituto Brasileiro de Geografia e Estatística (IBGE).

No primeiro momento, verifica-se uma delegação ampla e irrestrita de fixação de alíquotas ao regulamento expedido pelo CONFEA, sem que a lei sequer tenha previsto limites máximo e mínimo. Trata-se de violação clara da legalidade tributária positiva, então prevista no art. 19, I, da Emenda Constitucional nº 01/69. Essa inconstitucionalidade foi reconhecida pelo Plenário do Supremo Tribunal Federal, sob repercussão geral, nos autos do ARE 748.445/SC (*DJ* de 12.02.2014).

No segundo momento, a Lei nº 6.994/82 estabeleceu apenas um limite máximo para as alíquotas, que seriam livremente fixadas pelo CONFEA abaixo desse valor. Nesse caso, a lei não fixou a alíquota da taxa e deixou ao regulamento a possibilidade de alterá-la, mas previu, efetivamente, a fixação inaugural de alíquotas pelo ato regulamentar, respeitado, unicamente, o limite máximo de cinco MVR. Conforme os limites à função de fixação de alíquotas por meio de regulamentos aqui analisados, essa disposição legal viola a legalidade tributária positiva (CF/88, art. 150, I), pois atribui ao regulamento a fixação da alíquota de taxa, respeitado somente um limite máximo. A repercussão geral dessa questão foi reconhecida pelo Supremo Tribunal Federal nos autos do RE 838.284/SC, sob a relatoria do Ministro Dias Toffoli. O caso foi posto em julgamento, inicialmente, na mesma sessão do referido RE 704.292/PR, em que o referido Ministro proferiu voto amplamente analisado no Capítulo 3. Todas as críticas às posições sustentadas nesse voto são aplicáveis também ao caso da taxa da ART. Caso esse voto venha a prevalecer também em relação à taxa da ART, entendendo-se pela constitucionalidade do art. 2º, parágrafo único, da Lei nº 6.994/82, ter-se-á indevido alargamento da função de fixação de alíquotas por regulamentos tributários, em total contrariedade ao texto constitucional.

---

[618] Maior Valor de Referência. Trata-se de índice de correção monetária instituído pela Lei nº 6.205/75, que era anualmente fixado pelo Poder Executivo. Esse índice foi extinto pelo art. 3º, III, da Lei nº 8.177/91.

Por fim, no terceiro momento, o art. 11 da Lei nº 12.514/11 fixou o valor do tributo em R$ 150,00 (cento e cinquenta reais). Nesse caso, a lei fixou a alíquota do tributo em R$ 150,00 (cento e cinquenta reais) por unidade de exercício de poder de polícia, e definiu a possibilidade de o regulamento reduzi-la. *A priori*, essa determinação legal não viola a legalidade tributária negativa. Não obstante, caso haja redução de alíquota por regulamento, posterior aumento deverá ser efetivado por lei.

6.6 Síntese do capítulo

A Constituição encampa uma séria de escolhas, que devem ser respeitadas tanto quanto mais objetivas forem. Logo, na interpretação do conteúdo e dos limites da função de fixação de alíquotas exercida pelos regulamentos, não se pode alçar valores como o "consentimento da tributação", a solidariedade, a segurança jurídica, ou mesmo a busca de modelos de tributação ideal, acima dos contornos que o Constituinte originário deu para a legalidade em matéria tributária.

A legalidade tributária positiva, prevista no art. 150, I, da CF/88, prescreve que a majoração ou a instituição de tributos, com as exceções já referidas e previstas no próprio texto constitucional, somente se pode dar por meio de lei, que deve densificar, ao máximo, o referido dever. O dispositivo visa à proteção do contribuinte contra leis mais gravosas, que piorem a posição jurídica do destinatário, seja instituindo um gravame, seja restringindo ou suprimindo uma vantagem.

Já a legalidade negativa veiculada pelo art. 150, §6º da CF, com redação ora determinada pela EC nº 3/1993, diz respeito à necessidade de lei para o estabelecimento de medidas tributárias menos gravosas, que melhorem a posição do destinatário, seja mediante a extinção da imposição, seja pela modificação de seus pressupostos ou dos critérios abstratos para cálculo da prestação. Essa regra se acopla à legalidade orçamentária (CF/88, art. 165, §6º) e se vocaciona a garantir a efetiva discussão parlamentar sobre a renúncia tributária, em concretização do primado democrático. Não proíbe, *prima facie*, que lei específica institua parâmetros para a redução parcial ou total (isenção) de alíquotas por regulamento, desde que não haja prejuízo ao equilíbrio orçamentário e a matéria seja discutida pelo parlamento, bem como seja respeitada a legalidade de que trata o art. 150, I, da CF/88, em eventual aumento de tributo.

É permitida a delegação da competência para a fixação de alíquotas de tributos, dentro da estrutura do Poder Executivo (delegação vertical). Entretanto, a delegação horizontal (para outros poderes) é vedada, pois importa burla à divisão constitucional de competências.

Os textos produzidos em conformidade com a competência tributária regulamentar devem ser motivados, com enunciados de fundamentos fáticos e jurídicos que justifiquem a modificação, bem como com a explicitação da devida relação de causalidade entre eles. Esse dever decorre do princípio democrático (CF/88, art. 1º, parágrafo único), da inafastabilidade da tutela jurisdicional (art. 5º, XXXV) e do Estado de Direito, sendo essencial para possibilitar o controle de legalidade e de constitucionalidade dos atos regulamentares.

A função de fixação de alíquotas, exercida pelos regulamentos expedidos em conformidade com a competência tributária regulamentar, pode ser definida como o desiderato de fixar, nos casos permitidos pela Constituição e dentro de limites e de parâmetros legais, o indicador abstrato de proporção da base de cálculo que funciona como elemento para a determinação do *quantum* de tributo devido *in concreto*, podendo ser expresso em fração ou percentual (alíquota *ad valorem*) ou em valor fixo, por unidade de base de cálculo (alíquota específica).

Afora limitações constitucionais gerais e limites específicos para a disciplina de certos tributos, destacam-se os seguintes limites ao exercício da função de fixação de alíquotas pela competência tributária regulamentar: (i) necessidade de expresso permissivo constitucional quando se tratar de agravamento da posição do contribuinte; (ii) necessidade de obediência às condições, aos limites e aos parâmetros veiculados em lei e pela Constituição; (iii) necessidade de exteriorização da motivação; e (iv) necessidade de obediência a eventual cadeia de delegação vertical existente.

Na fixação de alíquotas por regulamentos, verifica-se um contraste entre a legalidade tributária positiva (para a instituição ou o aumento de tributo, em piora da posição do destinatário da norma, na forma do art. 150, I, da CF/88) e a legalidade tributária negativa (para a concessão de benefícios fiscais listados no art. 150, §6º). A legalidade tributária negativa admite menor margem de determinação no âmbito legal, o que poderá incluir autorização para que regulamento fixe alíquotas mais favoráveis ao sujeito passivo. Eventual fixação de alíquotas mais favoráveis por meio de regulamento deverá decorrer de autorização legal que obedeça as regras de equilíbrio orçamentário e a exigência de lei específica, na forma do art. 150, §6º da CF/88, além de submeter-se aos demais limites constitucionais. Entretanto, posterior aumento da alíquota somente poderá se dar por meio de lei, pois se estará no campo de aplicabilidade da legalidade tributária positiva, de que trata o art. 150, I, da CF/88.

A função de fixação de alíquotas exercida pela competência tributária regulamentar é, frequentemente, exercida em conjunto com a função interpretativa. Adicionalmente, a função de fixação de alíquotas revela especial aptidão para a instrumentalização de indução de comportamentos por dois de seus atributos, quais sejam: (i) a (maior) possibilidade de utilização de critérios técnicos para seu exercício; e (ii) a possibilidade de adaptação mais rápida a circunstâncias contingentes.

CAPÍTULO 7

FUNÇÃO DE EXECUÇÃO

O fim está no caminho por meio do qual ele é atingido.
Cada passo de hoje é sua vida amanhã. Nenhum
grande fim pode ser atingido por meios vis.

(Wilhelm Reich)[619]

7.1 Identificação: Argumentos teóricos ou analíticos

A Constituição Federal, ao atribuir competência regulamentar ao Presidente da República (art. 84, IV) e aos Ministros de Estado (art. 87, parágrafo único, II), refere-se à execução das leis. A partir desses dispositivos, seria possível pensar: (i) que a função de execução exercida pelos regulamentos em matéria tributária deveria encampar todas as outras;[620] e/ou (ii) que os regulamentos deveriam se restringir à função

---

[619] Tradução livre. Na versão inglesa: *"The goal is in the path on which you arrive at it. Every step of today is your life of tomorrow. No great goal can be reached by vile means"* (REICH, Wilhelm. *Listen, little man!* Tradução de Theodore P. Wolfe. [S.l.]: [s.n.], [s.d.]. 50 p. Disponível em: http://www.satrakshita.com/Books/listenlittleman.pdf. Acesso em: 10 dez. 2016).

[620] É o que ocorre com a doutrina que utiliza a classificação dos regulamentos em independentes, delegados, de necessidade e executivos, oriunda da doutrina italiana. Roque Antonio Carrazza, por exemplo, afirma que a Constituição Brasileira somente permite regulamentos de execução, ao mesmo tempo que admite que os regulamentos podem especificar os mandamentos de lei não autoaplicável. Cf. CARRAZZA, Roque Antonio. *O Regulamento no Direito Tributário Brasileiro.* São Paulo: Revista dos Tribunais, 1981. p. 13-17. Na mesma

de execução.[621] Trata-se de visões metodológicas distintas da que se adota neste trabalho. A primeira visão parece representar uma perda de capacidade analítica, ao deixar de distinguir funções efetivamente diferentes. A segunda, de sua parte, parece desconsiderar outras prescrições constitucionais (como a que permite aos regulamentos fixar a alíquota de certos tributos), bem como a extensão do papel exercido pelos regulamentos tributários no processo de positivação das normas tributárias.[622]

É bem verdade que há implicações recíprocas entre as funções exercidas pelo produto da competência tributária regulamentar. A execução da lei tributária pressupõe sua interpretação, por exemplo. Não obstante, parece importante, para fins de análise, separar a função de instrumentalização do cumprimento da obrigação tributária (função de execução) da função de interpretação da lei tributária.

Nesse contexto, para a identificação do sentido da função de execução, deve-se situar o atual paradigma da concretização da lei tributária, baseado na sistemática do lançamento por homologação, e verificar suas conexões com a legalidade.

7.1.1 A privatização da gestão tributária como paradigma de execução da lei tributária e os regulamentos

Quando se trata da norma tributária em sentido estrito, aquela que prevê, em termos abstratos a hipótese de incidência tributária e as notas da correspondente obrigação tributária, sua execução, instrumentalização ou aplicação remete imediatamente à figura do lançamento tributário. Trata-se de categoria jurídica cujo conteúdo é sujeito a uma série de ambiguidades,[623] algumas das quais são corroboradas pelo regramento do Código Tributário Nacional a respeito.

---

linha: AUCEJO, Eva Andrés. *Relaciones entre "Reglamento" e "Ley" en materia tributaria*. Madrid: Marcial Pons, 2013. p. 82.

[621] Geraldo Ataliba afirma que a finalidade dos regulamentos "não é – como pensam leigos jornalisticamente informados – completar a lei, nem explicá-la (função dos juristas), nem minudenciá-la, mas dispor sobre a maneira pela qual os agentes administrativos irão, com finalidade e exação, fazê-la cumprida, providenciar sua efetiva aplicação, assegurar a eficácia de seus mandamentos" (ATALIBA, Geraldo. Poder Regulamentar do Executivo. *Revista de Direito Público*, São Paulo, v. 14, n. 57-58, p. 190, jan./jun. 1981).

[622] Cf. Capítulo 3.

[623] Eurico de Santi identifica dez acepções significativas que pode assumir a expressão, a depender do contexto em que é adotada. Cf. SANTI, Eurico Marcos Diniz de. *Lançamento Tributário*. 3. ed. São Paulo: Saraiva, 2010. p. 108.

De toda sorte, destacam-se acepções do lançamento como procedimento administrativo e como seu produto. Assim, é comum a referência à distinção entre os tipos de lançamento (considerado como procedimento), baseada no grau de participação do contribuinte na atividade. Trata-se de classificação pautada nos dispositivos do CTN (arts. 147 a 150), que divide as espécies de lançamento entre: (i) lançamento direito ou de ofício (feito exclusivamente pelo órgão fiscal); (ii) lançamento misto ou por declaração (feito pelo órgão fiscal a partir de declaração do sujeito passivo); e (iii) autolançamento ou lançamento por homologação (o próprio sujeito passivo apura a obrigação e efetua o pagamento sem prévio exame do órgão fiscal).[624]

Retomando a função executiva dos regulamentos tributários, que pode ser, preliminarmente, conceituada como a previsão de meios para a instrumentalização da aplicação da lei tributária, percebe-se que esse desiderato será exercido de formas radicalmente distintas, a depender do tipo de lançamento que se trate. Com efeito, se o tributo é sujeito ao lançamento de ofício, o regulamento deverá prever meios destinados à autoridade tributária. Em sentido contrário, se o tributo é sujeito ao lançamento por homologação, esses meios serão voltados ao particular incumbido de aplicar a norma tributária.

Nesse contexto, releva em importância o já referido processo de privatização da gestão tributária, que se apresenta no Brasil com grande força. A origem desse fenômeno, segundo aponta Lapatza, estaria na incapacidade da Administração Tributária em gerir todos os fatos jurídico-tributários que ocorrem em um país.[625] Por esse motivo, ocorreria a descentralização da atividade de aplicação concreta da lei tributária, que passaria a ser acometida ao particular, reservando-se à Administração o direito de posterior fiscalização, dentro do prazo decadencial. A atividade jurídica diária, tão importante quanto as decisões judiciais,[626] é realizada por particulares.

Independentemente das críticas que se possam formular a essa sistemática, sua adoção, praticamente, generalizada no que respeita aos tributos federais no Brasil (e também em relação a grande parte dos

---

[624] NOGUEIRA, Ruy Barbosa. *Curso de Direito Tributário*. 14. ed. São Paulo: Saraiva, 1995. p. 231-238.

[625] LAPATZA, José Juan Ferreiro. La privatización de la gestión tributaria y las nuevas competências de los Tribunales Económico-Administrativos. *Civitas – Rev. Esp. Der. Fin*, n. 37/81, p. 85, 1983.

[626] Nesse sentido: MAXEINER, James R. Legal Certainty: A European Alternative to American Legal Indeterminacy? *Tulane Journal of International & Comparative Laws*, v. 15, n. 2, p. 552, 2007.

tributos estaduais e municipais) significa que o primeiro aplicador da lei tributária deixou de ser a Administração para ser o particular, seja na condição de contribuinte, seja na de responsável ou na de substituto. Logo, os regulamentos tributários, em sua função de possibilitar a execução das leis tributárias, primordialmente, preveem meios para que o particular aplique a lei, e não para que órgãos públicos o façam. Além de ressaltar a falácia da argumentação conforme a qual os regulamentos não teriam efeitos externos à Administração,[627] essa constatação tem grande relevância para a configuração da função de execução dos regulamentos.

A privatização da gestão tributária ressalta a imprescindibilidade de que a Administração Tributária forneça ao contribuinte todos os meios necessários para o cumprimento de seu dever de autolançamento, sob pena de o exercício dessa atividade se voltar contra o próprio contribuinte.[628]

Em síntese, o processo de privatização da gestão tributário, verificado com grande intensidade no Brasil, representa uma significativa modificação no principal destinatário dos meios para a instrumentalização da aplicação do Direito Tributário (função exercida pelos regulamentos), que passa a ser o particular, incumbido do autolançamento. Com isso, a função de execução exercida pelos regulamentos tributários passa a voltar-se, primordialmente, para o particular e, apenas em segundo plano, para as autoridades tributárias incumbidas da fiscalização.

7.1.2 Obrigações acessórias e legalidade tributária

No contexto da privatização da gestão tributária, grande parte da aplicação das normas exacionais se dá pelos particulares, por meio da imposição de obrigações acessórias. Conforme o art. 113, §2º, do Código Tributário Nacional, obrigação tributária acessória é aquela que: (i) decorre da legislação tributária; e (ii) tem por objeto prestações positivas ou negativas, previstas no interesse da arrecadação ou da fiscalização de tributos. Trata-se de obrigações de fazer ou de não fazer que tenham relação de instrumentalidade[629] com o múnus de arrecadação

---

[627] Cf. Capítulo 2.

[628] HORVATH, Estevão. *Lançamento tributário e "autolançamento"*. 2. ed. São Paulo: Quartier Latin, 2010. p. 108.

[629] Rigorosamente, a instrumentalidade é uma característica que perpassa todo o direito, que já que a norma jurídica serve de "meio posto à disposição das vontades para obter,

e fiscalização relativas a tributos. Conforme Misabel Derzi, a hipótese de incidência da obrigação acessória consiste em um fato lícito específico, a natureza da prestação caracteriza-se por sua inestimabilidade patrimonial (fazer ou não fazer) e seu conteúdo abarca, dentre outros, escriturações, emissão de notas fiscais, prestação de declarações, sujeição à fiscalização e exibição de livros, dentre outros.[630]

Tanto o uso do vocábulo "obrigação" como o do "acessória" são objetos de críticas doutrinárias.[631] Não obstante, trata-se de um conceito de direito positivo, utilizado pelo Código Tributário Nacional dentro de sua liberdade de estipulação, como afirma José Souto Maior Borges.[632] Não se aplicam, nesse caso, as limitações à modificação de conceitos do Direito Privado, constantes do art. 110 do mesmo Código.[633] Por esses motivos, as expressões "obrigação tributária acessória" e "dever instrumental tributário" são utilizadas de maneira indistinta neste trabalho, sem embargo da circunstância de a primeira locução ter sido prevista pelo direito positivo, enquanto que a segunda imprime maior precisão ao discurso.

Uma vez que a privatização da gestão tributária se converteu no modo por excelência de execução da lei tributária, e esse processo se dá por meio da imposição de obrigações tributárias acessórias aos particulares, a função de execução exercida pelos regulamentos tributários, necessariamente, terá significativa correlação com a instituição de obrigações acessórias. Como afirma Schoueri, muitas vezes o preenchimento das condições de aplicabilidade de uma lei tributária

---

mediante comportamentos humanos, o alcance das finalidades desejadas pelos titulares daquelas vontades" (ATALIBA, Geraldo. *Hipótese de Incidência Tributária*. 6. ed. São Paulo: Malheiros, 2013. p. 25). Não obstante, a instrumentalidade a que se faz referência em se tratando de obrigações tributárias acessórias poderia ser dita de segunda ordem. Trata-se de uma instrumentalidade em relação à norma tributária em sentido estrito.

[630] DERZI, Misabel Abreu Machado. Notas de atualização. In: BALEEIRO, Aliomar. *Direito Tributário Brasileiro*. 13. ed. Rio de Janeiro: Forense, 2015. p. 1.091.

[631] Paulo de Barros Carvalho afirma que o uso da expressão "obrigação" seria inadequado em face da ausência de caráter patrimonial, que seria um traço característico da categoria "obrigação" no âmbito da teoria geral do direito. Adicionalmente, defende que essas prestações tampouco teriam caráter necessariamente acessório, já que pode haver os referidos deveres mesmo sem que haja tributo a recolher. Propõe, assim, chamá-los de deveres instrumentais ou formais, pois constituem "o instrumento de que dispõe o Estado-Administração para o acompanhamento e consecução de seus desígnios tributários" (CARVALHO, Paulo de Barros. *Curso de Direito Tributário*. 24. ed. São Paulo: Saraiva, 2012a. p. 360-362).

[632] BORGES, José Souto Maior. *Obrigação Tributária*: uma introdução metodológica. 2. ed. São Paulo: Malheiros, 1999. p. 38.

[633] DERZI, Misabel Abreu Machado. Notas de atualização. In: BALEEIRO, Aliomar. *Direito Tributário Brasileiro*. 13. ed. Rio de Janeiro: Forense, 2015. p. 1.090.

demandará a edição de um ato administrativo geral e abstrato, de índole regulamentar.[634] Frequentemente, esse regulamento versará sobre obrigações tributárias acessórias, meios por excelência de execução da lei tributária, no contexto da privatização da gestão de tributos.

Há antiga discussão doutrinária a respeito da possibilidade ou não da instituição de obrigações acessórias por meio de regulamentos. Alberto Xavier defende-a, desde que lei formal autorize o Poder Executivo para tanto, sob argumento de que os deveres instrumentais tributários não se submetem à legalidade tributária, mas sim à legalidade genérica.[635] Em sentido oposto, Roque Carrazza nega essa possibilidade, defendendo que os regulamentos existem, apenas, para tornar efetivo o cumprimento de deveres instituídos em lei.[636]

O Código Tributário Nacional disciplina a questão, que poderia ser inserida na competência de lei complementar para tratar sobre limitações constitucionais ao poder de tributar (art. 146, II). Entretanto, a disciplina é pouco clara. O art. 113, §2º, do CTN, ao definir obrigação tributária acessória, afirma que esta "decorre da legislação tributária". De maneira similar, referir-se ao chamado "fato gerador da obrigação acessória", o art. 155 afirma tratar-se de "qualquer situação que, na forma da legislação aplicável, impõe a prática ou a abstenção de ato que não configure obrigação principal". Nessa linha, o art. 96 do CTN prescreve que a expressão "legislação tributária", utilizada em várias passagens pelo código, compreende: (i) leis; (ii) tratados e convenções internacionais; (iii) decretos; e (iv) demais as normas complementares que versem, no todo ou em parte, sobre tributos e relações jurídicas a eles pertinentes. Entretanto, o art. 97, V, determina que somente a lei pode versar sobre "a cominação de penalidades para as ações ou omissões contrárias a seus dispositivos, ou para outras infrações nela definidas".

A leitura desses dispositivos poderia dar ensejo a, pelo menos, três interpretações: (i) os deveres instrumentais tributários somente podem ser instituídos por lei; (ii) os deveres instrumentais tributários podem ser instituídos por regulamento, mas a penalidade para o seu descumprimento somente pode ser instituída por lei; e (iii) se os deveres

---

[634] SCHOUERI, Luís Eduardo. A legalidade e o poder regulamentar do Estado: atos da administração como condição para aplicação da lei tributária. In: PARISI, Fernanda Drummond; TÔRRES, Heleno Taveira; MELO, José Eduardo Soares de (Coord.). *Estudos de Direito Tributário em Homenagem ao Professor Roque Antonio Carrazza*. São Paulo: Malheiros, 2014. v. 1. p. 214.

[635] XAVIER, Alberto. *Os princípios da legalidade e da tipicidade da tributação*. São Paulo: Revista dos Tribunais, 1978. p. 28-33.

[636] CARRAZZA, Roque Antonio. *O Regulamento no Direito Tributário Brasileiro*. São Paulo: Revista dos Tribunais, 1981. p. 44.

instrumentais forem instituídos por regulamento, não poderá haver penalidade pelo seu descumprimento. Cada uma dessas possibilidades interpretativas deve ser examinada em termos de sua coerência interna com as premissas decisórias postas no CTN, bem como de sua coerência externa com normas constitucionais e demais linhas argumentativas sustentadas neste trabalho.[637]

A terceira linha interpretativa acima referida é talvez a menos sustentável em termos de suas consequências, haja vista que leva à impossibilidade de previsão de penalidades para o descumprimento das obrigações acessórias. Não obstante, essa linha de argumentação apresenta coerência com a letra do art. 97, V, do CTN, que prescreve que somente a lei pode cominar penalidades para ações ou omissões contrárias "a seus dispositivos, ou para outras infrações nela definidas". De toda sorte, a consequência prática da prevalência dessa interpretação seria a necessidade de previsão de todas as obrigações acessórias em lei, haja vista a dificuldade de trabalhar-se, exclusivamente, com normas cujo descumprimento não dê ensejo à aplicação de penalidades. Por esse motivo, a linha de argumentação (iii), de certo modo, remete à linha argumentativa (i).

A segunda linha argumentativa sustenta que a obrigação acessória em si poderia ser instituída por regulamento, mas a penalidade para seu descumprimento deveria ser instituída por lei. Em termos lógicos, não há contradição interna nessa proposição. Seria plenamente possível a exigência de lei apenas para o consequente da regra jurídica, embora isso não deixe de causar certa estranheza. No entanto, essa linha de argumentação parece ir contra a redação do art. 97, V, do CTN, que, conforme exposto, permite à lei instituir penalidades relativamente às infrações definidas na própria. Adicionalmente, e de maneira mais importante, essa linha de argumentação confronta com o vetor de instituição de dever. Esse vetor decorre da regra da legalidade genérica (CF/88, art. 5º, II), conforme a qual a instituição de qualquer dever jurídico somente pode ser empreendida por lei, que deve traçar, ainda que de forma mínima e por expressões amplas, o antecedente e o consequente normativo, inaugurando posterior cadeia de positivação obrigatória.[638]

A primeira linha de argumentação é a que apresenta maior coerência com os fundamentos constitucionais referidos. Com efeito,

---

[637] AARNIO, Aulis. *Essays on the Doctrinal Study of Law.* Heidelberg: Springer, 2011. p. 111.
[638] Ver Capítulo 1, item 1.2.1.

o vetor de instituição de dever que caracteriza a legalidade tributária genérica exige que o início da positivação da obrigação acessória se dê por meio de lei. Isso não significa que a lei deverá atingir a mesma densidade que se exige em matéria de instituição de tributo, uma vez que as obrigações acessórias estão fora do escopo do art. 150, I, da CF/88. Nesse sentido, Misabel Derzi sustenta que os referidos dispositivos do CTN apenas reconhecem certa margem para que, dentro dos limites da lei, que cria as obrigações acessórias em seus contornos básicos, os regulamentos pormenorizem tais deveres.[639] Em face de seus fundamentos constitucionais e da equivocidade da disciplina do CTN,[640] essa parece ser a melhor linha interpretativa.

Como explica Lapatza, a lei deve identificar suficientemente os deveres instrumentais que se relacionam à imposição tributária.[641] Em que pese haja uma maior liberdade para o regulamento do que ocorre nas normas impositivas, é preciso que a lei fixe limites e critérios a serem desenvolvidos pelos regulamentos.[642]

Em face do contexto de privatização da gestão tributária, mediante a imposição de obrigações tributárias acessórias como meio, por excelência, de execução das leis tributárias, não se permite que, no exercício da função de execução, os regulamentos instituam novas obrigações acessórias. Não obstante, a imposição de densificação do conteúdo do dever no âmbito legal é menos exigente do que ocorre em relação à instituição de tributos. Logo, há um espaço relevante para os regulamentos densificarem obrigações tributárias acessórias, previstas genericamente em lei.

7.1.3 Legalidade tributária e obrigações acessórias imprescindíveis

Há uma situação específica, no entanto, que merece atenção especial. Trata-se do caso em que se faz estritamente necessária, para

---

[639] DERZI, Misabel Abreu Machado. Notas de atualização. In: BALEEIRO, Aliomar. *Direito Tributário Brasileiro*. 13. ed. Rio de Janeiro: Forense, 2015. p. 1.099.

[640] O Supremo Tribunal Federal entendeu nesse sentido em acórdão que, curiosamente, fez referência apenas à redação do art. 113, §2º do CTN: ACO 1098 AgR-TA, Relator Min. Joaquim Barbosa. Relator p/ Acórdão Min. Marco Aurélio, Tribunal Pleno, julgado em 08.10.2009, *DJe* de14.05.2010.

[641] LAPATZA, José Juan Ferreiro. *Curso de Derecho Financiero Español*. Derecho Financiero. 24. ed. Madrid: Marcial Pons, 2004. v. 1. p. 49. (Coleção Ingresos. Gastos. Presupuesto).

[642] *Ibidem*, p. 49.

a execução da lei, a instituição de obrigação acessória não prevista em lei. É o que ocorre quando a lei que institui o tributo não determina a modalidade de lançamento e os meios para possibilitá-lo. Nesse caso, a Administração Pública tem o dever de executar a lei.[643] Há quem defenda, inclusive, que a omissão relativa à execução da lei tributária configuraria crime de responsabilidade do Chefe do Executivo,[644] hoje regido pelo art. 85, VII, da CF/88. Adicionalmente, com todas as críticas que enseja,[645] o art. 11 da Lei de Responsabilidade Fiscal (LC nº 101/00) determina constituírem requisitos essênciais de responsabilidade fiscal "a instituição, previsão e efetiva arrecadação de todos os tributos da competência constitucional do ente da Federação".

Nessa situação, surge um aparente confronto entre a obrigação de execução da lei e a impossibilidade de instituição de dever instrumental exclusivamente por meio de regulamento. Para equacionar essa situação, parece aplicável a chamada teoria dos poderes implícitos, consoante a qual, quando a Constituição defere certa competência a uma autoridade administrativa, defere, também, os meios para realizá-la.

Trata-se de construção cuja origem normalmente é referida no direito norte-americano.[646] Nesse país, a construção remonta ao julgamento do caso *McCulloch v. Maryland*, em 1819.[647] Nesse caso, a Suprema Corte dos Estados Unidos da América, afora a célebre afirmação da imunidade recíproca, também reconheceu que a competência do Congresso Nacional para tributar, realizar empréstimos e regular o comércio interestadual abrange a competência para a criação do Banco dos Estados Unidos (*Bank of United States*). Conforme o voto condutor do *Justice* Marshall, se os fins são legítimos, se estão no escopo da Constituição e se os meios são de todo apropriados, adotados para aquele fim e não proibidos pela Constituição, mas consistentes com a mesma e com o espírito da Constituição, então são constitucionais.[648]

---

[643] HENSEL, Albert. *Derecho Tributario*. Tradução de Andrés Báez Moreno, María Luisa González-Cuéllar Serrano e Enrique Ortiz Calle. Madrid: Marcial Pons, 2005. p. 135.

[644] Assim: CARRAZZA, Roque Antonio. *O Regulamento no Direito Tributário Brasileiro*. São Paulo: Revista dos Tribunais, 1981. p. 110.

[645] Sobre isso, ver: OLIVEIRA, Regis Fernandes de. *Curso de Direito Financeiro*. 6. ed. São Paulo: Revista dos Tribunais, 2014. p. 711-714.

[646] J. J. Gomes Canotilho, por exemplo, refere-se à teoria dos poderes implícitos como fundamento para o exercício do "direito de necessidade" nos Estados Unidos da América. CANOTILHO, José Joaquim Gomes. *Direito Constitucional e Teoria da Constituição*. 4. ed. Coimbra: Almedina, 1987. p. 859.

[647] *McCulloch v. Maryland* – 17 U.S. 316 (1819).

[648] No original: *"let the ends be legitimate, let it be within the scope of the constitution, and all means which are appropriate, which are plainly adopted to that end, which are not prohibited, but consist with the letter and spirit of the constitution, are constitutional"* (*Ibidem*).

No Brasil, a aplicação dessa construção remonta a Rui Barbosa. Em parecer datado de 1907, o jurista afirmou que "todo o poder explícito subentende necessariamente os poderes implícitos, sem os quais seria inexequível". Para ele, trata-se de um princípio "inquestionável e de extensão universal".[649] Além de citar fontes norte-americanas para embasar seu raciocínio, Rui Barbosa busca fundamento em brocardo constante do *Corpus Iuris Civilis* romano, conforme o qual "quando se deu uma autorização legal, também parece ser concedido aquilo sem o que a autorização não pode explicar-se".[650]

Mais recentemente, percebe-se que, em diversas ocasiões, o Supremo Tribunal Federal reconheceu a aplicabilidade da teoria dos poderes implícitos ao ordenamento jurídico brasileiro. Nesse sentido, a Ministra Cármen Lúcia afirmou que:

> Pela teoria dos poderes implícitos se a Constituição da República atribui determinada competência a entidade jurídica, deve ser reconhecida a esta entidade a possibilidade de se utilizar dos instrumentos jurídicos adequados e necessários para o regular exercício da competência que lhe foi atribuída.[651][652]

Pela aplicação da teoria dos poderes implícitos ao caso da lei que demanda instituição de obrigação acessória de autolançamento para ser executada, será admissível a instituição desse dever por regulamento. Nessa linha, Paulo Rosenblatt admite que obrigação tributária

---

[649] BARBOSA, Rui. Prorrogação do Tempo para Execução da Linha de Transmissão do Distrito Federal. In: BARBOSA, Rui. *Trabalhos jurídicos*. Rio de Janeiro, Fundação Casa de Rui Barbosa, 1991b. v. XIV. p. 56.

[650] No orginal: *"Cui jurisdictio data est, ea quoque concessa esse videntur. sine qui-bus jurisdictio explicari non potuit"* (Tradução de Rui Barbosa. *Ibidem*, p. 58).

[651] RE 570392, Relatora Min. Cármen Lúcia. Tribunal Pleno, julgado em 11.12.2014, REPERCUSSÃO GERAL – MÉRITO *DJe* de 19.02.2015.

[652] Também adotando expressamente a teoria dos poderes implícitos, há diversos julgados envolvendo o poder investigativo do Ministério Público: "Ora, é princípio basilar da hermenêutica constitucional o dos 'poderes implícitos' segundo o qual, quando a CF concede os fins, dá os meios. Se a atividade fim – promoção da ação penal pública – foi outorgada ao *Parquet* em foro de privatividade, não se concebe como não lhe oportunizar a colheita de prova para tanto, já que o CPP autoriza que 'peças de informação' embasem a denúncia. Cabe ressaltar que, no presente caso, os delitos descritos na denúncia teriam sido praticados por policiais, o que, também, justifica a colheita dos depoimentos das vítimas pelo Ministério Público" (HC 91.661, Rel. Min. Ellen Gracie, julgamento em 10.03.2009, Segunda Turma, *DJe* de 03.04.2009). No mesmo sentido: HC 93.930, Rel. Min. Gilmar Mendes, julgamento em 07.12.2010, Segunda Turma, *DJe* de 03.02.2011; HC 96.638, Rel. Min. Ricardo Lewandowski, julgamento em 02.12.2010, Primeira Turma, *DJe* de 1º.02.2011; HC 89.837, Rel. Min. Celso de Mello, julgamento em 20.10.2009, Segunda Turma, *DJe* de 20.11.2009.

acessória seja instituída por meio de regulamento unicamente quando "for indispensável para o cumprimento da obrigação principal, criando as condições necessárias para a fiel execução da lei".[653] Nesse contexto, o regulamento deverá exercer somente o papel de complemento estritamente indispensável e necessário.[654] É nesse sentido que deve ser interpretado o art. 16 da Lei nº 9.779/99, que prescreve competir à Secretaria da Receita Federal do Brasil "dispor sobre as obrigações acessórias relativas aos impostos e contribuições por ela administrados, estabelecendo, inclusive, forma, prazo e condições para o seu cumprimento e o respectivo responsável".

É bem verdade que se poderia questionar se a lei não poderia ser executada mediante lançamento de ofício. Essa circunstância somente poderá ser verificada em face de cada caso concreto. Não obstante, deve-se convir que, no mais das vezes, o lançamento de ofício, que prescinde inclusive de declaração do contribuinte, tem difícil implementação.

Em síntese, pela aplicação da teoria dos poderes implícitos, adotada pelo Supremo Tribunal Federal, tem-se por admissível a instituição de obrigações acessórias por meio de regulamento quando estritamente necessárias para a execução da lei.

7.1.4 Outras medidas necessárias para a execução da lei tributária

Até o presente ponto, focou-se na relação entre a função de execução, exercida pelos regulamentos em matéria tributária e a instituição de obrigações acessórias. Entretanto, nem todas as medidas necessárias para a execução da legislação tributária se relacionam à criação de obrigações acessórias. Também se vislumbra a instrumentalização da aplicação da lei tributária por meio de outras medidas que não a instituição ou pormenorização de deveres instrumentais.

Com efeito, também compõe a função de execução exercida pelos regulamentos a divisão de competências entre autoridades componentes dos órgãos de fiscalização, por exemplo. Trata-se de normas de organização do ente tributante, que, nem por isso, serão alheias à esfera

---

[653] ROSENBLATT, Paulo. *A competência regulamentar no direito tributário brasileiro*. São Paulo: MP, 2009. p. 284.

[654] AUCEJO, Eva Andrés. *Relaciones entre "Reglamento" e "Ley" en materia tributaria*. Madrid: Marcial Pons, 2013. p. 164.

de direitos do particular.[655] Há inúmeros textos regulamentares nesse sentido, dentre os quais se destacam o Regimento Interno da Secretaria da RFB (Portaria MF nº 203, de 14 de maio de 2012) e o Regimento Interno do Conselho Administrativo de Recursos Fiscais – CARF (Portaria MF nº 343, de 09 de junho de 2015) que, embora não se limitem a dividir competências internas, fazem-no com muita intensidade.

Adicionalmente, também se inclui na função de execução exercida pelos regulamentos tributários a previsão de elementos não essenciais à norma de imposição tributária em sentido estrito. Conforme exposto,[656] a lei deverá prever todos os elementos essenciais à norma instituidora do tributo. Entretanto, haverá elementos não essenciais que poderão ser previstos por regulamento. Trata-se, por exemplo, do prazo para o recolhimento do tributo.[657] Salvo em ocasiões muito específicas, nas quais, em virtude do contexto inflacionário, a mudança na data do recolhimento do tributo importe em aumento indireto da exação, de modo a atrair a incidência do art. 150, I, da CF/88,[658] o prazo para o recolhimento do tributo poderá ser fixado por regulamento. O mesmo se diga, por exemplo, do modo de seu recolhimento, dentre outros aspectos não essenciais.

Dessa forma, percebe-se que a função de execução não está adstrita à pormenorização e à eventual instituição de obrigações acessórias (quando estritamente necessárias), mas, também, abrange a organização administrativa dos órgãos encarregados da fiscalização e arrecadação tributárias, bem como a previsão de elementos não essenciais à norma impositiva em sentido estrito.

7.2 Definição

Em face do exposto, é possível definir a função de execução como o papel exercido pelos regulamentos, expedidos em conformidade com a competência tributária regulamentar, consistente em prever meios de instrumentalização da aplicação da lei tributária, especialmente

---

[655] Cf. Capítulo 2.

[656] Item 1.2.2.

[657] Assim: SCHOUERI, Luís Eduardo. *Direito Tributário*. 3. ed. São Paulo: Saraiva, 2013. p. 293.

[658] Roque Carraza generaliza a conclusão de que regulamentos não poderiam prever prazos para recolhimentos de tributos, com respaldo nesse argumento de aumento de carga tributária em período inflacionário. Conforme o autor, "a alteração do modo e do prazo de recolhimento dos tributos está fora do campo administrativo, porque diz de perto com a majoração da carga tributária, anda mais em época inflacionária" (CARRAZZA, Roque Antonio. *ICMS*. 16. ed. São Paulo: Malheiros, 2012. p. 699).

pormenorizando obrigações acessórias, instituindo-as quando estritamente necessárias, organizando administrativamente os órgãos de arrecadação e fiscalização e prevendo elementos não essenciais à norma tributária em sentido estrito.

7.3 Limites

Os principais limites à função de execução exercida pelos regulamentos tributários derivam diretamente dos fundamentos acima expostos para a identificação dessa função. São eles: (i) o respeito às prescrições legais quanto às formas de instrumentalização da lei tributária; e (ii) a proibição da instituição de novas obrigações acessórias, salvo quando estritamente necessário.

Conforme exposto, a instrumentalização da lei tributária demandará, frequentemente, a previsão de obrigações tributárias acessórias, sejam elas para que o contribuinte efetue o autolançamento, para que preste informações à Administração Tributária, ou mesmo para que mantenha documentos hábeis e se submeta a eventuais fiscalizações. Nesse contexto, conforme igualmente exposto, a lei deverá prever esses deveres instrumentais, ainda que em termos amplos. O regulamento, então, poderá pormenorizar essa obrigação, desde que se mantenha coerente com os parâmetros e os limites fixados na lei, que poderão ser de diferentes ordens.

Para fins da apuração e fiscalização relativa ao Imposto sobre a Renda das pessoas jurídicas (IRPJ) tributadas com base no lucro real, por exemplo, o art. 8º, I, do DL 1.598/77, com redação determinada pela Lei nº 12.973/14, prescreve que os contribuintes devem escriturar o livro de apuração do lucro real "que será entregue em meio digital". Também o art. 7º, §6º, do referido DL 1.598/77, com redação igualmente determinada pela Lei nº 12.973/14, determina que a escrituração "deverá ser entregue em meio digital ao Sistema Público de Escrituração Digital – SPED". Vê-se que a lei institui obrigação acessória de escrituração. Entretanto, salvo algumas diretrizes gerais e específicas (relativas às subcontas, por exemplo), não determina a forma como a escrituração será feita. Nesse passo, diversos instrumentos regulamentares pormenorizam essa obrigação acessória (*e.g.* IN RFB 1.422/13). Ao fazê-lo, podem prever, por exemplo, os demonstrativos que devem ser escriturados, a data para entrega, e o programa a ser utilizado, dentre outros requisitos. Não podem, contudo, violar o que foi determinado pela lei, como a entrega em meio digital. Também não podem pormenorizar os dispositivos de forma a estender a obrigação acessória a pontos que não são pertinentes à lei. É dizer, a regulamentação dos dispositivos legais referidos não poderia prever a necessidade de inserção de informações que não dissessem respeito à apuração do IRPJ.

Em segundo lugar, também a proibição da instituição de novas obrigações acessórias, salvo quando estritamente necessário, funciona como limite para o exercício da função de execução pelos regulamentos. Nesse contexto, além da necessidade de determinar se uma obrigação acessória é estritamente necessária de modo a enquadrar-se na exceção à impossibilidade de criação por regulamento, faz-se importante precisar no que consiste criar o dever instrumental.

Conforme exposto em relação à criação de deveres quaisquer,[659] criar um dever significa dar início à sua cadeia de positivação, de posterior continuação obrigatória. Nesse contexto, há uma distinção tênue entre a criação de uma nova obrigação acessória e a pormenorização de uma obrigação existente. Por exemplo, relativamente à entrega da escrituração contábil fiscal (ECF), cuja obrigação legal foi acima referida, e no que respeita, especificamente, à tributação da renda relativa a participações em controladas ou coligadas no exterior, o art. 35 da IN RFB 1.520/14 determinou que deverão constar da ECF do contribuinte sete demonstrativos.[660] Por um lado, essa prescrição poderia ser vista como novo dever instrumental. Por outro, pode ser tomada como pormenorização do dever de entrega da escrituração por meio digital. Em conformidade com o exposto, haja vista a menor exigência de densificação do dever no âmbito legal relativamente às obrigações acessórias, parece mais coerente tomar a previsão de demonstrativos que devem ser incluídos na ECF como pormenorização do dever, previsto em linhas gerais na lei.

---

[659] Cf. item 1.2.1.

[660] São eles: (i) Demonstrativo de Resultados no Exterior; (ii) Demonstrativo de Consolidação; (iii) Demonstrativo de Prejuízos Acumulados no Exterior; (iv) Demonstrativo de Rendas Ativas e Passivas; (v) Demonstrativo de Imposto Pago no Exterior; (vi) Demonstrativo de Estrutura Societária no Exterior; e (vii) Demonstrativo de Resultados no Exterior auferidos por intermédio de Coligada em Regime de Caixa.

7.4 Decorrências: Argumentos doutrinários ou estratégicos

7.4.1 Quanto à pormenorização e excepcional instituição de obrigações acessórias

Quando o regulamento pormenoriza obrigações tributárias acessórias instituídas por meio de lei ou mesmo cria novos deveres instrumentais estritamente necessários ao cumprimento da lei, verifica-se uma relação de meio e fim entre a medida regulamentar e a finalidade de cumprimento legal. Nesse contexto, deve haver proporcionalidade entre o dever instrumental enquanto meio e a finalidade de cumprimento da norma tributária.[661]

A proporcionalidade é estudada por muitos autores como uma decorrência necessária da estrutura das normas-princípio, em casos de colisão. Robert Alexy, por exemplo, sustenta que os três subtestes da proporcionalidade (adequação, necessidade e proporcionalidade em sentido estrito) apresentam conexão necessária com a estruturas dos princípios, baseada na ideia de otimização.[662]

Por outro lado, é possível identificar, como campo de aplicação da proporcionalidade, os casos em que há uma relação de causalidade entre elementos empiricamente discerníveis como meio e fim, como faz Humberto Ávila.[663] É nesse sentido de relação entre meios e fins que a proporcionalidade encontra aplicabilidade no campo do controle da instituição e da parametrização de deveres instrumentais por meio de regulamentos.

O regulamento que cria ou pormenoriza obrigações tributárias acessórias deverá guardar relação de proporcionalidade com a finalidade de possibilitar a execução da lei a que se volta. Isso significa que a medida de execução (obrigação acessória) criada ou pormenorizada pelo regulamento deverá apresentar, em relação à finalidade de cumprir a norma tributária: (i) adequação, consistente na circunstância de o meio levar à realização do fim;[664] (ii) necessidade, que significa

---

[661] SCHOUERI, Luís Eduardo. *Direito Tributário*. 3. ed. São Paulo: Saraiva, 2013. p. 467.

[662] ALEXY, Robert. Constitutional Rights and Proportionality. *Revus* – Journal for Constitutional Theory and Philosophy of Law, v. 22, 2014. p. 52. Essa tese pressupõe a teoria dos princípios do próprio autor, cuja análise dos méritos vai além dos limites deste trabalho.

[663] ÁVILA, Humberto. *Teoria dos Princípios*: da definição à aplicação dos princípios jurídicos. 16. ed. São Paulo: Malheiros, 2015b. p. 206.

[664] *Ibidem*, p. 208.

a inexistência de outros meios que possam promover, igualmente, o fim, sem restringir com tamanha intensidade os direitos afetados;[665] e (iii) proporcionalidade em sentido estrito, a significar a importância da realização do fim em relação à intensidade da restrição a direitos.[666]

Mesmo a pormenorização de deveres instrumentais tributários por intermédio de regulamentos poderá levar a restrições ao direito de liberdade e de propriedade dos particulares (CF/88, art. 5º, *caput* e art. 170, *caput* e II). Com efeito, a previsão de mais demonstrativos a serem preenchidos na ECF do contribuinte limita sua liberdade no sentido tradicional do termo, enquanto ausência de restrições.[667] Poderá também limitar sua propriedade, caso sejam necessários gastos adicionais em pessoal ou controles internos para prestar a informação, por exemplo. Em conformidade com o teste de proporcionalidade, ao fazê-lo, essa medida regulamentar deverá: (i) ser adequada à execução da lei, o que significa que o novo demonstrativo deverá possibilitar a aplicação de um dispositivo legal específico, por exemplo; (ii) ser necessária ao cumprimento da lei, não havendo, por exemplo, sobreposição de informações prestadas em demonstrativos diferentes; (iii) ser proporcional em sentido estrito, no tocante à comparação entre a importância da execução da lei fiscal e a intensidade da restrição dos direitos de propriedade e liberdade.

Também nos casos excepcionais de instituição de dever instrumental por intermédio de regulamento, o teste de proporcionalidade apresenta relevância no controle argumentativo do exercício da competência regulamentar. Conforme se afirmou acima, a instituição de dever instrumental por meio de regulamento somente poderá ocorrer nos casos em que a lei não tenha previsto os meios para sua instrumentalização e na medida estritamente necessária para que essa execução ocorra. Sendo assim, nesse caso, o exame de necessidade terá importância redobrada. Nessa hipótese, o fim promovido pela medida regulamentar deverá ser somente a medida nuclear (cobrança do tributo, por exemplo) e o exame de necessidade deverá ser especialmente rigoroso.[668]

Em síntese, o teste de proporcionalidade, com os subtestes de adequação, de necessidade e de proporcionalidade em sentido estrito,

---

[665] ÁVILA, Humberto. *Teoria dos Princípios*: da definição à aplicação dos princípios jurídicos. 16. ed. São Paulo: Malheiros, 2015b. p. 214.

[666] *Ibidem*, p. 217.

[667] AARNIO, Aulis. *Essays on the Doctrinal Study of Law*. Heidelberg: Springer, 2011.p. 65.

[668] De maneira geral, justifica-se uma certa deferência aos meios escolhidos pelas autoridades competentes, em razão dos princípios da legalidade (no caso de medida escolhida pelo Legislativo) e da separação de poderes. ÁVILA, Humberto. *Teoria dos Princípios*: da definição à aplicação dos princípios jurídicos. 16. ed. São Paulo: Malheiros, 2015b. p. 215.

poderá funcionar como instrumento adicional no controle argumentativo da validade dos meios de execução da lei tributária pormenorizados por regulamentos, a partir das disposições legais. Também terá papel importante no controle dos casos excepcionais em que será admitida a instituição de obrigações acessórias por regulamento.

7.5 Aplicação

7.5.1 Obrigação de consolidação mensal na declaração de ajuste do IRPJ

O julgamento do Recurso Especial 724.779/RS, pelo Superior Tribunal de Justiça (STJ), configura uma das poucas vezes em que a extensão da função de execução dos regulamentos tributários, especificamente no tocante à instituição de obrigações acessórias, foi examinada pelos tribunais superiores.[669]

Nesse caso, estava em discussão a legalidade do art. 23 da Instrução Normativa da Secretaria da Receita Federal nº 90/1992, que regulamentara o art. 39 da Lei nº 8.383/1991 em referência ao Imposto sobre a Renda do ano-base de 1992. O §2º do referido art. 39 da Lei nº 8.383/91 determinava que a pessoa jurídica que efetuasse recolhimentos mensais de IRPJ por estimativas poderia suspender ou reduzir o pagamento do imposto mensal estimado "enquanto balanços ou balancetes mensais demonstrarem que o valor acumulado já pago excede o valor do imposto calculado com base no lucro real do período em curso".

O dispositivo regulamentar, ao tratar dessa possibilidade, determinou que a pessoa jurídica que optasse pela faculdade de que trata o art. 39, §2º, da Lei nº 8.383/91 deveria consolidar os resultados mensais em sua declaração de ajuste, e não resultados semestrais, como permitia a Portaria MEFP 441/1992, "sob pena de ficar sujeita aos encargos legais relativos à falta ou insuficiência no recolhimento do imposto por estimativa".

A análise da legalidade e de constitucionalidade do dispositivo regulamentar em questão deve envolver a perquirição de ter ele criado ou não uma obrigação acessória não prevista em lei (de consolidação

---

[669] O Supremo Tribunal Federal possui entendimento de que o julgamento da matéria estaria fora de sua competência, em razão de envolver interpretação de legislação infraconstitucional. Cf. ARE 641226 AgR, Relator Min. Roberto Barroso, Primeira Turma, julgado em 15.12.2015, *DJe* public. 11.02.2016.

mensal do tributo na declaração anual). Relativamente a esse aspecto, parece não ter havido criação de um novo dever instrumental, mas, tão somente, a pormenorização de dever instrumental anterior, consistente na entrega da declaração anual de ajuste. Com efeito, a obrigação acessória consiste em entregar a declaração. O que a declaração deve conter é matéria que pode ser tratada pelo regulamento. Tanto é assim que a faculdade de consolidação semestral (e não mensal) era prevista em outro ato infralegal (Portaria MEFP 441/1992).

Por outro lado, o dispositivo não se limita a pormenorizar a obrigação acessória com a necessidade de consolidação mensal, mas também afirma que a falta dessa providência sujeitará o contribuinte às penalidades previstas para a falta de recolhimento da estimativa mensal. Com isso, o dispositivo regulamentar, de um lado, condiciona a fruição do benefício do art. 39, §2º, da Lei nº 8.383/91 e, de outro, determina a aplicação de multa por analogia, o que não é admitido pela legalidade ou pelo art. 97, V, do CTN.

Ao analisar a matéria, a Primeira Turma do STJ julgou procedente recurso da Fazenda Nacional contra acórdão do Tribunal Regional Federal da 2ª Região que havia mantido sentença favorável ao contribuinte. O Tribunal *a quo* analisou a questão somente pela ótica da criação de novo dever instrumental. Entendeu ter havido criação de nova obrigação acessória. O STJ foi além, declarando que isso seria permitido pelo ordenamento jurídico, com explicita o seguinte trecho de sua ementa:

> TRIBUTÁRIO. IMPOSTO DE RENDA PESSOA JURÍDICA. CONSOLIDAÇÃO DE BALANCETES MENSAIS NA DECLARAÇÃO ANUAL DE AJUSTE. CRIAÇÃO DE DEVER INSTRUMENTAL POR INSTRUÇÃO NORMATIVA. POSSIBILIDADE. AUSÊNCIA DE VIOLAÇÃO DO PRINCÍPIO DA LEGALIDADE TRIBUTÁRIA. COMPLEMENTAÇÃO DO SENTIDO DA NORMA LEGAL.
>
> 1. A Instrução Normativa 90/92 não criou condição adicional para o desfrute do benefício previsto no art. 39, §2º, da Lei 8.383/91, extrapolando sua função regulamentar, mas tão-somente explicitou a forma pela qual deve se dar a demonstração do direito de usufruir dessa prerrogativa, vale dizer, criando o dever instrumental de consolidação dos balancetes mensais na declaração de ajuste anual. (...)
>
> 5. É cediço que, nos termos do art. 113, §2º, do CTN, em torno das relações jurídico-tributárias relacionadas ao tributo em si, exsurgem outras, de conteúdo extra-patrimonial, consubstanciadas em um dever de fazer, não-fazer ou tolerar. São os denominados deveres instrumentais ou obrigações acessórias, inerentes à regulamentação das questões operacionais relativas à tributação, razão pela qual sua

regulação foi legada à "legislação tributária" em sentido lato, podendo ser disciplinados por meio de decretos e de normas complementares, sempre vinculados à lei da qual dependem. (...).[670]

Percebe-se que a decisão: (i) entendeu ter havido criação de nova obrigação acessória quando, na realidade, houve mera complementação de obrigações acessórias já existentes; (ii) entendeu que seria possível a criação de novas obrigações acessórias por regulamento em quaisquer situações; e (iii) não analisou a circunstância de a Instrução Normativa ter determinado aplicação de penalidades previstas para outras hipóteses de incidência.[671]

Conforme os parâmetros aqui expostos, a instrução normativa em questão não criou nova obrigação acessória, apenas pormenorizou uma já existente. Não obstante, determinou a aplicação de multa referente à falta ou insuficiência do recolhimento das estimativas por analogia, o que viola a regra de legalidade geral, bem como o art. 97, V, do CTN.

7.5.2 Instrumentalização da cobrança da CIDE-Combustíveis

A Lei nº 10.336/2001 instituiu a Contribuição de Intervenção no Domínio Econômico sobre Combustíveis (CIDE-Combustíveis), em conformidade com a norma de competência do art. 177, §4º, da Constituição Federal, inserido pela Emenda à Constituição 33/2001.

Essa lei previu, de maneira minuciosa, todos os aspectos essenciais do tributo. Entretanto, não estabeleceu, expressamente, qual seria a forma de lançamento, nem as demais especificações acerca de sua cobrança. O art. 13 da Lei nº 10.336/01 apenas determina que a administração e fiscalização do tributo cabem à Receita Federal e que a CIDE-Combustíveis está sujeita às normas previstas no Decreto nº 70.235/72 (processo administrativo fiscal e consulta), bem como "às disposições da legislação do imposto de renda, especialmente quanto às penalidades e aos demais acréscimos aplicáveis".

A extensão dessa remissão à legislação do imposto sobre a renda é bastante duvidosa. Não obstante, os arts. 11 a 13 da Instrução Normativa da Secretaria da Receita Federal 422/2004, com alterações posteriores,

---

[670] RESP 200500238958, Luiz Fux, STJ, Primeira Turma, *DJ* de 20.11.2006, PG: 00278.

[671] O último ponto pode ser explicado pela falta de provocação pelas partes do processo e talvez, até mesmo, pelos limites objetivos do pedido.

prescrevem a forma de apuração e de pagamento desse tributo, pela via do autolançamento, da mesma forma como ocorre com o imposto sobre a renda. Nesse caso, é controverso se a Instrução Normativa criou nova obrigação acessória ou se somente interpretou a remissão feita pela Lei nº 10.336/01 à legislação do imposto de renda, adaptando-a para a CIDE-Combustíveis. Não obstante, em todo caso, não parece ter havido extrapolação da competência regulamentar, tendo em vista que o documento normativo infralegal se limitou a veicular obrigação acessória estritamente necessária para fazer cumprir a lei que instituíra a CIDE, com respeito à forma de lançamento do tributo.

7.6 Síntese do capítulo

O processo de privatização da gestão tributário, verificado com grande intensidade no Brasil, representa uma significativa modificação no principal destinatário dos meios para a instrumentalização da aplicação do Direito Tributário. Nesse contexto, a função de execução exercida pelos regulamentos tributários passa a voltar-se, primordialmente, para o particular incumbido do autolançamento e, apenas em segundo plano, para as autoridades tributárias incumbidas da fiscalização.

Em face desse contexto de privatização da gestão tributária, mediante imposição de obrigações tributárias acessórias como meios, por excelência, de execução das leis tributárias, não se permite que, no exercício da função de execução, os regulamentos instituam novas obrigações acessórias. Não obstante, a obrigação de densificação do conteúdo do dever no âmbito legal é menos exigente do que ocorre em relação à instituição de tributos. Ademais, pela aplicação da teoria dos poderes implícitos, adotada pelo Supremo Tribunal Federal, tem-se por admissível a instituição de obrigações acessórias estritamente necessárias para a execução da lei por meio de regulamento. Além desses aspectos, a função de execução também abrange a organização administrativa dos órgãos encarregados da fiscalização e arrecadação tributárias, bem como a previsão de elementos não essenciais à norma de imposição tributária em sentido estrito.

A referida função pode ser definida como o papel exercido pelos regulamentos expedidos em conformidade com a competência tributária regulamentar, ao prever meios de instrumentalização da aplicação da lei tributária, especialmente pormenorizando obrigações acessórias, instituindo-as quando estritamente necessárias, organizando administrativamente os órgãos de arrecadação e fiscalização e prevendo elementos não essenciais à norma tributária em sentido estrito.

Os principais limites à função de execução exercida pelos regulamentos tributários são (i) o respeito às prescrições legais quanto às formas de instrumentalização da lei tributária; e (ii) a proibição da instituição de novas obrigações acessórias, salvo quando estritamente necessário.

Adicionalmente, o teste de proporcionalidade, com os subtestes de adequação, necessidade e proporcionalidade em sentido estrito, poderá funcionar como instrumento adicional no controle argumentativo da validade dos meios de execução da lei tributária pormenorizados por regulamentos a partir das disposições legais. Também terá papel importante no controle dos casos excepcionais em que será admitida a instituição de obrigações acessórias por regulamento.

CAPÍTULO 8

FUNÇÃO DE CONSOLIDAÇÃO

É claro que, tudo o mais igual, os perigos para a liberdade são menores quando a lei é administrada imparcial e regularmente, de acordo com o princípio da legalidade. Enquanto um mecanismo coercitivo é necessário, é obviamente essencial definir precisamente a tendência de suas operações. Sabendo que coisas ele penaliza e sabendo que fazer ou não essas coisas está sob seu poder, os cidadãos podem traçar seus planos de acordo com o direito. Aquele que cumpre as regras anunciadas nunca deve temer uma infringência de sua liberdade.

(John Rawls)[672]

---

[672] Tradução livre. No original: *"It is clear that, other things equal, the dangers to liberty are less when the law is impartially and regularly administered in accordance with the principle of legality. While a coercive mechanism is necessary, it is obviously essential to define precisely the tendency of its operations. Knowing what things it penalizes and knowing that these are within their power to do or not to do, citizens can draw up their plans accordingly. One who complies with the announced rules need never fear an infringement of his liberty"* (RAWLS, John. *A Theory of Justice*. Ed. rev. Cambridge: Belknep, 1999. p. 211-212).

8.1 Identificação: Argumentos teóricos ou analíticos

Desde sua edição, em 1966, o Código Tributário Nacional determina a consolidação anual das leis de cada tributo. Nessa linha, dispõe o art. 212 do Código:

> Art. 212. Os Poderes Executivos federal, estaduais e municipais expedirão, por decreto, dentro de 90 (noventa) dias da entrada em vigor desta Lei, a consolidação, em texto único, da legislação vigente, relativa a cada um dos tributos, repetindo-se esta providência até o dia 31 de janeiro de cada ano.

Trata-se, talvez, de um dos dispositivos menos lembrados e, certamente, de um dos dispositivos mais descumpridos do CTN.[673]

Não raro se verifica, na doutrina, posicionamento conforme o qual esse dispositivo seria meramente programático, não havendo qualquer sanção prática para o seu descumprimento reiterado. Aliomar Baleeiro, nessa linha, chegou a afirmar tratar-se de um "sino sem badalo", mera "diretriz programática a benefício do conhecimento da legislação e da comodidade de funcionários e contribuintes".[674] Essa, contudo, não parece ser a melhor interpretação da prescrição legal, nem, tampouco, do contexto constitucional em que, hoje, está inserida.

Nesse cenário, passa-se à análise dos fundamentos constitucionais desse dispositivo, como a garantia da segurança jurídica, a sua exigência de cognoscibilidade e a competência para expedição de normas gerais sobre matéria tributária. Analisam-se, também, as consequências decorrentes do descumprimento dessa prescrição legal.

8.1.1 A segurança jurídica e a exigência de cognoscibilidade

Historicamente, no Brasil, tratou-se a segurança jurídica exclusivamente como garantia da estabilidade das relações constituídas, mediante a intangibilidade da coisa julgada, do ato jurídico perfeito e

---

[673] Hugo de Brito Machado afirma que o dispositivo "confirma que o Estado é na verdade um contumaz violador da lei" (MACHADO, Hugo de Brito. *Consolidação das Leis de cada Tributo*. Disponível em: http://www.fiscosoft.com.br/main_online_frame.php?page=/index.php?PID=101769&key=2069316. Acesso em: 27 set. 2016).

[674] BALEEIRO, Aliomar. *Direito Tributário Brasileiro*. 13. ed. Rio de Janeiro: Forense, 2015. p. 1.511.

CAPÍTULO 8
FUNÇÃO DE CONSOLIDAÇÃO | 263

do direito adquirido (CF/88, art. 5º, XXXVI).[675] Não obstante, atualmente vem sendo reconhecido um campo de aplicação bem mais abrangente para essa norma constitucional.

A segurança jurídica não tem fundamento nem extensão condicionada, apenas, por essa cláusula constitucional. Como aponta Humberto Ávila, a Constituição protege a segurança jurídica diretamente, como direito ou valor e ao regrar a sua eficácia reflexa por meio das referidas proteções do inciso XXXVI do art. 5º. Assegura-a, ainda, indiretamente, ao exigir comportamentos que promovam os ideais de calculabilidade, confiabilidade e cognoscibilidade.[676] Nesse sentido, o autor identifica diversos fundamentos constitucionais diretos e indiretos (por dedução e por indução) para a segurança jurídica na Constituição Federal de 1988.[677] [678]

Dentre os suportes constitucionais da segurança jurídica, assumem especial importância aqueles que apontam para o ideal de cognoscibilidade. Trata-se, por exemplo, do dever de publicidade (CF/88, art. 37, *caput*), que protege a inteligibilidade do ordenamento jurídico, configurando meio a partir do qual se deduz o ideal de cognoscibilidade.[679]

Grosso modo, cognoscibilidade significa ter acesso formal e material ou cognitivo aos conceitos jurídicos.[680] Para Heleno Taveira Tôrres, trata-se da acessibilidade do direito, tanto no acesso direto à legislação, como no alcance cognitivo ao conteúdo regulado.[681] A cognoscibilidade, assim, funciona como pressuposto necessário para o conhecimento prévio dos efeitos jurídicos da conduta. Como aponta James R. Maxeiner, o ideal de certeza perfeita é equivocado,

---

[675] DI PIETRO, Maria Sylvia Zanella. Princípios da Segurança Jurídica no Direito Administrativo. In: BOTTINO, Marco Túllio. *Segurança Jurídica no Brasil*. São Paulo: RG, 2012. p. 162-163.

[676] ÁVILA, Humberto. *Segurança Jurídica*. Entre permanência, mudança e realização no direito tributário. 2. ed. São Paulo: Malheiros, 2012a. p. 247.

[677] *Ibidem*, p. 207-246.

[678] Para Heleno Taveira Tôrres, a seu turno, a segurança jurídica consubstancia "princípio síntese, construído a partir do somatório de outros princípios e garantias fundamentais" (TÔRRES, Heleno Taveira. *Direito Constitucional Tributário e Segurança Jurídica*: Metódica da Segurança Jurídica do Sistema Constitucional Tributário. 2. ed. São Paulo: Revista dos Tribunais, 2012. p. 194).

[679] ÁVILA, Humberto. *Segurança Jurídica*. Entre permanência, mudança e realização no direito tributário. 2. ed. São Paulo: Malheiros, 2012a. p. 237.

[680] ÁVILA, Humberto. *Segurança Jurídica*. Entre permanência, mudança e realização no direito tributário. 2. ed. São Paulo: Malheiros, 2012a. p. 256.

[681] TÔRRES, Heleno Taveira. *Direito Constitucional Tributário e Segurança Jurídica*: Metódica da Segurança Jurídica do Sistema Constitucional Tributário. 2. ed. São Paulo: Revista dos Tribunais, 2012. p. 248.

vez que pressupõe que os legisladores (em sentido amplo) possam: (i) prever e julgar todos os casos possíveis; (ii) classificar abstratamente todos esses casos; e (iii) usar uma linguagem tão precisa que permita julgamento preciso de qualquer caso. Não obstante, conclui o autor, isso não deve levar ao abandono do ideal de certeza, mas à construção de mecanismos para o seu aperfeiçoamento.[682] Como aponta Laporta, o ideal de previsibilidade não é incompatível com uma concepção convencionalista e argumentativa do direito.[683] [684]

Assim, cabe falar em cognoscibilidade enquanto capacidade de compreensão das alternativas interpretativas e dos critérios necessários para a sua concretização, não como total determinação do sentido normativo prévio.[685] Esse vetor da segurança jurídica protegida pela Constituição Federal, deve ser realizado mediante medidas concretas que promovam o acesso formal e material ao conteúdo normativo.

Em síntese, a segurança jurídica é norma constitucional no ordenamento jurídico brasileiro, que exige, dentre outras coisas, a promoção de um estado de cognoscibilidade, entendido como o acesso formal e material aos conteúdos normativos como medida para possibilitar maior previsibilidade (ou calculabilidade) dos efeitos jurídicos futuros da conduta. A cognoscibilidade, no Direito Tributário, será promovida, dentre outros meios, pela consolidação da legislação, conforme se passa a expor.

8.1.2 A consolidação da legislação tributária como medida que promove a cognoscibilidade

Conforme exposto supra,[686] vive-se, no Brasil, um forte movimento no sentido da privatização da gestão tributária, em que a atribuição da interpretação e da aplicação da lei tributária é acometida aos contribuintes. No âmbito federal, é difícil encontrar exemplos de um tributo sequer que não seja sujeito à lógica do lançamento por homologação.

---

[682] MAXEINER, James R. Legal Certainty: A European Alternative to American Legal Indeterminacy? *Tulane Journal of International & Comparative Laws*, v. 15, n. 2, p. 555, 2007.

[683] LAPORTA, Francisco J. *El imperio de la ley*. Uma visión actual. Madrid: Trotta, 2007. p. 130-132.

[684] Humberto Ávila prefere falar em calculabilidade, pois identifica a palavra "previsibilidade" com um ideal de previsão absoluta dos efeitos jurídicos da conduta. ÁVILA, Humberto. *Segurança Jurídica*. Entre permanência, mudança e realização no direito tributário. 2. ed. São Paulo: Malheiros, 2012a. p. 258.

[685] *Ibidem*, p. 257.

[686] Ver item 7.1.1.

Nesse contexto, o sujeito passivo da norma tributária depara-se com todas as dificuldades inerentes à aplicação do direito. Dentre elas, o problema da pertinência assume especial importância. Trata-se de determinar a fonte do direito a partir da qual será construída a norma jurídica aplicável ao caso concreto, ou da adequação da fonte, em tese, para o caso.[687] MacCormick chama essa circunstância de problema da relevância (*problem of relevancy*), que ocorre quando uma norma aplicável ao caso não pode ser lida a partir de certos materiais dados.[688]

A pertinência adquire maior relevância em face do grande número de textos normativos existentes sobre matéria tributária, bem como em função do tratamento de diversas matérias em um mesmo texto legislativo (denominadas "*leis-ônibus*"[689]). A pertinência do texto normativo (*law finding*) torna-se tão importante quanto o próprio conteúdo da lei.[690] Nesse contexto, defende-se a codificação como medida de promoção da segurança jurídica, por meio da ordenação sistemática da "unidade essencial" de um ramo do direito.[691] Entretanto, a codificação legal não é a única medida para promover a cognoscibilidade mediante o acesso formal e material ao conteúdo normativo.[692] Também as consolidações exercem esse papel. Como explica Tércio Sampaio Ferraz Júnior, a diferença entre um código e uma consolidação consiste na circunstância de que esse último funciona como "uma espécie de compilação de leis preexistentes, mas retirando-lhes as normas de seu contexto, reformulando-as num todo".[693]

---

[687] ADEODATO, João Maurício. *Uma teoria retórica da norma jurídica e do direito subjetivo*. 2. ed. São Paulo: Noeses, 2014b. p. 229.

[688] Para o autor, isso ocorreria com mais frequência em sistemas de *common law* ou em partes não codificadas de outros sistemas. MACCORMICK, Neil. *Rethoric and the Rule of Law*. A theory of Legal Reasoning. Oxford: Oxford University, 2010. p. 43.

[689] ÁVILA, Humberto. *Segurança Jurídica*. Entre permanência, mudança e realização no direito tributário. 2. ed. São Paulo: Malheiros, 2012a. p. 319.

[690] MAXEINER, James R. Legal Certainty: A European Alternative to American Legal Indeterminacy? *Tulane Journal of International & Comparative Laws*, v. 15, n. 2, p. 603, 2007.

[691] TORRES, Heleno Taveira. Função das Leis Complementares no Sistema Tributário Nacional – Hierarquia de Normas – Papel do CTN no ordenamento. *Revista Diálogo Jurídico*, Salvador, n. 10, p. 14, jan. 2002. Para o autor, "um código em matéria tributária deve ter como objetivo a sistematização de todo o esquema dos procedimentos de tributação, a coordenação dos distintos tributos e a regulação dos direitos dos contribuintes, no campo dos procedimentos, como uma parte geral da legislação tributária, pressupondo o mecanismo de funcionamento do direito tributário, sua linguagem, seus conceitos e sua terminologia" (TÔRRES, Heleno Taveira. *Direito Tributário e Direito Privado*: autonomia privada, simulação, elusão tributária. São Paulo: Revista dos Tribunais, 2003. p. 43-44).

[692] ÁVILA, Humberto. *Segurança Jurídica*. Entre permanência, mudança e realização no direito tributário. 2. ed. São Paulo: Malheiros, 2012a. p. 311.

[693] FERRAZ JUNIOR, Tércio Sampaio. *Introdução ao Estudo do Direito*: técnica, decisão, dominação. 7. ed. São Paulo: Atlas, 2013. p. 205.

É nesse cenário que se insere o art. 212 do Código Tributário Nacional, o qual prescreve que os Poderes Executivos de todos os entes federados, deverão, até 31 de janeiro de cada ano, expedir decreto consolidando a legislação então vigente em relação a cada tributo de sua competência. O dispositivo é muito claro quanto aos seguintes aspectos da obrigação que veicula: (i) material (compilação mediante decreto); (ii) temporal (até 31 de janeiro de cada ano); e (iii) pessoal (Poder Executivo de cada ente político). Trata-se de obrigação que se renova a cada ano, tendo em vista a mutabilidade da legislação tributária.[694] Não se trata somente da consolidação das leis tributárias, mas sim de todos os textos normativos pertinentes, inclusive infralegais, como bem apontou Baleeiro.[695] Diferentemente de um código, a consolidação de que trata o dispositivo se refere a cada tributo, não a toda a matéria tributária. Isso não retira a importância dos Códigos Tributários Municipais, por exemplo, mas somente situa a obrigação em tela em outro fundamento.

Assim, o que Eurico de Santi, com razão, denomina de "o ignorado art. 212 do CTN" faz parte da "missão institucional e constitucional" do Fisco[696] (entendido como o Poder Executivo), que deve promover a segurança jurídica na aplicação do Direito Tributário, inclusive no contexto da privatização da gestão tributária.

Sendo assim, tem-se que a prescrição do art. 212 do Código Tributário Nacional determina a consolidação, por via regulamentar, da legislação de cada tributo por cada ente político competente, de modo a promover a cognoscibilidade formal (mediante acesso ao texto normativo) e material (mediante a possibilidade de entendimento dos dispositivos em conjunto) da legislação.

8.1.3 As funções de lei complementar em matéria tributária e a consolidação da legislação

Acima se procurou expor a fundamentação constitucional material do dever de consolidação da legislação tributária, no princípio da

---

[694] Assim: MACHADO, Hugo de Brito. *Consolidação das Leis de cada Tributo*. Disponível em: http://www.fiscosoft.com.br/main_online_frame.php?page=/index.php?PID=101769&key=2069316. Acesso em: 27 set. 2016.

[695] BALEEIRO, Aliomar. *Direito Tributário Brasileiro*. 13. ed. Rio de Janeiro: Forense, 2015. p. 1.511.

[696] SANTI, Eurico Marcos Diniz de. Tributação & Desenvolvimento, o Direito em rede na Era da Informação e resgate da relação fisco-contribuinte: Entre Legalidade e Democracia. *Fiscosoft*, 25 out. 2011. Disponível em: http://www.fiscosoft.com.br/main_artigos_index.php?PID=258342&printpage=_. Acesso em: 27 set. 2016.

segurança jurídica. Contudo, isso não significa que esse dever decorra, diretamente, da Constituição, mesmo porque, conforme exposto, a consolidação da legislação é, apenas, um dos meios possíveis para a promoção da cognoscibilidade em matéria tributária.

Assim, o dever de consolidação da legislação tributária, embora encontre guarida material na Constituição, decorre do referido art. 212 do Código Tributário Nacional. Relativamente à sua conformidade formal com o ordenamento constitucional, controverte-se se o dispositivo funciona como lei complementar: (i) "sobre a elaboração, redação, alteração e consolidação das leis", a teor do parágrafo único do art. 59 da Constituição; ou (ii) geral sobre matéria tributária, conforme as prescrições do art. 146, III, da CF/88. Em qualquer caso, em que pese a matéria seja, hoje, reservada à lei complementar, a circunstância de o CTN ter sido veiculado pela Lei Ordinária 5.172/66 não importará óbice à sua validade, em virtude da prescrição do art. 34, §5º, do ADCT.

Nesse contexto, o art. 212 do CTN parece enquadrar-se, tanto no âmbito de aplicação da norma de competência do art. 59, parágrafo único, como no do art. 146, III, da CF/88, como aponta Hugo de Brito Machado.[697]

Com efeito, o referido art. 59 da Constituição determina a competência de lei complementar para regrar a consolidação das leis. Em função dessa competência foi editada a Lei Complementar nº 95/1998, que divide a regulamentação da consolidação em duas partes, a saber: (i) consolidação das leis (Capítulo III, Seção I); e (ii) consolidação de outros atos normativos (Capítulo III, Seção II).

Relativamente à consolidação das leis, o art. 13 da LC nº 95/98 prescreve que deverá ser feita por veículo de índole legal, que deverá, inclusive, revogar, formalmente, as leis incorporadas à consolidação. Nessa linha, o art. 14 prevê um procedimento simplificado para a consolidação das leis, que inicia pelo levantamento da legislação e termina com sua apreciação pelo Poder Legislativo. Conforme o art. 15, a atualização da "consolidação das leis federais" será feita na primeira sessão de cada legislatura. No que respeita à consolidação de outros atos normativos, o art. 16 determina que seu levantamento seja feito pelos órgãos subordinados ao chefe do Poder Executivo, que, posteriormente, providenciará sua publicação (presumivelmente por meio de Decreto, que é seu instrumento regulamentar privativo).

---

[697] MACHADO, Hugo de Brito. *Consolidação das Leis de cada Tributo*. Disponível em: http://www.fiscosoft.com.br/main_online_frame.php?page=/index.php?PID=101769&key=2069316. Acesso em: 27 set. 2016.

Percebe-se que, embora as prescrições da LC nº 95/98 também versem sobre a consolidação de legislação em geral, o dever instituído pelo art. 212 do CTN diverge em três sentidos fundamentais do regramento da referida LC nº 95/98, quais sejam: (i) quanto ao aspecto material, o CTN determina a compilação de toda a legislação mediante decreto, enquanto que a LC nº 95/98 prescreve a compilação das leis mediante lei e dos atos normativos infralegais, por meio de decreto; (ii) quanto ao aspecto temporal, a LC nº 95/98 determina que a consolidação das leis será atualizada na primeira sessão de cada legislatura, nada estabelecendo sobre a consolidação da legislação infralegal, enquanto que o CTN exige compilação da legislação de cada tributo até 31 de janeiro de cada ano; e (iii) finalmente, quanto ao aspecto pessoal, a LC nº 95/98 determina que o dever de compilar leis é do Poder Legislativo e que o dever de compilar atos infralegais é do Poder Executivo, enquanto que o CTN atribui o dever de compilar ambos ao Poder Executivo de cada ente político.

Em face dessas diferenciações, percebe-se que o art. 212 do CTN é mais específico do que as prescrições da LC nº 95/98, porque se limita à matéria tributária, além de instituir tratamento diferenciado. Logo, ambos os regramentos podem coexistir não havendo falar em revogação do dispositivo do Código pela LC nº 95/98 (art. 2º, §2º da Lei de Introdução às Normas do Direito Brasileiro – Decreto-Lei nº 4.657/1942 e alterações posteriores).

Adicionalmente, o art. 212 do CTN também poderá ser enquadrado como norma geral em matéria de legislação tributária, a teor do art. 146, III, da CF/88. No passado, muito se controverteu acerca da extensão dessa atribuição do Congresso Nacional para expedir leis nacionais sobre matéria tributária, aplicáveis a todos os entes federados.[698] Não obstante, atualmente, são admitidas diversas funções para leis complementares em matéria tributária,[699] dado o reconhecimento

---

[698] Trata-se da oposição entre a chamada corrente dicotômica, que entende que as funções da lei complementar se limitariam a dispor sobre conflitos de competência e limitações constitucionais ao poder de tributar, e a corrente tricotômica, que adiciona as normas gerais a esse rol. Sobre o tema, ver: COSTA, Alcides Jorge. Normas Gerais de Direito Tributário: Visão Dicotômica ou Tricotômica. In: BARRETO, Aires F. *Direito Tributário Contemporâneo*: estudos em homenagem a Geraldo Ataliba. São Paulo: Malheiros, 2011; SANTI, Eurico Marcos Diniz de. O Código Tributário Nacional e as normas gerais de Direito Tributário. In: SANTI, Eurico Marcos Diniz (Coord.). *Curso de Direito Tributário e Finanças Públicas* – do fato à norma, da realidade ao conceito jurídico. São Paulo: Saraiva, 2008.

[699] Heleno Taveira Tôrres trata de oito funções: (i) limitações constitucionais ao poder de tributar; (ii) evitar conflitos de competência, dispondo sobre fatos geradores, bases de cálculo e contribuintes; (iii) definir tributos e suas espécies; (iv) harmonizar procedimentos

de que o Congresso age, não somente como legislador da União, como, também, como legislador nacional.[700] Logo, não há óbice para o reconhecimento de que o referido dispositivo funciona como norma geral em matéria de legislação tributária, a teor do art. 146, III, da CF/88.

Por assim ser, o art. 212 do CTN exerce função de lei complementar nacional ao prescrever o dever de compilação anual da legislação tributária. Esse dever enquadra-se tanto na hipótese do art. 59, parágrafo único, da CF/88, como na do art. 146, III do Texto Constitucional, ambos combinados com o art. 34, §5º, do ADCT, que determina a recepção das leis tributárias anteriores à Constituição, independentemente de sua conformação formal com o texto constitucional vigente, desde que materialmente conforme.

8.1.4 A sanção da norma construída a partir do art. 212 do CTN

Para finalizar a identificação da função de consolidação da legislação tributária que exercem os regulamentos em matéria tributária, cabe endereçar a questão da sanção no caso de descumprimento desse preceito. Incialmente, cabe distinguir entre: (i) a existência de sanção propriamente dita; e (ii) a existência de eficácias para a norma.

Rigorosamente, se tomada a sanção como resposta externa e institucionalizada à violação de uma regra jurídica, não se poderia sequer falar em juridicidade de uma norma que não possuísse sanção.[701] Conforme ensina Norberto Bobbio, por sanção institucionalizada entendem-se três coisas: (i) para toda violação de uma regra primária, estabelece-se uma sanção; (ii) a medida da sanção é previamente fixada; (iii) as pessoas encarregadas de levar a sanção a cabo são previamente

---

de cobrança e fiscalização, ao dispor sobre obrigação, lançamento e crédito tributários; (v) uniformizar prazos de decadência e prescrição; (vi) promover o tratamento tributário ao ato cooperativo; (vii) destinar tratamento diferenciado às micro e pequenas empresas; (viii) estabelecer critérios especiais de tributação para prevenir desequilíbrios de concorrência. TÔRRES, Heleno Taveira. *Direito Constitucional Tributário e Segurança Jurídica*: metódica da segurança jurídica do sistema constitucional tributário. 2. ed. São Paulo: Revista dos Tribunais, 2012. p. 488-489.

[700] TORRES, Heleno Taveira. Função das Leis Complementares no Sistema Tributário Nacional – Hierarquia de Normas – Papel do CTN no ordenamento. *Revista Diálogo Jurídico*, Salvador, n. 10, p. 5, jan. 2002. Cf. STF. RE 591033, Relatora Min. Ellen Gracie, Tribunal Pleno, julgado em 17.11.2010, *DJe* de 25.02.2011.

[701] BOBBIO, Norberto. *Teoria da Norma Jurídica*. Tradução de Fernando Pavan Baptista e Ariani Bueno Sudatti. 3. ed. Bauru: Edipro, 2005. p. 160.

indicadas.[702] Nesse contexto, a resposta externa e institucionalizada (sanção) pode ser materializada no próprio direito de acesso ao Poder Judiciário no caso de violação de um dever, que é garantido pelo art. 5º, XXXV, da Constituição Federal, conforme o qual "a lei não excluirá da apreciação do Poder Judiciário lesão ou ameaça a direito". Trata-se do direito à tutela jurisdicional no caso de violação de um dever por parte de outrem,[703] que é regrado, em seu aspecto procedimental, pelas leis processuais.[704]

Adicionalmente, no que respeita à eficácia do art. 212 do CTN, não cabe falar em norma meramente programática,[705] como se desprovida de quaisquer efeitos. O conceito de norma programática advém da doutrina italiana sobre normas constitucionais, consistindo em normas meramente diretivas, que não excluiriam a possibilidade de superveniência de legislação em contrário e nem teriam qualquer efeito sobre o legislador passado.[706] No Brasil, esse conceito foi largamente criticado por José Afonso da Silva, por excluir o caráter jurídico dessas normas.[707] Em substituição a esse conceito, o autor propõe uma classificação das normas constitucionais conforme a sua eficácia e a sua aplicabilidade, que inclui normas de eficácia limitada, que teriam "aplicabilidade indireta, mediata e reduzida", dependendo de uma normatividade ulterior, em que pese apresentem efeitos não essenciais.[708] Mesmo em se tratando de normas constitucionais, o conceito de normas de eficácia limitada sofre críticas no sentido de que norma nenhuma poderá produzir efeitos sem as necessárias condições fáticas, jurídicas e institucionais. Adicionalmente, o conceito também é criticado em razão da dificuldade da distinção entre eficácia e efetividade.[709]

Percebe-se, pois, que mesmo em se tratando de normas constitucionais, o conceito de norma programática é altamente problemático.

---

[702] BOBBIO, Norberto. *Teoria da Norma Jurídica*. Tradução de Fernando Pavan Baptista e Ariani Bueno Sudatti. 3. ed. Bauru: Edipro, 2005. p. 161.

[703] MARINONI, Luiz Guilherme. *Teoria Geral do Processo*. 4. ed. São Paulo: Revista dos Tribunais, 2010. p. 225.

[704] Sobre as possíveis sanções processuais para o descumprimento do art. 212 do CTN, ver item 8.4.2.

[705] Assim: BALEEIRO, Aliomar. *Direito Tributário Brasileiro*. 13. ed. Rio de Janeiro: Forense, 2015. p. 1.511.

[706] SILVA, José Afonso da. *Aplicabilidade das normas constitucionais*. 8. ed. São Paulo: Malheiros, 2012. p. 80.

[707] *Ibidem*, p. 80.

[708] *Ibidem*, p. 82. Posteriormente, o autor separa as normas constitucionais de eficácia limitada em normas de eficácia limitada declaratórias de princípios institutivos ou organizativos e normas de eficácia limitada declaratórias de princípios programáticos. *Ibidem*, p. 85.

[709] Cf. SILVA, Virgílio Afonso da. O conteúdo essencial dos direitos fundamentais e a eficácia das normas constitucionais. *Revista de Direito do Estado*, v. 4, p. 49-50, 2006.

Esses problemas agravam-se ao transplantar a noção para normas infraconstitucionais, como o art. 212 do CTN. Em todo caso, o conceito de norma programática pressupõe a necessidade de regulamentação e de intervenção estatal para iniciar a sua principal produção de efeitos. Não é isso o que ocorre com o art. 212 do CTN, que veicula todas as suas condições de aplicabilidade. Assim, assiste razão a Hugo de Brito Machado quando afirma que esse dispositivo "tipifica prescrição de conduta", não havendo falar em norma programática.[710]

Em síntese, não se pode afirmar que o art. 212 do CTN seja desprovido de sanção, entendida como possibilidade de acesso ao Poder Judiciário em caso de seu descumprimento, conforme a garantia do art. 5º, XXXV, da CF/88. Tampouco se pode falar em norma meramente programática, uma vez que o dispositivo enuncia todas as condições necessárias para a sua aplicabilidade.

8.2 Definição

Em face do exposto, pode-se definir a função de consolidação da legislação tributária como o papel exercido pelos regulamentos ao compilar leis e atos normativos infralegais referentes a um tributo específico, promovendo o ideal de cognoscibilidade enquanto acesso formal e material ao conteúdo da legislação tributária.

8.3 Limites

É possível identificar, pelo menos, duas sortes de limites específicos ao exercício da função de consolidação da legislação tributária por meio de regulamentos, quais sejam: (i) a necessidade de indicação do dispositivo legal que é tomado por base para o dispositivo compilado; e (ii) a necessidade de indicação de que se trata de uma consolidação da legislação de um certo tributo.

O primeiro limite decorre da circunstância de que a função de consolidação da legislação é frequentemente exercida em conjunto com outras funções dos regulamentos em matéria tributária. A grande virtude da análise funcional consiste, justamente, na possibilidade de se

---

[710] MACHADO, Hugo de Brito. *Consolidação das Leis de cada Tributo*. Disponível em: http://www. fiscosoft.com.br/main_online_frame.php?page=/index.php?PID=101769&key=2069316. Acesso em: 27 set. 2016.

identificar mais de uma função em uma mesma norma.[711] Nesse sentido, é muito comum o exercício da função de consolidação em conjunto com outras funções, especialmente a de interpretação. O mesmo dispositivo da norma regulamentar que consolida a legislação já a interpreta. Essa circunstância, no entanto, não poderá impedir o intérprete de identificar o que é interpretação regulamentar (contra a qual ele poderá se insurgir) do que é mera consolidação. Em outras palavras, a consolidação não poderá se converter em pretexto para dar maior opacidade ao sistema. O contribuinte não tem apenas direito de conhecer a interpretação do Poder Executivo acerca da lei, mas, também, de conferir os fundamentos legais dessa interpretação.

Nesse contexto, os dispositivos regulamentares deverão indicar o dispositivo legal que consolidam, de modo a possibilitar ao intérprete que coteje a redação do dispositivo legal original com a consolidação, apartando o que é mera consolidação do que é interpretação regulamentar. O Decreto nº 9.580/18 (Regulamento do Imposto sobre a Renda), por exemplo, identifica a lei a que se referem vários de seus dispositivos. Em muitos casos, há mais de um dispositivo legal referido pelo mesmo dispositivo regulamentar. Com isso, permite-se que o contribuinte tenha acesso formal e material imediato ao conteúdo da legislação tributária por meio do regulamento de consolidação, ao mesmo tempo em que lhe é conferida a possibilidade de cotejar o dispositivo regulamentar com o dispositivo legal regulamentado.

O segundo limite referido acima consiste na necessidade de que o regulamento que exerça a função de consolidação indique essa circunstância. É dizer, o sujeito passivo deve saber tratar-se de uma consolidação, para fins do art. 212 do CTN. A promoção da acessibilidade formal e material ao conteúdo da normatização tributária somente estará completa se o contribuinte puder confiar que todas as normas pertinentes ao tributo em questão estão refletidas no regulamento de consolidação.[712]

8.4 Decorrências: Argumentos doutrinários ou estratégicos

As principais decorrências da função de consolidação da legislação tributária por meio de regulamentos podem ser decompostas,

---

[711] SCHOUERI, Luís Eduardo. *Normas Tributárias Indutoras e Intervenção Econômica*. Rio de Janeiro: Forense, 2005b. p. 25.

[712] Sobre as consequências dessa confiança, ver item 5.4.2.

para fins de análise, em: (i) decorrências no caso de cumprimento do dever de consolidação pelo Poder Executivo; e (ii) decorrências no caso de descumprimento do dever de consolidação. Passa-se ao exame de cada uma delas.

8.4.1 No caso de cumprimento do dever de consolidação

A fim de cumprir o dever de consolidação de que trata o art. 212 do CTN, o regulamento deverá indicar, expressamente, a circunstância de tratar-se de uma consolidação da legislação tributária de um dado tributo. Em o fazendo, podem surgir duas sortes de situações problemáticas, quais sejam: (i) o regulamento de consolidação pode trazer dispositivo legal ou infralegal revogado ou não pertinente; e (ii) o regulamento de consolidação pode deixar de fora dispositivo de lei pertinente.

No primeiro caso, a circunstância de constar da consolidação um dispositivo de lei revogado não o fará retomar a vigência.[713] Com efeito, se a matéria é reservada à lei, o dispositivo regulamentar de consolidação não poderá fazer com que retome a vigência. O mesmo se aplica na hipótese de o regulamento consolidador listar dispositivo de lei não pertinente. No entanto, em casos específicos, será possível tomar o dispositivo regulamentar como interpretação da Administração Tributária acerca do conteúdo legal de outros dispositivos.[714] Já na hipótese de o regulamento de consolidação prever disposição de norma infralegal revogada, este estará, na verdade, veiculando nova disposição regulamentar, com conteúdo idêntico ao da norma revogada, não exercendo a função de consolidação, mas sim a função de interpretação.

No segundo caso, a situação é mais delicada, especialmente quando o regulamento de consolidação deixar de prever norma que veicule obrigação para o sujeito passivo. Nessa hipótese, deverá ser aferida a circunstância de o contribuinte ter ou não depositado confiança na circunstância de o regulamento de consolidação ter previsto todas as disposições aplicáveis ao tributo. Evidentemente, isso somente poderá ocorrer em relação aos dispositivos vigentes quando da consolidação.

---

[713] MACHADO, Hugo de Brito. *Consolidação das Leis de cada Tributo*. Disponível em: http://www.fiscosoft.com.br/main_online_frame.php?page=/index.php?PID=101769&key=2069316. Acesso em: 27 set. 2016.

[714] Nesse caso, serão aplicáveis as considerações do Capítulo 5.

Nesse contexto, assume importância a proteção à confiança, que funciona como eficácia indireta da segurança jurídica.[715] Como explica Sylvia Calmes, para que se entenda que um ato do Poder Público tenha implicado frustração da confiança do particular protegida pelo ordenamento constitucional, fazem-se necessários: (i) a existência de uma base para a confiança; (ii) o exercício de confiança na base.[716]

Ao contrário da segurança jurídica em sua eficácia direta, a proteção à confiança age no plano concreto.[717] Logo, não será possível afirmar, de maneira categórica, se a omissão de um regulamento de consolidação acerca de um determinado dispositivo legal gravoso ao contribuinte poderá ou não gerar expectativas de confiança legítima quanto a uma posterior alegação de violação desse dispositivo pela Administração Tributária.

Conforme já exposto em outro capítulo,[718] há controvérsia sobre a possibilidade de um ato administrativo de índole geral consubstanciar base para a confiança. Há quem afirme que o ato administrativo geral somente poderia funcionar como base para a confiança, na maioria dos casos, se desse origem à edição de um ato concretamente favorável ao particular.[719] Entretanto, essa posição desconsidera a circunstância de que os atos normativos possuem eficácia externa em relação à Administração, exercendo papel de segurança de orientação para o particular.[720] Assim, ainda que a confiança neles baseada seja menos intensa do que a que decorre de atos concretos, não poderá ser desconsiderada, sob pena de criação de um estado de desconfiança geral dos particulares em relação aos regulamentos.[721]

Essas circunstâncias são especialmente relevantes no contexto da privatização da gestão tributária, com a generalização da sistemática do lançamento por homologação, em que ao particular são acometidas a

---

[715] CALMES, Sylvia. *Du principe de protection de la confiance légitime en droits allemand, communautaire et français*. Paris: Dalloz, 2001. p. 393.

[716] *Ibidem*, p. 299.

[717] ÁVILA, Humberto. *Segurança Jurídica*. Entre permanência, mudança e realização no direito tributário. 2. ed. São Paulo: Malheiros, 2012a. p. 369.

[718] Cf. Capítulo 5, item 5.4.2.

[719] BAPTISTA, Patrícia. A Tutela da Confiança Legítima como Limite ao Exercício do Poder Normativo da Administração Pública. A proteção das Expectativas Legítimas dos Cidadãos como Limite à Retroatividade Normativa. *REDE*, Salvador, n. 11, p. 24, 2007. Posteriormente, porém, a própria autora reconhece que em alguns casos excepcionais, poderá haver proteção da confiança gerada por regulamentos ilegais. *Ibidem*, p. 26.

[720] ÁVILA, Humberto. *Segurança Jurídica*. Entre permanência, mudança e realização no direito tributário. 2. ed. São Paulo: Malheiros, 2012a. p. 457.

[721] CALMES, Sylvia. *Du principe de protection de la confiance légitime en droits allemand, communautaire et français*. Paris: Dalloz, 2001. p. 310-311.

interpretação e a aplicação da lei tributária. Nesse cenário, o exercício da confiança na base consistirá, simplesmente, na desconsideração do dispositivo legal não citado na consolidação quanto do autolançamento do tributo e sua existência estará corroborada pela publicação do ato regulamentar de consolidação.[722]

Em se tratando da falta de previsão regulamentar de um dispositivo legal pertinente, que dê ensejo à sua não aplicação no contexto do autolançamento, seguida de posterior alegação do Fisco de sua violação por parte do sujeito passivo, haverá elementos para a constatação de uma base de confiança tanto quanto mais: (i) o regulamento de consolidação indicar que se trata de norma de consolidação; (ii) o dispositivo legal excluído constar de lei esparsa; e (iii) não tiver havido posterior retificação do regulamento de consolidação, dentre outros fatores.[723]

Uma vez satisfeitos esses e outros critérios e identificada a existência de uma base de confiança frustrada, remete-se à questão de como se deverá atenuar as frustrações.[724] Nesse contexto, o art. 100, parágrafo único, do CTN, expressamente, determina que a observância da legislação tributária (assim entendidos, dentre outros, os "atos normativos expedidos pelas autoridades administrativas") exclui: (i) penalidades; (ii) juros de mora; e (iii) atualização monetária da base de cálculo do tributo. Rigorosamente, a aplicabilidade desse dispositivo independe da satisfação dos requisitos da proteção à confiança, já que esta se volta a hipóteses em que não haja proteção normativa específica.[725] Não obstante, no caso específico em análise, será possível pôr-se em dúvida se a desconsideração de dispositivo legal não abrangido pela consolidação configura cumprimento da legislação tributária, para fins do parágrafo único do art. 100 do CTN. É nesse contexto que os mesmos critérios acima referidos parecem ser relevantes, de modo

---

[722] ÁVILA, Humberto. *Segurança Jurídica*. Entre permanência, mudança e realização no direito tributário. 2. ed. São Paulo: Malheiros, 2012a. p. 403.

[723] Considerando a proteção da confiança em geral, Humberto Ávila elenca oito fatores que deveriam ser levados em conta na determinação de existência de uma base da confiança, a partir dos quais foi inspirada a proposta ora exposta especificamente em relação à ausência de previsão de dispositivo legal pertinente em normas de consolidação. São os critérios propostos pelo autor: (i) grau de vinculação da base; (ii) grau de aparência de legitimidade da base; (iii) grau de modificabilidade da base; (iv) grau de eficácia no tempo da base; (v) realização das finalidades da base; (vi) grau de indução da base; (vii) grau de individualidade da base; (viii) grau de onerosidade da base. *Ibidem*, p. 414-415.

[724] DERZI, Misabel Abreu Machado. *Modificações da Jurisprudência no Direito Tributário*. Proteção da confiança, boa-fé objetiva e irretroatividade como limitações constitucionais ao Poder de Tributar. São Paulo: Noeses, 2009. p. 392.

[725] ÁVILA, Humberto. *Segurança Jurídica*. Entre permanência, mudança e realização no direito tributário. 2. ed. São Paulo: Malheiros, 2012a. p. 368.

a auxiliar na determinação de ter havido ou o não cumprimento de disposições regulamentares.

Adicionalmente, poderia haver outros meios para o resguardo das expectativas de confiança legítima, como: (i) a recondução à base da confiança; ou (ii) a compensação do prejuízo.[726]

Na situação em tela, em que um regulamento de consolidação deixe de prever um dispositivo legal pertinente, parece que, no mais das vezes, não haverá motivos para deixar de aplicar a disposição legal em razão da falta de consolidação (recondução à base da confiança), mormente em face do caráter mais precário da confiança gerada. No entanto, o próprio art. 100, parágrafo único do CTN prevê uma forma de compensação de prejuízos, pela exclusão de juros e de penalidades. Eventual indenização por perdas e danos, embora não possa ser, categoricamente, excluída, parece pouco plausível, em face da dificuldade de verificação dos seus pressupostos legais, consistentes: (i) no fato administrativo (regulamento de consolidação); (ii) no dano ao particular; e (iii) no nexo causal entre o dano e o fato administrativo.[727] Em casos de falta de previsão de um dispositivo legal em consolidação regulamentar, haveria grande dificuldade de prova do nexo causal com o dano, por exemplo.

Em síntese, no caso de cumprimento do dever de compilação, com exclusão de dispositivos legais pertinentes, seguida de autolançamento por parte do contribuinte, desconsiderando o dispositivo e posterior alegação do Fisco de que o contribuinte o violara, haverá base de confiança legítima caso, dentre outros critérios da situação de fato, verifique-se que: (i) o regulamento de consolidação indica que se trata de norma de consolidação; (ii) o dispositivo legal excluído consta de lei esparsa; e (iii) não tenha havido posterior retificação do regulamento de consolidação. Nessa hipótese, o contribuinte terá direito à proteção do art. 100, parágrafo único do CTN, que determina a exclusão de penalidades e acréscimos moratórios.

8.4.2 No caso de descumprimento do dever de consolidação

No caso de descumprimento do dever de consolidar a legislação tributária, Hugo de Brito Machado vislumbra duas sortes

---

[726] CALMES, Sylvia. *Du principe de protection de la confiance légitime en droits allemand, communautaire et français*. Paris: Dalloz, 2001. p. 438-477.

[727] CARVALHO FILHO, José dos Santos. *Manual de Direito Administrativo*. 22. ed. Rio de Janeiro: Lumen Juris, 2009. p. 531.

de consequências, quais sejam: (i) a dispensa de penalidades; e (ii) indenização a ser paga pela Administração Pública ao contribuinte.[728]

No que respeita à exclusão de penalidades, o autor a justifica com base na inadmissibilidade de o Estado punir o sujeito passivo "porque este, em face da falta das informações que lhe foram negadas por aquele, deixou de cumprir seus deveres na relação tributária".[729] Entretanto, esse raciocínio parece ter algumas premissas implícitas cuja elucidação se faz necessária. Com efeito, parece pressupor-se que o descumprimento de uma obrigação por parte da Administração Tributária poderia desonerar o contribuinte de cumprir seus deveres, o que, no mais dos casos, não procede. Isso somente poderia ser sustentado no caso de a consolidação ser uma condição necessária para a aplicação das regras pelos contribuintes. Contudo, embora promova a exigência de acessibilidade formal e material ao conteúdo normativo e seja determinada pelo CTN, a consolidação não é condição necessária para que o contribuinte aplique a lei. É bem verdade que a ausência de consolidação dificulta essa atividade, mas não a inviabiliza. Por essas razões, não parece ser o caso de exclusão de penalidades ao contribuinte por descumprimento de deveres tributários, na hipótese de o Poder Executivo deixar de cumprir o dever de que trata o art. 212 do CTN.

Outra possível decorrência do descumprimento da obrigação de consolidar a legislação tributária, a teor do art. 212 do CTN, consistiria no pagamento de indenização pelo Estado ao sujeito passivo em decorrência "dos danos que tenha sofrido em decorrência da insegurança gerada pela ausência daquela consolidação".[730] Seria exemplo do dano o gasto com empresas ou profissionais especializados na área fiscal para fins de assessoramento.[731] Entretanto, também nesse caso, parece haver certa dificuldade em vislumbrar os referidos elementos necessários para a configuração da responsabilidade civil do Estado (ato administrativo, dano e nexo causal).

De um lado, a ficção de conhecimento geral do conteúdo das leis (art. 3º da LINDB) poderia ser invocada para contradizer a ilicitude do

---

[728] MACHADO, Hugo de Brito. *Consolidação das Leis de cada Tributo*. Disponível em: http://www. fiscosoft.com.br/main_online_frame.php?page=/index.php?PID=101769&key=2069316. Acesso em: 27 set. 2016.

[729] *Ibidem.*

[730] MACHADO, Hugo de Brito. *Consolidação das Leis de cada Tributo*. Disponível em: http://www. fiscosoft.com.br/main_online_frame.php?page=/index.php?PID=101769&key=2069316. Acesso em: 27 set. 2016.

[731] *Ibidem.*

ato estatal. Por outro lado, e de maneira mais relevante, a prova do nexo causal entre a conduta estatal e o dano ocasionado ao contribuinte com a contratação de assessoria especializada pressuporia a comprovação de que, caso houvesse consolidação, essa contratação não seria necessária. Entretanto, o que se percebe é que, muitas vezes, a necessidade de assessoramento externo não decorre somente da falta de consolidação das leis, vez que se faz necessária mesmo quando ela existe. Não se quer com isso afirmar que a indenização seja descabida em todos os casos, mas somente que há diversos obstáculos argumentativos, inclusive relativos à prova, que devem ser vencidos pelo contribuinte que pleiteie indenização pela falta de consolidação da legislação tributária.

Talvez a melhor forma de sindicar a violação do art. 212 do CTN seja por mecanismos de tutela processual coletiva, como a ação civil pública (ACP), que se presta à tutela de quaisquer direitos coletivos ou difusos (art. 1º, IV, da Lei nº 7.347/95, incluído pela Lei nº 8.078 de 1990). Direitos difusos, conforme definição legal, são os direitos: (i) transindividuais; (ii) de natureza indivisível; e (iii) de que sejam titulares pessoas indeterminadas e ligadas por circunstâncias de fato. Já os direitos coletivos são os: (i) transindividuais; (ii) de natureza indivisível; e (iii) de que seja titular grupo, categoria ou classe de pessoas ligadas entre si ou com a parte contrária por uma relação jurídica base.

Afirma-se que os direitos dos contribuintes de determinado tributo seriam coletivos, pois os sujeitos estão ligados ao ente tributante por uma relação jurídica.[732] No que respeita ao direito à consolidação da legislação tributária, contudo, não necessariamente os titulares são contribuintes de um determinado tributo. O direito à consolidação das leis tributárias tem natureza transindividual porque se destina a todos os contribuintes sujeitos à legislação tributária brasileira. Sua natureza é indivisível pois não se pode cindir a parcela do direito atribuível a cada contribuinte. Por fim, o critério de pertinência ao grupo dos contribuintes sujeitos à legislação tributária brasileira une pessoas indeterminadas, por uma ligação de fato, referente a elementos de conexão ao território brasileiro.[733]

---

[732] Assim: MOREIRA, José Carlos Barbosa. Ação Civil Pública e Programação da TV. In: MILARÉ, Édis. *Ação Civil Pública*: Lei nº 7.347/85 – Reminiscências e Reflexões após 10 anos de aplicação. São Paulo: Revista dos Tribunais, 1995. p. 281.

[733] Sobre o chamado princípio da territorialidade e seus desdobramentos em relação à tributação conforme a fonte do rendimento ou conforme a residência do contribuinte, ver: SCHOUERI, Luís Eduardo. Princípios no Direito Tributário Internacional: Territorialidade, Fonte e Universalidade. In: FERRAZ, Roberto (Coord.). *Princípios e Limites da Tributação*. São Paulo: Quartier Latin, 2005c. p. 323-374.

Nesse contexto, a ação civil pública pode ser movida por um dos legitimados para tanto, enumerados no art. 5º da Lei nº 7.347/95, dentre os quais estão as associações constituídas há mais de um ano que tenham a defesa desses interesses dentre suas finalidades institucionais (inciso V). Desse modo, a ACP funcionará como instrumento processual adequado para exigir provimento mandamental para que o Poder Executivo competente efetue a consolidação da legislação tributária que lhe incumbe. Assim como o direito individual é tutelável, também o é o direito que atinge a coletividade como um todo.[734]

Não se aplica, nesse caso, a vedação do parágrafo único do art. 1º da Lei nº 7.347/95, inserido pela MP nº 2.180-35/01, que somente o manejo de ACP referente a tributos nos casos em que os beneficiários possam ser "ser individualmente determinados".[735] Frise-se que o acesso ao Poder Judiciário para a tutela de direitos difusos funciona como sanção para o *descumprimento* da norma do art. 212 do CTN, de forma externa e institucionalizada, conforme se referiu acima.[736]

Em tese, poder-se-ia cogitar, também do cabimento de mandado de injunção em face da falta de cumprimento do art. 212 do CTN. No entanto, a teor do art. 5º, LXXI e da Lei nº 13.300/16, esse remédio somente se apresenta cabível em face da "falta de norma regulamentadora" que "torne inviável o exercício dos direitos e liberdades constitucionais e das prerrogativas inerentes à nacionalidade, à soberania e à cidadania". Logo, não é cabível em face de falta de cumprimento de dispositivo infralegal.

Em síntese, no caso de descumprimento do dever de consolidação da legislação tributária, em que pese não se possa descartar, peremptoriamente, a responsabilidade civil do Estado por eventuais danos causados ao particular (desde que se prove o ato administrativo, o dano e o nexo causal entre eles), a melhor solução parece ser a via processual para a defesa de direitos difusos, por meio de a ação civil pública a ser manejada pelos sujeitos legitimados para tanto.

---

[734] FIGUEIREDO, Lucia Valle. Ação Civil Pública. Considerações sobre a discricionariedade na outorga e no pedido de suspensão da liminar, na concessão do efeito suspensivo aos recursos e na tutela antecipatória. In: MILARÉ, Édis. *Ação Civil Pública*: Lei nº 7.347/85 – Reminiscências e Reflexões após 10 anos de aplicação. São Paulo: Revista dos Tribunais, 1995. p. 331.

[735] Além disso, sustenta-se a inconstitucionalidade desse dispositivo, por violação à garantia constitucional de acesso à jurisdição (CF/88, art. 5º, XXXV). Cf. MAZZILLI, Hugo Nigro. *A defesa dos Interesses Difusos em Juízo*. Meio ambiente, Consumidor, Patrimônio cultural, Patrimônio público e outros interesses. 18. ed. São Paulo: Saraiva, 2005. p. 135.

[736] *Vide* item 8.1.4.

8.5 Aplicação

8.5.1 O Regulamento do Imposto sobre a Renda

Um dos exemplos mais paradigmáticos de consolidação da legislação tributária referente a um tributo é o Regulamento do Imposto sobre a Renda, recentemente renovado por meio do Decreto nº 9.580, de 22 de novembro de 2018 (RIR/18), que revogou o Decreto nº 3.000, de 26 de março de 1999 (RIR/99), vigente por quase vinte anos.

Diferentemente do seu antecessor, o Decreto nº 9.580/18, ao aprovar o novo RIR, expressamente consignou tratar-se de uma consolidação, ao afirmar em seu art. 3º que "este Regulamento consolida a legislação referente ao Imposto sobre a Renda e Proventos de Qualquer Natureza publicada até 31 de dezembro de 2016". Nesse passo, a exemplo de seu antecessor, o RIR/18 é dividido em quatro livros: (i) tributação das pessoas físicas; (ii) tributação das pessoas jurídicas; (iii) tributação na fonte e sobre operações financeiras; e (iv) administração do imposto. Além disso, o RIR/18 indica o fundamento legal de vários dos seus dispositivos, de forma a permitir ao contribuinte cotejar a redação do dispositivo regulamentar com o legal, apartando o que é mera consolidação do que é interpretação regulamentar dos preceitos legais.

De um lado, não se pode deixar de considerar salutar a atualização do Regulamento de um dos mais complexos tributos, que não era feita há quase vinte anos. Com efeito, após a edição do RIR/99, surgiram várias modificações na sistemática do imposto sobre a renda e em regras específicas, especialmente no que respeita à tributação das pessoas jurídicas após a convergência das normas contábeis brasileiras ao padrão internacional (Lei nº 11.638/07), que deu ensejo à instituição de um regime transitório em que vigorou um sistema de contabilidades societária e tributária apartadas, denominado "Regime Tributário de Transição" (RTT), instituído pela Lei nº 11.941/09, nos seus arts. 15 a 24, posteriormente substituído pelo regime de ajustes da Lei nº 12.973/14, objeto da conversão da MP nº 627/14. Após essas modificações, chegou-se a afirmar que a Instrução Normativa RFB 1.515/2014 seria o novo regulamento do imposto sobre a renda (das pessoas jurídicas). Entretanto, além de ser veículo normativo inadequado para tanto (já que se exige decreto), a instrução normativa em questão não tinha a pretensão de, efetivamente, consolidar toda a legislação do tributo.

Posteriormente, sobreveio a IN RFB 1.700/17, que revogou a Instrução Normativa 1.515/14, e passou a tratar não somente das matérias referentes à Lei nº 12.973/14, mas também de diversas outras, muito se aproximando de uma consolidação referente ao Imposto sobre a Renda das Pessoas Jurídicas.[737] Contudo, a referida instrução normativa não indica ser uma consolidação e seus dispositivos não trazem referência aos dispositivos legais. Um dos aspectos que mais chama a atenção, nesse diploma infralegal, consiste nas listas de adições e exclusões do lucro líquido, para fins de adaptação do resultado contábil à tributação. Em que pese promovam maior cognoscibilidade, essas listas são declaradas não exaustivas (art. 62, parágrafo único, da IN RFB 1.700/17), de modo que o contribuinte não poderá confiar que inexiste qualquer ajuste adicional aos listados.

Assim, em que pese sua função de aumento da acessibilidade formal e material ao direito não possa ser totalmente descartada, a IN RFB 1.700/17 não poderia ser considerada consolidação do IRPJ, para fins do art. 212 do CTN. Por isso, é salutar a superveniência do novo RIR/18, devidamente aprovado mediante decreto e que expressamente consigna tratar-se de uma consolidação das normas do tributo. Essa circunstância permite o surgimento de expectativas de confiança legítima nos contribuintes acerca da exaustividade das normas previstas na compilação, dando ensejo à aplicação do art. 100, parágrafo único do CTN, caso a RFB venha a exigir cumprimento de algum dispositivo legal ou regulamentar anterior a 31 de dezembro de 2016, que não conste do RIR/18.

Por outro lado, contudo, o novo Regulamento do Imposto sobre a Renda já surgiu defasado, uma vez que o supratranscrito art. 3º do Decreto nº 9.580/18 restringe as normas consolidadas àquelas publicadas até 31 de dezembro de 2016. Contudo, pela aplicação do art. 212 do CTN, a consolidação das normas sobre Imposto de Renda vigentes até o final de 2017 deveria ter ocorrido até 31 de janeiro de 2018. Logo, sequer por um dia foi integralmente atendida a prescrição do CTN.

8.5.2 Compilação da legislação dos tributos estaduais

Este segundo exemplo tem por finalidade demonstrar como a ausência de consolidação pode, efetivamente, prejudicar a acessibilidade material e formal ao conteúdo das prescrições normativas, além de, muitas vezes, criar obstáculos adicionais ao controle da legalidade e da constitucionalidade de atos normativos. Isso se verifica no caso da consolidação de tributos estaduais, especialmente do Imposto sobre operações de Circulação de Mercadorias e sobre prestações de Serviços de transporte interestadual e intermunicipal e de comunicação (ICMS).

---

[737] Questões relativas ao Imposto sobre a Renda das Pessoas Físicas não são tratadas.

Grande parte dos Estados-membros da federação contam com regulamentos do ICMS (RICMS), aprovados por decretos. Em São Paulo, por exemplo, o atual RICMS foi aprovado pelo Decreto nº 45.490/00, tendo sofrido diversas alterações desde então. Não há dúvidas de que essas consolidações exercem papel importante no incremento da acessibilidade formal e material dos sujeitos passivos à normatização do tributo. Entretanto, dois pontos negativos merecem ser ressaltados.

Primeiramente, é recorrente a circunstância de as consolidações do ICMS não se valerem da melhor técnica legislativa. Em vez de serem publicadas novas consolidações anuais, como prescreve o art. 212 do CTN, são feitas alterações pontuais no texto do regulamento anterior. Com isso, muitas vezes, novas disposições são inseridas na forma de anexos, descontextualizados da sistematização da matéria, empreendida pela consolidação original. Isso ocorre, por exemplo, no RICMS de São Paulo, que conta com vinte anexos, cada um dos quais reiniciando a numeração dos artigos e veiculando normas que, muitas vezes, excepcionam a sistematização da consolidação original. Com isso, perde-se, em certa medida, a função de incremento da acessibilidade material ao conteúdo normativo, uma vez que a compilação deixa de endereçar, adequadamente, o problema da pertinência do texto legal ao caso do contribuinte. Por exemplo, o contribuinte que encontre no texto do regulamento um dispositivo que seria aplicável a sua situação terá que verificar se, em cada um dos anexos, não há uma exceção.

Em segundo lugar, não é raro que certos regimes especiais ou outros tipos de incentivos fiscais sejam deixados de fora das consolidações da legislação do ICMS de determinados estados. Essa circunstância, além de prejudicar a acessibilidade material e mesmo formal dos contribuintes ao conteúdo da legislação tributária, muitas vezes, restringe a publicidade desses regimes, o que pode funcionar como meio escuso de obstar o seu controle de constitucionalidade.[738]

---

[738] Essa circunstância se insere no contexto da chamada *"guerra fiscal"*, que consiste na competição entre Estados que "ocorre mediante manipulação dos respectivos ICMS e mediante concessão de benefícios disfarçados na forma de empréstimos subsidiados e até participações acionárias", em violação ao art. 155, §2º, XII, "g" da CF/88. FERREIRA, Sérgio Guimarães. *Guerra fiscal*: competição tributária ou corrida ao fundo do tacho? Rio de Janeiro: BNDES-Secretaria para Assuntos Fiscais, 2000. A exigência de convênios aprovados por todos os estados-membros para a concessão de benefícios fiscais de ICMS teria por finalidade substituir a União no papel centralizador de uniformização do tributo, substituindo-a por um "congresso de iguais". COÊLHO, Sacha Calmon Navarro. *Curso de Direito Tributário Brasileiro*. 14. ed. Rio de Janeiro: Forense, 2015. p. 480.

8.6 Síntese do capítulo

O art. 212 do Código Tributário Nacional determina a compilação por, via regulamentar, da legislação de cada tributo do ente político competente. Com isso, promove a cognoscibilidade formal (mediante o acesso ao texto normativo) e material (mediante possibilidade de entendimento dos dispositivos em conjunto) da legislação tributária por seus destinatários. Trata-se de medida que se compagina com a segurança jurídica, norma constitucional que exige, dentre outras circunstâncias, a promoção de um estado de cognoscibilidade

O referido dispositivo do CTN exerce função de lei complementar nacional ao instituir o dever de consolidação anual da legislação tributária, quer em função do art. 59, parágrafo único, da CF/88, quer em face do art. 146, III do texto constitucional.

Não se pode afirmar que o art. 212 do CTN seja desprovido de sanção, entendida como possibilidade de acesso ao Poder Judiciário em caso de seu descumprimento, conforme a garantia prevista no art. 5º, XXXV, da CF/88. Tampouco se pode falar em norma meramente programática, uma vez que o dispositivo enuncia todas as condições necessárias para a sua aplicabilidade.

A função de consolidação da legislação tributária pode ser definida como o papel exercido pelos regulamentos de compilar leis e atos normativos infralegais referentes a um tributo específico, promovendo o ideal de cognoscibilidade, enquanto acesso formal e material ao conteúdo da legislação tributária.

É possível identificar pelo menos duas sortes de limites específicos ao exercício da função de consolidação da legislação tributária por meio de regulamentos, quais sejam: (i) a necessidade de indicação do dispositivo legal que é tomado por base para o dispositivo compilado; e (ii) a necessidade de indicação de que se trata de uma consolidação da legislação de um certo tributo.

No caso de cumprimento do dever de compilação, porém com exclusão de dispositivos legais pertinentes, seguida de autolançamento por parte do contribuinte desconsiderando o dispositivo e posterior alegação do Fisco de que o contribuinte o violou, haverá base de confiança legítima caso, dentre outros critérios da situação de fato, verifique-se que: (i) o regulamento de consolidação indique tratar-se de norma de consolidação; (ii) o dispositivo legal excluído conste de lei esparsa; e (iii) não tenha havido posterior retificação do regulamento de consolidação. Nessa hipótese, o contribuinte terá direito à proteção do art. 100, parágrafo único, do CTN, que determina a exclusão de penalidades e de acréscimos moratórios.

No caso de descumprimento do dever de consolidação da legislação tributária, em que pese não se possa descartar, peremptoriamente, a responsabilidade civil do Estado por eventuais danos causados ao particular (desde que se prove o ato administrativo, o dano e o nexo causal entre eles), a melhor solução parece ser a via processual para defesa de direitos difusos, por meio de Ação Civil Pública, a ser manejada pelos sujeitos legitimados para tanto.

CONCLUSÕES

1. A legalidade genérica (CF/88, art. 5º, II) exige que instituição de deveres inicie sua positivação em textos de estatura legal (vetor de instituição de dever), não sendo permitida delegação irrestrita para a competência regulamentar. A legalidade tributária (CF/88, art. 150, I), por sua vez, especificamente em relação à instituição ou majoração de encargos tributários, exige que a lei os densifique ao máximo (vetor de densificação de dever), devendo abster-se da utilização de conceitos indeterminados e cláusulas gerais, tanto quanto possível. Da perspectiva do intérprete, a Constituição exige a adoção da estratégia conceitual, rejeitando a tipológica, para a construção de sentido das normas tributárias.

2. Os regulamentos em matéria tributária exercem efeitos externos à Administração Pública, com interferência direta nas esferas jurídicas dos cidadãos-contribuintes. Dessa forma, os regulamentos devem ser adequadamente publicados de modo amplo, prévio à sua aplicabilidade, e de forma a concretizar da melhor maneira possível o ideal de amplo acesso às disposições regulamentares. Isso se justifica especialmente em face da privatização da gestão tributária, que torna o particular o primeiro agente encarregado da aplicação do Direito Tributário. Nos casos prescritos pelo ordenamento jurídico, a publicação deverá dar-se por meio da imprensa oficial, sem prejuízo da publicação por meios informáticos, de modo a concretizar de forma mais efetiva a publicidade.

3. Devem ser criados e aprimorados mecanismos de participação do contribuinte no processo de produção de regulamentos tributários. Com isso, promove-se a democracia participativa e se instaura um procedimento dialético de debate sobre o conteúdo da legalidade e, por conseguinte, dos regulamentos tributários, cujo resultado final almejado é a melhoria do resultado da produção regulamentar.

4. Os quatro argumentos que vêm sendo utilizados para alargar o espectro da competência tributária regulamentar (argumentos histórico-político, antiformalista, baseado na hipercomplexidade dos fatos e neoconstitucionalista) têm em comum um afastamento da argumentação jurídica, pautada nos textos jurídicos, em prol de argumentos morais ou políticos. Essas construções não se coadunam com a premissa

mais básica da construção argumentativa do direito, que consiste em sua referibilidade ao texto jurídico, devendo haver prevalência dos argumentos mais próximos ao texto. Ademais, verifica-se que todos esses argumentos contam com premissas ocultas e afirmações vagas.

5. O argumento histórico-político, ao predicar uma superação do ideário do Estado Liberal pelo Estado Social desconsidera as escolhas positivadas na Constituição de 1988, trata a história como um fluxo linear e recorre a termos vagos e com carga emotiva negativa, como "burguesia".

6. O argumento antiformalista vale-se da carga emotiva negativa do termo "formalismo", sem especificar seu conteúdo. No entanto, tomando-se o formalismo presumido de aplicação, como diretriz interpretativa para a limitação de escolhas, e não como negação de escolhas, verifica-se que não há conexão necessária entre a legalidade e o formalismo presumido. Tanto se pode derrotar uma regra construída a partir da lei, como a partir de texto infralegal. Ademais, o formalismo presumido não nega os princípios constitucionais, mas confere maior efetividade às escolhas mais precisas do constituinte.

7. O argumento pautado na hipercomplexidade de fatos busca ancorar-se em uma premissa fática, de que a atual sociedade apresentaria complexidade nunca antes vivenciada, para disso derivar a necessidade de flexibilização da legalidade. No entanto, essa argumentação somente seria procedente caso fosse verdadeira a premissa de que o Direito Tributário deveria ser completo. No entanto, o sistema tributário brasileiro se caracteriza por sua incompletude, em função da prevalência da legalidade e da segurança jurídica, que apresentam corolários como a proibição de cobrança de tributos por analogia.

8. O argumento neoconstitucionalista parece subverter as teorias dos princípios estruturadas de forma mais consistente, para defender uma aplicação direta de enunciados de maior conteúdo valorativo em detrimento de enunciados mais precisos. Essa circunstância pode dar ensejo a uma argumentação de caráter moral e subjetivo, que não encontra amparo no Estado de Direito.

9. A competência tributária regulamentar pode ser definida, intensionalmente, como a aptidão conferida por normas jurídicas a certos sujeitos e mediante determinados procedimentos, para modificar situações legais por meio da introdução de textos jurídicos que versem direta ou indiretamente sobre tributos, exercida de ofício, veiculando textos a partir dos quais são construídas normas de observância geral, com alcance material imediato definido na em lei. Extensionalmente, a competência tributária regulamentar abarca, a aptidão para a produção,

dentre outros, de: (i) decretos; (ii) instruções normativas (ministeriais e não ministeriais); (iii) resoluções; (iv) portarias; (v) pareceres normativos; (vi) soluções de consulta (internas e externas); e (vii) atos declaratórios (interpretativos e executivos).

10. A competência tributária regulamentar e seu produto, os regulamentos tributários, exercem, no sistema jurídico brasileiro, pelo menos quatro funções essenciais, quais sejam: (i) função de interpretação; (ii) função de fixação de alíquotas; (iii) função de execução; e (iv) função de consolidação da legislação tributária. Cada uma dessas funções se submete a limites próprios e apresenta decorrências específicas.

11. A função de interpretação consiste no papel exercido pelos instrumentos regulamentares em matéria tributária, postos em patamar intermediário entre a lei e o ato concreto de aplicação do Direito Tributário, de veicular o argumento interpretativo da Administração Tributária sobre o conteúdo legal, definindo termos (de forma extensional ou intensional) e propondo significações para porções extensas de enunciados legais.

12. Quando interpretam preceitos legais que agravam a situação do contribuinte, os regulamentos devem tender à interpretação restritiva, abstendo-se de tangenciar a chamada "franja marginal" ou periferia do campo de aplicabilidade da norma. Na hipótese de interpretarem preceitos legais que melhoram a situação do particular, os regulamentos tributários devem tender à interpretação ampliativa, aproximando-se mais da periferia do que do centro. Trata-se de parâmetros argumentativos *a priori* para o controle do exercício da interpretação regulamentar (função heurística da doutrina).

13. A revogação de um preceito regulamentar mais favorável ao contribuinte, com sua substituição por um regulamento desfavorável, justifica a aplicação da regra constitucional da anterioridade, sem prejuízo do direito à discussão da legalidade da mudança. Na declaração de nulidade de um regulamento favorável ao particular, a confiança gerada pelo regulamento posteriormente considerado ilegal poderá justificar uma proteção maximalista, com resguardo da aplicabilidade da norma regulamentar no período anterior à declaração.

14. A função de fixação de alíquotas consiste no papel exercido pelos regulamentos tributários ao fixar, nos casos permitidos pela Constituição e dentro de limites e de parâmetros legais, o indicador abstrato de proporção da base de cálculo que funciona como elemento para determinação do *quantum* de tributo devido *in concreto*, podendo ser expresso em fração ou percentual (alíquota *ad valorem*) ou em valor fixo por unidade de base de cálculo (alíquota específica).

15. Além das limitações constitucionais gerais e limites específicos para a disciplina de certos tributos, funcionam como limites ao exercício da função de fixação de alíquotas pela competência tributária regulamentar: (i) a necessidade de expresso permissivo constitucional quando se tratar de agravamento da posição do contribuinte; (ii) a necessidade de obediência às condições, aos limites e aos parâmetros veiculados em lei e pela Constituição; (iii) a necessidade de exteriorização da motivação; e (iv) a necessidade de obediência a eventual cadeia de delegação vertical existente.

16. Fora das exceções constitucionais, a legalidade tributária negativa (para a concessão de benefícios fiscais listados no art. 150, §6º) admite que haja fixação de alíquotas mais favoráveis por meio de regulamento, desde que decorra de autorização legal que obedeça às regras de equilíbrio orçamentário e à exigência de lei específica, além dos demais limites constitucionais. Entretanto, posterior aumento da alíquota somente poderá se dar por meio de lei, pois se estará no campo de aplicabilidade da legalidade tributária positiva, de que trata o art. 150, I, da CF/88.

17. A função de execução consiste no papel exercido pelos regulamentos tributários ao prever meios de instrumentalização da aplicação da lei tributária, especialmente pormenorizando obrigações acessórias, instituindo-as quando estritamente necessárias, organizando administrativamente os órgãos de arrecadação e fiscalização e prevendo elementos não essenciais à norma tributária em sentido estrito.

18. Ao exercerem a função de execução, os regulamentos devem respeito às prescrições legais quanto às formas de instrumentalização da lei tributária. Além disso, a previsão e pormenorização de meios para a execução da lei tributária deve ser submetida ao teste de proporcionalidade, com os subtestes de adequação, necessidade e proporcionalidade em sentido estrito, que poderá funcionar como instrumento adicional no controle argumentativo da validade dos regulamentos.

19. A função de consolidação da legislação tributária consiste no papel exercido pelos regulamentos ao compilar leis e atos normativos infralegais referentes a um tributo específico, promovendo o ideal de cognoscibilidade enquanto acesso formal e material ao conteúdo da legislação tributária.

20. O regulamento de consolidação deverá indicar o dispositivo legal que é tomado por base para cada dispositivo compilado, bem como que se trata de uma consolidação da legislação de um certo tributo. No caso de a consolidação não abarcar dispositivos legais pertinentes, que constem de legislação esparsa, o contribuinte terá direito à proteção do

art. 100, parágrafo único, do CTN, que determina a exclusão de penalidades e de acréscimos moratórios. Na hipótese de descumprimento do dever de consolidação, abre-se a via processual para defesa de direitos difusos, por meio de Ação Civil Pública, a ser manejada pelos sujeitos legitimados para tanto.

21. A relevância da identificação das quatro referidas funções no exercício da competência tributária regulamentar no Brasil consiste na possibilidade de identificação de limites e decorrências próprias de cada uma delas, contribuindo-se com maior precisão para o controle dos regulamentos tributários (função de controle da dogmática) e estabelecendo uma série de parâmetros *a priori* para tanto (função heurística da dogmática). Um mesmo texto regulamentar pode exercer, simultaneamente, diversas funções. No entanto, para fins de controle argumentativo, é pertinente segregar a análise de cada função.

REFERÊNCIAS

AARNIO, Aulis. *Essays on the Doctrinal Study of Law*. Heidelberg: Springer, 2011.

ADEODATO, João Maurício. Continuidade e originalidade no pensamento jurídico brasileiro: análises retóricas. In: ADEODATO, João Maurício (Org.). *Continuidade e originalidade no pensamento jurídico brasileiro*: análises retóricas. Curitiba: CRV, 2015.

ADEODATO, João Maurício. Ética e retórica: para uma teoria da dogmática jurídica. 5. ed. São Paulo: Saraiva, 2012.

ADEODATO, João Maurício. Retórica realista e decisão jurídica. *Revista de Direitos e Garantias Fundamentais*, v. 18, 2017.

ADEODATO, João Maurício. Uma crítica retórica à retórica de Aristóteles. In: ADEODATO, João Maurício (Org.). *A retórica de Aristóteles e o direito*: bases clássicas para um grupo de pesquisa em retórica jurídica. Curitiba: CRV, 2014a.

ADEODATO, João Maurício. *Uma teoria retórica da norma jurídica e do direito subjetivo*. 2. ed. São Paulo: Noeses, 2014b.

ALEXY, Robert. Constitutional Rights and Proportionality. *Revus* – Journal for Constitutional Theory and Philosophy of Law, n. 22, p. 51-65, 2014.

ALEXY, Robert. On Ballancing and Subsumption. A Structural Comparison. *Ratio Juris*, v. 16, n. 4, dez. 2003.

ALEXY, Robert. On the structure of legal principles. *Ratio Juris*. Vol. 13. n. 3.p.294-304 Setembro, 2000.

ALEXY, Robert. *Teoria da Argumentação Jurídica*: a Teoria do Discurso Racional como Teoria da Fundamentação Jurídica. Tradução de Zilda Hutchinson Schild Silva. 3. ed. Rio de Janeiro: Forense, 2013.

ALMEIDA, Fernando Dias Menezes de. Atos administrativos normativos: algumas questões. In: MEDAUAR, Odete; SCHIRATO, Vitor Rhein (Coord.). *Os caminhos do ato administrativo*. São Paulo: Revista dos Tribunais, 2011.

ALMEIDA, Fernando Dias Menezes de. *Formação da Teoria do Direito Administrativo no Brasil*. Tese de Titularidade – Universidade de São Paulo, São Paulo, 2013.

ALVES, Alaôr Caffé. *Lógica*: pensamento formal e argumentação. 5. ed. São Paulo: Quartier Latin, 2011.

AMENDOLA, Antonio Carlos de Almeida. *Participação do contribuinte na regulamentação tributária*. Porto Alegre: Lex Magister, 2011.

ANDRADE, José Maria Arruda de. *Interpretação da Norma Tributária*. São Paulo: MP, 2006.

ARAGÃO, Alexandre dos Santos. Princípio da Legalidade e Poder Regulamentar no Estado Contemporâneo. *Revista de Direito da Procuradoria Geral do Rio de Janeiro*, Rio de Janeiro, v. 53, 2000.

ARENDT, Hannah. *Between Past and Future*. New York: Penguin, 2006.

ARISTÓTELES. Ética a *Nicômaco*. Tradução de Pietro Nassetti. São Paulo: Martin Claret, 2001.

ATALIBA, Geraldo. *Hipótese de Incidência Tributária*. 6. ed. São Paulo: Malheiros, 2013.

ATALIBA, Geraldo. Poder Regulamentar do Executivo. *Revista de Direito Público*, São Paulo, v. 14, n. 57-58, p.184-208 jan./jun. 1981.

ATIENZA, Manuel; MANERO, Juan Ruiz. *Ilícitos Atípicos*. Madrid: Trotta, 2000.

AUCEJO, Eva Andrés. *Relaciones entre "Reglamento" e "Ley" en materia tributaria*. Madrid: Marcial Pons, 2013.

AULETE, Caldas. *Dicionário Contemporâneo da Língua Portuguesa*. 2. ed. brasileira. Rio de Janeiro: Delta, 1964. v. II.

AUSTIN, John L. *How to do things with words*. 2. ed. Cambridge: Harvard University, 1962.

ÁVILA, Humberto. "Neoconstitucionalismo": entre a "Ciência do Direito" e o "Direito da Ciência". *Revista Brasileira de Direito Público*, v. 23, 2008.

ÁVILA, Humberto. *Segurança Jurídica*. Entre permanência, mudança e realização no direito tributário. 2. ed. São Paulo: Malheiros, 2012a.

ÁVILA, Humberto. *Sistema Constitucional Tributário*. 5. ed. São Paulo: Saraiva, 2012b.

ÁVILA, Humberto. Teoria giuridica dell'argomentazione. In: COMANDUCCI, Paolo; GUASTINI, Riccardo (Org.). *Analisi e Diritto*. Madri: Marcial Pons, 2012c.

ÁVILA, Humberto. *Teoria da Igualdade Tributária*. 3. ed. São Paulo: Malheiros, 2015a.

ÁVILA, Humberto. *Teoria dos Princípios*: da definição à aplicação dos princípios jurídicos. 16. ed. São Paulo: Malheiros, 2015b.

BECK, Urlich. Diálogos com Urlich Back (entrevista). In: BECK, Urlich. *Sociedade de risco*: rumo a uma outra modernidade. Tradução de Sebastião Nascimento. São Paulo: Editora 34, 2011.

BALEEIRO, Aliomar. *Direito Tributário Brasileiro*. 13. ed. Rio de Janeiro: Forense, 2015.

BAPTISTA, Patrícia. A Tutela da Confiança Legítima como Limite ao Exercício do Poder Normativo da Administração Pública. A proteção das Expectativas Legítimas dos Cidadãos como Limite à Retroatividade Normativa. *REDE*, Salvador, n. 11, 2007.

BARBOSA, Rui. As Docas de Santos e as Taxas de Capatazia. In: BARBOSA, Rui. *Trabalhos jurídicos*. Rio de Janeiro: Fundação Casa de Rui Barbosa, 1991a. v. XLV.

BARBOSA, Rui. Prorrogação do Tempo para Execução da Linha de Transmissão do Distrito Federal. In: BARBOSA, Rui. *Trabalhos jurídicos*. Rio de Janeiro: Fundação Casa de Rui Barbosa, 1991b. v. XIV.

BARRETO, Aires Fernandino. *Base de cálculo, alíquota e princípios constitucionais*. São Paulo: Revista dos Tribunais, 1986.

BARRETO, Aires Fernandino; BARRETO, Paulo Ayres. *Imunidades tributárias*: limitações constitucionais ao poder de tributar. 2. ed. São Paulo: Dialética, 2001.

BARRETO, Paulo Ayres. *Contribuições*. Regime Jurídico, Destinação e Controle. São Paulo: Noeses, 2006.

BARRETO, Paulo Ayres. *Elisão Tributária*. Limites normativos. Tese de Livre-Docência – Universidade de São Paulo, São Paulo, 2008.

REFERÊNCIAS | 293

BARRETO, Paulo Ayres. Ordenamento e sistema jurídicos. In: CARVALHO, Paulo de Barros (Coord.). *Constructivismo lógico-semântico*. São Paulo: Noeses, 2014. v. I.

BARROSO, Luís Roberto. Vinte Anos da Constituição Brasileira de 1988: o Estado que Chegamos. In: ROCHA, Cléa Carpi (Coord.). *As constituições brasileiras*: notícia, história e análise crítica. Brasília: OAB, 2008.

BECK, Ulrich. *Sociedade de risco*: rumo a uma outra modernidade. Tradução de Sebastião Nascimento. São Paulo: Editora 34, 2010.

BELTRÁN, Jordi Ferrer; RATTI, Giovanni Battista. Defeasibility and Legality: A Survey. In: BELTRÁN, Jordi Ferrer; RATTI, Giovanni Battista (Eds.). *The Logic of Legal Requirements*: essays on defeasibility. Oxford: Oxford University, 2012.

BECKER, Alfredo Augusto. *Teoria Geral do Direito Tributário*. 6. ed. São Paulo: Noeses, 2013.

BINENBOJM, Gustavo. O sentido da vinculação administrativa à juridicidade no direito brasileiro. In: ARAGÃO, Alexandre dos santos de; MARQUES NETO, Floriano de Azevedo (Coord.). *Direito administrativo e seus novos paradigmas*. Belo Horizonte: Fórum, 2008.

BLACKSTONE, Sir. William. Commentaries on the Laws of England 1871. In: MURPHY, Walter F. *et al. Courts, Judges and Politics*: An Introduction to the Judicial Process. 6. ed. New York: McGraw Hill, 2006.

BOBBIO, Norberto. *A era dos direitos*. Tradução de Carlos Nelson Coutinho. Rio de Janeiro: Elsevier, 2004.

BOBBIO, Norberto. *Da estrutura à função*. Novos estudos de teoria do direito. Tradução de Daniela Beccaccia Versiani. Barueri: Manole, 2007.

BOBBIO, Norberto. *Teoria da Norma Jurídica*. Tradução de Fernando Pavan Baptista e Ariani Bueno Sudatti. 3. ed. Bauru: Edipro, 2005.

BOBBIO, Norberto. *Teoria do Ordenamento Jurídico*. Tradução de Ari Marcelo Solon. São Paulo: Edipro, 2011.

BONAVIDES, Paulo. *Curso de Direito Constitucional*. 24. ed. São Paulo: Malheiros, 2009.

BONAVIDES, Paulo. *Teoria do Estado*. 7. ed. São Paulo: Malheiros, 2008.

BORGES, José Souto Maior. *Obrigação Tributária*: uma introdução metodológica. 2. ed. São Paulo: Malheiros, 1999.

BORGES, José Souto Maior. *Teoria Geral da Isenção Tributária*. 3. ed. São Paulo: Malheiros, 2007.

CALIENDO, Paulo. Neoconstitucionalismo e Direito Tributário. *Revista da AJURIS*, v. 40, n. 129, mar. 2013.

CALMES, Sylvia. *Du principe de protection de la confiance légitime en droits allemand, communautaire et français*. Paris: Dalloz, 2001.

CANOTILHO, José Joaquim Gomes. *Direito Constitucional e Teoria da Constituição*. 4. ed. Coimbra: Almedina, 1987.

CARRAZZA, Roque Antonio. *Curso de Direito Constitucional Tributário*. 27. ed. São Paulo: Malheiros, 2011.

CARRAZZA, Roque Antonio. *ICMS*. 16. ed. São Paulo: Malheiros, 2012.

CARRAZZA, Roque Antonio. *Imposto sobre a Renda*: perfil constitucional e temas específicos. 3. ed. São Paulo: Malheiros, 2009.

CARRAZZA, Roque Antonio. *O Regulamento no Direito Tributário Brasileiro*. São Paulo: Revista dos Tribunais, 1981.

CARVALHO FILHO, José dos Santos. *Manual de Direito Administrativo*. 22. ed. Rio de Janeiro: Lumen Juris, 2009.

CARVALHO, Luiz Maklouf. *O Supremo, quosque tandem?* A indicação dos juízes, os pedidos de vistas, os conflitos de interesse, o ativismo e as disputas entre ministros – a agenda de dificuldades do STF. *Revista Piauí*, Edição 48, 2010.

CARVALHO, Paulo de Barros. *Curso de Direito Tributário*. 24. Ed. São Paulo: Saraiva, 2012a.

CARVALHO, Paulo de Barros. *Direito Tributário*: fundamentos jurídicos da Incidência. 9. ed. São Paulo: Saraiva, 2012b.

CARVALHO, Paulo de Barros. *Direito Tributário*. Linguagem e Método. 4. ed. São Paulo: Noeses, 2011.

CAVALCANTI, Francisco de Queiroz Bezerra. A "Reserva de Densificação Normativa" da Lei para a Preservação do Princípio da Legalidade. *Revista Duc in Altum*, v. 1, n. 1, Caderno de Direito, jul./dez. 2009.

CHIASSONI, Pierluigi. Las cláusulas generales, entre teoría analítica y dogmática jurídica. *Revista de Derecho Privado*, Bogotá, n. 21, 2011.

CHRISTENSEN, Ralph. Teoria Estruturante do Direito. In: MÜLLER, Friedrich. *O novo paradigma do direito*: introdução à teoria e metódica estruturantes. 3. ed. São Paulo: Revisa dos Tribunais, 2013.

CLÈVE, Clèmerson Merlin. *Atividade legislativa do poder executivo*. 3. ed. São Paulo: Revista dos Tribunais, 2011.

COÊLHO, Sacha Calmon Navarro. *Curso de Direito Tributário Brasileiro*. 14. ed. Rio de Janeiro: Forense, 2015.

CONRADO, Paulo Cesar. *Processo Tributário*. 2. ed. São Paulo: Quartier Latin, 2007.

COSTA, Alcides Jorge. *Da extinção das obrigações tributárias*. São Paulo: EDUSP, 1991.

COSTA, Alcides Jorge. Normas Gerais de Direito Tributário: Visão Dicotômica ou Tricotômica. In: BARRETO, Aires F. *Direito Tributário Contemporâneo*: estudos em homenagem a Geraldo Ataliba. São Paulo: Malheiros, 2011.

DERZI, Misabel Abreu Machado. *Direito Tributário, Direito Penal e tipo*. 2. ed. São Paulo: Revista dos Tribunais, 2008

DERZI, Misabel Abreu Machado. *Modificações da Jurisprudência no Direito Tributário*. Proteção da confiança, boa-fé objetiva e irretroatividade como limitações constitucionais ao Poder de Tributar. São Paulo: Noeses, 2009.

DERZI, Misabel Abreu Machado. Notas de atualização. In: BALEEIRO, Aliomar. *Direito Tributário Brasileiro*. 13. ed. Rio de Janeiro: Forense, 2015.

DERZI, Misabel Abreu Machado. O planejamento tributário e o buraco do real. Contraste entre a completabilidade do Direito Civil e a vedação da completude no Direito Tributário. In. FERREIRA, Eduardo Paz; TORRES, Heleno Taveira; PALMA, Clotilde Celorico (Org.). *Estudos em homenagem ao Professor Doutor Alberto Xavier*: Economia, Finanças Públicas e Direito Fiscal. Coimbra: Almedina, 2013. v. 2.

DERZI, Misabel Abreu Machado. Tipo ou conceito no Direito Tributário? *Revista da Faculdade de Direito da UFMG*, Belo Horizonte, n. 30/31, p. 213-260, 1987/1988.

DIDIER JUNIOR, Fredie. Cláusulas gerais processuais. *Revista de Processo*, v. 187, 2010.

DIDIER JUNIOR, Fredie. *Curso de Processo Civil*. Introdução ao Direito Processual Civil e Processo de Conhecimento. 13. ed. Salvador: JusPodivm, 2011.

DIMOULIS, Dimitri. Neoconstitucionalismo e moralismo jurídico. In: SARMENTO, Daniel (Org.). *Filosofia e teoria constitucional contemporânea*. Rio de Janeiro: Lumen Juris, 2009.

ECO, Umberto. Entre autor e texto. In: ECO, Umberto. *Interpretação e superinterpretação*. 3. ed. São Paulo: WMF Martins Fontes, 2012a.

ECO, Umberto. Interpretação e história. In: ECO, Umberto. *Interpretação e superinterpretação*. 3. ed. São Paulo: WMF Martins Fontes, 2012b.

ECO, Umberto. Réplica. In: ECO, Umberto. *Interpretação e superinterpretação*. 3. ed. São Paulo: WMF Martins Fontes, 2012c.

ECO, Umberto. Superinterpretando textos. In: ECO, Umberto. *Interpretação e superinterpretação*. 3. ed. São Paulo: WMF Martins Fontes, 2012d.

ECO, Umberto. *Tratado Geral de Semiótica*. Tradução de Antonio de Pádua Danesi e Gilson Cesar Cardoso de Souza. 4. ed. São Paulo: Perspectiva, 2009.

EIZIRIK, Nelson; GAAL, Ariádna B.; PARENTE, Flávia; HENRIQUES, Marcos de Freitas. *Mercado de Capitais* – regime jurídico. 3. ed. Rio de Janeiro: Renovar, 2011.

ENGISCH, Karl. *Introdução ao pensamento jurídico*. 11. ed. Tradução de João Baptista Machado. Lisboa: Fundação Calouste Gulbekian, 2011.

FAGUNDES, Miguel Seabra. *O Controle dos Atos Administrativos pelo Poder Judiciário*. 5. ed. Rio de Janeiro: Forense, 1979.

FANUCCHI, Fábio. *Curso de Direito Tributário Brasileiro*. 3. ed. São Paulo: Resenha Tributária, 1975. v. 1.

FAVACHO, Fernando Gomes. *Definição do conceito de tributo*. São Paulo: Quartier Latin, 2011.

FERRAZ JUNIOR, Tércio Sampaio. *A Ciência do Direito*. 3. ed. São Paulo: Atlas, 2014a.

FERRAZ JUNIOR, Tércio Sampaio. *O Direito, entre o Futuro e o Passado*. São Paulo: Noeses, 2014b.

FERRAZ JUNIOR, Tércio Sampaio. *Direito Constitucional*. Liberdade de fumar, Privacidade, Estado, Direitos Humanos e outros temas. São Paulo: Manole, 2007.

FERRAZ JUNIOR, Tércio Sampaio. *Introdução ao Estudo do Direito*: técnica, decisão, dominação. 7. ed. São Paulo: Atlas, 2013.

FERRAZ JUNIOR, Tércio Sampaio. Notas sobre Contribuições Sociais e Solidariedade no Contexto do Estado Democrático de Direito. In: GRECO, Marco Aurélio; GODOI, Marciano Seabra de (Coord.). *Solidariedade Social e Tributação*. São Paulo: Dialética, 2005.

FERRAZ JUNIOR, Tércio Sampaio. Segurança Jurídica e Normas Gerais de Direito Tributário. *Revista de Direito Tributário*, n. 17/18, São Paulo, jul./dez. 1981.

FERREIRA, Sérgio Guimarães. *Guerra fiscal*: competição tributária ou corrida ao fundo do tacho? Rio de Janeiro: BNDES, Secretaria para Assuntos Fiscais, 2000.

FIGUEIREDO, Lucia Valle. Ação Civil Pública. Considerações sobre a discricionariedade na outorga e no pedido de suspensão da liminar, na concessão do efeito suspensivo aos recursos e na tutela antecipatória. In: MILARÉ, Édis. *Ação Civil Pública*: Lei 7.347/85 – Reminiscências e Reflexões após 10 anos de aplicação. São Paulo: Revista dos Tribunais, 1995.

FRANCISCO, José Carlos. *Função Regulamentar e Regulamentos*. Rio de Janeiro: Forense, 2009.

GAMA, Tácio Lacerda. *Competência Tributária*. Fundamentos para uma Teoria da Nulidade. 2. ed. São Paulo: Noeses, 2011.

GASPARINI, Diógenes. *Poder Regulamentar*. São Paulo: Bushatsky, 1978.

GIBBONS, John. *Forensic Linguistics*: an introduction to language in the justice system. Malden: Blackwell, 2003.

GOMES, Marcus Lívio. *A interpretação da legislação tributária*: instrumentos para a unificação de critério administrativo em matéria tributária. São Paulo: Quartier Latin, 2010.

GORDILLO, Augustín. *Tratado de derecho administrativo y obras selectas*. Buenos Aires: FDA, 2012. Libro II. t. V.

GRAU, Eros Roberto. Interpretação da Lei Tributária e Segurança Jurídica. *Revista de Direito Tributário*, São Paulo: Malheiros, n. 113, p. 218-225, 2011.

GRAU, Eros Roberto. *Por que tenho medo dos juízes*: a interpretação/aplicação do direito e os princípios. São Paulo: Malheiros, 2014.

GRECO, Marco Aurélio. *Planejamento Tributário*. 3. ed. São Paulo: Dialética, 2011.

GUASTINI, Riccardo. *Interpretar y Argumentar*. Tradução de Silvina Álverz Medina. Madrid: Centro de Estudios Jurídicos y Constitucionales, 2014.

GUIBOURG, Ricardo A.; GHIGLIANI, Alejandro M.; GUARINONI, Ricardo V. *Introducción al conocimiento científico*. Buenos Aires: Eudeba, 2000.

HÄBERLE, Peter. *Hermenêutica Constitucional*. A sociedade aberta dos intérpretes da Constituição: contribuição para a interpretação pluralista e "procedimental" da Constituição. Tradução de Gilmar Ferreira Mendes. Porte Alegre: Sergio Antonio Fabris, 1997.

HAGE, Jaap C. *Construction or Reconstruction?* On the function of argumentation in the Law. Maastricht: Maastricht European Private Law Institute, Working Paper nº 2011/37.

HAGE, Jaap C. *Powers and Competences*. [S.d.]. Disponível em: <https://jura.uni-freiburg.de/Lists/fr-vortraege/Message/62-02-B/Jaap%20Hage%20Powers%20and%20Competences.pdf>. Acesso em: 13 jan. 2019.

HAGE, Jaap C. *Reasoning with Rules* – an Essay on Legal Reasoning and its Underlying Logic. Dordrecht: Kluwer, 1997.

HAMILTON, Alexander. The Federalist n. 78. In: MURPHY, Walter F. *et al. Courts, Judges and Politics*: An Introduction to the Judicial Process. 6. ed. New York: McGraw Hill, 2006.

HART, Herbert L. A. *The Concept of Law*. 3. ed. Oxford: Oxford University, 2012.

HENSEL, Albert. *Derecho Tributario*. Tradução de Andrés Báez Moreno, María Luisa González-Cuéllar Serrano e Enrique Ortiz Calle. Madrid: Marcial Pons, 2005.

HESSE, Konrad. *A força normativa da Constituição*. Tradução de Gilmar Ferreira Mendes. Porto Alegre: Sergio Antonio Fabris, 1991.

HORVATH, Estevão. *Lançamento tributário e "autolançamento"*. 2. ed. São Paulo: Quartier Latin, 2010.

JAEGER, Werner. *Paideia*: A formação do homem grego. Tradução de Artur M. Parreira. 4. ed. São Paulo: Martins Fontes, 2003.

JELLUM, Linda D. Dodging the Taxman: why treasury's anti abuse regulation is unconstitutional. *University of Miami Law Review*, v. 70, n. 1, p. 152-219, 2015.

KELSEN, Hans. *Teoria Pura do Direito*. Tradição João Batista Machado. 7. ed. São Paulo: Martins Fontes, 2006.

KOURY, Paulo Arthur Cavalcante. Os tratados contra a bitributação e os resultados no exterior. *Revista Dialética de Direito Tributário*, São Paulo: Dialética, v. 235, 2015a.

KOURY, Paulo Arthur Cavalcante. Quando a desoneração onera: sobre regras jurídicas e suas justificativas. *Revista Direito Tributário Atual*, São Paulo: Dialética, v. 33, 2015b.

LAPATZA, José Juan Ferreiro. *Curso de Derecho Financiero Español*. Derecho Financiero (Ingresos. Gastos. Presupuesto). 24. ed. Madrid: Marcial Pons, 2004. v. 1.

LAPATZA, José Juan Ferreiro. La privatización de la gestión tributaria y las nuevas competências de los Tribunales Económico-Administrativos. *Civitas* – Rev. Esp. Der. Fin, n. 37/81, 1983.

LAPORTA, Francisco J. *El imperio de la ley*. Uma visión actual. Madrid: Trotta, 2007.

LAPORTA, Francisco J. Imperio de La Ley. Reflexiones sobre un punto de partida de Elíaz Díaz. *DOXA*, n. 15-16, 1994.

LARENZ, Karl. *Metodologia da Ciência do Direito*. 3. ed. Tradução de José Lamego. Lisboa: Fundação Calouste Gulbekian, 1997.

LUENGO, Javier García. *El princípio de Protección de la Confianza em el Derecho Administrativo*. Madrid: Civitas, 2001.

LUHMANN, Niklas. *Law as a social system*. Tradução de Klaus A. Ziegart. Oxford: Oxford University, 2004.

LYOTARD, Jean-François. *La condition postmoderne*: rapport sur le savoir. Paris: Les editions de minuit, 1979.

MACCORMICK, Neil. *Argumentação jurídica e teoria do direito*. Tradução de Waldéa Barcellos. São Paulo: Martins Fontes, 2006.

MACCORMICK, Neil. *Rethoric and the Rule of Law*. A theory of Legal Reasoning. Oxford: Oxford University, 2010.

MACHADO, Hugo de Brito. *Consolidação das Leis de cada Tributo*. Disponível em: <http://www.fiscosoft.com.br/main_online_frame.php?page=/index.php?PID=101769&key=2069316>. Acesso em: 27 set. 2016.

MARANHÃO, Juliano. Defeasibility, Contributory Conditionals, and Refinement of Legal Systems. In: BELTRÁN, Jordi Ferrer; RATTI, Giovanni Battista (Eds.). *The Logic of Legal Requirements*: essays on defeasibility. Oxford: Oxford University, 2012a.

MARANHÃO, Juliano. *Positivismo jurídico lógico-inclusivo*. Madri: Marcial Pons, 2012b.

MARANHÃO, Juliano. *Estudos sobre lógica e direito*. São Paulo: Marcial Pons, 2013.

MARINONI, Luiz Guilherme. *Teoria Geral do Processo*. 4. ed. São Paulo: Revista dos Tribunais, 2010.

MAXEINER, James R. Legal Certainty: A European Alternative to American Legal Indeterminacy? *Tulane Journal of International & Comparative Laws*, v. 15, n. 2, 2007.

MAZZILLI, Hugo Nigro. *A defesa dos Interesses Difusos em Juízo*. Meio ambiente, Consumidor, Patrimônio cultural, Patrimônio público e outros interesses. 18. ed. São Paulo: Saraiva, 2005.

MEIRA, Sílvio Augusto de Bastos. *Direito Tributário Romano*. Belém: UFPa, 2013.

MEIRELLES, Hely Lopes. *Direito Administrativo Brasileiro*. 33. ed. São Paulo: Malheiros, 2007.

MELLO, Celso Antônio Bandeira de. *Curso de Direito Administrativo*. 25. ed. São Paulo: Malheiros, 2007.

MIRANDA, Francisco Cavalcanti Pontes de. *Tratado de Direito Privado*. Parte Geral. 3. ed. Rio de Janeiro: Borsoi, 1970. v. I.

MORCHON, Gregorio Robles. *Teoria del Derecho*: fundamentos de teoria comunicacional del derecho. V. 1. Madrid: Civitas, 1998.

MOREIRA, José Carlos Barbosa. Ação Civil Pública e Programação da TV. In: MILARÉ, Édis. *Ação Civil Pública*: Lei 7.347/85 – Reminiscências e Reflexões após 10 anos de aplicação. São Paulo: Revista dos Tribunais, 1995.

MOREIRA NETO, Diogo de Figueiredo. Constitucionalização do Direito Administrativo. *Revista da Procuradoria Geral do Município de Juiz de Fora*, Belo Horizonte, v. 2, n. 2, p. 13-23, jan./dez. 2012.

MONTESQUIEU, Charles Secondat, Baron de. *O espírito das leis*. Tradução de Cristina Muraschco. São Paulo: Martins Fontes, 1993.

MOUSSALLEM, Tárek Moysés. *Revogação em Matéria Tributária*. 2. ed. São Paulo: Noeses, 2011.

NABAIS, José Casalta. *O dever fundamental de pagar impostos*. Coimbra: Almedina, 1998.

NOGUEIRA, Ruy Barbosa. *Curso de Direito Tributário*. 14. ed. São Paulo: Saraiva, 1995.

NOGUEIRA, Ruy Barbosa. *Da interpretação e da aplicação das leis tributárias*. 2. ed. São Paulo: José Bushatsky, 1974.

NOVOA, César García. *La Cláusula Antielusiva en la nueva Ley General Tributaria*. Madrid: Marcial Pons, 2004.

OLIVEIRA, Regis Fernandes de. *Curso de Direito Financeiro*. 6. ed. São Paulo: Revista dos Tribunais, 2014.

OLIVEIRA, Regis Fernandes de. *Receitas não tributárias*. Taxas e Preços Públicos. 2. ed. São Paulo: Malheiros, 2003.

OLIVEIRA, Ricardo Mariz de. Disponibilidade econômica de rendas e proventos, princípio da realização da renda e princípio da capacidade contributiva. In: MARTINS, Ives Gandra da Silva; PASIN, João Bosco Coelho (Coords.). *Direito Tributário Contemporâneo* – Estudos em homenagem ao Prof. Luciano da Silva Amaro. São Paulo: Saraiva, 2012.

OLIVEIRA, Ricardo Mariz de. Formalismo e Substantivismo Tributário. Dever Moral e Obrigação Jurídica. E a Segurança Jurídica? In: PRETO, Raquel Elita Alves (Coord.). *Tributação Brasileira em Evolução* – Estudos em Homenagem ao Professor Alcides Jorge Costa. São Paulo: IASP, 2015. (Série Barão de Ramalho).

OLIVEIRA, Ricardo Mariz de. Os Métodos PCI e Pecex: mais um Caso de Confronto entre Lei e Instrução Normativa? O Conceito de *Commodities*. O Prêmio e suas Vicissitudes (Observações Iniciais). In: SCHOUERI, Luís Eduardo (Coord.). *Tributos e Preços de Transferência*. São Paulo: Dialética, 2013. v. 4.

PECZENIK, Aleksander. *On Law and Reason*. Heidelberg: Springer, 2009.

PEIXOTO, Daniel Monteiro. *Responsabilidade Tributária e os atos de formação, administração, reorganização e dissolução de sociedades*. São Paulo: Saraiva, 2012.

PERELMAN, Chaïm. *L'empire retorique*. Rhétorique et argumentation. 10. ed. Paris: Vrin, 2012.

PERELMAN, Chaïm; OLBERECHTS-TYTECA, Lucie. *Tratado da argumentação*: a nova retórica. 3. ed. Tradução de Maria Ermantina de Almeida Prado Galvão. São Paulo: Martins Fontes, 2014.

PIETRO, Maria Sylvia Zanella di. *Direito Administrativo*. 16. ed. São Paulo: Atlas, 2003.

PIETRO, Maria Sylvia Zanella di. Princípios da Segurança Jurídica no Direito Administrativo. In: BOTTINO, Marco Túllio. *Segurança Jurídica no Brasil*. São Paulo: RG, 2012.

POSCHER, Ralf. *The Principle Theory*: How many theories and what is their merit? May 2009. Disponível em: <http://papers.ssrn.com/sol3/papers.cfm?abstract_id=1411181>. Acesso em: 09 maio 2014.

RAMOS, Elival da Silva. *Ativismo Judicial*. Parâmetros Dogmáticos. 2. ed. São Paulo: Saraiva, 2015.

RAWLS, John. *A Theory of Justice*. Ed. rev. Cambridge: Belknep, 1999.

REICH, Wilhelm. *Listen, little man!* Tradução de Theodore P. Wolfe. [S.l.]: [s.n.], [s.d.]. 50 p. Disponível em: <http://www.satrakshita.com/Books/listenlittleman.pdf>. Acesso em: 10 dez. 2016.

RIBEIRO, Ricardo Lodi. A tipicidade tributária. In: RIBEIRO, Ricardo Lodi; ROCHA, Sergio André (Coords.). *Legalidade e Tipicidade no Direito Tributário*. São Paulo: Quartier Latin, 2008.

RIBEIRO, Ricardo Lodi. Globalização, Sociedade de Risco e Segurança. *Revista de Direito Administrativo*, São Paulo: Atlas, v. 246, 2007.

ROCHA, Sergio André. A Deslegalização no Direito Tributário Brasileiro Contemporâneo: Segurança Jurídica, Legalidade, Conceitos Indeterminados, Tipicidade e Liberdade de Conformação da Administração Pública. In: RIBEIRO, Ricardo Lodi; ROCHA, Sergio André (Coords.). *Legalidade e Tipicidade no Direito Tributário*. São Paulo: Quartier Latin, 2008.

RODRÍGUEZ, T. R. Fernández. Reflexiones en torno a la potestad reglamentaria del gobierno. *Revista Vasca de Administración* Pública, n. 34, v. II, 1992.

RORTY, Richard. A trajetória do pragmatista. In: ECO, Umberto. *Interpretação e superinterpretação*. 3. ed. São Paulo: WMF Martins Fontes, 2012.

ROSENBLATT, Paulo. *A competência regulamentar no direito tributário brasileiro*: legalidade, delegações legislativas e controle judicial. São Paulo: MP, 2009.

ROSS, Alf. *Direito e justiça*. 2. ed. Tradução de Edson Bini. São Paulo: Edipro, 2007.

ROTHMANN, Gerd Willi. O princípio da legalidade tributária. *Revista da Faculdade de Direito da Universidade de São Paulo*, São Paulo, n. 67, 1972.

SANCHES, J. L. Saldanha; GAMA, João Taborda da. Pressuposto Administrativo e Pressuposto Metodológico do Princípio da Solidariedade Social: a Derrogação do Sigilo Bancário e a Cláusula Geral Anti-abuso. In: GRECO, Marco Aurélio; GODOI, Marciano Seabra de (Coord.). *Solidariedade Social e Tributação*. São Paulo: Dialética, 2005.

SANTI, Eurico Marcos Diniz de. *Kafka, alienação e deformidades da legalidade*. Exercício do controle social rumo à cidadania fiscal. São Paulo: Revista dos Tribunais; Fiscosoft, 2014.

SANTI, Eurico Marcos Diniz de. *Lançamento tributário*. 3. ed. São Paulo: Saraiva, 2010.

SANTI, Eurico Marcos Diniz de. O Código Tributário Nacional e as normas gerais de Direito Tributário. In: SANTI, Eurico Marcos Diniz (Coord.). *Curso de Direito Tributário e Finanças Públicas* – do fato à norma, da realidade ao conceito jurídico. São Paulo: Saraiva, 2008.

SANTI, Eurico Marcos Diniz de. Tributação & Desenvolvimento, o Direito em rede na Era da Informação e resgate da relação fisco-contribuinte: Entre Legalidade e Democracia. *Fiscosoft*, 25 out. 2011. Disponível em: <http://www.fiscosoft.com.br/main_artigos_index. php?PID=258342&printpage=_>. Acesso em: 27 set. 2016

SANTI, Eurico Marcos Diniz de. Tributação, ética e livre concorrência: para melhorar o Brasil. In: CONGRESSO DA ASSOCIAÇÃO BRASILEIRA DE DIREITO E ECONOMIA, VI., 2013, Rio de Janeiro. *Anais...* Rio de Janeiro: FGV, 2013.

SANTI, Eurico Marcos Diniz de. *Tributo e classificação das espécies no sistema tributário brasileiro*. 19 mar. 2012. Disponível em: <http://www.fiscosoft.com.br/a/5qd0/tributo-e-classificacao-das-especies-no-sistema-tributario-brasiLeiro-eurico-marcos-diniz-de-santi>. Acesso em: 13 jan. 2019.

SANTOS, Ramon Tomazela. Fundos de investimentos e o repasse direto de dividendos para os cotistas. *Revista Fórum de Direito Tributário* – RFDT, Belo Horizonte: Fórum, n. 78, p. 139-162, 2015.

SARMENTO, Daniel. O neoconstitucionalismo no Brasil: riscos e possibilidades. In: QUARESMA, Regina; OLIVEIRA, Maria Lúcia de Paula; OLIVEIRA, Farlei Martins Riccio de (Org.). *Neoconstitucionalismo*. Rio de Janeiro: Forense, 2009.

SCAFF, Fernando Facury. Quando as Medidas Provisórias se Transformaram em Decretos-Lei ou Notas sobre a Reserva Legal Tributária no Brasil. In: ROCHA, Fernando Luiz Ximenes; MORAES, Filomeno. *Direito Constitucional Contemporâneo*. Estudos em Homenagem ao Professor Paulo Bonavides. Belo Horizonte: Del Rey, 2005.

SCHAUER, Frederick. Formalism. *Yale Law Journal*, v. 97, n. 4, 1988.

SCHAUER, Frederick. *Playing by the Rules* – A Philosophical Examination of Rule-Based Decision-Making in Law and in Life. Oxford: Clarendon, 1991 (reimp. 2002).

SCHOPENHAUER, Arthur. *Como vencer um debate sem precisar ter razão*: em 30 estratagemas (dialética erística). Tradução de Daniela Caldas e Olavo de Carvalho. Rio de Janeiro: Topbooks, 1997.

SCHOUERI, Luís Eduardo. A legalidade e o poder regulamentar do Estado: atos da administração como condição para aplicação da lei tributária. In: PARISI, Fernanda Drummond; TÔRRES, Heleno Taveira; MELO, José Eduardo Soares de (Coord.). *Estudos de Direito Tributário em Homenagem ao Professor Roque Antonio Carrazza*. São Paulo: Malheiros, 2014. v. 1.

SCHOUERI, Luís Eduardo. Contribuição à Investigação das Origens do Princípio da Legalidade em Matéria Tributária. In: VELLOSO, Carlos Mário da Silva; ROSAS, Roberto; AMARAL, Antonio Carlos Rodrigues do. *Princípios Constitucionais Fundamentais*. Estudos em homenagem ao professor Ives Gandra da Silva Martins. São Paulo: Lex, 2005a.

SCHOUERI, Luís Eduardo. *Normas tributárias indutoras e intervenção econômica*. Rio de Janeiro: Forense, 2005b.

SCHOUERI, Luís Eduardo. Princípios no Direito Tributário Internacional: Territorialidade, Fonte e Universalidade. In: FERRAZ, Roberto (Coord.). *Princípios e Limites da Tributação*. São Paulo: Quartier Latin, 2005c.

SCHOUERI, Luís Eduardo. *Direito Tributário*. 3. ed. São Paulo: Saraiva, 2013.

SEARLE, John R. *Speech acts*: an essay in the philosophy of language. New York: Cambridge, 2011.

SILVA, José Afonso da. *Aplicabilidade das normas constitucionais*. 8. ed. São Paulo: Malheiros, 2012.

SILVA, Virgílio Afonso da. O conteúdo essencial dos direitos fundamentais e a eficácia das normas constitucionais. *Revista de Direito do Estado*, n. 4, 2006.

SILVA, Virgílio Afonso da. O proporcional e o razoável. *Revista dos Tribunais*, n. 798, 2002.

SOUSA, Rubens Gomes de. Normas de Interpretação no Código Tributário Nacional. In: *Interpretação no Direito Tributário*. São Paulo: Saraiva, 1975.

SPAAK, Torben. Explicating the concept of legal competence. In: HAGE, Jaap C.; PFORDTEN, Dietmar von der (Eds.). *Concepts in Law*. Amsterdam: Springer, 2009.

SPAAK, Torben. The concept of legal competence. *The IVR Encyclopedia of Jurisprudence, Legal Theory and Philosophy of Law*, May 2005. Disponível em: <http://ssrn.com/abstract=923531>. Acesso em: 27 ago. 2016.

STEBBING, L. Susan. *A Modern Elementary Logic*. London: Methuen & Co, 1961.

STIGLITZ, Joseph E. *Economics of the Public Sector*. 3. ed. New York: Norton & Company, 1999.

SUNDFELD, Carlos Ari. *Direito Administrativo para Céticos*. 2. ed. São Paulo: Malheiros, 2014.

SUNSTEIN, Cass R. Deve o Formalismo ser Defendido Empiricamente? In: RODRIGUEZ, José Rodrigo (Org.). *A Justificação do Formalismo Jurídico*: textos em debate. São Paulo: Saraiva, 2011.

TESAURO, Francesco. *Compendio di Diritto Tributario*. Torino: UTET, 2002.

TIPKE, Klaus; LANG, Joachim. *Direito Tributário (Steuerrecht)*. Tradução de Luiz Doria Furquim. Porto Alegre: Sergio Antonio Fabris, 2008. v. 1.

TOMÉ, Fabiana Del Padre. O resgate da legalidade tributária. In: CARVALHO, Paulo de Barros (Coord.). *IX Congresso Nacional de Estudos Tributários*: Sistema Tributário Nacional e a Estabilidade da Federação Brasileira. São Paulo: Noeses, 2012.

TORRES, Heleno Taveira. *Direito Constitucional Tributário e Segurança Jurídica*: metódica da segurança jurídica do sistema constitucional tributário. 2. ed. São Paulo: Revista dos Tribunais, 2012.

TORRES, Heleno Taveira. *Direito Tributário e Direito Privado*: autonomia privada, simulação, elusão tributária. São Paulo: Revista dos Tribunais, 2003.

TORRES, Heleno Taveira. Função das Leis Complementares no Sistema Tributário Nacional – Hierarquia de Normas – Papel do CTN no ordenamento. *Revista Diálogo Jurídico*, Salvador, n. 10, jan. 2002.

TORRES, Ricardo Lobo. *Tratado de Direito Constitucional Financeiro e Tributário*. Valores e Princípios Constitucionais Tributários. Rio de Janeiro: Renovar, 2005. v. II.

TORRES, Silvia Faber. *A flexibilização do princípio da legalidade no direito do estado*. Rio de Janeiro: Renovar, 2012.

TROPER, Michel. *La Philosophie du Droit*. 3. ed. Paris: PUF, 2003.

VELLOSO, Andrei Pitten. *Conceitos e competências tributárias*. São Paulo: Dialética, 2005.

VIEHWEG, Theodor. *Tópica e Jurisprudência*. Tradução de Tércio Sampaio Ferraz Junior. Brasília: Departamento de Imprensa Nacional, 1979.

VILANOVA, Lourival. *As estruturas lógicas e o sistema de direito positivo*. 4. ed. São Paulo: Noeses, 2010.

VOGEL, Klaus. Problemas na interpretação de acordos de bitributação. Tradução de Luís Eduardo Schoueri. In. SCHOUERI, Luís Eduardo (Coord.). *Direito tributário*: homenagem a Alcides Jorge Costa. São Paulo: Quartier Latin, 2005. v. II.

XAVIER, Alberto. *Direito Tributário Internacional do Brasil*. 8. ed. Rio de Janeiro: Forense, 2015.

XAVIER, Alberto. *Os princípios da legalidade e da tipicidade da tributação*. São Paulo: Revista dos Tribunais, 1978.

WALDRON, Jeremy. The Concept and the Rule of Law. New York University School of Law. *Public Law & Legal Theory Research Paper Series*, n. 08-50, p. 49, nov. 2008

WITTGENSTEIN, Ludwig. *Philosophical Investigations*. Tradução de G. E. M. Anscombe. 2. ed. Oxford: Blackwell, 1997.

WOHLRAPP, Harold R. *The Concept of Argument*. A Philosophical Foundation. Tradução de Tim Personn. Heidelberg: Springer, 2014.

ZOCKUN, Maria Helena (Coord.). *Simplificando o Brasil*: propostas de reforma na relação econômica do governo com o setor privado. São Paulo: Fipe, 2007.

Esta obra foi composta em fonte Palatino Linotype, corpo 10
e impressa em papel Pólen Bold 70g (miolo) e Supremo 250g (capa)
pela Gráfica Laser Plus.